WAS IST HEUTE NOCH KATHOLISCH?

Gundo Lams

QUAESTIONES DISPUTATAE

Begründet von
KARL RAHNER UND HEINRICH SCHLIER

Herausgegeben von
PETER HÜNERMANN UND THOMAS SÖDING

192

WAS IST HEUTE NOCH KATHOLISCH?

Internationaler Marken- und Titelschutz: Editiones Herder, Basel

WAS IST HEUTE NOCH KATHOLISCH?

ZUM STREIT UM DIE INNERE EINHEIT UND VIELFALT DER KIRCHE

HERAUSGEGEBEN VON
ALBERT FRANZ

HERDER

FREIBURG · BASEL · WIEN

Schriften der Europäischen Gesellschaft
für Katholische Theologie, Band 5

Die Deutsche Bibliothek – CIP-Einheitsaufnahme

Was ist heute noch katholisch? : zum Streit um die
innere Einheit und Vielfalt der Kirche / hrsg. von
Albert Franz. Rainer Bucher u. a. – Freiburg im
Breisgau ; Basel ; Wien : Herder, 2001
  (Quaestiones disputatae ; 192)
  ISBN 3-451-02192-7

Druckvorlage durch den Herausgeber

Alle Rechte vorbehalten – Printed in Germany
© Verlag Herder Freiburg im Breisgau 2001
www.herder.de
Druck und Bindung: Difo-Druck, Bamberg 2001
Gedruckt auf umweltfreundlichem, chlorfrei gebleichtem Papier
ISBN 3-451-02192-7

Inhalt

D. Anhang

7

Einleitung

Die Frage, was im Kontext heutiger Gesellschaft als das spezifisch Katholische an der Kirche zu bezeichnen ist, ist derzeit alles andere als nur theoretisch. Schon die etwas saloppe Rede von der Kirche als ältestem „global player" macht dies hinreichend deutlich. Dabei wird immer virulenter, ob die gegenwärtige institutionelle Verfaßtheit und damit das Zusammenspiel der unterschiedlichen Verantwortungsebenen, ob also die Strukturen von Autorität in der Kirche, wie sie gegenwärtig funktionieren und erlebt werden, dem Geist des II. Vatikanischen Konzils und somit den Anforderungen der Zeit entsprechen. Sehr konkret hat die Auseinandersetzung um den Verbleib der deutschen Bistümer im staatlichen System der Schwangerschaftskonfliktberatung, von der ethischen Problematik abgesehen, die Frage provoziert, ob Rom mit seiner am Ende selbst gegenüber der Mehrheit der deutschen Bischöfe unerbittlichen Haltung nicht geradezu exemplarisch seine Kompetenzen überschritten und damit seinen universalkirchlichen Anspruch gegenüber dem authentischen Lehr- und Hirtenamt der Ortsbischöfe, aber auch gegenüber der Selbstverantwortung mündiger Laien, überzogen hat. Die relativ kurz darauf, wenn auch wohl kaum in unmittelbarem, sicher aber in indirektem Zusammenhang damit, von der römischen Kongregation für die Glaubenslehre veröffentlichte *Erklärung* **Dominus Jesus** *über die Einzigkeit und Heilsuniversalität Jesu Christi und der Kirche* hat die Debatte um die Kirche als Catholica, um die es hier offensichtlich geht, weiter akzentuiert, ja verschärft. So wurde deutlich, daß gut dreißig Jahre nach dem Konzil, v.a. angesichts der seitdem erreichten Standards in der Ökumene und im interreligiösen Dialog, aber auch im Kontext der in der Tat alle Bereiche unserer Lebenswelt erfassenden Globalisierung und Säkularisierung, erneut grundlegende theologische Überlegungen zum Selbstverständnis von Kirche unausweichlich geworden sind.

Zwar scheinen in unserer schnellebigen Medienwelt die direkt auf *Dominus Jesus* bezogenen Diskussionen beinahe schon wieder „gelaufen" und durch die Auseinandersetzungen um Bioethik und christliches Menschenbild abgelöst zu sein. Doch kann nur eine allzu oberflächliche, an der Tagesaktualität orientierte Wahrnehmung meinen, damit wären die angesprochenen Fragen zur Ekklesiologie schon wieder überholt. Geradezu das Gegenteil dürfte der Fall sein, insofern mit der aktuellen Ethikdiskussion noch einmal, und zwar in beinahe noch radikalerer Weise, die sachliche wie formale Kompetenz von Kirche und Theologie paradigmatisch angefragt ist. Tatsächlich wird diese Kompetenz ja gerade hier immer wieder eingefordert bzw. zurückgewiesen und nicht selten grundsätzlich in Frage gestellt. Dies darf nicht verwundern, geht es hier doch um Fragen, die die Grundlagen unseres gesellschaftlichen Zusammenlebens berühren.

Dies alles zeigt, wie brisant, und zwar sowohl über Tagesaktualitäten als auch über einen rein theologischen und binnenkirchlichen Horizont hinaus, die zunächst vielleicht eher akademisch-theologisch anmutende Frage nach der Katholizität der katholischen Kirche nach wie vor ist. Es steht nicht weniger als die für die Praxis gelebten Glaubens und gesellschaftlicher Akzeptanz von Kirche grundlegend wichtige Frage nach zeitgemäßen Strukturen von Religiosität in unserer sich rapide wandelnden, pluralistischen Gesellschaft zur Debatte. Über bloße Strukturfragen hinaus geht es um die keineswegs mehr als selbstverständlich angesehene Legitimität kirchlich verfaßten Glaubens im Kontext einer Gesellschaft, die vor bis dato ungeahnten ethischen und weltanschaulichen Herausforderungen steht, zugleich jedoch Religion zunehmend als Privatsache versteht, auf diese also gar nicht mehr wie selbstverständlich als Ressource zur Problemlösung zurückgreifen kann.

Die Frage der Kompetenz von Kirche und Theologie in den Diskussionen um ein allgemein akzeptables bzw. gar verbindliches ethisches Bewußtsein ist also ebensowenig wie die Frage nach der inneren Einheit und Vielfalt der Kirche, die in den gegenwärtigen Spannungen zwischen der deutschen Ortskirche und der römischen Universalkirche zum Austrag kommt, ein kurzlebiges, tagesaktuelles Thema. Beide gewiß zu unterscheidenden, aber nicht wirklich zu trennenden Problemkomplexe treffen sich darin, daß hier Grundprinzipien unseres gesellschaftlichen Zusammenlebens und eines entsprechenden kirchlichen Bewußtseins berührt sind. Konkret und zunehmend real spürbar wird dies, wenn bisher gewohnte gesellschaftliche Realitäten, wie das bislang zumindest mehrheitlich als wohlausgewogen geltende Verhältnis von Staat und Kirche als problematisch empfunden bzw. als zur Disposition zu stellen bezeichnet werden. Man denke nur beispielsweise an so neuralgische Punkte wie die Frage des Religionsunterrichts an staatlichen Schulen, an die Existenz theologischer Fakultäten an staatlichen Universitäten und an das deutsche Kirchensteuersystem als Ausdruck eines ganz spezifischen, aber offensichtlich nicht mehr allgemein als akzeptabel empfundenen Verhältnisses von Kirche und Staat.

Angesichts der unbestreitbaren Komplexität und der kaum überschaubaren Konsequenzen, die eine grundlegende Diskussion all dieser Fragen zeitigen könnte, ist es verständlich, wenn manche staatlichen, aber auch kirchlichen Stellen eine gewisse Neigung an den Tag legen, die Dinge, etwa unter Berufung auf staatskirchenrechtliche Festlegungen und Vereinbarungen, eher möglichst auf sich beruhen zu lassen. Kaum mehr zu übersehen dürfte allerdings sein, daß in dieser komplexen Gemengelage kirchlicherseits deutliche Tendenzen vorhanden sind – und dafür steht nicht zuletzt *Dominus Jesus* –, in dem Sinn zu reagieren, daß umso energischer die eigene Identität und der spezifische Wahrheitsanspruch betont und daraus dann die Konsequenz gezogen wird, daß intern die eigene Position nicht durch angeblich allzu kritische Diskussionen und allzu große Offenheit gefährdet und geschwächt werden soll. Daß damit ein Wiedererstarken apologetisch-antimodernistischer und entsprechend zentralistischer, dem Anliegen jedoch alles andere als wirklich nützlicher Tendenzen einhergeht, und zwar sowohl im Bereich der Doktrin als auch im Bereich der Kirchendisziplin, ist inzwischen – man denke nur an manche leidigen *Nihil-obstat*-Verfahren und an die Forderung eines neuen „Treueeides" – nicht nur kaum mehr zu bestreiten, sondern in mehr als nur Einzelfällen durchaus schmerzlich erfahrene Realität.

Von all dem ist die wissenschaftliche Theologie herausgefordert. Dabei kann es ihre primäre Aufgabe nicht sein, sich in die unmittelbare Tagesaktualität jeweils laut vernehmbar einzumischen, was freilich hie und da durchaus auch gefordert sein kann. Die Stellungnahmen der Deutschen Sektion der Europäischen Gesellschaft für katholische Theologie, als deren fünfter Band diese Quaestio erscheint, zur Schwangerenkonfliktberatung und zu *Dominus Jesus* – sie sind am Ende des Bandes dokumentiert – verstehen sich in diesem Sinne. Aufgabe der Theologie ist es jedoch vielmehr, durch unbeirrbar nichts als ihrer Sache verpflichtete wissenschaftliche Forschung, also auch durch kritische Sichtung und Deutung der Zusammenhänge und Hintergründe aktueller Diskussionen, den Gang der Dinge kritisch zu begleiten und aufzuarbeiten. Deshalb folgt den deutlich Stellung beziehenden Erklärungen dieser Sammelband wissenschaftlich vertiefender Beiträge von profilierten Mitgliedern der Gesellschaft zur Sachproblematik. Der sachliche Schwerpunkt liegt dabei auf der Frage der inneren Katholizität der Kirche, was freilich den kritischen Blick auf das Verhältnis von Kirche und Gesellschaft, wie einige Beiträge sehr deutlich machen, nicht nur nicht verstellt, sondern noch einmal schärfen kann.

Solche wissenschaftliche Reflexion würde in ihrer Zielsetzung geradezu verfehlt, wenn für die Theologie aus ihrer unbestrittenen prinzipiellen Kirchlichkeit gefolgert würde, sie habe als Wissenschaft des Glaubens primär, wenn nicht ausschließlich dazu zu dienen, lehramtliche Vorgaben zu akzeptieren und zu verteidigen, diese also lediglich im vorgegebenen Rahmen zu prüfen und so letztlich axiomatisch zu nehmen. So wäre Theologie kaum mehr als der verlängerte Arm eines theologische Wahrheit allein vertretenden, ja exklusiv beanspruchenden Lehramtes und würde sich nicht zu Unrecht dem Verdacht aussetzen, bis zur Verwechselbarkeit in die Nähe eines ideologischen Denkens zu geraten, dessen Kennzeichen es ist, von der Gültigkeit von – aus welchem Interesse auch immer – als unhinterfragbar angenommenen sogenannten Grundgegebenheiten auszugehen. Theologie würde so ihr Proprium, das ihrer spezifischen Tradition zutiefst entspricht, aufs Spiel setzen, nämlich als *fides quaerens intellectum* geradezu das Gegenteil solch ideologisch imprägnierten Denkens zu sein, indem sie für jene unerbittlich selbstkritische Rechenschaftsarbeit des Glaubens steht, die nicht mehr und nicht weniger beansprucht, als dessen innere Konsistenz und Glaubwürdigkeit noch so kritischer Vernunft gegenüber aufzuweisen, eben deshalb aber, also aus Sachgründen, auch heute noch von gesellschaftlicher Relevanz zu sein. Eine solche Rückbesinnung der Theologie auf ihre ideologiekritischen Potenziale ist im Kontext der gegenwärtigen Auseinandersetzungen umso mehr vonnöten, als einerseits wohl kaum zu bestreiten sein dürfte, daß gerade auch ein der kirchlichen Institution verpflichtetes Bewußtsein beinahe zwangsläufig der Versuchung solchen ins Ideologische abtriftenden Denkens ausgesetzt ist, andererseits aber der Ideologieverdacht innerkirchlich und inzwischen weit über kirchliche und theologische Auseinandersetzungen hinaus immer wieder vor allem dazu herhalten muß, Positionen voneinander ab- bzw. gar die je andere aus dem Diskurs auszugrenzen. Daß so aber, von der Glaubwürdigkeit nach außen abgesehen, gerade auch die innere Einheit und Vielfalt, also das Leben der Kirche, letztlich also die Catholica als solche, in höchstem Maß gefährdet ist, liegt wohl auf der Hand.

Der vorliegende Sammelband dokumentiert, daß sich die *Deutsche Sektion der Europäischen Gesellschaft für katholische Theologie* den hier einleitend nur holzschnittartig zur Darstellung gebrachten Grundproblemen heutigen theologischen, näherhin ekklesiologischen Denkens und kirchlichen Selbstverständnisses in differenzierten Analysen und sachkritisch orientierter wissenschaftlicher Arbeit stellt. Die Gesellschaft zeigt damit, daß sie weder der Sachkomplexität aus- noch gar davor zurückweicht, vielleicht ein weiteres Mal von sich für besonders kirchlich haltenden, in Wahrheit von ideologischem Denken infizierten Apologeten mißverstanden zu werden. Es ist gerade das entschiedene Bewußtsein unbeirrbarer Kirchlichkeit der Theologie, das sich freilich nicht auf sich selbst zurückzieht, sondern einhergeht mit nicht weniger entschiedenem Verantwortungsbewußtsein für die Gesellschaft, aus dem heraus die hier vorliegenden Beiträge zur Frage nach der Katholizität der *Ecclesia catholica* entstanden sind und diesen für die Theologie prinzipiell konstitutiven, heute aber erneut wichtig gewordenen Problemhorizont abschreiten.

Dabei geht der Band in drei Schritten vor, denen jeweils entsprechende Beiträge zugeordnet sind. Im ersten Teil wird mit der Frage nach der Kirche des Anfangs und der Kirche heute der umfassende Spannungsbogen eröffnet, in dem die Einzelprobleme zu erörtern sind. Der Herausgeber ist ganz besonders dankbar, daß der Vorsitzende des *Zentralkomitees der Deutschen Katholiken* hier sozusagen in Form eines Gastbeitrages seine engagierte Sicht der Dinge deutlich macht, damit aber die Aktualität der Fragestellung und die Notwendigkeit von deren theologischer Bearbeitung und Durchdringung unterstreicht. Im zweiten Teil wird das römische Dokument *Dominus Jesus* in den Blick genommen, nicht um die teilweise heftig geführte Diskussion unmittelbar nach dessen Erscheinen zu prolongieren, sondern um diese bzw. die mit dem Text verbundenen und darin enthaltenen grundlegenden Fragen zur Katholizität der Kirche herauszuarbeiten und systematisch-kritisch auf sachgemäßem Niveau zu reflektieren. Damit ist dann sozusagen der Boden bereitet, um im dritten Teil aus der Perspektive einzelner theologischer Fächer und mit entsprechender spezifischer Kompetenz und Sensibilität einzelne Problemfelder und Herausforderungen gelebter und reflektierter Katholizität heute zu benennen und daraus tragfähige Perspektiven für die Kirche heute und morgen zu entwickeln.

Somit dürfte es nicht zu hoch gegriffen sein, wenn der Herausgeber seinen Dank an die Autorinnen und Autoren des vorliegenden Bandes mit der Bemerkung verbindet, es handle sich hierbei um einen die aktuellen Diskussionen um den Status von Theologie und Kirche in angemessener Breite aufgreifenden Beitrag der *Deutschen Sektion der Europäischen Gesellschaft für Theologie*. Bewußt verbleibt dieser nicht bei vordergründig Aktuellem. Dies wird vielmehr mit kritischem Sachverstand auf- und zum Anlaß genommen, um in die Tiefendimensionen der Sache vorzustoßen und die nach wie vor, ja heute vielleicht mehr denn je geforderte theologische Arbeit am Begriff zu leisten. Wichtige Ergebnisse dieses Bemühens bieten wir hiermit an und muten sie einer kritischen Leserschaft zu, die über den Tag hinauszudenken die Mühe nicht scheut. Nicht zuletzt sollen so wesentliche Anstöße zu weiteren fachspezifischen, aber auch öffentlichen Diskussionen gegeben werden.

Der besondere Dank des Herausgebers gilt dem Ehrenpräsidenten unserer Gesellschaft, Herrn Prof. Dr. Dr. h.c. Peter Hünermann, nicht nur für seinen grundlegenden und die Diskussion um *Dominus Jesus* hoffentlich maßgeblich bestimmenden Beitrag, sondern auch dafür, daß dieser Band wiederum in der Reihe der *Quaestiones Disputatae* erscheinen kann.

Erneut hat der Herausgeber die angenehme Pflicht, Herrn Dr. Peter Suchla vom Herderverlag für die hervorragend unkomplizierte, sachorientierte und menschlich angenehme Zusammenarbeit zu danken. Sein Dank gilt auch Frau cand. phil. Annett Strauß, Dresden, ohne deren Engagement bei der Erstellung des Druckoriginals und vor allem des Namensregisters der Band nicht zustande gekommen wäre.

Der Herausgeber, derzeit zugleich Vorsitzender der *Deutschen Sektion der Europäischen Gesellschaft für katholische Theologie*, verbindet das Erscheinen dieses Bandes mit dem Wunsch, daß alle, die ihn in die Hand nehmen und darin lesen, neben dem inhaltlichen Gewinn auch von der ihn prägenden Streitkultur profitieren und nicht zuletzt in diesem Sinn mithelfen, das kirchliche, aber auch das gesellschaftliche Miteinander zum Positiven zu verändern.

Dresden, im Juli 2001   *Albert Franz*

A.

Der Horizont der Fragestellung:
Kirche des Anfangs und Kirche heute

I

Werden der Catholica – Neutestamentliche Thesen

von Detlev Dormeyer, Dortmund

Einleitung

Bekannt ist die These von Loisy: Jesus hat das Reich Gottes angekündigt, gekommen ist die Kirche.[1] Bekannt sind die Sympathiewerte gegenwärtiger Umfragen: Jesus Ja, Kirche Nein.[2] Loisy zeigt das moderne Unbehagen des Individuums gegenüber gesellschaftlichen Großinstitutionen an. Das Individuum fühlt sich ihnen gegenüber ohnmächtig. Es reagiert mit Verdrossenheit, z.b. mit Kirchen- und Staatsverdrossenheit. Andererseits ist das Individuum für das Überleben auf Institutionen angewiesen. So soll die Frage nach dem Werden der Catholica thesenhaft von vier Seiten kurz beleuchtet werden:

1. Königsherrschaft Gottes und Kirche bei Jesus von Nazaret und nach Ostern;
2. Ortskirche als Leib Christi und Koinonia (Gemeinschaft) mit anderen Ortskirchen nach den paulinischen Briefen;
3. Ortskirchen und der Leib Christi nach dem Epheserbrief;
4. Das Miteinander verschiedener Gemeindestrukturen nach der Apostelgeschichte.

---

[1] *A. Loisy*, L'évangile et l'église, Paris ²1903, 155.

[2] z.B. *K.F. Daiber/I. Lukatis*, Bibelfrömmigkeit als Gestalt gelebter Religion, Bielefeld 1991; *A. Feige*, Jugend und Religion, in: *H.H. Krüger* (Hg.), Handbuch der Jugendforschung, Opladen 1992, 543-558.

1. Königsherrschaft Gottes und Kirche bei Jesus von Nazaret und nach Ostern

1.1. Bekannt ist, daß nach Jesus von Nazaret die Königsherrschaft Gottes unscheinbar und anfanghaft in ihm anbricht (Mk 1,14 f. parr).[3] Sie bricht ferner in jeder Gesellschaft an, in der sie in seinem Namen verkündet wird. Diesen Anspruch erhebt die Gleichnisrede Jesu Mk 4 parr.[4]

1.2. Wenn Jesus Israel die Königsherrschaft Gottes zuspricht, bewirkt dieser Sprechakt, was er sagt. Gott ist von nun an über eine empirisch erfahrbare Königsherrschaft bei den Hörern anwesend: in der Nachfolge der Jünger oder in der vertrauensvollen Begleitung des Volkes oder in der feindlichen Abwehr der Gegner. Ab Jesu Verkündigung gibt es keine Neutralität mehr, sondern nur noch die Anerkennung der Krise – „der Kairos (Augenblick) ist gekommen" (Mk 1,15) – und die Entscheidung – „kehrt um und glaubt" (Mk 1,15).[5]

1.3. Das Individuum Jesus von Nazaret befindet sich fortwährend in Spannung zu den Institutionen der angebrochenen Königsherrschaft Gottes: zum nachfolgenden Jüngerkreis, zum begleitenden Volk, zu den ablehnenden Gegnern. Das Individuum Jesus schließt sich aber nicht von diesen Gruppen ab, sondern ringt beständig mit ihnen um die wahre Realisierung der von Gott gewollten und getragenen Königsherrschaft. Denn Menschen realisieren durch gemeinsames Handeln die Königsherrschaft Gottes in Anfängen.[6]

1.4. Das erste Evangelium, das Markusevangelium, inszeniert mit der antiken Großgattung „Idealbiographie" dramatisch den permanenten Prozeß des Aushandelns. Die anderen Evangelien folgen dem Markusevangelium mit Gattung, Aufbau und Rollenensemble.[7]

---

[3] H. Merklein, Die Gottesherrschaft als Handlungsprinzip. Untersuchungen zur Ethik Jesu, Forschung zur Bibel [FzB] 34, Würzburg 1978.

[4] D. Dormeyer, Das Markusevangelium als Idealbiographie von Jesus Christus, dem Nazarener, Stuttgarter biblische Beiträge [SBB] 43, Stuttgart 1999, 59-73, 173-177.

[5] J. Gnilka, Die frühen Christen. Ursprünge und Anfang der Kirche, Herders Theologischer Kommentar zum Neuen Testament [HThK] S7, Freiburg 1999, 140-148.

[6] E. Arens, Christopraxis. Grundzüge theologischer Handlungstheorie, QD 139, Freiburg 1992.

[7] D. Dormeyer, Das Neue Testament im Rahmen der antiken Literaturgeschichte. Eine Einführung, Darmstadt 1993, 212-228; D. Frickenschmidt, Evangelium als Biographie. Die vier Evangelien im Rahmen antiker Erzählkunst, Tübingen–Basel 1997, 351-498.

1.5. Die historische Rückfrage bestätigt die synoptischen, narrativen Traditionen, daß Jesus die Königsherrschaft Gottes verkündet hat, einen Jüngerkreis gebildet hat, ständig Volk um sich versammelt hat und von Gegnern heftig befehdet worden ist bis zum gewaltsamen Tod am Kreuz.[8]

1.6. Für die Königsherrschaft Gottes in Jesus von Nazaret bleiben offene Fragen hinsichtlich des Themas „Weltkirche". Will Gott nach Jesu Verständnis die universale Weltorganisation, oder will er die ständige Neubildung informeller Gruppen im Namen Jesu innerhalb des Judentums, oder will er andere, neue Formen gesellschaftlicher Institutionalisierung? Bekannt ist wieder, daß Jesus der Königsherrschaft Gottes keine Verfassung zugeordnet hat. Er erwartet die endzeitliche Völkerwallfahrt zum Tempel (Jes 2,1-5; Mk 11,17; Q 13,29; 22,28-30).[9] Über das Zusammenleben der Völker mit Israel macht er sich keine institutionellen Gedanken. Er unterscheidet sich darin vom Judentum seiner Zeit. Die Qumran-Essener haben eine ausgefeilte Verfassung (1QS; 1Qsa; 1QM; CD; die neu herausgegebenen Bruchstücke).[10] Philon und Josephus schreiben Biographien zu den Erzvätern und Mose, um die alttestamentliche Bundesverfassung zu entfalten. Auch Griechen und Römer lieben Verfassungsentwürfe (Plat. rep; Aristot. pol.; Xen. rep. Lac., rep. Ath.; Cic. rep.). Jesu Distanz zu einer Verfassung ist singulär für die Antike.

1.7. Dagegen läßt sich einwenden, daß der Zwölferkreis den Anfang einer neuen Verfassung mache. Bekannt ist die gegenwärtige Auslegung des Zweiten Vatikanums: Jesus hat zwölf Apostel eingesetzt, diese haben die Bischöfe eingesetzt, die Bischöfe setzen ihre Nachfolger ein (Lumen gentium 19-21). 1 Clem 42 hat bereits die Sukzessionskette Jesus, Apostel, Bischöfe, aber ohne Zwölferkreis und mit Wahlmodus der Gemeinde für die Nachfolger der Bischöfe. Der Zwölferkreis erhält nach dem Markusevangelium kein Sonderprivileg. Der Zwölferkreis hat drei Funktionen:

1. Gemeinschaft mit Jesus;
2. Verkündigen;
3. Vollmacht zu Dämonenaustreibung (Mk 3,14).

---

[8] *J. Roloff*, Die Kirche im Neuen Testament, Das Neue Testament Deutsch [NTD] E 10, Göttingen 1993, 15-58; *J. Gnilka*, Die frühen Christen (s. Anm. 5), 140-219.

[9] Ebd., 175f.

[10] *J. Maier*, Die Qumran-Essener: Die Texte vom Toten Meer, 3 Bde., München–Basel 1995-96.

Diese Funktionen können alle anderen Jünger und sogar einzelne Mitglieder aus dem Volk ausüben. Jeder Geheilte kann zum Verkünder werden (Mk 5,1-20; 10,46-52); jeder Vertrauende kann im Namen Jesu Dämonen austreiben (Mk 9,38-41), jeder hat uneingeschränkten Zutritt zu Jesus (Mk 3,7-35).

1.8. Der Zwölferkreis zeichnet sich durch die Zwölfstämmesymbolik aus. Er repräsentiert die zwölf Stämme des von Jesus erneuerten Israel. Die Zwölf rücken in die Position der Zwölf Patriarchen ein (Gen 49, Test Patr). Nirgends aber bilden die einzelnen Mitglieder des Zwölferkreises einen eigenen Stamm um sich. In der Gemeinschaft miteinander, mit allen anderen Jüngern und mit dem Volk repräsentieren sie das erneuerte Israel. Daher verleiht Jesus dem Zwölferkreis keine Sonderaufgaben und keine Sonderprivilegien.

1.9. Nach Ostern löst sich der Zwölferkreis allmählich auf (dazu näher unter Punkt 4). Das nachösterliche Verschwinden des Zwölferkreises verweist auf neu entstandene Probleme, die mit einer Dauerinstitutionalisierung des Zwölferkreises nicht zu lösen gewesen wären.

1.10. Die Jesusbewegung breitet sich blitzartig über große Flächen aus: Galiläa, Jerusalem, Judäa, Samaria, Damaskus, Antiochien, Rom. Eine ständige Volks-Versammlung (Ekklesia = Kirche) als erneuertes Israel um den Zwölferkreis erweist sich gleich nach Ostern als ökonomische Unmöglichkeit.

1.11. Die Jesusbewegung hat schon vor Ostern Heidenhellenisten akzeptiert. Jesus hat sich wiederholt in der mehrheitlich heidnischen Stadt Bethsaida/Julias aufgehalten (Mk 6,45; 8,22; Q 10,13). Bethsaida, in der Tetrarchie des Philippus gelegen, hat nur eine jüdische Minderheit und ist die Nachbarstadt vom galiläischen Kafarnaum. Der heidnische Hauptmann von Kafarnaum fand ebenfalls Akzeptanz bei Jesus (Q 7,1-10).[11]

1.12. Nach Ostern fällt sehr schnell die Entscheidung, zusätzlich zu den Juden allen Völkern das Evangelium von Jesus Christus zu ver-

---

[11] *R. Pesch*, Voraussetzungen und Anfänge der urchristlichen Mission, in: *K. Kertelge* (Hg.), Mission im Neuen Testament, Freiburg 1982, 11-71. 36-39; *G. Theißen/A. Merz*, Der historische Jesus. Ein Lehrbuch, Göttingen 1996, 242-246; Feldmeier führt besonders Mk 7,24-30 an: Jesus korrigiert sich selbst und öffnet seine Botschaft für die Hellenisten, siehe *R. Feldmeier*, Die Syrophönizierin (Mk 7,24-30) – Jesu „verlorenes" Streitgespräch?, in: *ders./U. Heckel* (Hg.), Die Heiden. Juden, Christen und das Problem des Fremden, Wissenschaftliche Untersuchungen zum Neuen Testament [WUNT] 70, Tübingen 1994, 211-228.

künden. Paulus setzt seine Bekehrung, im Jahre 33, als Beginn der gesetzesfreien Heidenmission an (Gal 1,16). Die Apostelgeschichte folgt ihm mit dieser Datierung, verschiebt die erste beschneidungsfreie Heidenbekehrung aber auf die Entscheidung des Petrus (Apg 9-10). Kritisch muß gefragt werden, ob die beschneidungsfreie Heidenmission nicht schon vor Paulus betrieben wurde, z.B. in Damaskus und in Judäa? Denn weswegen verfolgte Paulus diese Gemeinden (Gal 1,11-24), und weshalb erlitt Stephanus das Martyrium in Jerusalem (Apg 6,8-8,1a)? Im Jahre 36 jedenfalls erklären Petrus und der Herrenbruder Jakobus die beschneidungsfreie Heidenmission des Paulus für zulässig (Gal 1,18-19). Der Zwölferkreis wird von Paulus nicht mehr erwähnt. Denn er kann, sollte er noch bestehen, als Symbolgröße die Heidenvölker nicht in die Zwölferzahl integrieren.

1.13. Israel kann mit anderen Völkern keine volle Bundesgemeinschaft eingehen. Um die volle Bundesgemeinschaft zu erhalten, muß der individuelle Übertritt ins Judentum durch die Beschneidung erfolgen, muß der Heide zum Juden, zum Proselyten werden.

1.14. Der Judenhellenismus setzt als Alternative zum rigiden Kulturwechsel die Akkulturation. „Der Gottesfürchtige" (theon sebómenos Apg 16,14) verbleibt in seiner Kultur. Er wechselt nur den Polytheismus durch den Monotheismus mit seinen sittlichen Gesetzen aus (Jos. CA 280-286).[12] Dieser Austausch ist für den Hellenisten aufgrund der Kritik an den homerischen Göttern seit den Vorsokratikern eine naheliegende Handlungsmöglichkeit. Das judenhellenistische „Einst–Jetzt"–Schema zeigt den grundlegenden Herrschaftswechsel an (Gal 4,8-9; Eph 2,12-13).[13] Er macht einen Kulturwechsel überflüssig.

1.15. Die Königsherrschaft Gottes wird als „Mysterium" begriffen (1 Kor 2,1.7; 4,1; Kol 1,26 f.; Mk 4,11 parr.). Die nachösterlichen Gemeinden organisieren sich u.a. in Analogie zu den antiken Mysterienkulten. Die Mysterienkulte breiten sich im ganzen römischen Weltreich aus; sie haben aber keine Zentrale. Jede Gemeinde ist autonom.

---

[12] *F. Siegert*, Gottesfürchtige und Sympathisanten, in: Journal for the study of Judaism in the Persian, Hellenistic and Roman Period [JSJ] 4 (1973), 109-164; *B. Wander*, Gottesfürchtige und Sympathisanten. Studien zum heidnischen Umfeld von Diasporasynagogen, WUNT 104, Tübingen 1998.
[13] *P. Tachau*, „Einst" und „Jetzt" im Neuen Testament, Göttingen 1972.

2. Ortskirche als Leib Christi und Koinonia (Gemeinschaft) mit anderen Ortskirchen nach den paulinischen Briefen

2.1. Hauptmodell der nachösterlichen, christlichen Versammlungen (ekklesia) ist die jüdische Synagoge. Der Begriff Synagoge bezeichnet ursprünglich den Vorgang der Zusammenkunft. Die Existenz eines eigenen Versammlungsgebäudes ist nicht erforderlich.[14]

2.2. Die Synagoge setzt als Mindestanzahl der ständigen Versammlung zehn männliche Mitglieder voraus.[15] In einer Großstadt wie Jerusalem, Korinth und Rom können mehrere Synagogen nebeneinander existieren.[16]

2.3. Paulus kennt an einem Ort nur eine ekklesia. Die Königsherrschaft Gottes in Jesus Christus läßt keine Spaltungen und Aufteilungen zu. Paulus überträgt daher den politischen Begriff sôma (Leib) auf die Gemeinde. Wie römisches Volk und römischer Senat (senatus populusque als Inschrift auf den Münzen) einen Leib bilden, und zwar als urbs Roma (Menenius Agrippa in Liv 2,32), so bilden auch die Christen der einzelnen Städte jeweils einen sôma Christoû (1 Kor 12,12-31).[17]

2.4. Wie Rom mit den anderen Städten und Bürgerschaften seines Reiches Bündnisverträge unterhält, so stehen die Gemeinden in Gemeinschaft untereinander.

2.5. Wie Rom einen Vorrang beansprucht, so kommt auch Jerusalem für die Kirchen Jesu Christi ein Vorrang zu, insbesondere weil der Tempel in Jerusalem vom „geistigen Tempel" der Ortskirchen weitergeführt wird (1 Kor 3,16f; 2 Kor 6,16) und geachtet bleibt.

2.6. Paulus geht erst drei Jahre nach seiner Bekehrung nach Jerusalem hinauf (Gal 1,17f). In Jerusalem begegnet er mit geschichtlicher Bedeutsamkeit (historéo) Petrus und bleibt fünfzehn Tage bei ihm. Er sieht auch den Herrenbruder Jakobus. Vierzehn Jahre später geht Pau-

---

[14] *W. Bösen*, Galiläa als Lebensraum und Wirkungsfeld Jesu. Eine zeitgeschichtliche und theologische Untersuchung, Freiburg ³1998, 208-212.

[15] *K. Hruby*, Die Synagoge. Geschichtliche Entwicklung einer Institution, Schriften zur Judentumskunde 3, Zürich 1971; *G. Hüttenmeister*, Synagôgé, Proseuché und tópos bei Josephus und der rabbinische Hintergrund, in: *J.U. Kalms* (Hg.), Internationales Josephus-Kolloquium Aarhus 1999, Münster u.a. 2000, 79-97.

[16] *H.J. Venetz*, So fing es mit der Kirche an. Ein Blick in das Neue Testament, Zürich u.a. 1981, 87-95.

[17] Ebd., 95-101

lus erneut mit Barnabas nach Jerusalem hinauf. Er wollte sicher gehen, „daß ich nicht vergeblich laufe oder gelaufen bin" (Gal 2,1f).

2.7. Der Vorrang von Jerusalem bezieht sich auf die Wahrung der Einheit mit dem Judentum. Der griechische Begleiter Titus wird nicht gezwungen, sich beschneiden zu lassen (Gal 2,3). Die beschneidungsfreie Völkermission wird weiterhin von Jerusalem zugelassen.

2.8. Jerusalem behält zusätzlich einen Vorrang in der Ökonomie. Paulus sammelt für die „Armen" in Jerusalem (Gal 2,10; Röm 15,26).

2.9. Gleichzeitig ist Paulus besorgt, daß die „Heiligen in Jerusalem die
Diakonie als willkommen annehmen" (Röm 15,31). Paulus will vor
der Gemeinde in Jerusalem seine gesamte Tätigkeit verantworten. Er
will als Repräsentant der Heidenhellenisten weiterhin die Zustimmung
der Jerusalemer Gemeinde zur Aufrechterhaltung der Gemeinschaft
einholen.[18]

2.10. Der Grund der Krise wird angedeutet. „Ungläubige" suchen in
Jerusalem die Vernichtung des Paulus (Röm 15,31). Sie drängen offenkundig auf die Beendigung der Koinonia mit den Heidenchristen.

2.11. Die politische und theologische Bedeutung der Leib-Christi-
Symbolik läßt keine Spaltung in der Gemeinde selbst (1 Kor 11) und
zwischen den Gemeinden zu (1 Kor 4,17). Synagogen und Myste-
rienvereine können sich abkapseln, nebeneinander und gegeneinander
fortbestehen. Der Leib Christi existiert nur als Singular. Er wird in den
unterschiedlichen Städten in der jeweiligen Einzelgemeinde sichtbare
Realität. Die Koinonia der Einzelgemeinden untereinander verleiht
ihm weltumgreifende Sichtbarkeit.[19] Paulus muß noch nach Spanien
reisen, um im ganzen römischen Weltreich den Leib Christi anwesend
zu machen (Röm 15,24). Die späteren Evangelien behalten dieses
Programm bei, ersetzen aber die Leib-Christi-Symbolik durch die
Evangeliumssymbolik: „Und allen Völkern muß zuerst das Evangelium verkündet werden" (Mk 13,10 par.; Apg 15,7).

2.12 Die Begriffe Gemeinschaft (Koinonia) und Versammlung (Ekklesia) beherrschen das paulinische Kirchenverständnis. Der Aufer-

---

[18] *K. Kertelge*, Abendmahlsgemeinschaft und Kirchengemeinschaft im Neuen Testament und in der Alten Kirche, in: *F. Hahn/K. Kertelge/R. Schnackenburg*, Einheit der
Kirche. Grundlegung im Neuen Testament, QD 84, Freiburg 1979, 109.

[19] *F. Hahn*, Einheit der Kirche und Kirchengemeinschaft in neutestamentlicher Sicht,
in: *F. Hahn/K. Kertelge/R. Schnackenburg*, a.a.O. (s. Anm. 18), 35-46; *J. Hainz*,
Koinonia. Kirche als Gemeinschaft bei Paulus, Regensburg 1989.

standene stellt durch Evangelium, Glauben, Taufe, Geist und Eucharistie die Gemeinschaft mit seinen Anhängern her (1 Kor 1,9; 10,16; 2 Kor 13,13; Phil 1,5; 2,1; 3,10; Phlm 6). Mit Ungläubigen besteht keine Gemeinschaft (2 Kor 6,14), wohl aber mit den Christen in der fernen Zentrale Jerusalem (Röm 15,26; 2 Kor 8,4; 9,13; Gal 2,9; s.o. 2.3). Insgesamt ist Koinonia 13x in den paulinischen Briefen gebraucht worden. Sehr viel häufiger wird der Begriff Versammlung = Ekklesia verwandt (46x, davon 22x in 1 Kor). Die Christengemeinschaft findet in der Versammlung ihre konkrete Gestalt. Aufgrund der einen Christusgemeinschaft darf es an einem Ort nicht mehrere Versammlungen geben (1 Kor 1,2-17). Zu solchen festen Entzweiungen ist es auch nicht in der Zeit des Paulus gekommen. Christusgemeinschaft und gemeinsames Sich-Versammeln bleiben deckungsgleich. Die drohende Spaltung in Antiochien verhindert Paulus durch seinen Protest und seine Abreise (s.u. 5.9.2).

Koinonia und Ekklesia fehlen fast vollständig in den Evangelien. Nur das Matthäusevangelium bringt an zwei Stellen (Mt 16,18; 18,17) dreimal den Begriff Ekklesia. Er meint die Versammlung der Christen (s.u. 5.14).

Die Apostelgeschichte wiederum kennt die beide Begriffe „Koinonia, Ekklesia" und gebraucht sie zunächst im paulinischen Sinne. Die Jerusalemer Kirche (Apg 5,11; 7,38; 8,1-3) lebt mit gemeinsamer Güternutzung in einmütiger Christusgemeinschaft (Apg 2,42). Später erfolgt die Aufspaltung in zwei Tischgemeinschaften. Doch diese beeinträchtigt nicht den gemeinsamen Dienst am Wort (Apg 6,1-7; s.u. 4.5).

3. Ortskirchen und der Leib Christi nach dem Epheserbrief

3.1. Bekanntlich hierarchisiert der deutero-paulinische Epheserbrief die Leib-Christi-Symbolik. Jesus Christus wird zum Haupt, die Gemeinde zum Restleib. Der prinzipatliche Führungsanspruch der Cäsar-Familie wird auf Jesus Christus übertragen (Eph 4,15-16).

3.2. Der Epheserbrief ist ein Rundschreiben für die Christen Kleinasiens. Die Gründungstat Jesu Christi besteht darin, daß er die trennende Wand zwischen den Juden und den Völkern niedergerissen hat (Eph 2,11-22). Er hat einen neuen Menschen geschaffen (Eph 2,15), der von jetzt an ein Glied des Leibes Christi und zugleich ein Mitglied der Völkerkulturen (Eph 5,21-6,9) ist.

3.3. Leib Christi auf der einen Seite und Judentum und Hellenismus auf der anderen Seite stehen in Spannung zueinander (Eph 2,11-22; 4,17-24). Der Christ erhält im Leibe Christi ein eigenes Bürgerrecht; dieses befreit ihn von den kulturgebundenen Verpflichtungen des Judentums und des Hellenismus (Eph 2,19-22).

3.4. Zur Einheit der Gemeinde und der Gemeinden untereinander gibt es nur einen allgemeinen Appell (Eph 4,1-6). Diese Frage steht nicht im Mittelpunkt des Briefes. Leib Christi bedeutet ontologische Abgrenzung von der umgebenden Kultur wie bei den Mysterienvereinen (Eph 1,9; 3,3.4.9; 5,32; 6,19). Die Repräsentationssymbolik des Paulus tritt in den Hintergrund. Die Frage nach einer Organisationszentrale wird bedeutungslos. Jesus Christus als Haupt ist die Zentrale. Er hat alles geleistet. Von ihm kommt alles. Die Christen strahlen seinen Glanz im ganzen Imperium Romanum aus.[20] Sie brauchen nicht mehr wie Paulus für die Bewahrung der Einheit ihr Leben riskieren. Die mystische Christozentrik macht eine politische Ekklesiologie zweitrangig.

4. Das Miteinander verschiedener Gemeindestrukturen nach der Apostelgeschichte

4.1. Rudolf Schnackenburg stellte die These von „Lukas als Zeuge[n] verschiedener Gemeindestrukturen"[21] auf. Dieser These ist uneingeschränkt zuzustimmen. Der Apostelgeschichte gelingt es, die historischen Institutionen „Verkündigung der Königsherrschaft Gottes durch Jesus von Nazaret, Zwölferkreis, Apostel, Jerusalemer Zentralismus, Einzelgemeinden, paulinische Mission, christologische Ausgrenzung" in einen geschichtlichen Zusammenhang zu bringen. Lukas strebt keine Evolutionstheorie an. Die Apostelgeschichte bricht mit der Ankunft des Paulus in Rom ab (Apg 27). Paulus gibt den Christen in Rom keine Verfassung und keine Ekklesiologie. Lukas versteht Paulus als Zeugen unterschiedlicher Gemeindestrukturen. Die „Verkündigung der Königsherrschaft Gottes und das Lehren des Herrn Jesus Christus" (Schlußwort Apg 28,31) bilden die offene, gemeinsame Basis für jede künftige christliche Ekklesia.

---

[20] R. *Hoppe*, Theologie und Ekklesiologie im Epheserbrief, in: Münchener Theologische Zeitschrift [MThZ] 46 (1995), 231-246.

[21] R. *Schnackenburg*, Lukas als Zeuge verschiedener Gemeindestrukturen (1971), in: *ders.*, Aufsätze und Studien zum Neuen Testament, Leipzig 1973, 264-282.

4.2. Die geschichtliche Abfolge der Gemeindemodelle in der Apostel-geschichte zeigt idealtypische Möglichkeiten von Kirche. Bleibende Grundlage ist die Verkündigung der Königsherrschaft Gottes durch Jesus Christus. „Das erste Buch" enthält die „Taten und Lehre Jesu" (Apg 1,1) als bleibende Grundlage jeglicher Ekklesiologie. Jesus Christus ist Gründer und Erhalter jeglicher geisterfüllter Form von Kirche.

4.3. Die Apostel stellen nach Ostern den Zwölferkreis wieder her (Apg 1,15-26). Lukas weiß wie die vorpaulinische Formel 1 Kor 15,3-7, daß Petrus, Zwölferkreis und Apostel ursprünglich voneinander un-abhängige Größen waren. Petrus, die anderen Apostel und die gesamte Gemeinde erhalten die Existenz des Zwölferkreises am Leben. Sie können ihn wieder auffüllen (Apg 1,15-26), sie können ihn aber auch endgültig beenden (Apg 12). Nach der Zulassung der beschneidungs-freien Heidenmission durch Petrus (Apg 10) hat der Zwölferkreis sei-ne Bedeutung verloren und stirbt aus. Nach der Hinrichtung des Zwöl-ferkreismitglieds Jakobus wird kein Nachfolger mehr gewählt (Apg 12,1-5).

4.4. Jerusalem behält die Bedeutung Jerusalems als Mittelpunkt der christlichen Gemeinde bei. Lukas baut mit erstaunlicher Sicherheit die historische Position des Paulus aus.

4.5. Ein Zwischenspiel bildet der Siebenerkreis in Jerusalem (Apg 6,1-7). Der Zwölferkreis veranlaßt die Bildung eines neuen Kreises aus ei-ner neuen Kulturgruppe. Die aus Palästina stammenden Apostel er-kennen, daß sie den Tischdienst für die christlichen Judenhellenisten nicht adäquat ausüben können. Tischdienst meint Lebensgemein-schaft. Kulturelle Unterschiede können den Aufbau von Beziehungen erschweren oder verhindern. Für die Judenpalästinenser behalten die Apostel den Tischdienst bei. Erst bei der Gründung der Gemeinde in Antiochien und beim späteren Apostelkonvent bemerkt Lukas beiläu-fig, daß inzwischen Älteste (Presbyter) gemeinsam mit dem Herren-bruder Jakobus die Gemeinde leiten (Apg 11,30; 15,1-29). Den Dienst am Wort üben Zwölferkreis und Siebenerkreis gemeinsam aus.[22]

4.6. Lukas berichtet mit dem Siebenerkreis und Barnabas von einer Vorstufe, von der Paulus in seinen Briefen schweigt. Doch Paulus deutet mit Hinweis auf Barnabas in Antiochien an, daß er in der Tat

---

[22] E. Haenchen, Die Apostelgeschichte, Kritisch-exegetischer Kommentar über das Neue Testament [KEK] 3, Göttingen [7]1977, 253-262.

die beschneidungsfreie Völkermission von Barnabas übernommen hat und um diese Vorgeschichte weiß (Gal 2,1-14).

4.7. Nach der Auflösung des Zwölferkreises bleibt Jerusalem zuständig für die Einheit mit dem Judentum. Doch für die Einheit mit den Völkern muß ein neues Zentrum gesucht werden.

4.8. Paulus betont in der Abschiedsrede an die Ältesten von Ephesus, daß jede einzelne Gemeinde vom Geist Gottes geschützt wird (Apg 20,17-38), ganz im Sinne des Epheserbriefes. Ein Appell an die Epheser zur Akzeptanz der Führung von Jerusalem fehlt. Die neue Führungsgröße Rom wird vorbereitet.

4.9. Paulus appelliert an den Kaiser, um das Evangelium vor dem Kaiser zu verkünden (Apg 25,1-12).

4.10. Der Appell an den Kaiser erfüllt das Programm (Apg 1,8), daß das Zeugnis der Apostel von Jerusalem weg bis an die Grenzen der Erde und insbesondere nach Rom gehen muß.

5. Krisen im Verhältnis vom Ortskirche und Weltkirche und Lösungsmodelle

5.1. Von seiner Berufung an befindet sich Paulus in einer Dauerkrise mit Mitgliedern der Jerusalemer Kirche (s. o. Thesen 2.6 – 10). Die Christologie des Evangeliums ohne Beschneidungspflicht an die Völker und die Nicht-Gültigkeit des Ritualgesetzes sind die Streitpunkte (Gal 1,15 f; Apg 15).

5.2. Vor seiner Bekehrung hat Paulus die Gemeinden in Judäa wegen ihrer Freiheit vom Gesetz verfolgt (Gal 1,13.22f). Er unterläßt es leider, deren Gesetzesverstöße zu spezifizieren.

5.3. Die Existenz von „Gottesfürchtigen" = judaisierenden Hellenisten ist durch Inschriften (Aphrodisias) und literarische Zeugnisse eindeutig gesichert.[23] Die Gottesfürchtigen nehmen an den Synagogenversammlungen teil, werden aber nicht Proselyten. Sie haben als Völker eine durch Israel vermittelte Teilhabe am Bund.[24]

---

[23] *J. Reynolds/R. Tannenbaum*, Jews and Godfearers at Aphrodisias, Cambridge 1987; *B. Wander*, a.a.O. (s. Anm. 12).

[24] *Ch. Safrai*, Bund der Rishonim/der Ersten und der Bund für die Goyim, in: *H. Frankemölle* (Hg.), Der ungekündigte Bund? Antworten des Neuen Testaments, QD 172, Freiburg 1998, 64-78.

5.4. Die Christen bieten bereits vor Paulus den Gottesfürchtigen die uneingeschränkte Teilhabe ohne Beschneidung am erneuerten Bund des Gottes Jesu Christi an. Philippus, ein Mitglied der Sieben, tauft ohne Beschneidung den gottesfürchtigen Äthiopier (Apg 8,26-40).[25] Der judenhellenistische Levit Barnabas aus Zypern baut in Jerusalem die Armenkasse (Apg 4,36f) und in der Weltstadt Antiochien die Evangeliumsverkündigung ohne Beschneidung für die Griechen in Antiochien auf (Apg 11,19-26).[26]

5.5. Die beschneidungsfreie Verkündigung hat schon vor dem Martyrium des Stephanus stattgefunden (gegen Apg 11,19); denn die Tempelkritik des Stephanus zielt auf die Berufung Abrahams als Vorbild der Berufung für alle Völker ohne den „Bund der Beschneidung" (Apg 7,2-8).

5.6. Paulus hatte in Judäa gegen die beschneidungsfreie Zulassung der Gottesfürchtigen zur judenchristlichen Kirche gekämpft. Er hatte vor, auch in Damaskus diese Freiheit der Christen zu unterdrücken.[27]

5.7. Die Jerusalemer Kirche hat mit dem Kriterium „kulturelle Differenzierung" innere Konflikte entschärft und den Bruch mit dem Judentum vermieden. Die Jerusalemer Kirche hebt die Pflicht zur Beschneidung nur für die Heidenhellenisten auf. Die Judenchristen bleiben zur Beschneidung verpflichtet (Apg 16,1-3).

5.8. Die gleich nach Ostern entstandene Differenz der Judenhellenisten zu den Judenpalästinensern macht den Siebenerkreis erforderlich. Der Dienst in den Häusern wird kulturell aufgeteilt nach Judenhellenisten und Judenpalästinensern; der Dienst am Wort in Verkündigung, Eucharistie und Gebet wird weiterhin gemeinschaftlich ausgeübt (Apg 6,6).

---

[25] K. *Löning*, Der Stephanuskreis und seine Mission, in: *J. Becker* u.a., Die Anfänge des Christentums, Stuttgart u.a. 1987, 87f.; *R. Riesner*, Die Frühzeit des Apostels Paulus. Studien zur Chronologie, Missionsstrategie und Theologie, WUNT 71, Tübingen 1994, 96f.; *W. Kraus*, Zwischen Jerusalem und Antiochia. Die „Hellenisten", Paulus und die Aufnahme der Heiden in das endzeitliche Gottesvolk, Stuttgarter Bibelstudien [SBS] 179, Stuttgart 1999, 55-67.
[26] *F.W. Horn*, Der Verzicht auf die Beschneidung im frühen Christentum, in: New Testament studies [NTS] 42 (1996), 479-505; *W. Kraus*, a.a.O. (s. Anm. 25), 119-122.
[27] *L. Schenke*, Die Urgemeinde. Geschichtliche und theologische Entwicklung, Stuttgart 1990, 188f.; *E. Stegemann/W. Stegemann*, Urchristliche Sozialgeschichte. Die Anfänge im Judentum und die Christusgemeinden in der mediterranen Welt, Stuttgart u.a. 1995, 294.

5.9. Die spätere, kulturelle Differenz der Tischsitten der Heidenhellenisten gegenüber denen der Judenhellenisten und Judenpalästinenser führt zu einem Konflikt über die gemeinsame Eucharistie. Es werden unterschiedliche Lösungen erprobt.

5.9.1. Der Apostelkonvent erläßt gemeinsam mit der Jerusalemer Gemeindeleitung ein Dekret. Es verpflichtet u.a. die Heidenhellenisten, bei der gemeinsamen Mahlfeier mit Judenchristen das Schächtungsgebot für Fleischspeisen zu beachten (Apg 15,29). Die Tischsitten des älteren Judentums erhalten bei gemeinsamen Veranstaltungen den Vorrang.

5.9.2. Paulus verweigert entgegen Apg 15,30-35 dem Dekret, das erst nach dem Apostelkonvent in Antiochien entwickelt worden war, die Zustimmung (Gal 2,11-15). Er verläßt Antiochien als Wirkungskreis des Barnabas und baut eine eigene, kompromißlose Völkermission in Galatien und Griechenland auf (Apg 15,36-41). Von den Juden verlangt er die Aufgabe der Gesetzesvorschriften, die sie von den Völkern trennen (Röm 2,17-4,25). Die Tischsitten der Völker erlangen Vorrang.[28]

5.9.3. Außerhalb der Apostelgeschichte bleibt der antiochenisch-jerusalemische Kompromiß unbekannt. Er ist spätestens nach der Zerstörung Jerusalems außer Gebrauch gekommen. Das Miteinanderleben der Judenchristen und der Völker hört auf; die endgültige Trennung der Lebenswelten beginnt.

5.9.4. Lukas appelliert mit dem Kompromiß indirekt an die neue römische Leitung, die Gemeinschaft mit dem Judentum durch die Respektierung seiner Sitten aufrechtzuerhalten.

5.10. Die paulinische Strategie, die ursprüngliche jüdische Kultur des Evangeliums durch die Völkerkulturen zu ersetzen, führt zu einer anwachsenden Spannung mit der Jerusalemer Kirche.

5.11. Judaisierende Mitglieder der Jerusalemer Kirche wollen in den antiochenischen und paulinischen Missionsgebieten die Beschneidungsfreiheit zurücknehmen und ihre Tischsitten durchsetzen (Apg 15,1-5; Gal; 2 Kor 10-13). Die Jerusalemer Versammlung greift aber in keinem einzigen Fall in die paulinischen und antiochenischen Gemeinden ein. Die Beschneidungsfreiheit bleibt uneingeschränkt erhalten. Das Tischsittenedikt bleibt ein Angebot. Barnabas nimmt es für

---

[28] *K. Kertelge*, a.a.O. (s. Anm. 18), 107f.

Antiochien an. Paulus wird nicht durch Petrus und die Jerusalemer Gemeinde zur Annahme gezwungen.

5.12. Paulus bestreitet Jerusalem nicht den Integrationsanspruch mit dem Judentum, höhlt ihn aber innerlich aus. Trotz der kompromißlosen, ständigen Verunreinigung in der Gemeinschaft mit den Heidenhellenisten löst er später beim Jerusalem-Aufenthalt das Nasir-Opfer von vier armen Judenchristen aus und behält gleichzeitig die Gemeinschaft mit den Heidenhellenisten auf dem Tempelvorhof bei (Apg 21,18-30).[29] Diese erlaubte Provokation macht die Gemeinde in Jerusalem handlungsunfähig und führt zur Verhaftung des Paulus. Denn das Jerusalemer Judentum erwartet von einem Spender des Nasir-Opfers die kultische Reinheit, auch wenn sie für diesen nicht explizit vorgeschrieben ist.

5.13. Das Markusevangelium läßt erkennen, daß es für die Zentrale Jerusalem nach der Zerstörung im Jahre 70 keinen Ersatz gibt. Es gibt auch keine Konflikte zwischen unterschiedlichen Gemeinden oder zwischen Ortskirche und Zentrale. Das Evangelium wird ohne Organisation von den Glaubenden allen Völkern verkündet (Mk 14,9; 13,10). Die Gemeinden sind „Häuser", in denen jeder seine Aufgabe hat, bis der Hausherr zurückkehrt (Mk 13,33-37). Wie in den paulinischen Gemeinden übernimmt ein größeres Haus die Leitung, die anderen Häuser pflegen einen ehrenden, freundschaftlichen Kontakt zu diesem Haus und einen gleichrangigen, freundschaftlichen Kontakt untereinander.[30] Jesus Christus ist Herr der Häuser und sein Evangelium hält die Konfliktbewältigungsstrategien der Ursprungszeit in Erinnerung. Es gibt unter den Jüngern keine Herrschaft, sondern nur den Dienst. Konflikte werden weisheitlich über eine permanente Dialogbereitschaft geklärt, d.h. über die zahlreichen Schulgespräche, biographischen Apophthegmata und Streitgespräche des Markusevangeliums.[31]

5.14. Das Matthäusevangelium behält die Gesprächsstrategie des Markusevangeliums bei und verstärkt den Vorrang des Petrus mit dem Felsenamt. Die Gemeinde erhält zusätzlich zu Jesus einen individuellen Gründungsapostel. Petrus, der erste Apostel nach Paulus und Mar-

---

[29] *J. Roloff*, Die Apostelgeschichte, NTD 5, Göttingen 1981, 311-315.

[30] *H.J. Klauck*, Hausgemeinde und Hauskirche im frühen Christentum, Stuttgart 1981, 56-62.

[31] *W. Weiß*, „Eine neue Lehre in Vollmacht". Die Streit- und Schulgespräche des Markus-Evangeliums, Beiheft zur Zeitschrift für die neutestamentliche Wissenschaft [BZNW] 52, Berlin 1989.

kus, wird zum Gründungsfelsen und Garanten der Gemeindeversammlung = Ekklesia (Mt 16,18-19). Die Beziehung zu anderen Gemeinden kommt nicht in den Blick. Wohl aber wird der Anspruch des Evangelisten erkennbar, über das Markusevangelium hinaus den zusätzlichen Gründungsakt des Petrus umfassend zu erzählen.[32] Die Lehre Jesu an alle Völker (Mt 28,16-20) beruht vor allem auf der Tradition des Petrus, des ersten Jüngers, der von Anfang an dabei war. Das Matthäus-Evangelium erzählt über Petrus die Jesus-Traditionen umfangreicher als die Vorlage, das Markusevangelium, indem es das Spruchevangelium Q und Sondertraditionen einarbeitet. Es wird daher von den Gemeinden des 2. Jh. auf den ersten Platz des Vierer-Evangeliums gesetzt.

5.15. Streitfälle innerhalb der matthäischen Gemeinde löst nicht das Felsenamt, sondern die Gemeindeversammlung (Mt 18,15-20). Die Autonomie der Ortsgemeinde wird gegenüber den paulinischen Ortsgemeinden gesteigert. In den paulinischen Gemeinden kann und muß der Gründungsapostel Paulus persönlich zu Streitfällen Stellung beziehen (1 Kor 1,10-17; 5,1-13 u.a.), der Gründungsapostel Petrus hingegen kann nicht eingreifen. Für ihn gibt es auch keinen institutionellen Ersatz, weder mit einer neuen personalen Autorität, noch mit einer neuen Zentralgemeinde analog zu Jerusalem. Allein die Evangeliumsbiographie von „Jesus Christus, dem Davidssohn und Abrahamssohn" (Mt 1,1) mitsamt den heiligen Schriften des Judentums bildet die Grundlage, Krisen zu lösen.[33]

5.16. Die Pastoralbriefe aktivieren pseudepigraphisch das paulinische Konfliktlösungsmodell und formen es um. Der Gründungsapostel Paulus gibt durch seine Schüler Timotheus und Titus Anweisungen und Vorschläge an die Gemeindeleiter. Die Gemeindeleiter sollen durch Identifikation mit den beiden Apostelschülern das paulinische Schrifttum aktualisieren und für ihre Gemeinden praxisorientiert auslegen.[34] Timotheus und Titus sind aber keine Metropolitanbischöfe mit der Koerzitionsgewalt kaiserlicher Legaten. Dieses Metropolitan-Amt entsteht erst im Konzil von Nicäa mit den drei Patriarchaten von Rom, Alexandrien und Antiochien. Paulus und seine beiden Schüler Timo-

---

[32] H. *Frankemölle*, Matthäus-Kommentar, 2. Bde., Düsseldorf 1994-97, hier Bd. 2, 221f.

[33] D. *Dormeyer*, Mt 1,1 als Überschrift zur Gattung und Christologie des Matthäusevangeliums, in: F. *van Segbroeck* u.a. (Hg.), The Four Gospels 1992, FS F. Neirynck, 3 Bde., Bibliotheca Ephemeridum theologicarum Lovaniensium [BEThL] 100, Leuven 1992, hier Bd. 2, 1361-1383.

[34] J. *Roloff*, Kirche im Neuen Testament (s. Anm. 8), 263f.

theus und Titus symbolisieren ähnlich wie Petrus im Matthäusevangelium die Verwiesenheit auf die Schriften des Gründungsapostels.

5.17. Das lukanische Geschichtswerk schließt mit Rom als neuem Mittelpunkt der Evangeliumsverkündung ab (Apg 28,14-31). Paulus wird als Führungspersönlichkeit mit einem Adventus empfangen (Apg 28,14-15). Unabhängig von Jerusalem hören sich die Juden die Verkündigung des Paulus an (Apg 28,16-22). Sie geraten über diese Verkündigung in Uneinigkeit (Apg 28,23-28). Die Gemeinde in Rom muß auch nach dem Martyrium des Paulus weiterhin für die Einheit mit dem hörbereiten Judentum sorgen.

5.18. In einigen Spätschriften des NT führt ein schroffer, ethischer Dualismus zu Konfliktverhärtungen mit der Ursprungsreligion Judentum und mit den benachbarten Gemeinden.

5.19. Im johanneischen Werk werden die jüdischen Zuhörer Jesu zu Söhnen des Teufels (Joh 8,44); Leiter unterschiedlicher Gemeinden erkennen sich nicht gegenseitig an, sondern schließen sich als „Verführer und Antichristen" aus (2 Joh 7-11; 3 Joh).

5.20. Ähnlich erklärt der Prophet Johannes in der Offenbarung die Juden in Smyrna und Philadelphia zur Synagoge des Satans (Offb 2,9; 3,9). Er entwertet die Leiterin der Nachbargemeinde von Thyatira durch das Pseudonym Isebel, der ungläubigen Verfolgerin des Propheten Elija (Offb 2,20). Er diffamiert ihren liberalen Versöhnungskurs, die jüdisch-christliche Tradition mit Hilfe des paulinischen Freiheitsbegriff in die umgebende hellenistische Kultur einzubetten, als „Götzendienst" und „Tiefe des Satans" (Offb 2,20-29).[35]

5.21. Der Abbruch der Beziehung zum real existierenden Judentum hat als Entsprechung die Disqualifizierung konkurrierender Gemeinden als antichristlich. An die Stelle des Aushandelns von Kompromissen und des Einsatzes des eigenen Lebens für die Einheit treten Abbruch der Beziehung mit differierenden Gemeinden, Ausschluß und Diffamierung als „satanisch".

5.22. Gegen den Trend des anarchischen und polemischen Abgrenzungs- und Ausgrenzungsprozesses der Ortskirchen untereinander und in den Gemeinden selbst aktiviert die römische Gemeinde ab den neunziger Jahren die ihr zugefallene und zugesprochene Leitungsfunktion (Apg 28).

---

[35] *U.B. Müller*, Die Offenbarung des Johannes, Ökumenischer Taschenbuchkommentar zum Neuen Testament [ÖTBK] 19, Gütersloh–Würzburg 1984, 115-122.

5.23. Der erste Klemensbrief nimmt zu einem Aufruhr (stasis) in der Gemeinde von Korinth Stellung, ohne von der neuen Gemeindeleitung gefragt worden zu sein (1 Clem 1,1). Offenkundig hat sich die abgesetzte, alte Leitung in Rom beschwert. Die Gemeindeleitung von Rom ist bestrebt, über ihr Verständnis von Leitung einen Konsens zu erzielen; die korinthische Gemeinde soll zur Rücknahme der Absetzung bewegt werden.[36]

5.24. Die Apostel Petrus und Paulus haben beispielhaft das Martyrium aufgrund äußeren und inneren „Neides" erlitten (1 Clem 5). Sie bilden die Grundlage für das Amtsverständnis. Gewählte Presbyter können nicht abgesetzt werden (1 Clem 1; 44), wie auch das gewählte Zwölferkreismitglied Matthias nicht abgesetzt werden kann (Apg 1). Die Kirche ist eine sakrale, vom Geist geleitete Versammlung, nicht ein kommunaler Verein mit turnusgemäßen Wahlen. Zusätzlich wird das Amtsverständnis umfassend aus den heiligen Schriften des Judentums begründet. Nur in Rückbesinnung auf die „mores maiorum", auf die Sitten der Väter, können Neuerungen sinnvoll konzipiert und durchgesetzt werden. Die augusteische und prinzipatzeitliche Renaissance beflügelt die Herausbildung eines römischen Konservatismus. Der Konservatismus dient der Einheit der Tradition und der Einheit der Ortskirchen untereinander. Das Thema „Einheit mit dem Judentum" wird allerdings zum Thema „Einheit der Schriften des Judentums und der Apostel" verengt. Zum Thema „Einheit der Tradition" tritt das Thema „Amt" neu hinzu. Bei Streitigkeiten innerhalb einer Ortsgemeinde um die Einheit des Glaubens und des Amtsverständnisses greift die Zentrale mit ihrem Rat ein. Wie zur Zeit des Paulus kann die Gemeinde den Rat annehmen, ihn abwandeln oder ihn ablehnen. Rom kündigt die Gemeinschaft nicht auf.

5.25. Ein weiteres Thema der Beratung wird die Frage des gemeinsamen Festkalenders. Rom empfiehlt als Osterfesttag den Sonntag nach dem ersten Frühlingsvollmond, die kleinasiatischen Gemeinden halten an dem jüdischen Kalender mit dem 14. Nisan, dem Frühlingsmonat, fest. Es bleibt bis zum Konzil von Nicäa (325) bei der unterschiedlichen Festlegung. Heute weicht die Ostkirche aufgrund der Nichtüber-

---

[36] *R. Schnackenburg*, Die Einheit der Kirche unter dem Koinonia-Gedanken, in: *F. Hahn/K. Kertelge/R. Schnackenburg*, a.a.O. (s. Anm. 18), 52-94; *P. Mikat*, Die Bedeutung der Begriffe Stasis und Aponoia für das Verständnis des 1. Clemensbriefes (1969), in: *ders.*, Religionsrechtliche Schriften, hg. v. *J. Listl*, 2 Bde., Berlin 1974, hier Bd. 2, 719-753.

nahme der gregorianischen Kalenderreform vom römischen Festkalender ab. Die Abweichung im Festkalender kann akzeptiert werden.

5.26. Die Streitigkeiten innerhalb und zwischen den Gemeinden gehen im 2. Jahrhundert hauptsächlich um die wahre apostolische Überlieferung. Die römische Gemeinde schließt Markion aus, weil er die apostolische Überlieferung „reinigt" und die heiligen Schriften des Judentums ausschließt. Die Nichtanerkennung gnostischer Schriften durch Irenäus von Lyon wird von Rom übernommen. Der römische Canon Muratori, Ende des 2. Jahrhunderts entstanden, gibt den Konsens der Zentralgemeinde mit den übrigen Ortskirchen wieder. Der offizielle Abschluß des Kanons findet erst im 4.-5. Jh. statt.

6. Ergebnis

6.1. Die Königsherrschaft Gottes fordert eine sichtbare Kirche an jedem Ort und eine sichtbare Einheit der Ortskirchen untereinander.[37]

6.2. Für zentrale Fragen werden historisch gewachsene Zentren zuständig. Das paulinische Einheitsprinzip von Christusgemeinschaft und Versammlung der Christusgläubigen einer Stadt wird von der Apostelgeschichte zugunsten einer kulturellen Differenzierung aufgegeben. In Jerusalem bildet sich zusätzlich zur judenpalästinensischen Tischgemeinschaft eine judenhellenistische Tischgemeinschaft. Ihre Leiter bleiben im gemeinsamen Dienst am Wort miteinander verbunden.

6.3. Jede Gemeinschaft, die von Jesus Christus die Koinonia erhalten hat im Evangelium, im Glauben, in der Taufe, im Geist, im Leitungsamt und in der Eucharistie, hat das Recht, ihre Versammlungen Kirche Jesu Christi zu nennen. Keine christliche Kirche spricht daher einer anderen christlichen Kirche diese Selbstbezeichnung ab.

6.4. Die Einheit mit dem Judentum bleibt für Jesus von Nazaret unaufgebbar. Er erneuert Gottes Bund mit Israel, er ersetzt ihn nicht. Der Bezug zum Judentum bleibt für jede Kirche unaufgebbar.

6.5. Die Kirche in Jerusalem hat den Vorrang vor den anderen Ortskirchen mit unterschiedlichen Leitungsämtern und mit unterschiedlichen Eucharistieformen bis zum Ausbruch des jüdischen Krieges im Jahre 66 inne.

---

[37] R. *Schnackenburg*, Einheit der Kirche (s. Anm. 36); J. *Roloff*, Kirche im Neuen Testament (s. Anm. 8), 316 f.

6.6. Zum Ende des 1. Jahrhunderts bildet sich die Kirche in Rom als neues Zentrum heraus. Die Apostelgeschichte liefert das Konzept, 1 Clem die Ausführung, IgnRöm 3,1 die Anerkennung.

6.7. Rom übernimmt von Jerusalem die Sorge für die Einheit. Es unterläßt aber, die Einheit mit dem real existierenden Judentum zu wahren. Das Verständnis als Volk Gottes und Israel, das mit einem erneuerten Bund um die Völker erweitert ist, wird auf die Bewahrung der gemeinsamen Buchtradition eingeengt.

6.8. Rom versäumt es daher, sich gegen die „Adversus-Judäos-Schriften" des zweiten und dritten Jahrhunderts zu wenden. Die friedliche Ablösung von der „Mutterreligion" unter Beibehaltung des gemeinsamen Bundes mißlingt. Die Folge ist eine hohe Rivalität der Ortskirchen untereinander mit gegenseitigen Häresieverdächtigungen. Erst die Aussöhnung mit den Vorgängerkirchen befreit zum herrschaftsfreien Dialog der Nachfolgekirchen untereinander.

6.9. Um die Einheit der Kirche untereinander und mit den Büchern des Judentums zu wahren, wird der Kanon der verbindlichen und erlaubten heiligen Schriften des Alten und Neuen Bundes geschaffen.

6.10. Die Ortskirchen behalten ihre volle Autonomie. Wenn innere Streitigkeiten diese Autonomie gefährden, bietet die Zentrale die Möglichkeit, die Grundlagen des Glaubens zu überprüfen und Rat einzuholen. Die Ortskirchen übernehmen nicht jeden Kompromiß und halten gleichzeitig die Einheit des Glaubens bei.

6.11. Der Ort der Zentrale kann wandern.

6.12. Die institutionelle Form der Zentrale bleibt nicht festlegbar.

II

Zum Verhältnis von Ortskirchen und Weltkirche nach dem II. Vatikanum

von Bernd-Jochen Hilberath, Tübingen

Vor zwanzig Jahren wurde Hans Küng die Lehrerlaubnis entzogen. Dies war und ist das prominenteste Beispiel dafür, daß die vatikanische Kongregation für die Glaubenslehre vor allem dann gegen Theologinnen und Theologen einschreitet, wenn sie die Lehre von der Kirche, ja vor allem wenn sie die bestehenden Strukturen der zentral geleiteten römischen Weltkirche bedroht sieht.

Im Ökumenismusdekret des Zweiten Vatikanischen Konzils heißt es in Nr. 11: „Beim Vergleich der Lehren miteinander soll man nicht vergessen, daß es eine Rangordnung oder ‚Hierarchie' der Wahrheiten innerhalb der katholischen Lehre gibt, je nach der verschiedenen Art ihres Zusammenhangs mit dem Fundament des christlichen Glaubens." Die (heilige) Rangordnung hat die Christenheit der ersten Jahrhunderte in ihrem Taufbekenntnis festgelegt: Die Kirche bezeugt das menschenfreundliche Handeln Gottes, der seine Schöpfung bejaht (so wie der ideale Vater und die ideale Mutter), der sie mit sich versöhnt (dafür steht Jesus der Christus = Messias, der ideale Menschensohn, der zeigt, wie Gott zu uns steht und wer wir vor ihm sind), der sie heiligt und vollendet, indem er ihr einen neuen Geist verleiht (den Heiligen Geist des Vaters und des Sohnes). Christen glauben *an* Gott den Vater, *an* Gott den Sohn, *an* Gott den Heiligen Geist; trotz anders lautender Formulierungen glauben sie im eigentlichen Sinn nicht *an* die Kirche (schon gar nicht *an* Maria, *an* den Papst oder gar *an* den Teufel). Glauben ist eine personale Beziehung und nicht in erster Linie ein Fürwahrhalten, wenngleich die Beziehung Wahrheit einschließt, die auch formuliert werden kann. Wenn es im Credo heißt: „[...] und an die eine, heilige, katholische und apostolische Kirche [...]" (in einigen altkirchlichen Bekenntnissen heißt es nicht „an", sondern „ich glaube die [...] Kirche), so drückt dies die gläubige Erfahrung aus, daß der Geist (trotz allem!) in der Kirche wirkt (selbstverständlich auch außerhalb ihrer in der ganzen Schöpfung). Kirche ist Geistgeschöpf, der Heilige Geist ist das Lebensprinzip der Kirche, wie das Zweite Vatikanische Konzil in der Kirchenkonstitution Nr. 8 wieder in Erinnerung ruft. An dieser Hierarchie der Wahrheiten sind alle Reformbemühungen – und auch die Verweigerung gegenüber diesen – zu messen.

Zeigt aber nicht die anhaltende Auseinandersetzung um die Schwangerschaftkonfliktberatung, daß die Impulse des *Zweiten* Vatikanischen Konzils (1962-1965) die durch das *Erste* Vatikanum (1869-1870) fest- und vorgeschriebene Ordnung der Kirche nur für kurze Zeit irritiert, aber nicht verändert haben? Die Kirchenrechtler und Kirchenrechtlerinnen, die um Gutachten in Sachen Stiftung „Donum vitae" angegangen wurden, kommen zu unterschiedlichen Auffassungen und spiegeln so die Auseinandersetzungen in der nachkonziliaren Kirche wider. Angesichts des „real existierenden Katholizismus" kann sich freilich leicht der Eindruck einstellen, Dogmatiker und Kirchenrechtlerinnen, welche die Ergebnisse des Ersten Konzils im Vatikan mit Hilfe des Zweiten korrigieren wollen, seien hoffnungslose Illusionisten und Kirchenträumerinnen. „Der Papst besitzt höchste und volle Jurisdiktionsgewalt nicht nur in Angelegenheiten des Glaubens und der Sitten, sondern auch hinsichtlich der Disziplin und Leitung der Gesamtkirche, und zwar unmittelbar auch über alle einzelnen Gläubigen. Die Laien sind rechtlich verpflichtet, seinen Anordnungen Folge zu leisten", schreibt der Bonner Kirchenrechtler Norbert Lüdecke am 30. Dezember 1999 in der FAZ. Der Kollege läßt offen, ob er selbst diese Auffassung teilt oder ob er lediglich die eherne Konsequenz des geltenden Kirchenrechts herausstellen will, so daß klar würde: Wer andere Verfahrensweisen bei der innerkirchlichen Urteilsbildung will, muß die Revision des Kirchenrechts wollen!

Höbe sich dann aber die römisch-katholische Kirche nicht selbst auf? Das fragen nicht nur kirchentreue Katholiken. Derlei ist auch von denen „draußen" zu hören, welche die zentralistische Leitung der römischen Kirche für eine ihrer Wesenseigenschaften ansehen und katholische Lehre vor allem mit den Lehraussagen über Maria und den Papst identifizieren. Aber ist nicht ein Dogma unveränderlich? Sind nicht diejenigen, die das Zweite Vatikanum vom Ersten her interpretieren, dem Wesen des Katholizismus näher als die Utopisten, welche von einem Dritten Vatikanischen Konzil träumen? Die hier vorgelegte Interpretation des vor vierzig Jahren von Papst Johannes XXIII. angekündigten Konzils will nicht psychologisch oder machtpolitisch, sondern theologisch widerlegt werden – ansonsten wären strukturelle

Konsequenzen aus der Kirchenvision des Zweiten Vatikanums nicht länger zu verweigern!

1. Darf jeder das Konzil auslegen, wie er/sie will?

Fast alle theologischen und pastoralen Optionen berufen sich auf das letzte Konzil, auf seinen Geist oder seinen Buchstaben, oder auf beide. Nur die Traditionalisten machen hier eine Ausnahme. Für sie ist das Zweite Vatikanum ein „bloßes Pastoralkonzil", also dogmatisch unverbindlich, weshalb sie sich an dem antireformatorischen Konzil von Trient (1545-1563) und am Ersten Vatikanum orientieren. Unzutreffenderweise nehmen sie für sich in Anspruch, *die* Tradition der Kirche hinter sich zu haben, ohne wahrzunehmen, daß sie sich nur auf eine sehr begrenzte Tradition, nämlich die der zweiten Hälfte des neunzehnten Jahrhunderts beziehen, während das Zweite Vatikanische Konzil gerade auf die biblische und altkirchliche Überlieferung zurückgriff. Tat es dies „nur" in seelsorgerlicher und letztlich unverbindlicher Absicht? Eine solche Auffassung verkennt den Wandel im Selbstverständnis kirchlicher Lehre, wie er dem Anliegen Johannes' XXIII. folgend von den Konzilsvätern vollzogen wurde, – als notwendig empfunden angesichts der seelsorgerlichen Lage, als möglich plausibel gemacht durch die theologischen Berater (u.a. Küng, Ratzinger, Rahner). Johannes XXIII., selbst Kirchenhistoriker, unterschied in seiner Eröffnungsansprache zwischen den ewigen Wahrheiten und ihrer zeitgemäßen Verkündigung. Evangeliums- und zeitgemäß zugleich hat Kirche zu verkündigen – angesichts der „Zeichen der Zeit", die dem Papst nicht so düstern erschienen wie den „Unheilspropheten" auch in seiner unmittelbaren Umgebung, welche er in derselben Rede ausdrücklich zurückweist.

Theologisch stellt sich der Sachverhalt dann wesentlich komplizierter dar: Die „ewigen Wahrheiten" stehen uns ja nicht seit jeher und ein für allemal zur Verfügung, sondern sind je neu – als für alle Zeiten geltende Heilswahrheiten Gottes! – zu erfassen und auszusagen, zu bezeugen. Deshalb ist das Ringen um eine Verkündigung, eine Theologie, eine Erscheinungsform von Kirche, die am Evangelium ihren Maßstab nimmt und auf die Zeichen der Zeit achtet, normal und kein Skandal und Abfall, wie die Traditionalisten befürchten. Maßstab ist eben die Bibel, an der selbst die verbindliche Auslegung der Kirche immer wieder gemessen werden muß. Das gilt auch für die Katechismen und theologischen Handbücher, ja auch für Konzilsentscheidungen, deren Verbindlichkeit nicht dadurch gewahrt bleibt, daß man sie einfach nur wortwörtlich wiederholt, sondern indem „man" sie – von der Heiligen Schrift her kritisch geprüft – angesichts der jeweiligen Zeit mit ihren Fragestellungen und Antwortmöglichkeiten zur Geltung bringt.

Freilich: Wer ist „man"? Hinsichtlich der Kommunikation in der Kirche sind drei kollektive Subjekte bzw. Instanzen zu unterscheiden *und* aufeinander zu beziehen: Gottesvolk, (bischöflich-päpstliches) Lehramt und (wissenschaftliche) Theologie. Eine Beachtung und kirchenrechtliche Garantie der wechselseitigen Beziehungen dieser Instanzen, denen jeweils eine eigene, nicht übertragbare Aufgabe zukommt, käme der Realisierung einer der Grundintentionen des Zweiten Vatikanischen Konzils gleich. Die Konzilsväter hatten sich ja dazu durchgerungen, in der Konstitution über die Kirche zuerst von dem, was alle im Volk Gottes angeht, wozu jeder und jede auf seine und ihre Weise berufen und gesandt ist, und erst dann von den ordinierten Diensten (den „hierarchischen Weiheämtern" der Bischöfe, Priester und Diakone) zu handeln. Zur theologischen Begründung verweisen die Konzilstexte auf die Teilhabe aller Gläubigen an den „drei Ämtern" Christi, seinem Priester-, Propheten- und Hirtenamt. Christus ist der Priester, der die Menschen mit Gott versöhnt, der Prophet bzw. Lehrer, der die Wahrheit über das Leben aufdeckt, der Hirte bzw. König, der auf gute Weide führt bzw. weise regiert. Die Bezeugung und Vergegenwärtigung des Handelns Jesu Christi zum Heil der Menschen ist nicht ausschließlich Sache des Klerus, und die Laien sind nicht länger Objekte des pastoralen Handelns. Deshalb spricht das Konzil – ohne Scheu vor einer „Protestantisierung" – vom „gemeinsamen Priestertum" und vom prophetischen Lehramt des Gottesvolkes, dem auf Grund des Beistandes des Geistes sogar „Unverirrlichkeit" (besser als „Unfehlbarkeit") zukommt, welche „die Gesamtheit der Gläubigen" durch ihren „übernatürlichen Glaubenssinn" dann kundtut, „wenn sie, von den Bischöfen bis zu den letzten gläubigen Laien' (Augustinus) ihre allgemeine Übereinstimmung in Sachen des Glaubens und der Sitten äußert" (Kirchenkonstitution Nr. 12).

Bischöflich-päpstliches und wissenschaftlich-theologisches Lehramt, deren Träger ja ebenfalls zum Gottesvolk gehören, stehen im Dienst der Gesamtheit der Gläubigen. Sie gibt es nur, damit die Gläubigen das Evangelium verkünden können – in Übereinstimmung mit dem überlieferten und dem gegenwärtigen Glaubensbewußtsein (dafür trägt das Lehramt der Bischöfe mit dem Papst Sorge) und angesichts der Zeichen der Zeit (hier steht die wissenschaftliche Theologie „zu

Diensten"). So kommt es dem bischöflich-päpstlichen Lehramt zu, Regeln für die Glaubenskommunikation aufzustellen, damit die Kontinuität mit der Überlieferung gewahrt bleibt (wie dies geschieht, ist selbst Ergebnis eines Kommunikationsprozesses). Der wissenschaftlichen Theologie ist aufgegeben, die Plausibilität der Glaubensentscheidung auch in dieser Zeit zu erarbeiten (was nicht mit einem Ausverkauf des Evangeliums an den Zeitgeist zu verwechseln ist, wie auf der anderen Seite das eigentlich Anstößige des Glaubens nicht durch allerlei von der Kirchen und ihren Gliedern gegebene Ärgernisse verstellt werden darf).

2. Wie eindeutig sind die Konzilstexte?

Kann sich die Unterscheidung von drei Kommunikationsinstanzen tatsächlich auf das Konzil berufen? Wer konstatiert die Übereinstimmung „von den Bischöfen bis zu den letzten gläubigen Laien"? Wie ist der unmittelbar auf diese Aussage folgende Satz zu interpretieren: „Durch jenen Glaubenssinn nämlich, der vom Geist der Wahrheit geweckt und genährt wird, hält das Gottesvolk, *unter der Leitung des heiligen Lehramtes*, in dessen treuer Gefolgschaft es nicht mehr das Wort von Menschen, sondern wirklich das Wort Gottes empfängt, den einmal den Heiligen übergebenen Glauben unverlierbar (indefectibiliter) fest"? Zur Begründung der Unverirrlichkeit des Gottesvolkes in *überlebenswichtigen* Fragen des Glaubens und der Sitte – ansonsten aber gilt, mit Hans Küng gesprochen: „trotz aller immer möglichen Irrtümer"[1] – verweist die Kirchenkonstitution auf die Verse 20 und 27 des zweiten Kapitels im 1. Johannesbrief, wo von der Salbung (durch Christus oder den Geist) die Rede ist, „die in euch bleibt". Die Fortsetzung des Verses 27 wird freilich ausgelassen: „und ihr braucht euch von niemand belehren zu lassen".

Bietet also das Zweite Vatikanum nur „kosmetische Korrekturen" an einer Lehre von der Kirche an, deren harter Kern die Aussagen des Ersten Vatikanischen Konzils bilden? Wenn die außerordentliche Bischofssynode in Rom zwanzig Jahre nach Abschluß des Konzils behauptet, der Gedanke der Gemeinschaft (communio) sei „die Leitidee" des Zweiten Vatikanums, ist das bloß „brüderlich" oder bestenfalls „geschwisterlich" klingende Verschleierung der wahren Verhältnisse? Die Frage, ob jeder das Konzil auslegen kann, wie er/sie will, wird zur Frage an die Konzilstexte selbst: Sind sie so widersprüchlich, daß sich

---

[1] *H. Küng*, Unfehlbar? Eine Anfrage, Zürich 1970, 143.

40

von ihnen her sowohl das Weiterbestehen eines hierarchisch-zentralistischen Kirchenbildes rechtfertigen läßt wie die Entwicklung eines Gemeinschaftsmodells von Kirche? Oder ist gar das Zweite Vatikanum vom Ersten her zu interpretieren, weil dessen Aussagen doch unfehlbar sind und deshalb ungebrochen weiter gelten müssen? Zeigt das nicht auch das 1983 vorgelegte „neue" Kirchenrecht, das in vielem hinter dem zurückbleibt, was die neue Perspektive des jüngsten Konzils eröffnet hat?

Schon bald wurde in der theologischen Diskussion nach dem Konzil herausgestellt, daß in den Konzilstexten zwei theologische Konzepte von Kirche vertreten sind. Die entsprechenden Aussagen sind teilweise kompromißhaft verbunden, teilweise stehen sie unausgeglichen nebeneinander. Max Seckler sprach gar von einem „kontradiktorischen Pluralismus"[2], d.h. es gibt eine Vielfalt von sich widersprechenden Aussagen. Ist dann aber das Konzil noch ernst zu nehmen? Ja, genau darin, daß es in einer Zeit epochalen Umbruchs widerstrebende Anliegen gelten läßt, statt sie in *ein* Kirchenbild zu pressen, das so (noch) nicht von allen mitgetragen werden kann! Völlige Unentschiedenheit bedeutet dies freilich keineswegs. Der überwältigenden Mehrheit der Konzilsväter schwebte nicht eine zentralistisch geleitete Weltkirche vor, die durch einige „Communio-Elemente" ein etwas erfreulicheres Gesicht erhält. Vielmehr wollte sie die auf das Papsttum fixierten Aussagen des Ersten Vatikanums (das wegen des Ausbruchs des deutsch-französischen Krieges vertagt werden mußte und sich nicht mit einem bereits vorbereiteten umfassenden Text über die Kirche befassen konnte!) einbetten in ein Gesamtkonzept von Kirche. Der von der Kurie vorgelegte Text über die Kirche strotze nur so von „Triumphalismus, Juridismus und Klerikalismus", hatte der Bischof von Brügge, de Smedt, im Namen vieler Konzilsväter kritisiert. Nach dem Zweiten Vatikanischen Konzil ist kein theologisches Lexikon mehr denkbar, in dem sich, wie noch nach dem Ersten, unter Laie der Eintrag findet: „s. Clerus"!

Die These, die Aussagen des Ersten Vatikanum blieben als dogmatische unverändert in Geltung, verkennt die Geschichtlichkeit kirchlicher Lehre, die auf die geoffenbarten „ewigen Wahrheiten" hinzielt, aber diese nicht in unveränderlichen Formulierungen ein für allemal erfaßt hat (so schon Thomas von Aquin im dreizehnten Jahrhundert,

---

[2] *M. Seckler*, Über den Kompromiß in Sachen der Lehre, in: Im Spannungsfeld von Wissenschaft und Kirche, Freiburg 1980, 109.

vom Zweiten Vatikanum den Studierenden als „Meister" empfohlen[3]). Zutreffend ist dagegen die These, daß die Aussagen des Ersten im Kontext des Zweiten Vatikanischen Konzils zu interpretieren sind. Es läuft doch auf eine Binsenwahrheit hinaus, darauf hinzuweisen, daß ein Text (hier: die Aussagen des Ersten Vatikanums über die Unfehlbarkeit des Papstes) seinen Sinn verändert (zumindest anreichert), wenn er in einen neuen Kontext (hier: den der Lehre des Zweiten Vatikanums vom unverirrlichen Glaubenssinn des Gottesvolkes sowie der Lehre von der Unfehlbarkeit des Bischofskollegiums) gestellt wird. Schon immer gab in der Kirchengeschichte die Rezeption von Konzilsentscheidungen den Ausschlag hinsichtlich ihrer Bedeutung, angefangen vom ersten ökumenischen, d.h. die gesamte christliche Welt betreffenden Konzil in Nizäa (325), das wesentliche Teile des heute noch in der Ökumene gemeinsamen Glaubensbekenntnisses formulierte, die in Jahrzehnte dauernden theologischen Auseinandersetzungen bewahrheitet und bewährt wurden. Schon aus formalen Gründen (neuer Text) wie aus historischen (Konziliengeschichte) ergibt sich also als Auslegungsregel: Das Erste Vatikanum ist in der Perspektive des Zweiten auszulegen.

Am Beispiel der „Unfehlbarkeit" läßt sich dies auch inhaltlich belegen: Schon das Erste Vatikanum formulierte, daß der römische Bischof dann (und nur dann!), wenn er als oberster Hirte und Lehrer der Kirche in Fragen des Glaubens und der Sitte feststellt, was Glaube der Kirche ist (was ihn verpflichtet, sich dessen zu vergewissern!), „jene Unfehlbarkeit besitzt, mit welcher der göttliche Erlöser seine *Kirche* bei Definitionen ausgestattet sehen wollte"[4]. Unfehlbarkeit ist keine persönliche Eigenschaft des Papstes, auch keine der Gesamtkirche, sondern – wenn schon – eine des Heiligen Geistes, der die Gläubigen in alle Wahrheit einführen wird, wie es in Joh 14, 26 heißt. Deshalb ist Unverirrlichkeit die angemessenere Bezeichnung für diese gläubige Überzeugung, Gott sorge in seinem Geist dafür, daß das Gottesvolk sich nicht so auf seinem Weg verirrt, daß die Botschaft des Evangeliums ein für allemal verstellt oder verraten würde. Und die Geschichte kennt Beispiele dafür, daß eher das gläubige Volk als die Bischöfe und Theologen den rechten Glauben bewahrt haben. Kein Geringerer als John Henry Newman (1801-1890), Anglikaner, zum Katholizis-

---

[3] Dekret über die Priesterausbildung Optatam totius, Nr. 16.
[4] Dogmatische Konstitution Pastor aeternus, Kap. 4 (DH 3074), in: *H. Denzinger*, Enchiridion symbolorum, definitionum et declarationum de rebus fidei et morum. Kompendium der Glaubensbekenntnisse und kirchlichen Lehrentscheidungen [DH], hg. v. *P. Hünermann*, Freiburg 1991.

mus konvertiert, 1879 zum Kardinal kreiert, hat darauf aufmerksam gemacht. In seinem Brief an den Herzog von Norfolk verteidigt Newman seine Position hinsichtlich der Wahrheitsfindungsprozesse in der Kirche u.a. mit folgender „Nachbemerkung": „Wenn ich genötigt wäre, bei den Trinksprüchen nach dem Essen ein Hoch auf die Religion auszubringen (was freilich nicht ganz das Richtige zu sein scheint), dann würde ich trinken – freilich auf den Papst, jedoch zuerst auf das Gewissen und dann erst auf den Papst"[5]. Vor ungefähr zehn Jahren, am 22. Januar 1991, erklärte Johannes Paul II. den aufrechten Kardinal zum „ehrwürdigen Diener Gottes"[6].

3. Zwischen Vision und Wirklichkeit

Unter dieser Überschrift habe ich vor einiger Zeit die nachkonziliare Situation analysiert und vom Zweiten Vatikanischen Konzil her beurteilt.[7] Erweist sich aber nicht doch das, was ich mit vielen in der Kirche als Vision, als Intention des Konzils bezeichnet habe, als Illusion von Theologinnen und Kirchenträumern? Bekommt die in der Kurie einflußreiche Konzilsminderheit im nachhinein ebenso Recht wie die Minderheit nach dem Ersten Vatikanum? Dann wäre die einstige Minderheit doch nicht zur Mehrheit geworden? In einer Circular-Depesche vom 14. Mai 1872, welche erst am 29. Dezember 1874 veröffentlicht wurde, hatte Reichskanzler Bismarck im Blick auf das Erste Vatikanum behauptet: „Durch diese Beschlüsse ist der Papst in die Lage gekommen, in jeder einzelnen Diöcese die bischöflichen Rechte in die Hand zu nehmen und die päpstliche Gewalt der landesbischöflichen zu substituieren [...]. Die Bischöfe sind nur noch seine Werkzeuge, seine Beamten ohne eigene Verantwortlichkeit [...]."[8] Die von allen deutschen Bischöfen Anfang 1875 unterschriebene Erklärung weist diese Interpretation des Konzils entschieden zurück: „Alle diese Sätze entbehren der Begründung und stehen mit dem Wortlaute wie mit dem richtigen, durch den Papst, den Episkopat und die Vertreter der katholischen Wissenschaft wiederholt erklärten Sinn der Beschlüsse des Vaticanischen Concils im Widerspruch"[9]. Der Papst sei kein

---

[5] *J.H. Newman*, Ausgewählte Werke, Bd. IV, Mainz 1959, 171.
[6] Vgl. *G. Biemer*, Art. „Newman" in: Lexikon für Theologie und Kirche [LThK³], 3. Aufl., hg. v. *W. Kasper* u.a., Freiburg, hier: Bd. VII, 1998, 795-797.
[7] *B.J. Hilberath*, Zwischen Vision und Wirklichkeit. Fragen nach dem Weg der Kirche, Würzburg 1999.
[8] Zit. in der Gemeinsamen Erklärung der Bischöfe Deutschlands (DH 3112).
[9] Ebd.

„vollkommen absoluter, mehr als irgendein absoluter Monarch in der Welt". Papst Pius IX. lobte „die Klarheit und Gediegenheit" der Erklärung, welche die Lehre des Konzils keineswegs „mildere".

In der Tat hatten sich auf dem Konzil die Maximalisten wie Erzbischof Manning (er wünschte sich jeden Morgen zum Frühstück eine unfehlbare Erklärung des Papstes) nicht durchgesetzt. Aber eben auch nicht die Minderheit, zu der bis auf zwei alle deutschen Bischöfe gehörten, mit ihrem Bestreben, die Verankerung der päpstlichen Autorität in die Gesamtkirche auch expressis verbis in die Definitionen aufzunehmen. Dies ist gewiß mit ein Grund, warum die päpstliche Anerkennung der deutschen Interpretation letztlich nicht viel wert war, jedenfalls die Kurie nicht davon abhielt, die römisch-katholische Kirche zu einer absoluten, wenigstens jedoch zu einer zentralistisch verwalteten Monarchie auszubauen. Auf dem Zweiten Vatikanischen Konzil stellte sich die Minderheit von einst als Mehrheit von heute dar. Doch diesmal ist es nicht die (erneut gilt: gemäßigte) Mehrheit, welche sich durchsetzt, sondern die Minderheit, zu der – und das erweist sich als entscheidend – die kurialen Kreise gehören. Nachdem „der Spuk" des Konzils vorbei ist, sorgt man wieder für Ordnung im Haus. So wird verhindert, daß die von einer überwältigenden Mehrheit getragene Vision Wirklichkeit wird. Wer die Macht hat und wem die Macht überlassen wird, hat auch das Interpretationsmonopol. Denn selbstverständlich versuchen die Organe der zentralen Kirchenleitung ihre Anordnungen und Maßnahmen als konzilskonform herauszustellen. Und selbstverständlich geschieht dies alles aus pastoraler Sorge, weil man ja in Rom – so der frühere Nuntius in Deutschland – alles überblickt, während die Ortskirchen nicht über ihren Tellerrand schauen. Nun ist gewiß nicht alles falsch, was „von Rom" kommt; aber eine permanente Überziehung des Autoritätsanspruchs hat dazu geführt, daß Katholiken zunehmend die skeptische Haltung einnehmen „Was kann von da schon Gutes kommen?" Das (bischöflich-)päpstliche Lehramt schadet sich selbst, wenn es die beiden anderen Subjekte bzw. Instanzen der Glaubenskommunikation mißachtet, ja wenn es nicht einmal auf höchster Ebene – der bischöflichen nämlich – die Vorgaben des Zweiten Vatikanums in verläßliche Strukturen umsetzt. Mehr noch: Durch einseitige Veränderung kirchlicher Lehre, die durch eine ebenso einseitige Änderung des Kirchenrechts legitimiert wird, verschafft sich die Kurie die Möglichkeit, theologische Diskussion in ihrem Sinne zu beenden. So wurde der 1989 in neuer Form vorgeschriebene Treueeid für kirchliche Amtsträger in bezeichnenderweise erweitert: Zwischen die im Glauben anzunehmenden unfehlbaren Lehraussagen und die mit religiösem Gehorsam aufzunehmenden authentischen Lehren werden die Glaubenswahrheiten plaziert, die zwar nicht als „göttlich geoffenbart", aber doch als definitiv vorgelegt „zu halten sind"[10]. Hier lassen sich dann Lehren wie die „künstliche Empfängnisregelung" und die Nichtordinationsfähigkeit der Frau wenigstens als „definitiv zu haltende" einordnen und dann einfordern. Wie läßt sich ein solches Vorgehen mit den Intentionen des Konzils vereinbaren?

4. Das unaufgebbare Erbe des Konzils

Die Theologie es Konzils darf nicht länger die Variable einer konstanten Kirchenstruktur und eines sie beschreibenden und absichernden Kirchenrechts bleiben. Aber, so der gängige Einwand, ging es dem Konzil überhaupt um die Struktur der Kirche? Ist die Sprache der Konzilstexte überhaupt geeignet, in Kategorien des Kirchenrechts übertragen zu werden? Nun gibt es genügend Kirchenrechtlerinnen und Kirchenrechtler, welche an der Ausarbeitung eines Communio-Rechts arbeiten. Sie verbinden sich sogar schon hier und da mit den Dogmatikerinnen und Dogmatikern, die systematisch-theologisch den Zusammenhang von Vision und Struktur bedenken.

Die übliche Warnung vor Strukturdebatten erweist sich häufig als Immunisierungsstrategie. Gewiß: Die Strukturen der Kirche sind sekundär gegenüber ihrem Wesen, ihrem Auftrag. Andererseits sind sie nicht beliebig, gibt es doch Strukturen, welche Kirche an ihrer Sendung hindern, ihr Zeugnis verdunkeln können. Dieses Zueinander von Wesen und Struktur ist zutiefst theologisch begründet – in der Bezeichnung der Kirche als Sakrament, wie sie die Kirchenkonstitution des Zweiten Vatikanums einführt. Damit ist keine Sakralisierung oder Überhöhung von Kirche gemeint. Vielmehr wird diese als „Zeichen und Werkzeug" des Heilshandelns Gottes an der Menschheit verstanden. Zu einem Sakrament gehören nun aber – das lehrt der Katechismus seit alters her – ein „äußeres Zeichen" und eine „innere Gnade". Das Zeichen „bewirkt, was es bezeichnet" (z.B. im Abendmahl die Mahlgemeinschaft mit Jesus Christus, der sich selbst als Brot des Lebens gibt), nicht aus eigenem, sondern als Werkzeug göttlichen Handelns. Hat so die „innere Gnade" Priorität, so ist doch vom „äußeren Zeichen" Transparenz auf das Innere gefordert; das Zeichen muß be-

[10] Vgl. Glaubensbekenntnis und Treueeid. Klarstellungen zu den „neuen" römischen Formeln für kirchliche Amtsträger. Mit Beiträgen von *G. Thils* u. *Th. Schneider*, Mainz 1990.

zeichnen, was gemeint ist. So war etwa der Apostel Paulus der Meinung, die Art und Weise, wie die Gemeinde in Korinth Abendmahl feiert, entspreche nicht dem Wesen des Sakraments. Teilen die Wohlhabenden nicht ihre Güter mit den Armen, wird auch das Miteinanderteilen im Abendmahl unglaubwürdig: „Was ihr bei euren Zusammenkünften tut, ist keine Feier des Herrenmahls mehr; denn jeder verzehrt sogleich seine eigenen Speisen, und dann hungert der eine, während der andere schon betrunken ist" (1 Kor 11, 20f.).

Aus dem Verständnis der Kirche als Sakrament folgt hinsichtlich der Spannung zwischen Vision und Wirklichkeit: Das äußere Zeichen (d.h. das konkrete Leben, aber eben auch die Struktur der Kirche) muß transparent sein auf das hin, was bezeichnet werden soll. Kann aber eine zentral geleitete, in vielem noch an eine Monarchie erinnernde Kirchenstruktur deutlich machen, daß alle in der Kirche zum Zeugnis bestellt sind, daß alle an den drei Ämtern Christi Anteil haben, daß die Ämter (unbeschadet ihrer Beauftragung durch den Herrn der Kirche selber) im Dienst der Gemeinden stehen? Mit der konziliaren Vision einer Kirche als Gemeinschaft ist die Aufrechterhaltung der Unterscheidung von lehrender und hörender Kirche nicht vereinbar!

Im übrigen hat die oberste Leitungsebene selbst den Zusammenhang von Communio, Sakrament und struktureller Entsprechung entdeckt, allerdings so, daß von einer Revision des Zweiten Vatikanischen Konzils gesprochen werden muß. Die außerordentliche Bischofssynode 1985 hatte beklagt, daß mit der Rede vom Volk Gottes allerlei unzulässige politische Vorstellungen („Demokratisierung") verknüpft wurden. Demgegenüber betonte man den sakramentalen Charakter der Kirche und zielte dabei vor allem auf ihr Geheimnis, ihre Konstitution in der Feier der eucharistischen Communio, und man warnte vor Strukturdebatten. 1992 veröffentliche dann die Glaubenskongregation ein „Schreiben an die Bischöfe über einige Aspekte der Kirche als Communio", in welchem, angesichts des Mißbrauchs auch mit dem Begriff „Communio", die Kongregation selbst vorgibt, welche Struktur der Communio entspricht. Nämlich: Die völlige Einordnung der (bischöflichen) Ortskirche in die (vom Papst geleitete) Universalkirche. Die dafür vorgelegte theologische Begründung egalisiert eine zentrale Aussage des Zweiten Vatikanischen Konzils („die Kirche lebt in und aus den Ortskirchen") durch eine solche aus einer Ansprache des Papstes vor Kardinälen („die Ortskirche lebt in und aus der Universalkirche"). Mit Universalkirche dürfte hierbei kaum die eine Kirche Jesu Christi gemeint sein, aus der heraus die Kirchen am Ort existieren, sondern die römische Kirche als Mutter aller Tochterkirchen. In keiner Seminararbeit könnte eine solche Argumentationsweise akzeptiert werden. In formaler Hinsicht lehrt schon die klassische Schultheologie den Unterschied in der theologischen Qualifikation zwischen Konzilstext und Papstansprache. Inhaltlich müßte die Verträglichkeit der Papstaussage mit der Lehre des Zweiten Vatikanischen Konzils vom Kirchesein der Ortskirche aufgezeigt werden. Statt jedoch Kirche als Netzwerk von Ortskirchen zu beschreiben, welches den Petrusdienst einschließt, wird Kirche in letzter Konsequenz als „Papstkirche" beschrieben, welche dem Kirchesein der bischöflichen Ortskirchen keinen Eigenwert zuerkennen kann.

Dieser Intention folgen auch die Versuche, die Bedeutung der Bischofskonferenzen theologisch herunterzuspielen und die unmittelbare Jurisdiktion des Papstes (oder der Kurie?) zu stärken. „Das Problem ist nicht der Papst, sondern die Kurie", bemerkte schon vor einiger Zeit der französische Theologe Jean-Marie Tillard. Eine Kurie, Nuntiaturen, Ordinariate kann es in der Kirche geben; es muß sie aber nicht geben, und so sind sie stets rechtfertigungsbedürftig. Strukturen der Gemeinschaft, also synodale und konziliare Gremien der Kommunikation und Entscheidung, muß es nach der Lehre des Zweiten Vatikanischen Konzils geben. Sie wurden in der Nachkonzilszeit nur rudimentär ausgebildet, so daß schon von einer strukturellen Häresie gesprochen wurde.

Aber noch einmal gefragt: Kann sich diese theologische Position auf das jüngste Konzil berufen? In Nr. 26 der Kirchenkonstitution findet sich freilich nicht nur die theologische Begründung; die Komposition dieses Abschnitts verrät zugleich das Ringen der beiden Kirchenmodelle bzw. ihr weithin unverbundenes Nebeneinander. Der Gedankengang des dritten Kapitels der Konstitution („*Die hierarchische Verfassung der Kirche, insbesondere das Bischofsamt"*) wird unterbrochen durch eine „Ekklesiologie von unten", eine Sicht der Kirche aus der Perspektive der Gemeinde: „Diese Kirche Jesu Christi ist wahrhaft in allen rechtmäßigen Ortsgemeinschaften der Gläubigen anwesend, die in der Verbundenheit mit ihren Hirten im Neuen Testament auch selbst Kirchen heißen. Sie sind nämlich je an ihrem Ort, im Heiligen Geist und mit großer Zuversicht, das von Gott gerufene neue Volk [...]. In diesen Gemeinden, auch wenn sie oft klein und arm sind oder in der Zerstreuung leben, ist Christus gegenwärtig, durch dessen Kraft die eine, heilige, katholische und apostolische Kirche geeint wird." Das von der Mehrheit der Konzilsväter, unter Rückgriff auf biblische Bilder und altkirchliche Realisierungen, favorisierte Bild der Kirche als Gemeinschaft verbietet ein Verständnis der Ortskirchen als

Filialen Roms. Die Kirche existiert in den bischöflichen Ortskirchen, also den Diözesen, die selbst wiederum durch ein Netzwerk von Orts-gemeinden gebildet werden.

Daraus folgert das Konzil die Kollegialität der Bischöfe, die ge-meinsam mit dem Papst die Kirche leiten. Karl Rahner, einer der ein-flußreichen Berater, hat die Aussage des Konzils sowohl in ihrem Übergangscharakter wie hinsichtlich ihres Potentials in seinem Kom-mentar zur Stelle auf den Punkt gebracht: „Nun ist wohl nüchtern zu-zugeben, daß für das Konzil die andere Blickrichtung aus der traditio-nellen Theologie vorgegeben war und sich fast unvermeidlich auswir-ken mußte, und daß es fast unmöglich war, im einen und selben De-kret beide Aspekte gleichermaßen als Aufbauprinzip zu verwenden. Immerhin schließt die Konstitution die andere Sichtmöglichkeit nicht aus: man *kann* von der konkreten Gemeinde ausgehen [...]. Demge-genüber ist es wenig wichtig, daß diese Sätze wie ein Einsprengsel in der vorgesehenen Thematik wirken und nicht zum Strukturprinzip der ganzen Kirchenkonstitution gemacht wurden."[11]

„Wenig wichtig", wenn die Auslegung des Konzils, die Umsetzung der Vision in die Wirklichkeit, der zukunftsweisenden Intention der Konzilsväter folgt! Schon die „erklärende Vorbemerkung", die der Kirchenkonstitution auf Betreiben der Minderheit beigegeben wurde, versucht jedoch, die Bedeutung der Kollegialität zu mindern. Erst recht trug die nachkonziliare Entwicklung dazu bei. Die regelmäßig einberufenen Bischofssynoden formulierten anfangs noch selbst das Ergebnis ihrer Beratung, inzwischen wurde diese Aufgabe dem Papst überlassen, der sich mit zeitlichem Abstand in einem „nachsynodalen Schreiben" äußert. Schon auf dieser höchsten Ebene gelingt die Reali-sierung der Communio-Vision also nur sehr partiell! So hat Kardinal Ratzinger zwar nachdrücklich darauf hingewiesen, im Zusammenhang mit der Abfassung des Katechismus der Katholischen Kirche (1993) seien Bischofskonferenzen befragt worden. Nur: Welche? Grundsätz-licher, in der Perspektive des Zweiten Vatikanischen Konzils, gefragt: Warum erscheint der Katechismus als Musterexemplar für die Bi-schöfe, statt daß er das Endprodukt eines Glaubenskommunikations-prozesses von den Ortskirchen her bildet?

Es scheint, daß die von Johannes XXIII. in die Schranken gewiese-nen „Unglückspropheten" zunehmend das Sagen haben. Nun gab es und gibt es in der nachkonziliaren Kirche gewiß Fehlentwicklungen

---

[11] Lexikon für Theologie und Kirche. Das Zweite Vatikanische Konzil. Dokumente und Kommentare [LThK.E], hg. v. *H.S. Brechter* u.a., Bd. I, Freiburg 1966, 242-244.

und Mißbrauch. Und gewiß kommt gerade dem Lehr- und Hirtenamt die Sorge um die Einheit und Kontinuität im Glaubensverständnis zu. Angst gehört zum Menschen, sonst ist er nicht lebensfähig. Fixiertsein in der Angst fördert freilich ebensowenig die Lebendigkeit. Es scheint, als hätten Katholiken auf allen Ebenen zunehmend das Vertrauen auf den Heiligen Geist, der die Kirche führt und letztlich nicht in die Irre gehen läßt, verloren. Die Alternative ist nicht ein enthusiastisches oder ein spiritualisierendes Kirchenverständnis, sondern ein Christsein und ein Kirchesein, das sich dem Geist anvertraut, „der Herr ist und lebendig macht", wie es im Glaubensbekenntnis heißt. Leitfragen für ein geistliches Kirchenvolk sind: Was schafft Leben? Was fördert und erhält Leben? Damit dies nicht als Ausverkauf des Evangeliums mißverstanden wird, sei hinzugefügt: *Was* – das bezieht sich auf unser christliches Tun und die Strukturen unserer Kirche: Welche Gestalt der Verkündigung, der Diakonie, des Gottesdienstes fördert Leben? *Leben* – das bezieht sich auf das menschlichem Verfügen entzogene, von Gott geschenkte, allein vom ihm gerechtfertigte und auf die Erfüllung seiner Verheißung hin orientierte Leben eines jeden Menschen.

III

Ist das „Weltdorf" auch eine „Weltpfarrei"?

Blick eines engagierten Laien auf die Catholica heute

von Hans Joachim Meyer, Dresden

Das Wort vom global village erfreut sich bei manchen großer Beliebtheit. Nicht nur die Ähnlichkeit internationaler Flugplätze und Hotels scheint dieses Bild zu rechtfertigen. Ungleich bedeutsamer und für die allgemeine Situation wesentlicher ist die zunehmende internationale Verflechtung auf fast allen Gebieten des gesellschaftlichen Lebens, insbesondere im Bereich der Finanzen und der Wirtschaft, aber auch die wachsende Internationalisierung von Kultur und Wissenschaft. Wissenschaft war stets ein internationales Phänomen, so wie die Universität seit ihrem Beginn in der Zusammensetzung ihrer Lehrenden und Lernenden, noch mehr aber in ihrem Selbstverständnis grenzübergreifend war. Nur für eine geschichtlich kurze Zeit oder für einzelne Aspekte konnten hier nationale Momente Oberhand gewinnen. Heute ist der internationale Zusammenhang für das wissenschaftliche Leben unverzichtbar; und betrachtet man das gesellschaftliche Leben in unterschiedlichen Ländern, so zeigt sich ebenfalls, daß dieses zunehmend, unbeschadet seiner geschichtlich gewachsenen Eigenheit, heute international geprägt oder doch zumindest beeinflußt ist. Auch wenn vieles dafür spricht, daß Nationen und Nationalstaaten auf zunächst nicht absehbare Zeit die tragenden Akteure auf der Weltbühne bleiben werden und ihnen sogar in der aktuellen europäischen Debatte wieder ein größeres Gewicht beigemessen wird als in den Zeiten europäischer Einigungseuphorie, so vollziehen sich doch die maßgeblichen Entwicklungen vor einem globalen Horizont.

Wenden wir diese Perspektive auf den kirchlichen Bereich an, so könnte man darin eine Bestätigung der im Verlauf der Jahrhunderte immer intensiver ausgeprägten Institutionalisierung von Weltkirchlichkeit sehen, wie sie für die Katholische Kirche charakteristisch ist. Eine solche These könnte sich nicht zuletzt auf zwei Tatsachen der jüngeren Geschichte berufen. Die erste Tatsache sind die Erfahrungen, die die Kirche im Verlauf der Neuzeit bis in die jüngste Gegenwart im Verhältnis zum Staat machen mußte und die sie den Wert ihrer Unabhängigkeit von weltlichen Mächten deutlich spüren ließ. Schon in der Auseinandersetzung mit europäischen Staaten, zunächst solchen des Absolutismus und dann solchen mit liberaler Verfassung, aber laizistischen Ansprüchen auf die Erziehung, hatte sich das Papsttum immer stärker als Rückhalt im Kampf für die Freiheit des Glaubens und der Kirche erwiesen. Im Zeitalter totalitärer Diktaturen zeigte sich das Papsttum als Widerpart des Anspruchs staatlicher und ideologischer Omnipotenz und wurde schließlich vielen zum Symbol für die Überwindung dieser Systeme und zum Anwalt gesellschaftlicher Freiheit. Allerdings hatte es für die Päpste und für die katholische Weltkirche auch erst der schmerzlichen geschichtlichen Erfahrung totalitärer Herrschaft bedurft, ehe sie sich rückhaltlos zur Glaubens- und Gewissensfreiheit als Grundsatz und nicht nur als dem kleineren Übel im Falle katholischer Minderheiten entschieden. In jedem Fall unterstreicht der wachsende globale Zusammenhang der Menschheit die Berechtigung, ja die Notwendigkeit der weltweiten Einheit der Kirche. Eine zweite geschichtliche Entwicklung bestätigt und erhärtet diese katholische Erfahrung. Obwohl die anderen großen christlichen Konfessionen ihre kirchlichen Institutionen lange überwiegend oder ausschließlich auf den jeweiligen nationalen bzw. staatlichen Rahmen begrenzten, haben sie sich im Verlauf des zwanzigsten Jahrhunderts zu weltweiten Bünden zusammengefunden und den Ökumenischen Rat der Kirchen als Zeichen ihrer weltweiten Gemeinsamkeit begründet. Das hebt die theologischen Differenzen in bezug auf das Petrusamt nicht auf, unterstreicht aber die grenzüberschreitende Sendung der Christen als gemeinsames Gut. Nimmt man schließlich die früher unvorstellbare weltweite Bekanntheit der Person des Papstes hinzu und seine unmittelbare Wirkung auf die internationale Gemeinschaft, die durch die modernen Mittel des Verkehrs und der Information möglich wurden, so drängt sich das Bild eines „Weltbischofs‘‘ oder „Weltpfarrers‘‘ geradezu auf.

Wie weit entspricht jedoch dieses mit breitem Pinselstrich gemalte Bild der Wirklichkeit? Erliegen wir vielleicht der bekannten Versuchung, rasche und radikale Änderungen der vertrauten Verhältnisse nicht nur als bedeutungsvoll, sondern auch als künftig allein wesentlich zu betrachten? Wie weit ist die Welt tatsächlich schon ein überschaubares Dorf, in dem die Kirche es mit gleichartigen Verhältnissen zu tun hat? Abstrakter formuliert: Wie ist die Situation von Religion und Kirche in Zeiten der Globalisierung, welche Konsequenzen hat dies für die Beziehung zwischen Weltkirche und Ortskirche, welche für die Rolle der Kirche in unterschiedlich verfaßten Gesellschaften und für deren politisches und geistiges Leben? Um diese Frage zu beantworten, müssen wir uns zunächst etwas näher mit dem Prozeß der Globalisierung beschäftigen.

Je häufiger ein Begriff gebraucht wird, um so ungenauer wird er. Das gilt auch für den Begriff der Globalisierung. Als Sachverhalt meint er im wesentlichen die wachsende Möglichkeit, Kapital und Wissen an unterschiedlichen Orten der Erde einzusetzen und also auch diesen Einsatz in relativ kurzer Zeit von einem Ort zu einem anderen zu verlagern. Diese Möglichkeit ist an zwei Bedingungen geknöpft, nämlich an die prinzipielle Mobilität von Kapital und Wissen, genauer gesagt, von speicherbarem und rasch abrufbarem Wissen, und an die örtliche Möglichkeit, Kapital und Wissen tatsächlich mit einem bestimmten Maß an Sicherheit und mit Aussicht auf relativ höheren Gewinn zum Einsatz zu bringen.

Die erste Bedingung ergibt sich aus dem heute erreichten Entwicklungsniveau der Verfügbarkeit von Kapital und Wissen. Sie ist also — im Prinzip — generell, oder, wenn man so will, global gegeben. Die zweite Bedingung bezieht sich jedoch darauf, ob und in welchem Maße es möglich ist, an einem bestimmten Ort tatsächlich über Kapital und Wissen zu verfügen. Diese Möglichkeit konkret erreichbarer Verfügung über Kapital und Wissen vor Ort hängt aber von den gesellschaftlichen Faktoren ab, die in den verschiedenen nationalen Gesellschaften wirken, insbesondere vom Grad der Rechtsstaatlichkeit und von der kulturellen Bereitschaft zu einer wettbewerbsorientierten, wirtschaftlichen Leistungsfähigkeit. Da sich diese staatlichen, gesellschaftlichen und kulturellen Bedingungen jedoch immer noch stark unterscheiden und sich auch in einer überschaubaren Zukunft stark unterscheiden werden, kann in dieser Hinsicht von einem weltweiten Prozeß der Globalisierung in Wahrheit kaum die Rede sein. Gleichwohl ist die Globalisierung in jenen Teilen der Erde, wo sie auf Grund einer relativ großen Ähnlichkeit der sozialen, politischen und kulturellen Verhältnisse zur Wirkung kommen kann, von enormer Kraft.

Durch die Steigerung des grenzüberschreitenden Wettbewerbs verändert sie die wirtschaftliche Situation und die sozialen Bedingungen radikal. Zugleich reduziert sie die Bedeutung der staatlichen Grenzen und damit die Gestaltungsmöglichkeiten der im nationalen Rahmen agierenden Politik. Diese tiefgreifenden Konsequenzen werden von den einen als Verheißung betrachtet, von anderen dagegen als Gefahr. Wie alle großen geschichtlichen Umwälzungen ist die Globalisierung beides – ein Versprechen und eine Bedrohung. Noch stehen wir am Beginn dieser Entwicklung und müssen versuchen, ihre Chancen und Risiken zu erahnen, so weit uns dies mit den uns heute zugänglichen Perspektiven möglich ist. Ob also Versprechen oder Bedrohung – offensichtlich ist schon jetzt, daß die Globalisierung die Bedingungen, unter denen Religion und Kirche wirken, grundlegend verändern wird.

Ein Aspekt ist mit Sicherheit, daß Menschen und Völker enger zusammenrücken und sich, ob sie es wollen oder nicht, näherkommen müssen. Betrachtet man diesen Prozeß vom Standpunkt der großen Religionen unserer Welt, die sich ausdrücklich nicht als Volks- oder Stammesreligionen verstehen (und dies gilt in Sonderheit für die christliche Botschaft, die sich an alle Menschen richtet), so steht dies im Einklang mit deren universalen Wahrheitsanspruch. Freilich wächst mit der größeren Nähe die Notwendigkeit zur Toleranz. Denn was einst meist jenseits der Grenzen und überdies in partibus infidelium existierte, ist jetzt benachbart und kann täglich erfahren werden. Im Kontext der weltweiten Diaspora jeder Religion und Konfession relativieren sich die Unterschiede zwischen Mehrheit und Minderheit. Zugleich wird deutlicher, was bisher vor allem in Zeiten eines geschichtlichen Umbruchs, wenn auch gegen Abwehr und Widerwillen und nicht selten erst mit großer Verzögerung offenbar wurde: Daß nämlich auch jede Wahrheit, die Allgemeingültigkeit beansprucht, nur in zeitgebundenen kulturellen und gesellschaftlichen Zusammenhängen lebt und sich bei jedem Wandel die Frage stellt: Was ist das zeitlos Gültige, und was ist zeitbedingt und muß daher zurücktreten? Bisher entstand diese Frage im Wesentlichen aus dem Nacheinander der geschichtlichen Zeiten, heute ergibt sie sich überdies aus dem Nebeneinander unterschiedlicher Kulturen und Geschichtsepochen.

Die Politik, die in den gegenwärtigen Zusammenhängen wirken muß, die aber zugleich deren Herausforderungen nur bestehen kann, wenn sie sich an Werten und Wahrheiten orientiert, die den Zeitenwandel überdauern, ist auch heute – obwohl in einigen modernen Gesellschaften die Säkularisierung voranschreitet – durchaus darauf angewiesen, wie die Religion diese Frage beantwortet. Denn am Ende des zwanzigsten Jahrhunderts, das den Aufstieg und Fall von politischen Ideologien der Gesellschaftsgestaltung erlebte, erfährt die Politik in den freiheitlichen Gesellschaften einen gravierenden Bedeutungsverlust. Da der einzelne Staat immer mehr in einen internationalen wirtschaftlichen Zusammenhang einbezogen wird, entziehen sich weite Bereiche des gesellschaftlichen Lebens der ordnenden und gestaltenden Wirkung des Gesetzgebers. Politische Ziele als rechtliche Normierungsaufgaben zu formulieren und dafür Wählermehrheiten zu gewinnen, dies war im Verlauf des zwanzigsten Jahrhunderts in den einzelstaatlich organisierten freiheitlichen Gesellschaften immer stärker zum zentralen politischen Handlungsfeld geworden. Zunehmend muß die Politik jedoch erkennen und akzeptieren, daß sie für diese Möglichkeit nur noch begrenzt zur Verfügung steht. Denn einerseits entziehen sich immer mehr Menschen einer Inanspruchnahme zu Lasten ihrer individuellen Realisierungschancen, andererseits erzwingt der globale Wettbewerb die weltweit günstigsten Bedingungen für den Einsatz von Kapital und Wissen. Das kann nur zu Lasten der staatlichen Sicherung individueller und vor allem gesellschaftlicher Interessen gehen. Daher muß die Politik nach neuen Strategien suchen, um dem Anliegen des Gemeinwohls zu entsprechen. Solche Strategien können aber nur auf den Prinzipien von Konsens und Kooperation basieren und setzen daher für eine wirkungsvolle Aktion neben der Identität von Interessen auch zwingend voraus, daß Menschen in ihren Wertvorstellungen übereinstimmen oder sich darin doch partiell begegnen. Reine Interessenkoalitionen sind selten von langer Dauer und daher auch nicht von prägender Wirkung. Da Wertvorstellungen nach wie vor für viele Menschen religiös begründet sind oder doch jedenfalls ihre Wurzeln in einem kulturellen Boden haben, der religiös geprägt ist, kommt der Religion als ethischem Potential für alle auf Konsens und Kooperation begründeten Gemeinschaftsaktionen eine wichtige Bedeutung zu. Unabhängig davon, ob sich die in der Politik Tätigen in ihrem Leben und Handeln als religiös oder rein innerweltlich motiviert verstehen, werden sie daher bei ihrem Handeln in einem globalen Kontext, wenn auch sicherlich in unterschiedlichstem Maße, Erwartungen an die Religion haben. Je nach Standpunkt und Erfahrung ist es die Hoffnung, daß die Religion die Würde des Menschen in den Mittelpunkt stellt, oder ist es die Sorge, daß die Religion nationale, ethnische oder lokale Gegensätze verhärtet. Für beides bietet die Geschichte genügend Beispiele.

Die gegenwärtigen Phänomene der Globalisierung stellen erst den Beginn einer längeren geschichtlichen Periode dar. Noch ist nicht abzusehen, ob – und wenn ja, in welchem Maße – dieser Trend zu einer Vereinheitlichung der Weltverhältnisse führt. Bisher gibt es jedenfalls nur punktuelle Übereinstimmungen und Vergleichbarkeiten, und die gegenläufigen Trends sind unübersehbar: Wiedererstarkende Nationalismen lassen Staaten zerbrechen, Zentralstaaten sehen sich wachsenden regionalistischen Forderungen gegenüber, ethnische, soziale und kulturelle Konflikte werden durch fundamentalistische Tendenzen aufgeladen. Auch ist nicht zu übersehen, daß ein Pendant der Globalisierung die Neigung zur individualistischen Selbstverwirklichung ist, die das Gemeinwohl gering schätzt oder gar verhöhnt und die Gesellschaft als öffentlichen Ort zur Formulierung und Durchsetzung gemeinschaftlicher Anliegen schwächt. Auch ist unübersehbar, daß es in individualistisch bestimmten Gesellschaften einen starken Trend zur Gleichgültigkeit gegenüber Religion geben kann. Wie immer man den Stand der Globalisierung beurteilt und die gegenläufigen Tendenzen gewichtet, so wäre es jedenfalls naiv, in absehbarer Zeit mit einer globalen Gesellschaft nach Art der nationalen freiheitlichen Gesellschaften zu rechnen. Bisher gibt es allenfalls Bausteine für eine Weltöffentlichkeit, und daher ist die Weltdemokratie ein fernes Ziel, wenn nicht sogar eine Illusion. Gleichwohl bleibt trotz vieler Zweifel und Fragen unbezweifelbar, daß der Prozeß der Globalisierung zwei gegenläufige Tendenzen umfaßt: Einerseits führt er zu einer größeren individuellen Selbstverantwortung. Andererseits wird durch die Risiken aus dieser Selbstverantwortung die Notwendigkeit zur Solidarität neu begründet, und zwar im ursprünglichen Sinn des Wortes, d.h. als gemeinsames Handeln aus Einsicht und Selbstbestimmung und als gemeinsame Übernahme von Chance und Risiko.

Von einem Weltdorf sind wir jedenfalls weit entfernt. Betrachtet man die Entwicklung in einer Reihe von Ländern Afrikas, Asiens und Lateinamerikas wie auch Osteuropas, so verschärfen sich sogar die Unterschiede und Gegensätze im Vergleich zu den – im Sinne der Verfügbarkeit von Kapital und Wissen – am weitesten fortgeschrittenen Gesellschaften in Westeuropa und Nordamerika. In Deutschland können wir derzeit beobachten, daß selbst die unbestreitbare Aufwärtsentwicklung im Osten des Landes nach 1990 durchaus nicht verhindert, daß sich der Abstand zum wirtschaftlichen Leistungsniveau des westlichen Teils, also der alten Bundesrepublik, weiter vergrößert, weil dort nämlich gegenwärtig, wo der Standard ohnehin schon weit höher lag, das Entwicklungstempo noch stärker anzieht als in den neu zur Bundesrepublik hinzugetretenen Ländern. Aber auch ein genauer Blick auf jene Länder Europas, die sich schon seit Jahrzehnten im Prozeß der wirtschaftlichen und politischen Integration befinden, offenbart – trotz ihrer schon in Jahrhunderten gewachsenen geistigen und kulturellen Gemeinsamkeiten – eine Fülle von Differenzen in ihrer Mentalität, ihrem politischen Selbstverständnis und in ihren sozialen Verhaltensweisen. Jedenfalls kann auch in jenen Ländern, die gegenwärtig tatsächlich im besonderen Maße den Prozeß der Globalisierung erfahren, von einer geistigen und gesellschaftlichen Vereinheitlichung keine Rede sein. In Wahrheit verfügt Europa bis heute nicht über eine gemeinsame Öffentlichkeit. Und niemand ist in der Lage, die aktuellen Probleme eines anderen europäischen Landes zu verstehen, wenn er deren Kontext nicht kennt und frohgemut meint, von den Voraussetzungen des eigenen Landes ausgehen zu können. Gibt es also kein „Weltdorf", so kann es auch keine „Weltpfarrei" geben. Oder anders gesagt: Die im Verlauf der Geschichte gewachsene Bedeutung von Weltkirche führt keineswegs dazu, daß die Bedeutung der Ortskirchen schwindet.

Aber nicht nur die fortdauernde Eigenart der unterschiedlichen „Orte" spricht für die Rolle der Ortskirchen. Auch die neuen gesellschaftlichen Bedingungen und Herausforderungen im Zeichen der Globalisierung müssen jeweils konkret angenommen und bewältigt werden. Wenn nämlich in der freiheitlichen Gesellschaft die Gestaltungsmacht von Politik als nationaler Staat und vor allem als nationaler Gesetzgeber abnimmt und die individuelle Verantwortung zunimmt, dann könnte, ja dann müßte auch wieder von größerer Bedeutung sein, was der einzelne Mensch über den Sinn des Lebens und über die Perspektive der Welt denkt, an welche Werte und Wahrheiten er sich bindet, welche seine Grundsätze und Maßstäbe für seine Entscheidungen und Handlungen sind, wie er sich zu seinen Mitmenschen verhält und ob er sich für deren Chancen und Risiken mitverantwortlich fühlt – oder ob er stattdessen mit Kain antwortet: „Bin ich denn der Hüter meines Bruders?" oder das zweite christliche Grundgebot „Liebe Deinen Nächsten wie Dich selbst" umkehrt und sagt: „Jeder ist sich selbst der Nächste." Es ist das Wesen von Religion, die Grundsituationen der menschlichen Existenz in einer Weise zu deuten, die die Grenzen des Menschen und seiner Welt überschreitet. In der Wirklichkeit des Lebens werden diese Grundsituationen allerdings in unterschiedlichen gesellschaftlichen Zusammenhängen und zu unterschiedlichen geschichtlichen Zeiten erfahren. Daher bleibt es durchaus offen und bis zu einem gewissen Grade von Menschen abhängig – von dem, den die Situation prägt und von dem, der sie deutet – ob das Wesentliche klar zu Tage tritt. Auch führt die Zunahme eigenverantwortlicher Lebensgestaltung nicht zwingend zu einer größeren Offenheit gegenüber der Religion als Heilsverheißung und Sinngebung. Vielmehr steht die Religion in Konkurrenz zu innerweltlichen Heils- und Deutungsangeboten – zu kollektivistischen, die auf ein gemeinschaftlich auf dieser Erde Machbares setzen, und zu individualistischen, die zum jeweils selbst Erreichbaren ermuntern. Zwar stehen nach den Erfahrungen dieses Jahrhunderts kollektivistische Angebote zur Zeit nicht hoch im Kurs, aber das kann und wird sich nach enttäuschenden Erfahrungen mit individualistischen Lebensprogrammen und ihren gesellschaftlichen Konsequenzen nach aller geschichtlichen Erfahrung auch wieder ändern.

Auch wenn es konsequent ist, bei der Frage nach der Wirkung der Globalisierung zunächst generell von Religion zu sprechen, und wenn überdies die zunehmende Nachbarschaft und Wechselwirkung der Weltreligionen unseren Blick auf ihre ethischen Übereinstimmungen lenkt, so nivelliert dies dennoch nicht die Unterschiede im Verständnis und Bekenntnis der Wahrheit. Weltreligionen als Plural ist beschreibend neutral, aber Weltreligion als Singular ist immer konkret. Auch in Zeiten der Globalisierung kann der Christ nicht glauben, der echte Ring sei gewißlich verlorengegangen, will er gleich alle anderen Ringe nicht nur ertragen, sondern auch achten. Vor allem aber ist das Verhältnis von Weltkirche und Ortskirche ein spezifisch katholisches Thema.

Vor aller Unterscheidung von Weltkirche und Ortskirche bewegt katholische Christen die Hoffnung, daß die Kirche im Bekenntnis zu Gott, unserem Vater, und seinem Sohn Jesus Christus, der die Menschheit erlöst hat, an jedem Ort und zu jeder Zeit für die Würde des Menschen eintritt, und für den Frieden und die Freiheit, die sich aus der Menschenwürde notwendig ergeben. Die Erfahrung der jüngeren Geschichte lenkt unseren Blick auf das Zeugnis der Kirche gegen die totalitären Herrschaftssysteme des zwanzigsten Jahrhunderts und gegen das soziale Unrecht unter der unbeschränkten Herrschaft des Egoismus. Katholiken im Osten Deutschlands und Europas denken an die Erfahrung von Freiheit, die für sie mit dem kirchlichen Leben in der Zeit vor 1989 verbunden ist. Freilich wissen wir auch um die geschichtliche Erfahrung, daß religiöse Institutionen versucht sind, Fragen der Zeit, insbesondere wenn sie als Kritik am Bestehenden formuliert sind, als Angriff zu betrachten und darauf durch einen Rückzug in die vermeintlich sichere Festung der Vergangenheit zu reagieren. Bei einer solchen Haltung werden leicht Auffassungen und Verhaltensweisen, die in bestimmten geschichtlichen Perioden entstanden sind und mit diesen auch wieder an Bedeutung verlieren, zu angeblich unverzichtbaren Teilen der Botschaft von der Wahrheit, die allen Zeiten verkündet ist. Die Ungleichzeitigkeit geschichtlicher Entwicklung und die geistige Verschiedenheit der Kulturen stellen eine Weltkirche überdies vor die Frage, wieweit ihre Antworten auf die Fragen der Zeit allgemeine Gültigkeit beanspruchen können oder nicht doch eher von partikularen Traditionen bestimmt sind. Die langwierige, schwierige und widersprüchliche Auseinandersetzung der Katholischen Kirche mit den Grundsätzen der Gewissensfreiheit und der freiheitlichen Demokratie im Verlauf des neunzehnten und in den ersten Jahrzehnten des zwanzigsten Jahrhunderts erweist, wie allgemein bekannt, die Berechtigung solcher Fragen. Sie erweist auch die maßgebliche Rolle der Ortskirchen, deren Katholiken sich, bedingt durch ihre geschichtliche Situation, in ihrer tatsächlichen, aber auch in ihrer grundsätzlichen Haltung zur freiheitlichen Demokratie in bemerkenswerter Weise unterschieden.

Während etwa die Mehrheit der französischen Katholiken, bei denen der Schock der Französischen Revolution lange anhielt und die die Republik als laizistische Ordnung erlebten, noch lange der Monarchie nachtrauerte, und während in Spanien bis in die Mitte des zwanzigsten Jahrhunderts weite Teile der Katholischen Kirche in einer prinzipiellen Ablehnung der Demokratie verharrten, ging in Deutschland die katholische Zentrumspartei den Weg vom Kampf für einen Rechts- und Verfassungsstaat zur Bejahung der Republik von Weimar. Englische Katholiken sahen schon früh kein Problem darin, im Rahmen des parlamentarischen Systems Sympathie für die politische Linke zu haben. Und für die amerikanischen Katholiken war das Bekenntnis zur demokratischen Republik von Anfang an eine Selbstverständlichkeit. Als Weltkirche bekannte sich jedoch erst das II. Vatikanum zur Glaubens- und Gewissensfreiheit und akzeptierte die freiheitliche Gesellschaft, nachdem Papst Pius XII. im Jahre 1944 zum ersten Mal nicht nur pragmatisch von der Haltung seiner Vorgänger gegen die Demokratie abgewichen war. Wer will bestreiten, daß die Entwicklung von der Enzyklika „Mirari vos" Gregors XVI. und der Enzyklika „Quanta cura" Pius' IX. mit seinem Syllabus errorum und deren Fundamentalopposition *gegen* die moderne Welt hin zum „aggiornamento" Johannes' XXIII. und den Beschlüssen des II. Vatikanum ohne jene Ortskirchen, deren Katholiken sich vor den Herausforderungen einer neuen Zeit nicht verschlossen, sondern sie in der Kraft des Glaubens annahmen, schwer vorstellbar wäre. Und diese Feststellung gilt nicht nur für die Haltung zur Gesellschaft, sondern mindestens im gleichen Maße für zentrale Themen der Theologie.

Gegen rückwärts gerichtete Bestrebungen gilt es immer wieder, an die beeindruckende geistige Leistung des II. Vatikanums zu erinnern, mit dem die Katholische Kirche die unverminderte Kraft der christlichen Botschaft für die Welt von heute herausarbeitete. Es ist nicht unberechtigt zu meinen, damit hätte sich die Kirche einen positiven Zugang zur Geschichte der Neuzeit erschlossen, als diese schon zu Ende ging. Ebenso bedeutsam ist jedoch, daß sich damit das Konzil den Herausforderungen der Zukunft zuwandte. Hier sind insbesondere zwei Grundgedanken zu nennen, die das II. Vatikanum in ihrem Wert wiederentdeckte. Das ist erstens das Bild der Kirche als Volk Gottes. Es wird in besonderer Weise der wachsenden Bedeutung der Eigenverantwortung des mündigen Menschen gerecht, weil die Vitalität des kirchlichen Lebens und die Kraft des christlichen Zeugnisses in einer freiheitlichen Gesellschaft entscheidend vom überzeugten und darum auch überzeugenden Engagement jedes Christen in Kirche und Gesellschaft abhängen. Das ist zweitens der Begriff der Kollegialität als wesentlichem Strukturprinzip des kirchlichen Amtes. Es entspricht der gewachsenen Rolle der Ortskirchen gerade in einer zusammenwachsenden Welt, die gleichwohl – nicht zuletzt wegen des widersprüchlichen und konfliktgeladenen Charakters der Globalisierung – eine Koexistenz der Unterschiede ist und auf lange Zeit bleiben wird. Wer meinte, die Globalisierung würde für die Kirche die Möglichkeit zentraler Entscheidungen erhöhen, würde nicht auf eine Chance setzen, sondern einer Chimäre nachjagen. In der gesellschaftlichen Wirklichkeit sind es die Ortskirchen, die – meist im regionalen, nationalen und kontinentalen Verbund – als kompetente Partner und Faktoren der gesellschaftlichen Vielfalt agieren können. Die weltkirchliche Einheit ist notwendig als Dienst an der einen Glaubensbotschaft, als Ort und Quelle weltweiter Aktion für die Würde des Menschen, für seine Freiheit und seinen Frieden, und nicht zuletzt als Rückhalt der Ortskirchen gegenüber lokalen Mächten der Politik. Für eine Ortskirche, die in ihrem Handeln durch die politischen Bedingungen ihrer Existenz nicht frei ist, war und bleibt die Weltkirche Schutz, Zuflucht und Stimme. Handelt die Weltkirche dagegen für eine Ortskirche in einer freiheitlichen Gesellschaft, indem sie anstelle der die jeweilige „Vor-Ort"-Verantwortung tragenden Bischöfe oder gar gegen deren wohl erwogene Auffassung Entscheidungen trifft, so muß dies das Selbstbewußtsein der Ortskirchen und das Ansehen ihrer bischöflichen Vorsteher beschädigen.

Überdies ist für das Verhältnis von Kirche und Staat wesentlich, ob die staatliche Ordnung auf dem Grundsatz der geistigen und politischen Freiheit basiert und diesen verwirklicht oder nicht. Es ist auch für die Kirche ein prinzipieller Unterschied, ob ein Staat seine Macht auf die demokratische Entscheidung seiner Bürger gründet oder aber auf die dynastische Legitimität der Herrschenden, auf die Behauptungen einer Ideologie, auf bewaffnete Gewalt oder auf irgendeinen anderen, mit den freiheitlich-demokratischen Grundsätzen unvereinbaren Anspruch. Dieser Unterschied ist gleichermaßen bedeutsam für die Ortskirche und für die Weltkirche. Es ist sinnlos, an einen freiheitlich-demokratischen Staat von außen Forderungen zu stellen, die die Mehrheit der Wahlbürgerschaft nicht zu erfüllen bereit ist. Das hebt die grundsätzliche Berechtigung des Inhalts solcher Forderungen nicht auf. Aber um die Verwirklichung der ethischen Positionen, die sich aus dem christlichen Glauben ergeben, muß innerhalb der jeweiligen Gesellschaft gerungen werden, wenn diese die dafür notwendige Freiheit bietet. Denn innerhalb der freiheitlichen Gesellschaft gibt es nur zwei Weisen, für eine Wahrheit einzutreten: das Argument und das des gelebten Beispiels. Daher ist auch vor Ort darüber zu entscheiden, wie solche Forderungen wirkungsvoll vertreten werden und wie ihnen in einer angemessenen und überzeugenden Weise entsprochen wird. Der Versuch, gegen die begründete und wohlbedachte Auffassung der Mehrheit in der Bischofskonferenz der Ortskirchen eines Landes weltkirchliche Autorität zu setzen, muß die Katholische Kirche in diesem Land in eine tiefe Krise stürzen, deren Folgen unabsehbar sind.

Die Weltkirche ist – wie Kirche prinzipiell – eine Größe sui generis. Daher wäre der Vergleich mit einem zentral geführten Weltkonzern so abwegig wie die Analogie des Papsttums mit einer absoluten Weltmonarchie. Sehr wohl ist aber aus den Erfahrungen der heutigen Welt abzulesen, daß jedes zentralistisch geführte Unternehmen scheitert und der Versuch, das Heil der Welt in zentralistischen Staats- und Gesellschaftssystemen zu finden, trotz furchtbarer Opfer letztlich erfolglos zusammenbrach. Die Führungsweise der modernen Zeit zeichnet sich im Gegenteil durch die Begrenzung der Zentralität auf das Notwendige und durch die Entfaltung flexibler Eigenverantwortung aus. Und natürlich ist die Kirche auch keine Armee, die in Reih' und Glied nach einem Kommando marschiert.

Es ist ein kapitaler Irrtum, die Notwendigkeit der weltkirchlichen Einheit und das Höchstmaß weltkirchlicher Einheit gleichzusetzen. Und nicht minder fatal ist die Gleichsetzung der sakralen Grundstruktur der Kirche mit ihrer gegenwärtigen, geschichtlich gewordenen kanonischen Ordnung. Die Kirche ist zwar der katholischen Glaubensüberzeugung nach eine verfaßte Gemeinschaft und nicht nur die sich je ereignende Versammlung der Christgläubigen. Aber nur die sakralen Eckwerte dieser Kirchenverfassung haben überzeitliche Bedeutung. Die konkrete Ausprägung der kirchlichen Verfassung ist dagegen stets zeitbedingt. Ihre heutige Gestalt ist ein Kind des neunzehnten Jahrhunderts, in dem sich der Absolutismus noch einmal gegen die Bewegung der Geschichte stemmte, bevor er der freiheitlichen Demokratie unterlag. Die Identifikation des Primats Petri mit einer päpstlichen Weltmonarchie wäre pure Ideologie. Daraus die Folgerung zu ziehen, die Kirche müsse nun demokratisiert werden, wäre gewiß ebenfalls töricht, denn die Wahrheit des Glaubens kann keinen Mehrheitsentscheidungen unterliegen. Sehr wohl öffnet uns aber die heutige Zeit gesellschaftlicher Freiheit und individueller Selbstverantwortung den Blick für weiter zurückliegende Zeiten der Kirchengeschichte, in denen Geschwisterlichkeit ein durchgehendes Strukturprinzip und deshalb die synodale Ordnung eine kirchliche Normalität waren, und in der vor allem galt, daß kein Bischof einer Ortskirche gegen deren Willen vorstehen kann. Im Zeitalter der Globalisierung, in der die Welt konfliktreich und schmerzhaft zu einer immer engeren Nachbarschaft zusammenwächst, ist die – eine zweitausendjährige Tradition verkörpernde – Weltkirche ein unübersehbares Zeichen für die allen Wandel überragende Bedeutung zeitloser Werte und Wahrheiten und

eine unüberhörbare Erinnerung an die Notwendigkeit ethisch verpflichteten Handelns. Und die Einzigartigkeit des Petrusamtes gibt
einer charismatischen Persönlichkeit wie Johannes Paul II. die Möglichkeit, weltweit die Prediger- und Prophetenaufgabe der Kirche ein-
drucksvoll wahrzunehmen. Aber die Weltkirche kann keine Komman-
dozentrale sein, die die Ortskirchen und ihre Bischöfe zu Befehlsemp-
fängern degradiert. Denn die Kirche lebt in und aus den Ortskirchen,
wie das II. Vatikanum betont hat. So heißt es in der Dogmatischen
Konstitution über die Kirche im Art. 23:

*„Die kollegiale Einheit tritt auch in den wechselseitigen Beziehun-
gen der einzelnen Bischöfe zu den Teilkirchen wie zur Gesamtkirche in
Erscheinung. Der römische Bischof ist als Nachfolger Petri das im-
merwährende, sichtbare Prinzip und Fundament für die Einheit in der
Vielfalt von Bischöfen und Gläubigen. Die Einzelbischöfe hinwie-
derum sind sichtbares Prinzip und Fundament der Einheit in ihren
Teilkirchen, die nach dem Bild der Gesamtkirche gestaltet sind. In
ihnen und aus ihnen besteht die eine und einzige katholische Kirche.
Daher stellen die Einzelbischöfe je ihre Kirche, alle zusammen aber in
Einheit mit dem Papst die ganze Kirche im Band des Friedens, der
Liebe und der Einheit dar."*

Der Ausdruck „Papstkirche", der einst ein protestantischer Kampf-
begriff war und jetzt aus der Mottenkiste der Geschichte geholt wird,
um als Feldzeichen eines innerkatholischen Revisionsversuchs der
Ergebnisse des II. Vatikanums zu dienen, ist jedenfalls denkbar unge-
eignet, um die Beziehung zwischen Weltkirche und Ortskirche zu charakterisieren. Denn er wird dem katholischen Verständnis des Verhältnisses von Weltkirche und Ortskirche nicht gerecht.

B.

Der aktuelle Anlaß:
Dominus Jesus als Anstoß zu echter Katholizität

IV

Theologische Reflexionen zu einem umstrittenen römischen Lehrdokument*

von Peter Hünermann, Tübingen

Die Erklärung der Glaubenskongregation vom 6. August 2000 hat in der Öffentlichkeit ein überwiegend kritisches, ja negatives Echo ausgelöst. Theologen und Kirchenleitungen, die Medien und am interreligiösen Dialog bzw. an der Ökumene interessierte und engagierte Gruppen haben Stellung genommen. Unter der Überschrift: „Es scheint mir absurd, was unsere lutherischen Freunde jetzt wollen" hat Josef Kardinal Ratzinger in der Frankfurter Allgemeinen Zeitung vom 22. September 2000 auf diese Kritiken geantwortet und damit nochmals Stellungnahmen ausgelöst.[1] Im Folgenden soll zunächst eine knappe Charakteristik der Aussagen des römischen Lehrdokumentes vorgelegt werden. In einem zweiten Schritt soll der Raum des interreligiösen Dialogs und der ökumenischen Gespräche, in den dieses

---

* Im Folgenden zitiert nach: Kongregation für die Glaubenslehre, Erklärung Dominus Jesus – Über die Einzigkeit und die Heilsuniversalität Jesu Christi und der Kirche, Verlautbarungen des Apostolischen Stuhles, hg. v. Sekretariat der Deutschen Bischofskonferenz, Nr. 148, 6. August 2000.

[1] Die Stellungnahmen sind so zahlreich, daß folglich eine Auswahl zitiert wird: Vgl. *Eberhard Jüngel*, Nur Wahrheit befreit, in: Deutsches Allgemeines Sonntagsblatt 15, Sept. 2000, Nr. 37 – 2000; Deutsche Sektion der Europäischen Gesellschaft für Katholische Theologie; Stellungnahme der deutschsprachigen Dogmatiker und Fundamentaltheologen, KNA. Beide Gremien haben sich die Stellungnahme zur Erklärung der Glaubenskongregation „Dominus Jesus" von Peter Hünermann zueigen gemacht bzw. unterstützt. Vgl. Anhang dieser Publikation; *Helmut Hoping*, Nicht „Kirchen im eigentlichen Sinne"? Warum die Erklärung „Dominus Jesus" ökumenisch Anstoß erregt, in: Konradsblatt Nr. 39 vom 24. September 2000; *Peter Neuner*, Belastungsprobe für die Ökumene, in: Stimmen der Zeit [StZ] 218 (2000), 723-737; *Ferdinand Kerstiens*, Von der Hoffnungsstruktur der Wahrheit, 203-206; *U. Ruh*, Lehramt: Warnung vor religiösem Relativismus, in: Herder-Korrespondenz [HerKorr] 54 (2000), 493-495; *Georg Evers*, Zu kurz gesprungen. „Dominus Jesus" und die Theologie in Asien, in: HerKorr 54 (2000), 618-624, gibt einen informativen Überblick über die Stellungnahmen der asiatischen Theologen. – Zu den Stellungnahmen der Theologen kommen die zahlreichen zumeist kürzeren Erklärungen von Kirchen und Religionsgemeinschaften.

Dokument eingreift, charakterisiert werden. In einem dritten Abschnitt sollen einige Reflexionen zu den Kernaussagen des römischen Lehrdokumentes vorgelegt werden. Der vierte Abschnitt ist den sich ergebenden Perspektiven gewidmet.

1. Die Kernaussagen der römischen Erklärung

Die Einleitung beginnt mit dem Sendungsbefehl des auferstandenen Herrn am Ende der Evangelien und zitiert dann das große Glaubensbekenntnis des Konzils von Konstantinopel.[2] Diesen Glauben habe die Kirche in allen Jahrhunderten bezeugt und verkündet. Dieser Glaube müsse auch im interreligiösen Dialog, „der die Missio ad gentes" nicht ersetzt, sondern begleitet, „gewahrt bleiben." In der Praxis und in der theoretischen Reflexion des Dialogs aber treten Schwierigkeiten und Verzerrungen auf. Die Erklärung will infolgedessen „die Lehre des katholischen Glaubens zu dieser Thematik neu darlegen, zugleich einige wesentliche Probleme erwähnen, die für weitere Vertiefungen offen bleiben, und bestimmte irrige oder zweideutige Positionen zurückweisen." Es ist beabsichtigt, das vorzutragen, was „zum Glaubensgut der Kirche" gehört. Die Erklärung ist in sich streng gegliedert. Die sechs Abschnitte bauen argumentativ aufeinander auf.

Zum ersten Kapitel: Hier geht es um die *Fülle und Endgültigkeit der Offenbarung Gottes in Jesus Christus:* Fülle meint Vollständigkeit, Umfassendheit; Endgültigkeit meint eschatologische Gültigkeit. Die Argumentation zu der in der Überschrift ausgedrückten These besteht jeweils in einem Rekurs auf das Neue Testament. Im ersten Kapitel wird das Wort von Johannes, Christus sei „der Weg, die Wahrheit und das Leben" zitiert, ein Wort aus dem Matthäusevangelium und aus dem Kolosserbrief ergänzen diesen Schriftbeweis.

Es folgt ein Satz aus dem II. Vatikanischen Konzil – in diesem Fall aus der dogmatischen Konstitution Dei Verbum, 2 –, und schließlich wird auf die Enzyklika Johannes Pauls II. Redemptoris Missio verwiesen.

Diesem knappen Argumentationsgang aus Schrift und Tradition wird die Gegenthese entgegengesetzt, „im Gegensatz zum Glauben der Kirche steht deshalb die Meinung, die Offenbarung Jesu Christi sei begrenzt, unvollständig, unvollkommen und komplementär zu je-

---

[2] *H. Denzinger*, Enchiridion symbolorum, definitionum et declarationum de rebus fidei et morum. Kompendium der Glaubensbekenntnisse und kirchlichen Lehrentscheidungen [DH], hg. v. *P. Hünermann*, Freiburg 1991, 150.

ner in den anderen Religionen."[3] Es wird kurz die Wurzel jener gegensätzlichen Auffassung erörtert: „Der tiefste Grund dieser Meinung liegt in der Behauptung, daß die Wahrheit über Gott in seiner Globalität und Vollständigkeit von keiner geschichtlichen Religion [...] erfaßt und kundgetan werden könne."[4]

Aus diesem Argumentationsgang wird eine Folgerung gezogen: Der Glaube des Menschen ist die Antwort auf die Offenbarung, und zwar der Glaube, mit dem sich der Mensch „dem offenbarenden Gott mit Verstand und Willen voll unterwirft". Folglich ist die Offenbarung Gottes in Jesus Christus als vollständige, unbedingt wahre zu akzeptieren. Daraus wird nun ein zweiter Schluß abgeleitet. Es ist eine Folgerung, die in – einem kurzen Leitsatz – auf das strittige Feld des Dialogs mit den Religionen führt.

Ein solcher Leitsatz faßt die Argumentationen jeweils auch in den übrigen Kapiteln zusammen und ist formal dadurch charakterisiert, daß jeweils eine theologische Qualifikation angegeben wird: firmiter tenendum, bzw. firmiter credendum; als Wahrheit des katholischen Glaubens fest zu glauben. Die Sätze sind so als Glaubenssätze gekennzeichnet. Dabei umschließen diese verschiedenen Formeln gewisse Nuancen: Der Ausdruck „firmiter tenendum" deutet darauf hin, daß es sich hier um eine Wahrheit handelt, die mit dem geoffenbarten Glauben zusammenhängt, bei der zweiten Formel, „fest zu *glauben*", handelt es sich um die Bekräftigung einer Wahrheit, die zur Glaubenshinterlassenschaft gehört. Die dritte Formel: Eine Wahrheit als von Gott geoffenbart fest zu glauben, sagt: Es handelt sich um eine Wahrheit, die zum geoffenbarten Glauben gehört und als solche formell definiert ist.

Im ersten Kapitel also handelt es sich um eine Folgerung, die mit der Offenbarung Gottes verbunden ist, aber nicht direkt zur Glaubenshinterlassenschaft gehört, sondern aus ihr logisch gefolgert wird. Sie lautet: „Deshalb muß mit Festigkeit an der Unterscheidung zwischen dem theologalen Glauben und der inneren Überzeugung in den anderen Religionen festgehalten werden."[5] Der Glaube ist die gnadenhafte Annahme der geoffenbarten Wahrheit, die es gestattet, „in das Innere des Mysteriums einzutreten, dessen Verständnis er in angemessener Weise begünstigt. Die innere Überzeugung in den anderen Religionen ist hingegen jene Gesamtheit an Erfahrungen und Einsichten, welche

---

[3] A.a.O. Nr. 6
[4] Ebd.
[5] A.a.O. Nr. 7

die menschlichen Schätze der Weisheit und Religiosität ausmachen, die der Mensch aus seiner Suche nach der Wahrheit in seiner Beziehung zum Göttlichen und Absoluten ersonnen und verwirklicht hat.‘“

Im Anschluß an diese zusammenfassende Erklärung wird die Hypothese zurückgewiesen, daß man in Bezug auf die heiligen Schriften anderer Religionen ebenso von Inspiration sprechen könne. Dabei wird keineswegs behauptet, daß diese Bücher der anderen Religionen nicht „Elemente des Guten und der Gnade“ enthalten können, die sie vom Mysterium Christi her empfangen.

Zum 2. Kapitel: Es handelt vom *Fleisch gewordenen Wort und dem von ihm ausgehenden Heiligen Geist.* Jesus von Nazareth ist nicht einfach eine „besondere historische Gestalt“, indem sich das „Göttliche in einem gewissen Maß geoffenbart hat“. Jesus von Nazareth ist vielmehr „das Wort des Vaters.“ Verwiesen wird auf das Johannesevangelium, das Petrusbekenntnis nach Matthäus: Du bist der „Messias, der Sohn des lebendigen Gottes“ und wiederum auf den Kolosserbrief. Aus der Tradition der Kirche wird das Glaubensbekenntnis des Konzils von Nikaia angeführt „Gott von Gott, Licht vom Licht, wahrer Gott vom wahren Gott, gezeugt, nicht geschaffen, eines Wesens mit dem Vater“. Es wird das II. Vatikanische Konzil und wiederum die Enzyklika Redemptoris Missio zitiert.

Daraus wird gefolgert: „Im Gegensatz zum katholischen Glauben steht [...] die Trennung zwischen dem Heilswirken des Logos als solchem und dem Heilswirken des Wortes, das Fleisch geworden ist.“[7] Zurückgewiesen wird damit der Gedanke, die Heilswirksamkeit des Logos betreffe die Nichtchristen, die Christen hingegen betreffe das Heilswirken des menschgewordenen Logos.

Mit dieser ersten Aussage wird eine zweite verbunden: Es ist „fest zu glauben, daß es nur eine einzige vom einen und dreifaltigen Gott gewollte Heilsordnung gibt, deren Quellgrund und Mitte das Mysterium der Fleischwerdung des Wortes ist.“ Zurückgewiesen wird von diesem zweiten Satz aus die Hypothese, es gäbe zwei Heilsordnungen, eine für die Christen, eine für die übrigen Menschen, die eine sei gekennzeichnet durch den Glauben an Jesus Christus, die andere Heilsordnung werde vom Heiligen Geist gewirkt, der über die Grenzen der Kirche hinaus wirksam sei. Demgegenüber wird unter Berufung auf das II. Vatikanische Konzil dargetan, daß sich das Heilswirken Jesu Christi wie das Wirken des Geistes, der vom Vater und vom Sohne

---

[6] A.a.O., Nr. 7, 9.
[7] A.a.O. 10.

68

ausgeht, über die sichtbaren Grenzen der Kirche in der Welt auswirke. „Das Wirken des Geistes geschieht also nicht außerhalb oder neben dem Wirken Christi. Es gibt nur die eine Heilsordnung des einen dreifaltigen Gottes, die im Mysterium der Inkarnation des Todes und der Auferstehung des Sohnes Gottes Wirklichkeit wird und die durch die Mitwirkung des Heiligen Geistes vergegenwärtigt und in ihrer Heilsbedeutung auf die ganze Menschheit und das Universum ausgedehnt wird."[8]

Zum 3. Kapitel: Hier geht es um *die Einzigkeit und Universalität Jesu Christi.* Der Schriftbeweis umspannt wiederum Worte aus dem Johannesevangelium: „Seht das Lamm Gottes, das die Sünden der Welt hinwegnimmt"; es wird das Bekenntnis des Petrus nach der Apostelgeschichte angeführt: „In keinem anderen ist das Heil zu finden. Denn es ist uns Menschen kein anderer Name unter dem Himmel gegeben, durch den wir gerettet werden sollen." (Apg 4,12). Es folgen Worte des Paulus, aus den Pastoralbriefen und Lehrsätze aus der Tradition. Die Folgerung, die daraus gezogen wird: „Es ist deshalb als Wahrheit des katholischen Glaubens fest zu glauben, daß der universale Heilswille des einen und dreifaltigen Gottes ein für alle Mal im Mysterium der Inkarnation des Todes und der Auferstehung des Sohnes Gottes angeboten und Wirklichkeit geworden ist."[9]

Es wird ausdrücklich darauf hingewiesen, daß die Theologie heute nachzudenken hat, in welcher Weise auch andere Gestalten neben Jesus Christus und Elemente anderer Religionen zum „göttlichen Heilsplan gehören können." Ausdrücklich aber wird festgestellt, daß es nur um eine teilhabende Mittlerschaft gehen kann. Andere Mittlergestalten, die Elemente anderer Religionen können nicht „als gleichrangig und komplementär" betrachtet werden.

Von daher wird die Tendenz kritisiert, Worte wie „Einzigkeit, Universalität oder Absolutheit" in Bezug auf Jesus Christus und das Heilsereignis zu vermeiden.

Zum 4. Kapitel: Im Mittelpunkt steht *die Einzigkeit und Einheit der Kirche, die von Jesus Christus, dem einzigen Erlöser,* gestiftet ist. Sie wird als „Heilsmysterium" gekennzeichnet: „Er selbst ist in der Kirche und die Kirche ist in ihm." Dazu wird wiederum auf die Schrift verwiesen, etwa Johannes 15,1ff., Galater 3,28 etc. Jesus Christus setzt seine Gegenwart und sein Heilswerk in der Kirche und durch die

---

[8] A.a.O. Nr. 12.
[9] A.a.O. Nr. 14.

Kirche fort. Der Herr und seine Kirche sind wie Haupt und Glieder verbunden. Auch dafür werden Schriftworte angeführt.

Die Folgerung daraus: „Deshalb muß in Verbindung mit der Einzigkeit und Universalität der Heilsmittlerschaft Jesu Christi die Einzigkeit der von ihm gestifteten Kirche als Wahrheit des katholischen Glaubens fest geglaubt werden."[10] Es gibt folglich nur einen einzigen Leib Christi, eine einzige Braut Christi.

Dieser Glaubenssatz wird in der Folge auf seine Implikationen hin bedacht. Schließlich gibt es Kirchenspaltungen. In Bezug darauf wird nun eine Folgerung vorgetragen, d.h. es handelt sich um eine Wahrheit, die mit dem geoffenbarten Glaubensgut verbunden ist, aber in sich eine Folgerung daraus darstellt: „Die Gläubigen sind gehalten zu bekennen", – es wird nicht gesagt, sie sind gehalten zu glauben, sondern es wird lediglich von einem Gehaltensein, einem Verpflichtetsein zum Bekenntnis gesprochen – „daß es eine geschichtliche, in der apostolischen Sukzession verwurzelte Kontinuität zwischen der von Christus gestifteten und der Katholischen Kirche gibt."[11] In diesem Kontext nun wird auf die Kirchenkonstitution des II. Vatikanums Lumen Gentium, 8 verwiesen[12], wo es heißt: "Diese Kirche, in dieser Welt als Gesellschaft verfaßt und geordnet, ist verwirklicht (subsistit) in der Katholischen Kirche, die vom Nachfolger Petri und von den Bischöfen in der Gemeinschaft mit ihm geleitet wird." In der Folge wird der Ausdruck „subsistit" interpretiert: „Mit dem Ausdruck ‚subsistit in' wollte das II. Vatikanische Konzil zwei Lehrsätze miteinander in Einklang bringen: Auf der einen Seite, daß die Kirche Christi trotz der Spaltung der Christen voll nur in der Katholischen Kirche weiterbesteht und auf der anderen Seite, daß außerhalb ihres sichtbaren Gefüges vielfältige Elemente der Heiligung und der Wahrheit zu finden sind, nämlich in den Kirchen und kirchlichen Gemeinschaften, die nicht in voller Gemeinschaft mit der Katholischen Kirche stehen." Daraus wird dann gefolgert, daß jene Kirchen, die zwar nicht in voller Gemeinschaft mit der Katholischen Kirche stehen, aber „durch engste Bande wie die apostolische Sukzession und die gültige Eucharistie" mit ihr verbunden bleiben, echte Teilkirchen sind, für kirchliche Gemeinschaften, „die den gültigen Episkopat und die ursprüngliche und

---

[10] A.a.O. Nr. 16, 21.
[11] A.a.O. Nr. 23.
[12] LG 8, in: DH 4119.

vollständige Wirklichkeit des eucharistischen Mysteriums nicht bewahrt" haben, „nicht Kirchen im eigentlichen Sinne"[13] sind.

Zum 5. Kapitel: Das Kapitel beschäftigt sich mit dem *Verhältnis von Kirche, Reich Gottes und Reich Christi*. In diesem Abschnitt gibt es keinen zusammenfassenden Lehrsatz. Es wird ausgeführt, daß die Kirche nicht einfach schlechthin identisch ist mit dem Reich Gottes und dem Reich Christi. Sie ist aber auch nicht einfach etwas anderes. Sie ist vielmehr – nach den Worten des II. Vatikanischen Konzils – „Zeichen und Werkzeug für die innigste Vereinigung der Menschen mit Gott wie untereinander". Sie bildet den „Keim und [...] Anfang" des im Geheimnis schon gegenwärtigen Reiches Christi. Von dieser Position her werden Auffassungen zurückgewiesen, die „das Bild einer Kirche entwerfen, die nicht an sich selbst denkt, die vielmehr ganz damit befaßt ist, Zeugnis vom Reich zu geben und ihm zu dienen." Hier können – neben positiven Momenten – sich auch negative Seiten zeigen: Es wird bei dieser These kein Bezug genommen auf Christus, es wird lediglich an die verschiedenen Völker, Kulturen und Religionen gedacht. Die Notwendigkeit des Glaubenszeugnisses wird übersehen zugunsten einer Arbeit im Sinn der Schöpfungsordnung. In Bezug auf diese und ähnliche Aussagen wird pauschal festgestellt: „Solche Aussagen widersprechen dem katholischen Glauben, weil sie die einzigartige Beziehung leugnen, die zwischen Christus, der Kirche und dem Reich Gottes besteht."[14]

Zum 6. Kapitel: Darin werden Konsequenzen für *die Kirche und die Religionen im Blick auf das Heil* gezogen. Ausgangspunkt ist der Glaubenssatz: „Es ist vor allem fest zu glauben, daß die pilgernde Kirche zum Heil notwendig ist. Der eine Christus ist Mittler und Weg zum Heil, der in seinem Leib, der Kirche, uns gegenwärtig wird; indem er selbst mit ausdrücklichen Worten die Notwendigkeit des Glaubens betont hat (vgl. Markus 16,16; Johannes 3,5), hat er zugleich die Notwendigkeit der Kirche, in die die Menschen durch die Taufe wie durch eine Tür eintreten, bekräftigt."[15] Dieser Satz entstammt der Kirchenkonstitution des II. Vatikanischen Konzils Lumen Gentium, 14.[16] In Bezug auf das Heil aller Menschen wird wiederum auf das II. Vatikanische Konzil verwiesen: Die heilbringende Gnade Gottes, durch Christus im Heiligen Geist geschenkt, kommt den Menschen zu auf

---

[13] A.a.O. Nr. 17.
[14] A.a.O. Nr. 19.
[15] A.a.O. Nr. 20.
[16] LG 14, in: DH 4136.

„Wegen, die er (Gott) weiß."[17] Infolgedessen widerspricht es „dem katholischen Glauben, die Kirche als einen Heilsweg neben jenen in den anderen Religionen zu betrachten, die komplementär zur Kirche, ja im Grunde ihr gleichwertig wären"[18]. Dies schließt nicht aus, daß die Religionen in Beziehung zum Heil stehen. In diesem Sinn wird gelehrt, daß der Geist in den Herzen der Menschen und der Geschichte der Kulturen und Religionen wirkt. Es gibt Gebete und Riten bei den Völkern, die die Annahme des Evangeliums vorbereiten. Ausdrücklich aber wird festgestellt: „Man kann ihnen aber nicht einen göttlichen Ursprung oder eine Heilswirksamkeit ex opere operato zuerkennen, die den christlichen Sakramenten eigen ist." Es gibt andere Riten, Praktiken, die vom Irrtum behaftet sind und ein Hindernis für das Heil darstellen. Verworfen wird infolgedessen jeder Indifferentismus. Die Mission ist und bleibt notwendig.

Im Schlußkapitel wird schließlich festgestellt, daß die vorliegende Erklärung den Glauben der Kirche neu bekräftigen wollte. Die theologische Reflexion sei aufgerufen, diesen Glauben überzeugend darzustellen und eindringlich von ihm Rechenschaft zu geben.

2. Raum und Situation, in die „Dominus Jesus" eingreift.

Nach dieser kurzen, aber notwendigen Analyse der Aussagen von „Dominus Jesus" nun zum II. Abschnitt, in dem wir versuchen, den geistigen Raum und die Situation zu charakterisieren, in den sich dieses Dokument einschreibt. Mit dem II. Vatikanischen Konzil hat die Katholische Kirche ihre eigene Identität in Bezug auf die moderne Gesellschaft, aber auch im Hinblick auf die großen Faktoren der Geschichte, die Religionen und die anderen christlichen Kirchen neu bestimmt. Mit dieser Identitätsbestimmung wird in aller Wahrheit ein neues Kapitel der Kirchengeschichte aufgeschlagen. Wie manifestiert sich dies? Veranschaulichen wir dies an der Verhältnisbestimmung der Kirche zu den anderen Religionen und den anderen Konfessionen. Ausgehend vom universalen Heilswillen Gottes, den die Kirche bezeugt, wird festgestellt, daß dieser Heilswille sich auf alle Menschen erstreckt. Die Folgerung daraus: Zur „katholischen Einheit des Gottesvolkes [...] sind also alle Menschen berufen und auf verschiedene Weise gehören ihr zu oder werden ihr zugeordnet die katholischen Gläubigen, die anderen an Christus Glaubenden und schließlich alle

---

[17] AG 2.
[18] A.a.O. Nr. 21.

Menschen überhaupt, die durch die Gnade Gottes zum Heil berufen sind."[19]

Diese Linie, die in der Kirchenkonstitution Lumen gentium eingeschlagen ist, hält sich ebenso in dem Dekret, das von den verschiedenen Religionen handelt, durch. In Nostra aetate wird generell festgestellt: „Die Katholische Kirche verwirft nichts von dem, was in diesen Religionen wahr und heilig ist. Mit aufrichtigem Ernst betrachtet sie jene Handlungs- und Lebensweisen, jene Gebote und Lehren, die zwar in vielem von dem abweichen, was sie selber festhält und lehrt, jedoch nicht selten einen Strahl jener Wahrheit wiedergeben, die andere Menschen erleuchtet. Unablässig aber verkündet sie und muß sie verkünden Christus, der der Weg, die Wahrheit und das Leben (Johannes 14,6) ist, in dem die Menschen die Fülle des religiösen Lebens finden, in dem Gott alles mit sich versöhnt hat."[20]

Auf dem Konzil wurden nicht nur Worte gemacht. Noch bevor Nostra aetate im Oktober 1965 verabschiedet wurde, war das Sekretariat für den Dialog mit den nichtchristlichen Religionen eingerichtet worden. Daran schlossen sich eine Fülle von Gesprächen an, die im Weltgebetstag von Assisi 1986 einen großen symbolischen Ausdruck fanden. Ganz analog verläuft die Bestimmung des Verhältnisses zu den anderen christlichen Konfessionen und Kirchen. Hier ist in der Folge des II. Vatikanischen Konzils der Dialog noch sehr viel intensiver.

Wie ist diese Wendung in sich zu charakterisieren? Das Konzil hat eine grundsätzlich neue Verhältnisbestimmung von Kirche und Religionen vorgenommen. Parallel dazu verläuft eine neue Verhältnisbestimmung der Katholischen Kirche und der übrigen christlichen Kirchen und Gemeinschaften. In der 2000-jährigen Geschichte des Christentums gab es eine solche Verhältnisbestimmung mit der Verpflichtung zum Respekt und zum Dialog bei gleichzeitigem Festhalten an der Unbedingtheit des christlichen Offenbarungsanspruches gegenüber den Religionen nicht. Stattdessen stand hier eine simple Negation: Die Kirche bekennt den Glauben, der von Gott geoffenbart ist. Dieser Glaube ist folglich der wahre Glaube. Alle übrigen Religionen und Glaubensformen sind deswegen nicht der wahre Glaube. Sie sind abzulehnen. Ganz ähnlich wurde gegenüber den anderen Kirchen und christlichen Gemeinschaften argumentiert: Die Katholische Kirche bekennt den wahren Glauben. Die übrigen Kirchen haben sich abgespalten von ihr. Folglich sind sie abzulehnen. In Bezug auf die Ökumene

---

[19] LG 13, in: DH 4135.
[20] NA 2, in: DH 4196.

gab es lediglich die Möglichkeit einer Rückkehr zur Katholischen Kirche. In Bezug auf die übrigen Religionen gab es lediglich die Bekehrung zum Glauben der Kirche. Man kann also hier von einer einfachen Negation in den Beziehungen sprechen. Die Religionen sind nicht die wahre Religion. Die anderen Kirchen sind nicht die wahre Kirche. Von daher ergibt sich der Abbruch aller Beziehungen. Es kommen lediglich Ablehnung und Negation in Betracht.

Was tun die Väter des II. Vatikanischen Konzils? Charakterisiert man die Wendung des Konzils von ihrer Logik her, so ist zu sagen: Es verwandelt die einfache Negation in eine bestimmte Negation, d.h. eine differenzierte Negation. Die Väter reflektieren nämlich darauf, wie in ihrem eigenen Glauben, im christlichen Glauben, die anderen Religionen „impliziert" sind: Der Glaube spricht ja von dem einen Schöpfer aller Menschen, von dem einen Heil, das Gott allen Menschen zudenkt. Diese Aussagen des christlichen Glaubens beziehen sich auf die geschichtlichen Menschen mit ihren Geschicken, Lebensformen, ihren religiösen Ansichten. Sind aber die anderen Religionen in einer gewissen Weise im christlichen Glauben bereits angesprochen, mit umgriffen, so kann ihnen gegenüber nicht eine einfache Negation ausgesprochen werden. Es ist vielmehr zu differenzieren zwischen jenen Gemeinsamkeiten und den Differenzen, die sich hier im Einzelnen auftun. In Bezug auf das Verhältnis der Katholischen Kirche zu den Kirchen des Ostens und der Reformation ist dieses Verhältnis ebenso von einer simplen Negation in eine bestimmte Negation umgewandelt worden. Es werden die Fülle von Gemeinsamkeiten und Übereinstimmungen in den Blick genommen, und von dort her macht man sich auf, die bestimmten Differenzen näher zu charakterisieren.

Überträgt man die bisher mit logischen Termini charakterisierte Umwandlung – nämlich die einer einfachen Negation in eine bestimmte Negation – in die religiöse Sprache, dann wäre hier von einem institutionellen Bekehrungsvorgang der Kirche zu sprechen. Bekehrung meint ja immer, daß man sich zu dem, was Gott den Menschen bedeutet und was er ihnen anvertraut, in einer größeren Ernsthaftigkeit und Authentizität zukehrt. Bekehrung bedeutet, daß man sich von Selbstverständlichkeiten, die bis dahin dominierten, abwendet. Und genau dies geschieht hier. Die Väter des II. Vatikanischen Konzils wenden sich in einer vertieften Weise der Wahrheit des Glaubens zu, indem sie aufdecken, was in diesem Glauben auch in Bezug auf die anderen Religionen, in Bezug auf die anderen Kirchen bejaht und affirmiert wird, und wo genau die Differenzen bestehen.

Wenn wir hier von institutioneller Bekehrung sprechen, dann deswegen, weil das Wort Bekehrung sonst immer nur in Bezug auf Einzelne gebraucht wird, die sich von ihrem bisherigen Lebenswandel abkehren und sich Gott intensiver zuwenden. Hier geschieht etwas ähnliches für die Kirche als Institution, als Körperschaft. Sie kehrt sich neu und intensiver Gott zu, indem sie ihre Identität und Beziehungen zu den anderen Religionen und zu den anderen christlichen Kirchen und Gemeinschaften neu bestimmt.

Es ist klar, daß ein solcher institutioneller Bekehrungsprozeß eine längere Umsetzung in gemeinsame kirchliche Lebensformen nötig macht, um wirksam zu werden. Nicht jeder einzelne, nicht jede Gemeinde, nicht jede Instanz in der Kirche vollzieht eine solche institutionelle Bekehrung sofort und im Gleichtakt mit. Zum anderen ernötigt eine solche institutionelle Bekehrung die Aufnahme eines Dialoges. Die Kirche kann nicht mehr den oder die anderen einfach negieren, sie einfach ablehnen, sich ihnen gegenüber einfach versagen. Sie gehören ja, wenngleich mit mehr oder weniger großen Differenzen, mit ihr selbst zusammen, und zwar vom christlichen Glauben her. So aber wird ein Dialog notwendig, in dem die Differenzen, die sich auf diesem Boden von Verbindungen und Gemeinsamkeiten auftun, von *der einen wie von der anderen Seite* her näher bestimmt werden müssen. Steht man in einer grundsätzlichen Verbindung, erkennt man eine grundsätzliche Gemeinsamkeit an, so sind die Unterschiede und Differenzen, die der Eine in bezug auf den Anderen feststellt, ja zu beantworten. Der andere hat das Recht zu sagen, ob es vielleicht um Einseitigkeiten, Vorurteile geht, oder ob es sich seiner Ansicht nach um Punkte handelt, die auch in seiner Sicht durchaus different sind.

Man kann sich das weltgeschichtliche Geschehen, das mit dem II. Vatikanum einsetzt, an einem Beispiel klarmachen: Wenn jemand in eine Abendgesellschaft kommt und sich dort vorstellt, nennt er seinen Namen, seine Stellung und gibt selbstverständlich dem anderen die Möglichkeit, sich seinerseits vorzustellen. Indem die Kirche zum ersten Mal in der Geschichte sich in den bis dahin stumm nebeneinander stehenden Kreis der Religionen begibt, die eigene Identität bestimmt, sich vorstellt und damit zugleich die Unterschiede zu den anderen ins Wort bringt und markiert, gibt sie selbstverständlich den anderen Religionen den Raum frei, sich ihrerseits vorzustellen und ihrerseits diese Differenzen zu benennen. Der Dialog wird damit zu der Form, in der die Religionen und in der die christlichen Kirchen und christlichen Gemeinschaften einander begegnen. Vorausgesetzt selbstverständlich, daß die Religionen bzw. die Kirchen und christlichen Gemeinschaften sich ihrerseits diesem Prozeß öffnen. Die Bedeutung und die Tragweite dieses Vorganges wird man kaum hoch genug schätzen können. Einen christlichen bzw. eine kirchlichen Aufruf zum „Türkenkrieg" wie noch vor 400 Jahren kann es heute nicht mehr geben.

Dies bedeutet aber auch, daß die Mission in einem gewandelten Rahmen, nämlich im Rahmen dieses Dialoges stattfindet. Mission kann nur im Sinne einer Überzeugungsarbeit geschehen, die getragen ist von dem Respekt und von der Anerkennung jener Wahrheiten, die auch in den anderen Religionen zu finden sind.

Weil die Wendung des II. Vatikanischen Konzils, diese institutionelle Bekehrung, welche die logische Form einer Umwandlung einer einfachen Negation in eine differenzierte, in eine bestimmte Negation hat, epochaler Art ist, ist die Theologie zum Betreten von Neuland aufgefordert. Die Herausarbeitung der bestimmten Negation, d.h. eine genaue Bestimmung der Differenzen im einzelnen, ist nicht einfach und bedarf neuer Begriffsbildungen und einer erheblichen Verstehensbemühung hinsichtlich des Kerns der anderen Religionen. Ähnliche Anstrengungen waren und sind aufgrund dieser gewandelten Lage in Bezug auf die Ökumene erforderlich.

Schauen wir nun von dieser Charakteristik des geistigen Raumes und der Situation, in denen sich die Kirche seit dem II. Vatikanischen Konzil bewegt, auf die Einzelaussagen des Dokumentes „Dominus Jesus". Es ist zu fragen, inwieweit das Dokument die vom II. Vatikanischen Konzil inaugurierte institutionelle Bekehrung mitvollzieht und deren Bedingungen respektiert. Die Frage lautet, inwieweit hier von einer einfachen Negation zu bestimmten Negationen übergegangen wird und diese Bewegung der bestimmten Negation, die sich nur im Dialog näher klären läßt, eingehalten wird.

Da sich die Problematik in Bezug auf das Verhältnis zu den anderen Religionen nicht unerheblich von der Beziehung zu den anderen christlichen Kirchen und kirchlichen Gemeinschaften unterscheidet und im vorliegenden Dokument selbst beide Sachbereiche sorgfältig abgegrenzt werden, folgen wir den im ersten Durchgang gekennzeichneten Kernaussagen der einzelnen Kapitel.

3. Zur theologischen Beurteilung der Kernaussagen von Dominus Jesus

3.1. Zur Fülle und Endgültigkeit der Offenbarung Gottes in Jesus Christus

Zweifellos bezeugt das Neue Testament Jesus als den Weg, die Wahrheit und das Leben. Ist mit dieser Fülle und Endgültigkeit der Offenbarung Gottes in Jesus Christus aber jede Komplementarität ausgeschlossen? Bezeichnenderweise wird im 1. Abschnitt von „Dominus Jesus" über die Offenbarung nicht ein einziges Zitat aus dem Alten Testament gebracht. Die Botschaft Jesu Christi aber ist nicht verständlich ohne die Vorgeschichte. Sie gehört wesentlich dazu, angefangen von den Schöpfungsgeschichten über die Patriarchenerzählungen mit dem Noah-Bund bis hin zu Abraham, Mose, den Propheten, den Weisheitslehrern und Apokalyptikern. Im Hebräerbrief wird dieses Verhältnis so bestimmt: „Viele Male und auf vielerlei Weise hat Gott einst zu den Vätern gesprochen durch die Propheten; in dieser Endzeit aber hat er zu uns gesprochen durch den Sohn, den er zum Erben des Alls eingesetzt und durch den er auch die Welt geschaffen hat."[21] Ebenso aber, wie das Christusereignis seine Voraussetzungen hat, so gilt auch für die anschließende Geschichte: „Der Geist wird Euch in alle Wahrheit einführen."[22] Paulus spricht davon, daß die Christen alles prüfen und das, was gut ist, behalten sollen.[23] In den Texten des II. Vatikanischen Konzils ist ausdrücklich die Rede davon, daß die Kirche viel „aufgrund der Geschichte und Entwicklung des Menschengeschlechts empfangen hat." Ausdrücklich wird auf die verschiedenen Sprachen unserer Zeit verwiesen, durch die „die geoffenbarte Wahrheit immer tiefer erfaßt, besser verstanden und passender vorgelegt werden kann." Schließlich bekennen die Konzilsväter, daß die Kirche auch „durch die Entwicklung des menschlichen, gesellschaftlichen Lebens bereichert [...] wird, nicht als ob in der von Christus ihr gegebenen Verfassung etwas fehlte, sondern um sie tiefer zu erkennen, besser auszudrücken und zeitgemäßer zu gestalten."[24]

Daß die Fülle und Endgültigkeit der Offenbarung in Jesus Christus gegeben ist, hebt die unlösliche Bindung und Angewiesenheit der Gemeinschaft der Glaubenden auf die anderen Religionen, die Kulturen

---

[21] Hebr 1,1f.
[22] Jo 16,13.
[23] 1 Thess 5, 21.
[24] GS 44, in: DH 4344.

und die Wissenschaften der Völker nicht auf, sondern bekräftigt sie nochmals. Erst von diesem Verständnis her, das in diesem ersten Kapitel nicht angesprochen wird, werden die nachdrücklichen Aussagen von Johannes Paul II. zum besonderen Verhältnis von Kirche und Israel als Volk des ungekündigten Bundes voll zu würdigen sein.

Zum Folgerungssatz dieses ersten Kapitels: „Deshalb muß mit Festigkeit an der Unterscheidung zwischen dem theologalen Glauben und der inneren Überzeugung in den anderen Religionen festgehalten werden. Der Glaube ist die gnadenhafte Annahme der geoffenbarten Wahrheit [...] Die innere Überzeugung in den anderen Religionen ist hingegen jene Gesamtheit an Erfahrungen und Einsichten, welche die menschlichen Schätze der Weisheit und Religiosität ausmachen, die der Mensch auf seiner Suche nach der Wahrheit in seiner Beziehung zum Göttlichen und Absoluten ersonnen und verwirklicht hat."[25] Dieser Satz wird dem zuvor angeführten biblischen Befund nicht gerecht. Man kann und darf vom Glauben nicht nur im formalen, christlichen Sinn sprechen. Für die alte Kirche gehört Abel ebenso zu den Glaubenden und Gerechtfertigten wie Noah. Abraham ist der Vater des Glaubens. Nach Thomas von Aquin ist jedem Menschen, der zum Vernunft- und Freiheitsgebrauch kommt, der rechtfertigende Glaube möglich. Es gibt nach der Summa Theologiae des Thomas Sakramente bei den Heiden und im Alten Bund, durch welche in einer impliziten Weise der rechtfertigende Glaube an das kommende Heil in Christus bezeugt wird. Thomas verweist in diesem Zusammenhang unter anderem auf Melchisedek, den heidnischen König und Priester.[26] Von daher bedarf es einer kritischen Reflexion darauf, ob man in Bezug auf die religiösen Überzeugungen der Heiden und der Muslim lediglich von „inneren Überzeugungen" sprechen kann und ihnen den Glauben rundweg absprechen kann. Hat der Glaube nicht unterschiedliche geschichtliche Realisationsformen? Ist der Glaube nicht in mannigfachen verkappten Formen zu entdecken? Die hier in diesem Zusammenhang von der Erklärung der Glaubenskongregation vorgetragene Differenzierung zwischen Glauben und innerer Überzeugung trägt den Charakter einer einfachen Negation, nicht einer bestimmten Negation.

---

[25] A.a.O. Nr. 7, 9.
[26] *Thomas von Aquin*, Summa Theologiae III, 61,3. Der Artikel trägt die Überschrift: Ob es nach der Sünde, vor Christus, Sakramente gegeben haben muß. Jesus Christus wird als Priester nach der Ordnung des Melchisedek bezeichnet. Vgl. Hebr. 5,6.10; 6,20; 7,1-17. Das Opfer des Heiden Melchisedek wird im römischen Kanon genannt.

3.2. Zum Fleisch gewordenen Wort und Wirken des Heiligen Geistes.

Die Aussagen, die im zweiten Kapitel von der einen Heilsordnung Gottes ausgehen – von jenem Heil, das durch die Menschwerdung des Wortes und das Wirken des Geistes in der ganzen Geschichte real wird – und die rigorose Ablehnung von zwei Heilsordnungen entsprechen durchaus der institutionellen Bekehrung, die die Kirche im II. Vatikanischen Konzil vollzogen hat. Die Feststellungen sind allerdings nicht vermittelt mit den Aussagen im ersten Kapitel. Denn im zweiten Kapitel heißt es: „Die Gegenwart und das Handeln des Geistes berühren nicht nur einzelne Menschen, sondern auch die Gesellschaft und die Geschichte, die Völker, die Kulturen, die Religionen, [...] der auferstandene Christus wirkt im Herzen der Menschen in der Kraft seines Geistes [...]"[27]. Was wirkt der Geist Gottes in den Herzen der Menschen, wenn nicht Bekehrung und Glaube, Hoffnung, Liebe? Dies freilich in vielen meist verborgenen Weisen. Er wirkt nicht einfach „innere Überzeugungen".

Was in diesem zweiten Abschnitt ferner nicht thematisiert wird, ist die Angewiesenheit der Kirche, die sich der Offenbarung Gottes in Jesus Christus erfreut, auf das Lernen und Empfangen von diesen Geistesgaben, die es bei den anderen gibt und die ihnen von demselben Geist zukommen, der auch die Kirche beseelt. Die Fülle der Offenbarung in Christus und ihre Universalität führt die Kirche ja gerade nicht in eine Exklusivität und Selbstgenügsamkeit, sondern in die Offenheit und in die Begegnung mit dem Geist Gottes in den unterschiedlichen geschichtlichen Religionen und ihren Lebensgestalten.

3.3. Zur Einzigkeit und Universalität des Heilsmysteriums Jesu Christi

In Bezug auf das universale Heil, das im Sohne Gottes „angeboten und Wirklichkeit geworden ist", wird gelehrt, daß es in den anderen Religionen und in den anderen heilsmittlerischen Gestalten positive Elemente geben kann, die zum göttlichen Heilsplan gehören. Es wird von einer „teilhabenden Mittlerschaft" gesprochen. Johannes Paul II. hat dieses Wort geprägt, und er fügt hinzu, daß sie „Bedeutung und Wert allein in Verbindung mit der Mittlerschaft Christi" haben und „nicht als gleichrangig und komplementär" betrachtet werden können. Im Bezug auf die Komplementarität gilt das oben Gesagte. Das Wort von der teilhabenden Mittlerschaft im Bezug auf die großen Gestalten

---

[27] A.a.O. Nr. 12, 16.

der Religionsgeschichte kann richtig und falsch verstanden werden: Richtig, wenn dieses Wort so weit, tief und abgründig verstanden wird, daß die wirkliche geschichtliche Fremdheit anderer Religionen gegenüber dem Christentum nicht ausgeschlossen wird, sondern auch noch in dieser unableitbaren geschichtlichen Eigenständigkeit das geheimnisvolle Wirken Jesu Christi gesucht und erkannt werden kann. Wir wandeln ja im Glauben, nicht in der Schau. Wir erkennen nur bruchstückhaft und wie im Spiegel.

Von daher ist die Rede von der Einzigkeit, Universalität und Absolutheit christlichen Glaubens sinnvoll und bedarf doch der Ergänzung durch Hinweis auf die Pluralität der Gestalten, in denen uns die Gnade Gottes begegnet. Es handelt sich um eine noch nicht aufgedeckte, erst in der Weise der Hoffnung gegebene Universalität, Einzigkeit, Absolutheit, und das heißt Universalität, Einzigkeit, Absolutheit in und unter der „Knechtsgestalt", der „Niedrigkeitsgestalt", in der Endlichkeit und Gebrochenheit, der Partikularität. Der „absolute" Glaube ist der radikal angewiesene Glaube, der gerade vom Zugehen auf die anderen lebt und sich so in seiner Unbedingtheit bewährt.

3.4. Zur Einzigkeit und Einheit der Kirche und zum ökumenischen Dialog

Besondere Irritationen sind in unseren Breiten von dem Bekenntnissatz und seiner Begründung ausgegangen, in dem von der geschichtlichen, in der apostolischen Sukzession verwurzelten Kontinuität zwischen der von Christus gestifteten und der Katholischen Kirche die Rede ist. Es wird dort zur Erläuterung gesagt: „Es gibt also eine einzige Kirche Christi, die in der katholischen Kirche subsistiert und vom Nachfolger Petri und von den Bischöfen in Gemeinschaft mit ihm geleitet wird. Die Kirchen, die zwar nicht in vollkommener Gemeinschaft mit der katholischen Kirche stehen, aber durch engste Bande, wie die apostolische Sukzession und die gültige Eucharistie, mit ihr verbunden bleiben, sind echte Teilkirchen. Deshalb ist die Kirche Christi auch in diesen Kirchen gegenwärtig und wirksam, obwohl ihnen die volle Gemeinschaft mit der katholischen Kirche fehlt, insofern sie die katholische Lehre vom Primat nicht annehmen, den der Bischof von Rom nach Gottes Willen objektiv innehat und über die ganze Kirche ausübt. Die kirchlichen Gemeinschaften hingegen, die den gültigen Episkopat und die ursprüngliche und vollständige Wirklichkeit des eucharistischen Mysteriums nicht bewahrt haben, sind nicht Kirchen im eigentlichen Sinn" (Nr. 17). Damit wird der Titel „Kirche", „Schwesterkirche", „Teilkirche" nur den orthodoxen Kirchen zuerkannt. Als Kriterien werden das „gültige" Bischofsamt und die „gültige" Eucharistie genannt.[28]

Zur Begründung beruft sich die Glaubenskongregation auf die Formel des II. Vatikanischen Konzils vom ,subsistieren' der einen Kirche Jesu Christi in der katholischen Kirche und legt diesen Text in enger Weise aus: „Der authentischen Bedeutung des Konzilstextes widerspricht [...] die Interpretation jener, die von der Formel ,subsistit' die Meinung ableiten, daß die einzige Kirche Christi auch in anderen christlichen Kirchen verwirklicht sein könnte. Das Konzil hingegen hatte das Wort ,subsistit' gerade deshalb gewählt, um klarzustellen, daß nur eine einzige ,Subsistenz' der wahren Kirche besteht" (Nr. 16, Anm. 56)

Die Intention der Väter des Konzils deutet in eine andere Richtung: Sie hatten den vorherigen Entwurf abgelehnt, der lautete: „Diese Kirche also [...] *ist* die katholische Kirche, die vom Römischen Papst und den Bischöfen [...] geleitet wird." Im LThK – Kommentar wird zu dieser Stelle angemerkt: „Die Theologische Kommission hat sich jedoch für das einfache ,subsistit' entschieden und damit die Frage nach dem Verhältnis der einen Kirche zu den vielen Kirchen bewußt offen gelassen. Damit ist wiederum eine Entwicklung von unabsehbarer Tragweite möglich geworden." Entscheidend für die Väter ist die Offenheit im Blick auf den eingeleiteten ökumenischen Prozeß. Sie sprechen von den kirchlichen „Elementen" institutioneller und sakramentaler Art, die in den Kirchen und Gemeinschaften in mehr oder weniger großer Ausprägung zu finden sind.

---

[28] Bereits am 30.06.2000 hatte die Glaubenskongregation eine Note zum Begriff „Schwesterkirche" veröffentlicht, die offensichtlich in Zusammenhang mit der Erklärung „Dominus Jesus" steht. Veröffentlichung der Note durch KNA 06.09.2000. Die Note berührt ein doppeltes Problem: Das Verhältnis Kirche – Teilkirche und die Frage nach den Kriterien für die Zuerkennung des Titels: Teilkirche bzw. Schwesterkirche. Die Frage Kirche bzw. Katholische Kirche oder Universalkirche und Teilkirche bzw. Ortskirche wird entsprechend der Ekklesiologie J. Ratzingers dargestellt. W. Kasper hat in verschiedenen Veröffentlichungen jene Position charakterisiert, die wohl von der Mehrheit der Theologen wie von zahlreichen Bischofskonferenzen vertreten wird (vgl. FS Homeyer; StZ 12, 2000). Dies geht deutlich aus der kritischen Stellungnahme hervor, die anläßlich von Communionis notio veröffentlicht wurden. Es ist bedauerlich, daß die jetzige Praxis der Glaubenskongregation nicht mehr von dem traditionellen Prinzip geleitet wird, theologische Auffassungen, die von zahlreichen Bischöfen und Theologen vertreten wurden, als frei zu diskutierende, legitime theologische Positionen anzuerkennen.

Die Väter haben damit – auf eine neue Weise – zurückgegriffen auf eine alte Unterscheidung im Gebrauch des Wortes „Kirche", eine Unterscheidung, die angesichts der Komplexität von Kirche unerläßlich ist und zugleich den Christen aus den Kirchen der Reformation sehr geläufig ist: Diese Unterscheidung hat Augustinus in das Wortpaar: ecclesia sacramentorum und ecclesia sanctorum gefaßt. Ecclesia sanctorum meint nicht einfach die Gemeinschaft der Heiligen im Himmel, sondern alle Menschen, die – zu welcher Zeit auch immer – Gott wohlgefällig, gerechtfertigt waren, sind oder sein werden. Diese ist die eigentliche Kirche, der lebendige Leib Christi, der Tempel des Heiligen Geistes. Davon unterscheidet Augustinus die sichtbare Kirche als Institution mit ihren Sakramenten, die Getauften, Sünder und Heiligen etc. Sie ist nicht schlechthin identisch mit der ecclesia sanctorum, sie umfaßt ja auch Sünder und ist nicht frei von sündhaften Strukturen. So ist die ecclesia sanctorum *in* der ecclesia sacramentorum und doch nicht selbig mit ihr. Die ecclesia sacramentorum ist vielmehr auf die ecclesia sanctorum hingeordnet und hat in ihr ihren Sinn. Sie soll durch Wort und Sakrament, durch ihre Diakonie Menschen in die Umkehr rufen, ihren Glauben stärken und kräftigen. Dabei gilt, daß Paulus pflanzt, Apollo gießt, Gott aber das Wachstum gibt (vgl. 1 Kor 3, 6).

Die ökumenischen Arbeiten beziehen sich auf die Kirche als ecclesia sacramentorum. Dem Vorwurf, die „Papst-Kirche" entspreche in Verkündigung und Praxis nicht der Rechtfertigung aus dem Glauben, stand der Vorwurf entgegen, die Evangelischen hätten Sakramente geleugnet usw. Die zahlreichen Konsens-Gespräche und Untersuchungen seit dem Konzil haben für eine Fülle von „kirchlichen Elementen" gezeigt, daß sie, wenngleich manchmal verdeckt und in anderen Erscheinungsformen, beim ökumenischen Partner gegeben sind. Ein wesentliches Dokument ist in dieser Hinsicht der Text über die Aufhebung der wechselseitigen Verwerfungen, zu dem die evangelische Kirche in Deutschland Stellung genommen hat. Noch wichtiger ist, daß mit der Unterzeichnung des Dokumentes zur Rechtfertigung in Augsburg ein Konsens in der zentralen theologischen Streitfrage festgestellt wurde. All dies hat – nach den vom II. Vatikanischen Konzil vorgegebenen Perspektiven – unmittelbare Auswirkungen auf die theologische bzw. kirchliche Anerkennung der ökumenischen Gesprächspartner. Das Faktum, daß das vorliegende Dokument auf diese seit dem II. Vatikanischen Konzil erarbeiteten Momente nicht eingeht und die alte Rede vom „gültigen" bzw. ungültigen Amt und der „gültigen" bzw. ungültigen Eucharistie wiederholt, hat nicht nur evangelische oder reformierte Christen und Anglikaner, sondern auch sehr viele katholische Christen skandalisiert. Lebt Ökumene nicht davon, daß Christen, getrieben vom Wort und Geist Jesu Christi, nach dem Gemeinsamen in allen Differenzen fragen und die Differenzen vom Gemeinsamen her bearbeiten? Wurden die „Gültigkeit" des Amtes und der Eucharistie in der katholischen Kirche nicht zu unterschiedlichen Zeiten unterschiedlich bestimmt? Sind hier nicht verschiedene Momente zu unterscheiden und zu gewichten? So gehörte in der frühen Kirche die Zustimmung des Volkes als Bedingung zur Gültigkeit von Wahl und Weihe des Bischofs. Es gibt eine Reihe von päpstlichen Dokumenten aus dem 15. und 16. Jahrhundert, in denen z. B. Äbten, die keine Bischofsweihe besaßen, die Vollmacht zuerkannt wird, Diakone und Presbyter zu weihen.[29] Solche Weihen gelten heute als ungültig. Diese geschichtlichen Wandlungsprozesse sind selbstverständlich im Bereich der ökumenischen Diskussionen von großer Bedeutung. Die Ausprägung des Amtsverständnisses und die Beurteilung der Gültigkeitskriterien bei der anglikanischen Kirche sowie generell in den Kirchen der Reformation geschieht in einer geschichtlichen Situation, in der die Sakramentalität der Bischofsweihe von den wenigsten Theologen vertreten wurde und deshalb Nicht-Bischöfe mit päpstlicher Genehmigung Weihen erteilen konnten.

3.5. Zu Kirche, Reich Gottes und Reich Christi

Daß das Reich Gottes und Reich Christi mit der Kirche nicht einfach identisch sind, wohl aber Kirche auf der einen Seite bzw. Reich Gottes und Reich Christi auf der anderen Seite untrennbar verbunden sind, ergibt sich klar aus den biblischen Texten und den patristischen Zeugnissen. Wenn diese Verbindung nun allerdings charakterisiert wird mit den Metaphern „Keim und Anfang", dann wird hier eine Verbundenheit angedeutet, die in eine falsche Richtung deuten kann. Warum? Es wurde im voraufgehenden Abschnitt hingewiesen auf die Differenz zwischen der ecclesia sanctorum und der ecclesia sacramentorum. Die institutionelle Kirche ist eine Realität, die zur ecclesia sanctorum als geschichtlicher Größe zwar unlösbar hinzugehört. Sie hat aber – sofern sie die Kirche als Organisation meint – ihren Sinn darin, daß sie der ecclesia sanctorum dient, d.h. sie ist gekennzeichnet durch eine funktionale Ausrichtung auf das Geheimnis der Kirche, das eigentliche Leben im Glauben, und bewegt sich damit nochmals in einer Dif-

---

[29] Vgl. DH 1145-1146; ferner DH 1290 und 1435.

ferenz zum Glaubensgeheimnis der Kirche. Die Kirche als Institution wird mit dieser Zeit vergehen. Insofern ist sie nicht einfach organischer Anfang, Keim des Reiches Gottes. Die Rede von der Kirche bedarf der Differenzierungen und Unterscheidungen.

3.6. Zum Verhältnis der Kirchen und Religionen im Blick auf das Heil

Hier wäre kritisch anzumerken, daß aus der unscharfen Bestimmung des Verhältnisses von Reich Gottes bzw. Reich Christi und der Kirche eine fatale Redeweise von der Kirche „als Heilsweg" resultiert. Es wird die Meinung zurückgewiesen, die Kirche sei nur ein Heilsweg neben jenen, die in den anderen Religionen „zu finden sind." Nun ist aber der Weg, die Wahrheit und das Leben Jesus Christus. Und wenn die Kirche Heilssakrament genannt wird, und zwar allumfassendes Heilssakrament, so ist zu berücksichtigen, daß der, der in den Sakramenten wirksam ist, Jesus Christus ist. Christus ist es, der in der Taufe tauft. Christus ist der eigentlich Wirkende in allen Sakramenten. Die Sakramente aber, und dazu gehört dann auch die Kirche – sie ist ja Sakrament – haben nach der Terminologie des Thomas eine instrumentelle Ursächlichkeit, so daß der eine Christus der Heilsweg ist und bleibt.

Ferner findet sich in der Charakteristik der Religionen eine in sich widersprüchliche Aussage. Es heißt auf der einen Seite, daß die „verschiedenen religiösen Traditionen Elemente der Religiosität [enthalten], die von Gott kommen und zu dem gehören, was der Geist im Herzen der Menschen in der Geschichte der Völker, in den Kulturen und Religionen bewirkt." Der nächste Satz handelt von den Gebeten und Riten der anderen Religionen, die die Gelegenheit bieten können bzw. dazu erziehen, daß die Herzen der Menschen sich dem Wirken Gottes öffnen. Dann aber heißt es wörtlich im nochmals darauffolgenden Satz: „Man kann ihnen aber nicht einen göttlichen Ursprung oder eine Heilswirksamkeit ex opere operato zuerkennen, die den christlichen Sakramenten eigen ist." An dieser Stelle sollte man genauer sprechen. Warum soll man den Gebeten und Riten, die zu dem gehören können, was der Geist bewirkt, den „göttlichen Ursprung" absprechen? Das wäre widersinnig. Zu unterscheiden vom „göttlichen Ursprung" ist der Sinn des theologischen Fachausdrucks „ex opere operato". Er wurde in der Theologie geprägt, um im Blick auf die christlichen Sakramente sicherzustellen, daß deren Wirksamkeit nicht von der Würde und der Gottverbundenheit des Sakramentenspenders abhängen. In den Sakramenten kommt vielmehr die Wirkkraft des ein für alle Mal durch Christus gewirkten Heils zur Geltung. Geht man von der katholischen Tradition aus – sie wurde oben unter Rückgriff auf Thomas von Aquin angeführt –, so sind die vorchristlichen von den christlichen Sakramenten in der Hinsicht zu unterscheiden, als die vorchristlichen Sakramente ihre Wirkkraft im Hinblick auf das erhoffte Erlösungsgeschehen besitzen, die christlichen Sakramente in Hinblick auf das bereits eingetretene Erlösungsgeschehen. Auch die vorchristlichen Sakramente wirken nicht aufgrund der Aktivität des Spenders.

Im Bezug auf religiöse Bräuche und Gebete geht es folglich darum, durch eine Art Unterscheidung der Geister jene Gebete oder Riten herauszuheben, in denen das Wirken des Geistes hervortritt. Das ist keine theoretische Frage, sondern stellt sich konkret im Hinblick auf eine Fülle von afrikanischen oder asiatischen Traditionen. In Bezug auf sie wird gefragt, ob sie nicht in die christliche Liturgie einer bestimmten Kultur zu integrieren sind.

Daß durch solche Reflexionen die Missionierung, d.h. die Verkündigung Jesu Christi, die Verkündigung des Heils nicht überflüssig wird, wird völlig zurecht unterstrichen.

4. Perspektiven?

Das vorliegende Dokument ist von der Sorge diktiert, Nivellierungen im Dialog der Religionen und im ökumenischen Gespräch entgegenzutreten. Es schärft Grundwahrheiten des Glaubens ein. Dieses Anliegen des Dokumentes ist anerkennenswert. Dem unbestritten vorhandenen Relativismus in Bezug auf alle Glaubensaussagen ist zweifellos entgegenzutreten.

Das Dokument begnügt sich aber nicht mit den positiven Aussagen. Es zieht daraus jeweils Konklusionen abgrenzender Art, die oft nicht erkennen lassen, daß sie sich in jene Wende einordnen, die das II. Vatikanische Konzil vollzogen hat und die wir oben charakterisiert haben. Die Konklusionen sind zum größeren Teil ambivalent formuliert. Sie haben zahlreiche Einsprüche herausgefordert, Einsprüche, die keineswegs von Vertretern relativistischer Thesen vorgetragen wurden. Das Dokument ist weiter dadurch gekennzeichnet, daß es die erreichten Resultate, Klärungen und die signifikanten Gesten – z.B. des Papstes – in den jeweiligen Dialogen nicht in die Überlegungen einbezogen hat. Hat es etwa nichts zu bedeuten, daß der Papst die Heilige

Pforte zu Beginn des Jubiläumsjahres zusammen mit dem Erzbischof von Canterbury und dem Vorsitzenden des EKD eröffnet hat?

Die Frage ist, welche Perspektiven sich für die jeweiligen Dialoge ergeben. Jeder Dialog lebt von Offenheit, Vertrauen und einem Bemühen um das Verstehen des anderen. Es ist nicht einfach, verlorene Offenheit oder verspieltes Vertrauen wiederzugewinnen. Dabei geht es nicht nur um Vertrauensverluste bei den Partnern des Dialogs. Es geht auch um Vertrauensverluste in jenen breiten Kreisen der Katholischen Kirche, die in den unterschiedlichsten Formen an diesen Dialogen beteiligt sind. Sollen die Beteuerungen nach „Dominus Jesus", daß der Dialog zwischen den Religionen und der ökumenische Dialog fortgesetzt werden sollen, glaubwürdig und echt sein, dann müssen auch die kommenden lehramtlichen und kirchenpolitischen Schritte jenem Geist und jener Orientierung entsprechen, die Johannes Paul II. in der Enzyklika „Ut unum sint" vorgegeben hat.

V

Ökumenische Annäherungen an die *Ecclesia ab Abel* vor dem Hintergrund von *Dominus Jesus*

von Dorothea Sattler, Münster

Die Wahrnehmung, daß in den verbleibenden ökumenischen Kontroversen, bei denen im zwanzigsten Jahrhundert trotz einer weitreichenden Annäherung in Einzelbereichen keine umfassende Konsensbildung erreicht werden konnte, ekklesiologische Differenzen wirksam werden, gilt als eine vielfach getroffene ökumenisch-theologische Grundaussage[1]. Fragen der Ekklesiologie wurden daher seit den achtziger Jahren auf nahezu allen internationalen und nationalen, bilateralen und multilateralen Dialogebenen verhandelt. Sowohl die institutionelle Gestalt der Kirche als auch der Zusammenhang zwischen der Rechtfertigungsbotschaft und ihrer Verkündigung in der Kirche sind intensiv bedacht worden[2]. Ökumenisch engagierte Theologen erstaunt

---

[1] Vgl. *André Birmelé/Harding Meyer* (Hg.), Grundkonsens – Grunddifferenz, Frankfurt a. M.–Paderborn 1992; zahlreiche der in dieser Studie gesammelten Beiträge lokalisieren den konfessionellen Grunddissens in der Ekklesiologie.

[2] Vgl. *Harding Meyer*, Ekklesiologie im ökumenischen Gespräch und der katholische / lutherische Dialog über „Kirche und Rechtfertigung", in: Katholische Nachrichten-Agentur [KNA]/ÖKI 1-2, 05.01.1994, 5-16; *Walter Schöpsdau*, Trinitarische Ekklesiologie – ein Weg zur Heilung der Risse?, in: Materialdienst des konfessionskundlichen Instituts 45 (1994), 23-27; *Heinz Döring*, Die Communio-Ekklesiologie als Grundmodell und Chance der ökumenischen Theologie, in: Communio Sanctorum. FS Paul Werner Scheele, Würzburg 1988, 439-468; *Walter Kasper*, Grundkonsens und Kirchengemeinschaft. Zum Stand des Gesprächs zwischen katholischer und evangelisch-lutherischer Kirche, in: *A. Birmelé/H. Meyer* (Hg.), Grundkonsens – Grunddifferenz (s. Anm. 1), 97-116; *Theodor Schneider*, Un Commentaire sur le Document „Église et Justification". Le Document de Dialogue dans le Contexte oecuménique et théologique actuel, in: Conseil Pontifical pour la Promotion de l'Unité des Chrétiens (Hg), Service D'Information N. 86 (1994), 188-195 (Lit.); *Otto Hermann Pesch*, Rechtfertigung und Kirche. Die kriteriologische Bedeutung der Rechtfertigungslehre für die Ekklesiologie, in: Ökumenische Rundschau [ÖR] 37 (1988), 22-26; *Dorothea Sattler*, „... Die gesamte Lehre und Praxis der Kirche unablässig auf Christus hin

---

es deshalb sehr, daß diese Anstrengungen keinerlei Rezeption in der Erklärung „Dominus Iesus"[3] erfahren haben. Welche Bedeutung im Geschehen der Wahrheitsfindung haben ökumenische Dialoge, bei denen die handelnden Personen offiziell die römisch-katholische Lehrtradition vertreten? Keineswegs neu ist die Klage über die mangelhafte Rezeption wissenschaftlich-theologischer Einsichten bei der Formulierung weitreichender Festlegungen in der römisch-katholischen Lehrtradition. Zumindest eine argumentativ ausgewiesene, kritische Zurückweisung von als unzureichend betrachteten ökumenischen Gesprächsergebnissen über das Wesen und die Gestalt der einen Kirche Jesu Christi wäre in „Dominus Iesus" zu erwarten gewesen.

Eines der jüngsten Dokumente zur ökumenischen Ekklesiologie, das im Jahr 2000 erschienene Studiendokument von „Faith and Order" über „Das Wesen und die Bestimmung der Kirche"[4], beschreitet meines Erachtens einen zukunftsweisenden Weg in der ökumenischen Methode: Der Text beschreibt die bereits bestehenden Gemeinsamkeiten und verschweigt die offenen Fragen nicht. Zugleich lädt er alle christlichen Kirchen ein, zu den unterschiedlichen Selbsterfahrungen, von denen die einzelnen Kirchen berichten, Stellung zu nehmen und Vorschläge für den Weg hin zu einer umfassenderen Einheit zu unterbreiten. Weit entfernt erscheint noch die Zeit, in der offen ausgetauschte Erfahrungen mit der konfessionell unterschiedlich verfaßten Kirchlichkeit in der ökumenischen Methode Berücksichtigung finden können. Wäre eine nüchterne Betrachtung der gelebten Kirchenwirklichkeit in Streitfragen nicht zuweilen weiterführend? Der Mut wäre dazu erforderlich, wirklich hinzuschauen, ungute Entwicklungen einzugestehen und Schmerzliches wahrhaben zu wollen. Dieses Wagnis einzugehen erscheint nur möglich, wenn es auf der Basis des Vertrauens geschehen kann, von denen, die andere ekklesiologische Optionen leben, nicht mit Schadenfreude bedacht zu werden. Das gemeinsame Leiden an den offenen Wunden im Leben der anderen Konfessionen müssen wir alle noch besser lernen.

---

orientieren ...". Zur neueren Diskussion um die kriteriologische Funktion der Rechtfertigungslehre, in: Catholica [Cath(M)] 52 (1998), 95-114.

[3] Kongregation für die Glaubenslehre, Erklärung Dominus Iesus – Über die Einzigkeit und die Heilsuniversalität Jesu Christi und der Kirche, Verlautbarungen des Apostolischen Stuhls, hg. v. Sekretariat der Deutschen Bischofskonferenz, Nr. 148, 6. August 2000.

[4] Vgl. *Dagmar Heller* (Hg.), Das Wesen und die Bestimmung der Kirche. Ein Schritt auf dem Weg zu einer gemeinsamen Auffassung, Studiendokument von Glauben und Kirchenverfassung, Frankfurt a. M. 2000.

1. Hinweise zur Themenwahl

Kain und Abel gehören zu den vielbeachteten Geschwisterpaaren in der Literatur[5] und in der Kunst[6]. Die Bezugnahme auf diese biblische Erzählung (Gen 4,1-16) vom Handeln und Erleiden der beiden Brüder in einem Beitrag zur ökumenischen Ekklesiologie bedarf eingangs der Begründung. Bevor ich eine solche in fachlich-theologischer Hinsicht vortrage, möchte ich durch die meditierende Aufnahme dichterischer Worte zum weiteren Nachdenken einladen.

1.1. „ ... wir können alle Kirchen schließen, ... wenn ...“ (Hilde Domin)

Eine der zahlreichen literarischen Rezeptionen des Geschehens um Kain und Abel trägt den Titel „Abel steh auf“[7]. Hilde Domin nimmt die biblische Erzählung in folgender Weise in ihre Wahrnehmung auf:

Abel steh auf
es muß neu gespielt werden
täglich muß es neu gespielt werden
täglich muß die Antwort noch vor uns sein
die Antwort muß ja sein können
wenn du nicht aufstehst Abel
wie soll die Antwort
sich je verändern
wir können alle Kirchen schließen
und alle Gesetzbücher abschaffen
in allen Sprachen der Erde
wenn du nur aufstehst
und es rückgängig machst
die erste falsche Antwort
auf die einzige Frage
auf die es ankommt
steh auf
damit Kain sagt

---

[5] Vgl. *Magda Motté*, „Brudermord als abendländische Tradition“. Kain und Abel – Urmuster zwischenmenschlicher Konflikte, in: *Heinrich Schmidinger* (Hg.), Die Bibel in der deutschsprachigen Literatur des 20. Jahrhunderts, Bd. 2: Personen und Figuren, Mainz 1999, 64-79 (Lit.); *Gerhard Kaiser*, Feindliche Brüder und ihre Väter, in: *Dietmar Bader* (Hg.), Kain und Abel. Rivalität und Brudermord in der Geschichte des Menschen, München–Zürich 1983, 46-68.

[6] Vgl. *Anna Ulrich*, Kain und Abel in der Kunst. Untersuchungen zur Ikonographie und Auslegungsgeschichte, Diss. masch., Bamberg 1981 (Lit.).

[7] *Hilde Domin*, Gesammelte Gedichte, Frankfurt a. M. [2]1988, 364f.

damit er es sagen kann
Ich bin dein Hüter
Bruder
wie sollte ich nicht dein Hüter sein
Täglich steh auf
damit wir es vor uns haben
dies Ja ich bin hier
ich
dein Bruder
Damit die Kinder Abels
sich nicht mehr fürchten
weil Kain nicht Kain wird
Ich schreibe dies
ich ein Kind Abels
und fürchte mich täglich
vor der Antwort
die Luft in meiner Lunge wird weniger
wie ich auf die Antwort warte

Abel steh auf
damit es anders anfängt
zwischen uns allen

Die Feuer die brennen
das Feuer das brennt auf der Erde
soll das Feuer von Abel sein

und am Schwanz der Raketen
sollen die Feuer von Abel sein

In eindrücklicher Weise zeigt Hilde Domin auf, worin das dem Wort Gottes entsprechende Dasein der Geschöpfe bestehen könnte: in der Übernahme der von Gott aufgetragenen Verantwortung, Sorge zu tragen für den Erhalt des Lebens aller in jemals erreichbarer Nähe lebender Mitgeschöpfe. Anders hätte es anfangen sollen zwischen den Geschöpfen. Nach der Tat des Kain kann Gott allein noch die erlösende Wende bewirken, indem er den Erschlagenen zu neuem Leben erweckt und die Möglichkeit der Rückkehr zu Gottes Willen bereitet. Wenn Kain im Anfang eine andere Antwort auf Gottes Frage, wo sein Bruder Abel sei, gegeben hätte, wenn Tag für Tag die Menschen füreinander lebten, dann wären weder die Gesetzbücher noch die Kirchen mehr erforderlich. Alle Kirchen könnten geschlossen werden, wenn die Menschen Gottes Weisung folgten. Die Kirchen bestehen, weil sie in der andauernden Zeit der notwendenden Rückbesinnung auf Gottes

Gesetz und auf Gottes Evangelium einen Dienst tun. Das Wesen der Kirchen ist ihre Sendung: Sie sind von Gott dazu erwählt und berufen, zur Hinkehr der Geschöpfe zum ursprünglichen Schöpfungssinn zu bewegen und zugleich jenen Geschöpfen Gottes Erbarmen zu bezeugen, die dem Willen Gottes zuwiderhandeln und zu Sünderinnen und Sündern werden.

1.2. Das Vorhaben

Ich möchte hier einen ersten Versuch machen, mit Rückgriff auf die seit Augustinus gebräuchliche Rede von der *Ecclesia ab Abel* an die Tradition der existentiell-personalen Bestimmung der Zugehörigkeit zu der einen Kirche Jesu Christi zu erinnern. Im Hintergrund meiner Themenwahl steht die von Medard Kehl[8] im Rückgriff auf Walter Kasper[9] herausgearbeitete Erkenntnis, daß sich in „Dominus Iesus" das Augenmerk ausschließlich auf die einzig in der römisch-katholischen Kirche erreichte Vollständigkeit aller ekklesialen Strukturelemente richtet, während die vom II. Vatikanischen Konzil vorgetragene Position zwischen der sakramental-institutionellen Katholizität, die (am ehesten) in der römisch-katholischen Kirche sichtbar wird, und der keineswegs damit zugleich auch erreichten existentiell spürbar

---

[8] Vgl. *Medard Kehl*, Die eine Kirche und die vielen Kirchen, in: Stimmen der Zeit [StZ] 126 (2001), 3-16, hier 11: „Es geht dem Konzil bei der Deutung des besonderen Verhältnisses der katholischen Kirche zur Kirche Jesu Christi nicht einfachhin um die ‚volle' Verwirklichung der Kirche Jesu Christi ‚nur' in der katholischen Kirche; dazu gehört eben doch vor und in allen strukturellen Merkmalen die existentielle Dimension, nämlich das Erfülltsein vom Heiligen Geist und damit das Gründen im gemeinsamen Geschenk von Glaube, Hoffnung und Liebe, welches unzweifelbar bei allen großen christlichen Kirchen gegeben ist und das sich auch bei ihnen in bestimmten grundlegenden ekklesialen Formen ausdrückt. Nein, es geht primär um die ‚Vollständigkeit' der sakramentalen Struktur der Kirche Jesu Christi als vermittelndes Sakrament des Heils. Und diese Vollständigkeit ist nach Auffassung des Konzils und der gesamten katholischen Theologie so nur in der katholischen Kirche gegeben, was sich ja auch schon rein historisch nicht leugnen läßt"; vgl. grundlegend zum Thema auch *Medard Kehl*, Kirche als Institution, Frankfurt a. M. 1976.
[9] Vgl. *Walter Kasper*, Art. „Kirche. III. Systematisch-theologisch", in: Lexikon für Theologie und Kirche, 3. Aufl. [LThK³], hg. v. *Walter Kasper* u.a., Bd. V, Freiburg–Basel–Wien 1996, 1465-1474, hier 1469: „Solange die größere Einheit noch nicht Wirklichkeit ist, kann auch die katholische Kirche die ihr eigene Fülle konkret lebensmäßig nicht verwirklichen (UR 4); zwischen ihr und den getrennten Kirchen und Gemeinschaften besteht deshalb das Verhältnis eines gegenseitigen Gebens und Empfangens."

erfahrbaren Wirksamkeit der Fülle der Katholizität unterscheidet[10].
Anders gesagt: Auch wenn in der römisch-katholischen Kirche alle
Anlagen bereitstehen, die ein(zig)e Kirche Jesu Christi zu sein, so
zeigt doch ihr Leben, daß die wahre Katholizität der Kirche nicht ohne
die Gemeinschaft mit allen Getauften zu einer wirksamen Darstellung
kommen kann. Das II. Vatikanische Konzil formuliert diese Einsicht
in folgender Weise: „Obgleich [...] die katholische Kirche mit dem
ganzen Reichtum der von Gott geoffenbarten Wahrheit und der Gna-
denmittel beschenkt ist, ist es doch Tatsache, daß ihre Glieder nicht
mit der entsprechenden Glut daraus leben, so daß das Antlitz der Kirche den von uns getrennten Brüdern und der ganzen Welt nicht recht
aufleuchtet und das Wachstum des Reiches Gottes verzögert wird.
Deshalb müssen alle Katholiken zur christlichen Vollkommenheit
streben und, ihrer jeweiligen Stellung entsprechend, bemüht sein, daß
die Kirche, die die Niedrigkeit und das Todesleiden Christi an ihrem
Leibe trägt, von Tag zu Tag geläutert und erneuert werde, bis Christus
sie sich dereinst glorreich darstellt, ohne Makel und Runzeln. [...]
Aber gerade die Spaltungen der Christen sind für die Kirche ein Hindernis, daß sie die ihr eigene Fülle der Katholizität in jenen Söhnen
wirksam werden läßt, die ihr zwar durch die Taufe zugehören, aber
von ihrer völligen Gemeinschaft getrennt sind: Ja, es wird dadurch
auch für die Kirche selber schwieriger, die Fülle der Katholizität unter
jedem Aspekt in der Wirklichkeit des Lebens auszuprägen"[11]. Der mit
der Pilgerschaft der Kirche verbundene, stets fortdauernde Prozeß der
erforderlichen inneren Erneuerung hat zum Ziel, „die wahre Katholizität und Apostolizität der Kirche immer vollständiger zum Ausdruck
[zu] bringen"[12]. Auf der existentiellen Ebene ist die römisch-katholische Kirche bei der jeder Zeit neu aufgetragenen Gestaltung ihrer
Einheit, Heiligkeit, Apostolizität und Katholizität auf das Zeugnis der
liebenden Lebensgabe der gottesfürchtigen Gerechten aller Zeiten und
Räume bleibend angewiesen. Hermann J. Pottmeyer hat in den 80er
Jahren in einem bedeutsamen Beitrag auf die ökumenische Bedeutung
des im 20. Jahrhundert von Yves Congar und Karl Rahner ange-
strengten Bemühens, die eine wahre Kirche auch durch die „via empi-

---

[10] Vgl. *Medard Kehl*, Die eine Kirche und die vielen Kirchen (s. Anm. 8).
[11] Dekret über den Ökumenismus Unitatis Redintegratio [UR], Art. 4, in: Lexikon für
Theologie und Kirche. Das Zweite Vatikanische Konzil. Dokumente und Kommentare
[LThK.E], hg. v. *H.S. Brechter* u.a., Band II, Freiburg 1967.
[12] Ebd.

rica" aufzuzeigen, hingewiesen[13]. Seine Schlußüberlegung möchte ich als Ermutigung zu den nachstehenden Überlegungen aufgreifen: „Wenn es richtig ist, daß zur Kirche als Zeichen des Reiches Gottes nicht nur die Zeichenhaftigkeit ihrer Institutionen, sondern auch die des Lebenszeugnisses ihrer Glieder gehört, kann der Erweis der Wahrheit der Kirche durch die Praxis nicht übergangen werden. Tatsächlich verstanden sich die frühen Gemeinden als ‚Gemeinden der Heiligen' (2 Kor 14,33) und erachteten sie ihr Zeugnis eines christlichen Lebens als Zeichen ihrer Wahrheit vor den Heiden. So wurde Heiligkeit sehr früh zu einem Kennzeichen der Kirche. Man verstand unter communio sanctorum die communio an den sancta, d.h. an den Sakramenten, wie die communio der sancti, der durch die rettende Tat Gottes Geheiligten. Aus dem Indikativ des durch Gott Geheiligtseins folgt der Imperativ eines heiligen Lebens."[14]

Zu den „Gütern" aus dem gemeinsamen christlichen Erbe zählt das II. Vatikanische Konzil „das Wirken der Geisteskräfte im Leben der anderen [...], die für Christus Zeugnis geben, manchmal bis zur Hingabe des Lebens"[15]. Das Bestehen einer ekklesialen Gemeinschaft aller Menschen, die in ihrem Blutzeugnis für ihren Gottesglauben ein letztes Zeugnis geben, ist christliches Gedankengut seit dem Altertum. Diese Spur aufzunehmen, bietet sich in der gegenwärtigen Diskussion erneut an: Die Besinnung auf die *Ecclesia ab Abel* kann eine Weise sein, eine schmerzliche Auslassung in „Dominus Iesus" anzumahnen; die besondere Gemeinschaft zwischen Israel und der Kirche kommt in diesem Dokument nicht zur Sprache[16]. Abel gilt als erster der gottesgläubigen Gerechten; das Thema Rechtfertigung und Kirche steht nach „Dominus Iesus" erneut zur Darstellung an. Schließlich ist es naheliegend, vom Lebensopfer Abels ausgehend zu fragen, wie das Verhältnis zwischen dem existentiell-gläubigen Geschehen der Lebenspreisgabe im Glauben aus Liebe im Leben aller christlichen Gemeinschaften und der apostolischen Gründung der eucharistischen Feier ist. Wenn mit Hinweis auf die nicht gegebene apostolische Sukzession der amtlichen Leitung der Abendmahlsfeiern von den reformatorischen Gemeinschaften gesagt wird, sie hätten das Mysterium der Eucharistie nicht voll bewahrt, wie läßt sich dann die Gefahr ver-

---

[13] Vgl. *Hermann J. Pottmeyer*, Die Frage nach der wahren Kirche, in: *Walter Kern* u.a. (Hg.), Handbuch der Fundamentaltheologie, Bd. 3: Traktat Kirche, Freiburg–Basel–Wien 1986, 212-241.

[14] Ebd., 240.

[15] UR 4 (s. Anm. 11).

[16] Vgl. *Medard Kehl*, Die eine Kirche und die vielen Kirchen (s. Anm. 8), 7.

meiden, daß die Frage nach der institutionellen Gestalt der einen Kirche Christi im theologischen Urteil wirksamer wird als das gläubige Lebenszeugnis, das sich auch in den reformatorischen Gemeinschaften unzweifelbar ereignet hat und ereignet? Wer wollte bestreiten, daß die Kraft zur Lebenspreisgabe aus Liebe aus der einen Quelle des lebendigen Gottes geschöpft ist, der in der Feier des Abendmahls in der Person Jesu Christi gegenwärtig ist?

Angesichts der Fülle der aufgeworfenen Fragen ist es in diesem Beitrag nicht möglich, in allen Bereichen eine umfassende Auseinandersetzung mit der bereits vorliegenden Literatur zu leisten. Ich begrenze meinen Blick auf die christlich-ökumenischen Themenaspekte[17] und erinnere zunächst kurz an die ökumenische Diskussion im Umfeld der Veröffentlichung von „Dominus Iesus" (2.), sodann werde ich darstellen, welche Anliegen mit der aus der Väterzeit stammenden, wohl aber wenig vertrauten Rede von der *Ecclesia ab Abel* verbunden sind (3.), und schließlich möchte ich Möglichkeiten einer Rezeption dieses Gedankenguts in ausgewählten Kontroversen der gegenwärtigen ökumenischen Ekklesiologie andeuten (4.).

2. Die ekklesiologische Diskussion anläßlich „Dominus Iesus"

2.1. „Bruderzwist" in den „Schwesterkirchen"

Das Nachdenken über Gestalten der Geschwisterlichkeit hat in ökumenischen Beiträgen zur Ekklesiologie aus jüngerer Zeit hohe Bedeutung gewonnen. Anlaß und Bezugspunkt der anhaltenden Diskussion ist die mit Datum vom 30. Juni 2000, dem Hochfest des heiligsten Herzens Jesu, von der Kongregation für die Glaubenslehre versehene „Note über den Ausdruck ,Schwesterkirchen'"[18], in der zwischen einer theologisch richtigen und einer verfehlten Weise der Verwendung dieses Begriffs unterschieden wird. Im Anschluß an Hinweise auf die

---

[17] Vgl. zur Frage der Gemeinschaft zwischen Israel und der Kirche in der Bereitschaft zum gottesfürchtigen Lebenszeugnis aus jüngerer Zeit: *Verena Lentzen*, Jüdisches Leben und Sterben im Namen Gottes. Studien über die Heiligung des Namens Gottes (Kiddusch HaSchem), München 1995; zur Bedeutung des Lebenszeugnisses für die Erkenntnis Gottes vgl. auch *Dorothea Sattler*, Zeugnis im Immanenten für den Transzendenten. Spuren einer Verwandtschaft im Denken von Karl Lehmann und Karl Rahner, in: *Albert Raffelt* (Hg.), Weg und Weite, FS Karl Lehmann, Freiburg–Basel–Wien 2001, 403-418.

[18] Leicht zugänglich ist der deutsche Wortlaut der Note in: Materialdienst des konfessionskundlichen Instituts 51 (2000), 96f.

Geschichte dieser Terminologie und an eine ausführliche Dokumentation der sachlich angemessenen Rede von den „Schwesterkirchen" in den Texten des II. Vatikanischen Konzils und in Verlautbarungen von Johannes Paul II. wird eine Differenzierung vorgenommen: „Im eigentlichen Sinn sind Schwesterkirchen ausschließlich Teilkirchen (oder Teilkirchenverbände, wie etwa Patriarchate oder Kirchenprovinzen) untereinander. Es muß immer klar bleiben, auch wenn der Ausdruck Schwesterkirchen in diesem richtigen Sinn verwendet wird, daß die universale, eine, heilige, katholische und apostolische Kirche nicht Schwester, sondern Mutter aller Teilkirchen ist"[19]. Die Glaubenskongregation betont, daß es auch „im Zusammenhang mit katholischen und nicht-katholischen Teilkirchen" möglich ist, von Schwesterkirchen zu sprechen, wenn dabei die „Teilkirche von Rom" gemeint sei, jedoch „kann man richtigerweise nicht sagen, daß die katholische Kirche Schwester einer Kirche oder eines Teilkirchenverbandes ist. Es handelt sich dabei nicht nur um eine terminologische Frage, vielmehr geht es darum, eine grundlegende Wahrheit des katholischen Glaubens zu beachten: die Wahrheit von der Einzigkeit der Kirche Jesu Christi. Es gibt nur eine einzige Kirche, darum ist der Plural Kirchen nur auf die Teilkirchen anwendbar"[20]. Neben der Verteidigung der Singularität der einen, heiligen, katholischen und apostolischen Kirche intendiert die Note der Glaubenskongregation eine Klärung der Frage, wer sich zu den Schwesterkirchen zählen darf; zu beachten sei nämlich auch, „daß der Ausdruck Schwesterkirchen im richtigen Sinn gemäß der gemeinsamen Tradition von Abendland und Orient ausschließlich auf jene kirchlichen Gemeinschaften angewandt werden kann, die den gültigen Episkopat und die gültige Eucharistie bewahrt haben"[21].

2.2. Wer ist Kirche „im eigentlichen Sinn"?

Die „Note über den Ausdruck ‚Schwesterkirchen'" hat erst im Zusammenhang mit der Debatte um die Erklärung „Dominus Iesus" größere Aufmerksamkeit erfahren, da sie bis dahin einer größeren Öffentlichkeit nicht bekannt war. Die Vorsitzenden der nationalen Bischofskonferenzen bekamen beide Dokumente im September 2000 zugesandt. Beide Texte bemühen sich um eine differenzierte Stellungnahme zu der Frage, wer Teil der einen Kirche Jesu Christi genannt

---

[19] Ebd., Nr. 10.
[20] Ebd., Nr. 11.
[21] Ebd., Nr. 12.

werden darf. Die scharfen Reaktionen in der ökumenischen Diskussion um „Dominus Iesus" beziehen sich insbesondere auf eine Textpassage, in der die Berechtigung bestritten wird, den Begriff „Kirche" auf jene Gemeinschaften anzuwenden, „die den gültigen Episkopat und die ursprüngliche und vollständige Wirklichkeit des eucharistischen Mysteriums nicht bewahrt haben"[22]. Gewiß gebe es in den Gemeinschaften der reformatorischen Tradition Elemente der Kirchlichkeit, aber sie seien „nicht Kirchen im eigentlichen Sinn"[23]. In diesem Zusammenhang wirkte die Interpretation einer Textpassage des II. Vatikanischen Konzils in besonderer Weise „anstößig": In „Dominus Iesus" erfährt die Entscheidung der Konzilsväter, das Verhältnis zwischen der einen von Jesus Christus gestifteten Kirche und der katholischen Kirche in Abschnitt 8 der Kirchenkonstitution „Lumen Gentium" mit dem Begriff „subsistit in" zu bezeichnen, eine Interpretation, die weithin im Widerspruch zu den bisher geläufigen Deutungen dieser Terminologie steht[24]. Während der im Zuge der Texterstellung erfolgte, von den Konzilsvätern intensiv diskutierte

---

[22] Erklärung Dominus Iesus (s. Anm. 3), 23, Nr. 17.

[23] Ebd.

[24] Vgl. die detailreichen Ausführungen zu den Konzilsberatungen über das „subsistit" in Lumen Gentium 8 und zu den Hintergründen seiner Neuinterpretation im Zusammenhang der Auseinandersetzung zwischen der Glaubenskongregation und Leonardo Boff bei: *Peter Lüning*, Das ekklesiologische Problem des „subsistit in" (LG 8) im heutigen ökumenischen Gespräch, in: Catholica 52 (1998), 1-23. Lüning kommt zu dem Ergebnis, daß die Glaubenskongregation die Intention der Konzilsväter nicht angemessen aufnimmt: „Ratzinger möchte das ‚subsistit' so verstanden wissen, daß es die theologische Bedeutung der außerkatholischen ‚ekklesialen Elemente' gegenüber der nach seiner Überzeugung einzigen Subsistenzform der Kirche Christi, die für ihn die katholische Kirche ist, relativiert. Daher schreibt er, es gibt ‚lediglich' Elemente des Kircheseins außerhalb der katholischen Kirche. Gerade dies besagt die offizielle Relatio 25 über die ‚elementis ecclesialibus' aber nicht, wenn von einer ‚affirmatio' der letzteren die Rede ist. Genau das Gegenteil ist der Fall: Die ‚ekklesialen Elemente' außerhalb der verfaßten katholischen Kirche erfahren durch den Begriff ‚subsistit' eine sachliche Aufwertung, wobei der Terminus ‚elementis' nur dann eine nichtrömisch-katholische, vom II. Vatikanum intendierte ekklesiale Wirklichkeit adäquat bezeichnen kann, wenn der Elementenbegriff nicht im Sinne von Einzelelementen, sondern in seinem ‚elementarsten', d.h. grundlegendsten Sinne verstanden und gebraucht wird: Es gibt für die Konzilsväter tatsächlich ein grundlegendes Kirchesein außerhalb der römisch-katholischen Kirche. Das ‚subsistit' ist somit aus dem Kontext seiner Entstehung heraus als ein theologisches ‚Zurechtrücken' des bisherigen exklusiven katholischen Anspruches, die Kirche Jesu Christi zu sein, zu verstehen und nicht als eine bewußt intendierte, konfessionalistisch abgrenzende Verstärkungsform von ‚existieren'" (ebd., 10).

Austausch[25] des identifizierenden „est" durch die offenere Formulierung „subsistit in" in der nachkonziliaren Kommentierung nahezu durchgängig als eine Öffnung hin zu der Bereitschaft, von der „einen, heiligen, katholischen und apostolischen Kirche" nur unter Einbezug auch des außerhalb der römisch-katholischen Kirche gelebten Kircheseins zu sprechen[26], erklärt die Glaubenskongregation denselben Vorgang als ein Beharren auf der Überzeugung von der Bewahrung der einen Subsistenz der Kirche einzig in der römisch-katholischen Kirche. Wörtlich heißt es: „Der authentischen Bedeutung des Konzilstextes widerspricht deshalb die Interpretation jener, die von der Formel ‚subsistit in' die Meinung ableiten, daß die einzige Kirche Christi auch in anderen christlichen Kirchen verwirklicht sein könnte. Das Konzil hingegen hatte das Wort «subsistit» gerade deshalb gewählt, um klarzustellen, daß nur eine einzige «Subsistenz» der wahren Kirche besteht, während es außerhalb ihres sichtbaren Gefüges lediglich «Elemente des Kircheseins» gibt, die – da sie Elemente derselben Kirche sind – zur katholischen Kirche tendieren und hinführen"[27].

---

[25] Vgl. *Aloys Grillmeier*, Kommentar zum Kapitel I der Dogmatischen Konstitution über die Kirche Lumen Gentium [LG], in: LThK.E, Band I, Freiburg 1966, bes. 174f. (zu LG 8,2).
[26] Walter Kasper hat in einem Lexikonbeitrag zusammengefaßt, was als Grundkonsens in der römisch-katholischen Ekklesiologie gelten kann: „Auch nach dem Vatikanum II versteht sich die katholische Kirche als die wahre Kirche. Doch das Konzil differenziert, wenn es statt der strikten Gleichsetzung von wahrer Kirche Jesu Christi und katholischer Kirche unter Verzicht auf das Attribut ‚römisch' erklärt: Die wahre Kirche ‚ist verwirklicht (subsistit) in der katholischen Kirche, die vom Nachfolger Petri und von den Bischöfen in Gemeinschaft mit ihm geleitet wird' (LG 8). Zum rechten Verständnis des ‚subsistit' ist es wichtig, den erläuternden Relativsatz bewußt mitzulesen. Er macht nämlich deutlich, daß sich die Aussage auf die sakramental-institutionelle Dimension der Kirche bezieht, nicht auf die existentielle Dimension des gelebten Glaubens [...]. Es geht dem Konzil um die institutionelle Konkretion und Identifizierbarkeit der einen und wahren Kirche unter Hinweis auf zwei zentrale, seit den Anfängen der nachapostolischen Zeit gültige Kriterien: die Kontinuität der apostolischen Tradition und die universale Einheit, die in der diachronen [...] und synchronen Einheit des Bischofs-Kollegiums mit seiner Mitte im Petrusamt in besonderer Weise zum Ausdruck kommen. Das Konzil erklärt jeoch ausdrücklich, das ‚subsistit in ecclesia catholica' schließe nicht aus, ‚daß außerhalb ihres Gefüges [...] vielfältige Elemente der Heiligung und der Wahrheit zu finden sind, die als der Kirche Christi eigene Gaben auf die katholische Einheit hindrängen", s. *Walter Kasper*, Art. „Kirche. III. Systematisch-theologisch" (s. Anm. 9), 1469.
[27] Kongregation für die Glaubenslehre, Erklärung Dominus Iesus (s. Anm. 3), 22, Nr. 16 mit Anm. 56.

2.3. Zur Rezeption von „Dominus Iesus"

Die Erklärung „Dominus Iesus" war und ist Gegenstand zumeist kritischer[28] und zuweilen auch zustimmender[29] Kommentierung[30]. Vielfach

---

[28] Die Kritik an „Dominus Iesus" umfaßt im wesentlichen folgende Gesichtspunkte: (1) Einwände formaler Art: (a) Die Sprache der Darstellung wirkt abgrenzend, selbstsicher, wenig einladend und uneinsichtig gegenüber der eigenen Mitschuld an der Trennung der Konfessionen; (b) weder die Diskussionen beim II. Vatikanischen Konzil über die Kirchlichkeit der nicht-römisch-katholischen Gemeinschaften noch die Ergebnisse der in den letzten Jahrzehnten geführten Gespräche über die angesprochenen Streitpunkte finden Erwähnung; (c) der Zeitpunkt der Veröffentlichung überraschte viele: Nach der Unterzeichnung der Rechtfertigungserklärung und im andauernden Heiligen Jahr 2000 nimmt die Erklärung dem unbestrittenen ökumenischen Engagement von Johannes Paul II. Teile seiner Wirksamkeit und beeinträchtigt seine Glaubwürdigkeit. (2) Auf inhaltliche Positionen bezogene Bedenken: (a) Als Kriterium für die Bestimmung der Kirchlichkeit einer Gemeinschaft von Getauften wird ausschließlich das apostolisch legitimierte Bischofsamt herangezogen; (b) die vier der Kirche im christlichen Glaubensbekenntnis zugeschriebenen Eigenschaften „Einheit", „Heiligkeit", „Katholizität" und „Apostolizität" werden nicht angemessen besprochen; die bestehende „Einheit" der Kirche (bestehend in der sichtbaren Gestalt der römisch-katholischen Kirche) wird betont; die bereits gegebene Gemeinsamkeit mit anderen Kirchen ist weniger im Blick als Aspekte der Trennung; (c) die schwierige und in der Forschung umstrittene Frage, ob die römisch-katholische Kirche mit Recht auf eine historisch belegbare ununterbrochene Kette von Handauflegungen von der Zeit der Apostel bis in die Gegenwart verweisen kann, findet keinerlei Beachtung; (d) die weitreichenden Bemühungen um einen ökumenischen Konsens in der Frage der Anerkennung der Wirksamkeit des Geistes Gottes im amtlichen Handeln (auch) der evangelischen Kirchen bleibt unerwähnt; (e) Ausführungen darüber, wie das in den reformatorischen kirchlichen Gemeinschaften gefeierte Abendmahl theologisch zu verstehen sei, fehlen; (f) es geschieht kein Versuch einer Einbindung der Ausführungen in das Gesamt der ökumenischen Bewegung im 20. Jahrhundert.

[29] Hervorgehoben wird in diesem Zusammenhang vor allem der Wert einer klaren Positionsbestimmung im interreligiösen Gespräch, durch die pluralistische und relativistische Tendenzen in Teilen (auch) der römisch-katholischen Theologie zurückgewiesen werden. Die Erinnerung an die unverzichtbaren Strukturelemente der einen wahren Kirche (Apostolizität der kirchlichen Ämter, Episkopè und Petrusdienst) gilt als eine hilfreiche Konkretion der römisch-katholischen Kirchenlehre.

[30] Einen ersten bibliographischen Überblick (Redaktionsschluß 20. Oktober 2000) über Stellungnahmen zu „Dominus Iesus" bieten *Matthias Mühl* und *Jan-Heiner Tück* in: *Helmut Hoping* (Hg.), Konfessionelle Identität und Kirchengemeinschaft, Münster–Hamburg–London 2000, 137-145; manche der vereinzelt erschienenen Kommentare sind gesammelt in: *Michael J. Rainer* (Red.), „Dominus Jesus". Anstößige Wahrheit oder anstößige Kirche?, Münster–Hamburg–London 2001; vielfach rezipiert wurden die längeren Beiträge zweier römisch-katholischer Dogmatiker zum Thema, vgl. *Peter Neuner*, Belastungsprobe für die Ökumene. Anmerkungen zum Kirchenverständnis in einem Dokument der Glaubenskongregation, in: StZ 125 (2000), 723-737; *Medard Kehl*, Die eine Kirche und die vielen Kirchen (s. Anm. 8); vgl. insbesondere zur Inter-

bedauert wird, daß das im gesamten Bereich der Christenheit gegenwärtig anstehende Ringen um eine glaubwürdige Begründung der alle Christen verbindenden Überzeugung von der Einzigkeit der Offenbarung Gottes im Zeugnis des Lebens und des Sterbens Jesu von Nazaret nicht zu einer stärker ausdrücklichen Bekundung der bereits bestehenden tiefen Gemeinschaft aller Getauften geführt hat. Angesichts der großen thematischen Herausforderung, die Möglichkeiten und Grenzen des interreligiösen Dialogs angemessen zu beschreiben, erscheint vielen Kommentatoren der kurze Einschub auch der christlich-ökumenischen Frage und die Zuspitzung auf die Frage der „Einzigkeit" der Kirche als verzichtbar. Angesichts des inzwischen erreichten differenzierten ökumenischen Gesprächsstandes in Fragen der Ekklesiologie warnten sachkundige Berater schon im Vorfeld vor einer solchen, auf wenige Bemerkungen beschränkten Darstellung der „Kirchlichkeit" der nicht-katholischen kirchlichen Gemeinschaften. Problematisch ist an „Dominus Iesus" neben der tendenziös wirkenden Auswahl konziliarer Äußerungen vor allem die Auslassung wichtiger weiterer Apekte des Themas, die bisher als Errungenschaft des II. Vatikanischen Konzils galten. Zu diesen zählt insbesondere das freie und offene Eingeständnis der Erneuerungsbedürftigkeit auch der römisch-katholischen Kirche und das Bekenntnis zur Mitschuld an der Uneinigkeit in der Christenheit, durch die die Zeugniskraft der Kirche erheblich geschwächt ist.

Die Veröffentlichung von „Dominus Iesus" hat im deutschen Sprachraum zu einer sehr spürbaren Intensivierung des Interesses an ökumenischen Fragen beigetragen. Der Tenor in der Rezeption ist die Willenserklärung, an der Suche nach Wegen zur sichtbaren Einheit der christlichen Kirche unerschütterlich festzuhalten. In der Dankbarkeit für diese wohl kaum intendierte Folgewirkung des Dokumentes sollte jedoch nicht aus dem Blick geraten, daß die darin bezogene ekklesiologische Position die ökumenischen Gespräche in Zukunft nachhaltig prägen wird. Eine fachlich-theologische Diskussion über den Grund und die Gestalt der einen Kirche Jesu Christi steht daher (erneut) auf der ökumenischen Tagesordnung.

---

pretation des „subsistit" in LG 8: *Peter Knauer*, Universalkirche, Einzelkirchen und Gesamtkirche, in: Orientierung [Orien.] 65 (2001), 3-6.

2.4. Drängende Aufgaben in der ökumenischen Ekklesiologie

Ich möchte in diesem Beitrag eine mahnende Anregung aufnehmen, die Karl Lehmann[31] bei seinen Stellungnahmen zu „Dominus Iesus" mehrfach zum Ausdruck gebracht hat: Wir konzentrieren uns in der ökumenischen Ekklesiologie in der Regel auf Fragen der amtlichen Strukturen der Kirche in Bezug auf ihre territorial bestimmte Katholizität und denken nur selten über das Wesen der Kirche nach. Diese Beobachtung gilt nach meiner Wahrnehmung nicht nur für das Rezeptionsgeschehen, sondern zunächst für die Erklärung „Dominus Iesus" selbst, obwohl gerade die Verbindung zwischen der Frage nach der einzigartigen Bedeutung der Offenbarung Gottes in Christus Jesus mit der ekklesiologischen Thematik eine andere Ausrichtung des Textes hätte erwarten lassen. So ist es auffällig, daß der in der „Gemeinsamen Erklärung zur Rechtfertigungslehre" erreichte Konsens, daß die Lehre von der Rechtfertigung „nicht nur ein Teilstück der christlichen Glaubenslehre [ist]"[32], sondern vielmehr ein „unverzichtbares Kriterium, das die gesamte Lehre und Praxis der Kirche unablässig auf Christus hin orientieren will"[33], in „Dominus Iesus" nicht zu einer stärker soteriologisch-christologischen Bestimmung der Existenz der einen wahren Kirche hat bewegen können. Wie viele andere in ökumenischen Dialogen intensiv beratene Einzelfragen der Ekklesiologie wird in „Dominus Iesus" auch die inzwischen einem Konsens angenäherte Rede von der „Sichtbarkeit" der „einen" wahren Kirche nicht aufgenommen. Am stärksten die Ökumene belastend wird sich nach meiner Einschätzung im Gefolge von „Dominus Iesus" auswirken, daß die in den ökumenischen Dialogrunden einvernehmlich erreichten Differenzierungen in der Rede vom Kirchesein der Kirche nicht in den Text aufgenommen wurden und daher unter den Verdacht geraten, der eigentlichen römisch-katholischen Ekklesiologie zu widersprechen, deren unverwässerte Gestalt nun zu Tage getreten scheint. Die in manchen evangelischen Kommentaren zum Ausdruck kommende Erleichterung darüber, nun endlich (wieder) ein klares Bild vom Selbstver-

---

[31] Vgl. zuletzt den noch unveröffentlichten, im Internet als Pressemitteilung bereits jedoch zugänglichen Vortrag, den Bischof Prof. DDr. *Karl Lehmann* am 24. Januar 2001 in Münster auf Einladung der beiden theologischen Fakultäten der Westfälischen Wilhelms-Universität zum Thema „Ökumene heute. Versuch einer Standortbestimmung" gehalten hat.
[32] Vgl. Lutherischer Weltbund/Römisch-katholische Kirche, Gemeinsame Erklärung zur Rechtfertigungslehre, in: Texte der Vereinigten Evangelisch-Lutherischen Kirche Deutschlands 87 (1999), 1-19, hier 5 (Nr. 18).
[33] Ebd.

ständnis der römisch-katholischen Kirche vor Augen zu haben, von dem sich abzugrenzen leicht(er) fällt, verkennt jedoch die Möglichkeiten der römisch-katholischen Theologie, das in „Dominus Iesus" vorgetragene Kirchenverständnis im Rückgriff auf die eigene Lehrtradition zu ergänzen und zu vertiefen.

3. Das Lebenszeugnis des Abel in Schrift und Tradition

Die Möglichkeiten, im ekklesiologischen Zusammenhang auf das Lebenszeugnis des Abel hinzuweisen, sind vielfältig. Ich greife einzelne Aspekte auf, die im ökumenischen Kontext hilfreich sein könnten.

3.1. Innerbiblische Rezeption von Abels Geschick

Die Gestalt des Abel, von dessen Leben das Buch Genesis nicht mehr erzählt als seine Geburt, sein Tieropfer und seinen gewaltsamen Tod, wird bereits in der innerbiblischen Rezeption zum typologisch erfaßten Sinnbild des vor Gott im Glauben gerechten Menschen[34]. Die in der jahwistischen Urgeschichte nicht begründete Verhaltensweise Gottes, der das Tieropfer Abels wertschätzt, das Getreideopfer des Kain jedoch nicht beachtet, wird in Hebr 11,4 mit Hinweis auf die höhere Qualifizierung des Opfers Abels aufgrund seines Glaubens erläutert: „Aufgrund des Glaubens brachte Abel Gott ein besseres Opfer dar als Kain; durch diesen Glauben erhielt er das Zeugnis, daß er gerecht war, da Gott es bei seinen Opfergaben bezeugte, und durch den Glauben redet Abel noch, obwohl er tot ist". Diese Deutung des Geschicks des Abel im Hebräerbrief läßt sich nur im Kontext der vorausgehenden und der nachfolgenden Verse verstehen, in denen eine Umschreibung des Wesens des Glaubens und beispielhafte Weisen, wie dieser Glaube von Menschen gelebt wurde, erinnert sind. „Glaube aber ist: Feststehen in dem, was man erhofft, überzeugt sein von Dingen, die man nicht sieht" (Hebr 11,1). Abel, Henoch und Noach gelten nach dem Hebräerbrief als Menschen, die aufgrund ihres Glaubens von Gott vom Tod in das Leben geführt worden sind: „Die Glaubensbeispiele aus der Urzeit, Abel, Henoch und Noach, sind drei ausgezeichnete Paradigmen für die Richtigkeit der definitorischen Kennzeichnung des Glaubens in V 1, beweist ihr Geschick doch in eindrücklicher Weise,

---

[34] Vgl. Mt 23,35; Lk 11,51; Hebr 11,4; 12,24.

daß das Feststehen bei dem unsichtbaren Verheißungsgut heilsame Folgen von eschatologischer Dignität hat. Abel starb eines gewaltsamen Todes, aber er redet noch jetzt. Henoch ward entrückt, so daß er den Tod nicht sah. Noach baute die Arche und überlebte. Wer glaubt, der bleibt (vgl. Jes 7,9)! So könnte man das die drei exempla fidei verbindende Element umschreiben, wobei das Bleiben die Anwartschaft auf das durch Christus vollendete Heil meint, noch nicht dessen endgültigen Besitz [...] Dem Gerechten Gottes ist verheißen, daß er aus Glauben leben wird"[35]. Der Hebräerbrief stellt den verunsicherten und müde gewordenen frühen christlichen Gemeinden die bereits an dem Geschick der gottesfürchtigen Väter erkennbare und erweisbare österliche Wirksamkeit des Glaubens vor Augen. Die bleibend hörbare, lebendige Stimme des Abel ist die Stimme seines Blutes (vgl. Gen 4,10), die nach Gerechtigkeit im Sinne der Vergeltung ruft. Doch die Stimme des Blutes Christi ruft lauter: Christen sind hinzugetreten „zur Gemeinschaft der Erstgeborenen, die im Himmel verzeichnet sind; zu Gott, dem Richter aller, zu den Geistern der schon vollendeten Gerechten, zum Mittler eines neuen Bundes, Jesus, und zum Blut der Besprengung, das mächtiger ruft als das Blut Abels" (Hebr 12,23f). Was in der Bereitschaft Gottes, Kain vor dem Zorngericht der Vergeltung wirksam zu schützen, vorgedeutet ist, wird in Christus Jesus für alle Zeit verläßlich offenbar: In der tiefsten Tiefe der Gottesfeindschaft der Menschen, die im blutigen Tod des Gottessohnes offenkundig wird, gibt Gott nicht dem Ruf nach Vergeltung nach, sondern nimmt sie an auch mit ihrer Neigung zum Brudermord und erneuert seinen Bund mit den Sünderinnen und Sündern, denen eschatologisches Leben verheißen ist. Die Rede von der *Ecclesia ab Abel* kann somit in bibeltheologischer Hinsicht als Sinnbild der österlichen Gründung der Kirche verstanden werden, wobei nicht nur der gottesfürchtige Glaube des gerechten Abel, sondern auch der sündige Gemeinschaftsbruch des Kain in der Kirche weiterwirken und beiden die Teilhabe an Gottes Lebendigkeit verheißen ist.

3.2. Zweites Vatikanisches Konzil: Abel, Typos des erlösten leidenden Gerechten

Kennzeichnend für die Ekklesiologie des II. Vatikanischen Konzils ist das Bemühen, das Wirken der Kirche in den heilsgeschichtlichen Zu-

---

[35] *Erich Grässer*, An die Hebräer. Evangelisch-katholischer Kommentar zum Neuen Testament, Bd. XVII/3, Zürich–Einsiedeln–Köln–Neukirchen-Vluyn 1997, 119.

sammenhang des Ringens Gottes um die Erkenntnis seines Wesens zu stellen. Die Kirche erscheint als das die Zeiten durchwandernde „Volk Gottes" und zugleich als „Sakrament, das heißt Zeichen und Werkzeug für die innigste Vereinigung mit Gott wie die Einheit der ganzen Menschheit"[36]. Angesichts dieser universalen Heilsperspektive ist es naheliegend, daß die Kirchenkonstitution Gedanken zur protologischen und eschatologischen Dimension des Kircheseins von Beginn an aufnimmt; in diesem Zusammenhang geschieht auch eine konziliare Rezeption der Vorstellung von der *Ecclesia ab Abel*: „Der ewige Vater hat die ganze Welt nach dem völlig freien, verborgenen Ratschluß seiner Weisheit und Güte erschaffen. Er hat auch beschlossen, die Menschen zur Teilhabe an dem göttlichen Leben zu erheben. Und als sie in Adam gefallen waren, verließ er sie nicht, sondern gewährte ihnen jederzeit Hilfen zum Heil um Christi, des Erlösers, willen, ‚der das Bild des unsichtbaren Gottes ist, der Erstgeborene aller Schöpfung' (Kol 1,15). Alle Erwählten aber hat der Vater vor aller Zeit ‚vorhergekannt und vorherbestimmt, gleichförmig zu werden dem Bild seines Sohnes, auf daß dieser der Erstgeborene sei unter vielen Brüdern' (Röm 8,29). Die aber an Christus glauben, beschloß er in der heiligen Kirche zusammenzurufen. Sie war schon seit dem Anfang der Welt vorausbedeutet; in der Geschichte des Volkes Israel und im Alten Bund wurde sie auf wunderbare Weise vorbereitet, in den letzten Zeiten gestiftet, durch die Ausgießung des Heiligen Geistes offenbart, und am Ende der Weltzeiten wird sie in Herrlichkeit vollendet werden. Dann werden, wie bei den heiligen Vätern zu lesen ist, alle Gerechten von Adam an, ‚von dem gerechten Abel bis zum letzen Erwählten', in der allumfassenden Kirche beim Vater versammelt werden"[37].

Das II. Vatikanische Konzil versteht die Gestalt des Abel als Typos des Gerechten vor Gott, dem angesichts seiner Treue im Glauben und in der Gottesfurcht die Teilhabe an der in Christus Jesus geoffenbarten Erlösung der Schöpfung gewiß ist. Damit stellt sich das Konzil in die Tradition einer stärker individualisierenden Deutung des Geschicks Abels und greift die bereits im Altertum vielfach belegte Hoffnung auf die Vollendung der vor der Menschwerdung Gottes lebenden Gerechten auf.

---

[36] Dogmatische Konstitution über die Kirche Lumen Gentium [LG], Art. 1, in: LThK.E, Band I, Freiburg 1966.
[37] Ebd., Art. 2.

3.3. Augustinus: Abel, Typos der Kirche „im Anfang"

Yves Congar[38] kann in seiner bis heute an Detailinformation unübertroffenen Studie zur Entstehung und Rezeption der Vorstellung von der *Ecclesia ab Abel* überzeugend nachweisen, daß es die Intention des Augustinus[39] ist, die spirituell-personale Dimension der Kirche im Ursprung zu begründen, der die institutionellen Gestalten der Kirche dienend zugeordnet bleiben: „Wenn man sich die Gesamtheit der Entwicklung ekklesiologischer Vorstellungen vor Augen hält, die sich in der hier besprochenen Thematik [*Ecclesia ab Abel*, D.S.] widerspiegeln, dann erstaunt der geistlich-personale Grundzug in der Rede von der Kirche, der von Augustinus an bis zu den Theologen der Scholastik im gesamten Mittelalter vorherrscht. Die Kirche ist primär die Gemeinschaft derer, die aufgrund des Glaubens Christus als Haupt haben und dessen Glieder sind. Sie ist die Gemeinschaft oder der Leib der Glaubenden: durch diese, durch das Handeln und den persönlichen Einsatz von ihnen, gewinnt Christus Glieder hinzu und ergänzt seinen Leib. Der heilige Thomas hat – wenn dies überhaupt möglich war – diesen geistlichen und personalen Aspekt des Kirchenverständnisses, der im Grunde vom gesamten westlichen Mittelalter gemeinsam auf der Basis der Schrift und mit Bezug zu Augustinus angenommen wurde, noch verstärkt – und zwar mehr und mehr. In diesem Verständnis hatte die Wahrnehmung der sichtbaren Institution (mit den Sakramenten, der Hierarchie, der Glaubensverkündigung, den Geboten und der geistlichen Leitung) ihren Platz. All dies wurde als ein ministerium, als ein Dienst an der geistlichen, inneren Gemeinschaft betrachtet, die als das Wesentliche galt. Die Elemente der kirchlichen Institution wurden als ein Dienst am Heil verstanden, aber sie wurden nicht unabhängig von der geistlichen, der Innerlichkeit zugehörigen

---

[38] Vgl. *Yves Congar*, Ecclesia ab Abel, in: *Marcel Reding* (Hg.), Abhandlungen über Theologie und Kirche. FS für Karl Adam, Düsseldorf 1952, 79-108.

[39] Congar führt aus, daß die Rede von der *Ecclesia ab Abel* erstmals bei Augustinus belegt und erst in seinen Spätschriften zu greifen ist. Die Entwicklung dieses Gedankens steht demnach in engem Zusammenhang mit seinen Überlegungen zur Unterscheidung zwischen den beiden Reichen, dem irdischen und dem himmlischen, denen er die Gestalten des Kain und des Abel zuordnet. Auf diese Weise gelingt ihm auch eine Loslösung der Frage nach den Heilsmöglichkeiten der Vorfahren Jesu Christi von der Festlegung auf eine Zeitenfolge im Irdischen. Die soteriologisch bedeutsame Differenz zwischen den Geschöpfen ist nicht an Zeiten und Räume gebunden, sie entsteht durch den existentiell-religiösen Lebensvollzug: Vgl. ebd., bes. 81-86.

Wirklichkeit des Heils wahrgenommen, so, als ob sie eine Art Eigenstand hätten"[40].

Diese Textpassage, die geradezu wie ein prophetisches Wort, hineingesprochen in unsere ökumenische Gegenwart, wirkt, hat gewiß ihren eigenen theologiegeschichtlichen Bezug: Sie verfolgt das Anliegen, auch nach der Enzyklika „Humani generis"[41] von 1950 die Grundanliegen der Enzyklika „Mystici Corporis"[42] von 1943 zu wahren, in der in differenzierter Weise von der sichtbaren und der verborgenen Gestalt der einen Kirche Jesu Christi gehandelt wird. Yves Congar tritt mit der altkirchlichen und der mittelalterlichen Tradition für den geistlich-existentiellen Ursprung des Leibes Christi, der Kirche, ein, deren Gründung weder an einen Zeitpunkt in der Menschheitsgeschichte gebunden, noch auf bestimmte räumliche Ausdehnungen zu begrenzen ist: „Diese Gründung oder Einsetzung durch Christus wird selbst vor allem unter dem Gesichtspunkt der geistlichen Einflußnahme, der Beziehung zu einem Ursprung, betrachtet, viel stärker als unter historischer Rücksicht im eigentlichen Sinn oder wie ein Ereignis in Raum und Zeit. Leib Christi sein, den Leib bilden, der die Kirche ist (corpus Ecclesiae), das bedeutet für die Väter, mit Christus, dem einzigen Herrn und dem universalen Mittler, dessen Verdienst jede zeitliche und räumliche Begrenzung überschreitet, im Hinblick auf das Leben und das Heil durch den Glauben verbunden zu

---

[40] Französisches Original der selbst erstellten Übersetzung: „Quand on considère l'évolution d'ensemble des idées ecclésiologiques, qui se reflète dans les éléments engagés par notre thème [*Ecclesia ab Abel*] on est frappé par le caractère spirituel-personnel de la notion d'Église qui, d'Augustin aux grands scolastiques, domine tout le moyen-âge. L'Église est principalement la communauté de ceux qui par la foi ont le Christ pour tête et sont ses membres. Elle est le collège ou le corps des fidèles: en ceux-ci, par l'engagement et les actes personnels de ceux-ci, le Christ s'adjoint des membres et complémente son corps. S. Thomas a, s'il est possible, accentué encore et, semble-t-il, de plus en plus, cet aspect spirituel et personnel d'une notion d'Église qui, pour le fond, était commune à tout le moyen-âge occidental formé à l'école de l'Écriture et de S. Augustin. Dans cette notion, la considération de l'institution visible avait sa place, avec ses sacrements, sa hiérarchie, sa prédication de la foi, ses lois et son gouvernement spirituel. Tout cela était considéré comme un service, un ministerium, de la communion spirituelle et intérieure en quoi consistait le principal. [...] Les éléments de l'institution ecclésiale sont considérés comme un ministère du salut, mais ils ne sont pas considérés indépendamment de la réalité spirituelle, intérieurement appropriée, du salut, comme s'ils avaient une sorte de consistance"; ebd., 92.
[41] H. *Denzinger*, Enchiridion symbolorum, definitionum et declarationum de rebus fidei et morum. Kompendium der Glaubensbekenntnisse und kirchlichen Lehrentscheidungen [DH], hg. v. P. *Hünermann*, Freiburg 1991, 3800-3822.
[42] DH 3875-3899.

sein"[43]. Die in der gelebten Christusgemeinschaft begründete Zugehörigkeit zu der einen Kirche ist nicht identisch mit der bewußten Aufnahme in eine in zeitlichen und räumlichen Kategorien beschreibbare Gemeinschaft.

3.4. *Ecclesia ab Abel* und die Frage der „Sichtbarkeit" der Kirche

Wie groß die Unterschiede in der Bewertung dieses an Augustinus angelehnten Kirchenverständnisses innerhalb der römisch-katholischen Theologie sein können, zeigt eine Textpassage in der Dogmatik von Michael Schmaus, der die Erkenntnisse von Congar zunächst referiert und sich sodann von ihnen abgrenzt: „Die These, daß die Kirche von Anfang an bzw. von Abel an existiert hat, setzt einen bestimmten Kirchenbegrif voraus, nämlich einen geistig-personalistischen, weniger einen juristisch-hierarchischen. Dieser letztere hat sich erst von der Mitte des 13. Jahrhunderts an deutlich entfaltet, wenngleich er in der vorausgehenden Theologie schon grundgelegt war und die Schrift [...] ihn klar bezeugt. Erst die Vorstellung von der Kirche als der hierarchisch geordneten Gemeinschaft der Christgläubigen bildet den Vollbegriff der Kirche. Unter diesem Aspekt ist die Lehre von der ‚Kirche von Anfang an' problematisch. Die augustinische Ekklesiologie bedeutet daher ähnlich wie die Trinitätslehre des Kirchenvaters [...] für die folgende Theologie eine Hypothek. Im Hintergrund seiner Ansichten steht die platonische Philosophie. Infolge seiner platonischen Denkweise fiel es Augustinus schwer, das konkret Sichtbare in seinem ganzen Gewicht zu sehen"[44].

In jüngerer Zeit wird in ökumenisch-theologischen Zusammenhängen des öfteren an die bestehende Differenz zwischen der augustinisch-platonischen und der thomistisch-aristotelischen Konzeption der Ekklesiologie erinnert, um den Unterschied zwischen der eher verborgenen, „unsichtbaren" Wirksamkeit des Geistes Gottes und der „sicht-

---

[43] Im Original: „cette fondation ou institution par le Christ est comprise elle-même principalement selon un point de vue d'influence spirituelle, de relation à un Principe, beaucoup plus que selon un point de vue proprement historique et comme un événement de l'èspace et du temps. [...] Être du corps du Christ, être de ce corps qu'est l'Église (corpus Ecclesiae), c'était, pour les anciens, être par la foi, en rapport de vitalisation et de salut avec le Christ, unique souverain et universel médiateur, dont la vertu transcendait toute détermination temporelle ou spatiale"; *Yves Congar*, Ecclesia ab Abel (s. Anm. 35), 97.

[44] *Michael Schmaus*, Katholische Dogmatik, Bd. III/1: Die Lehre von der Kirche, München [3-5]1958, 68.

bar" in der institutionellen Gestalt der Kirche repräsentierten Gegenwart Jesu Christi zu bezeichnen[45]. Walter Kasper betrachtet die belegbaren Spuren beider ekklesiologischer Konzepte (der augustinisch-franziskanisch-bonaventuranisch-skotistischen Auffassung und der thomistischen Sicht) innerhalb der römisch-katholischen Theologie als eine Chance und sieht in der Möglichkeit einer stärker pneumatologisch fundierten Ekklesiologie einen Weg, die Frage der kirchlichen Heilsvermittlung so zu behandeln, daß sich eine ökumenische Konvergenz ergibt: „Geht man nämlich im Sinn der Ostkirchen nicht unmittelbar von der Christologie zur Ekklesiologie über, realisiert man vielmehr deutlicher, als dies in der westlichen Tradition im allgemeinen der Fall ist, daß es das Werk des Heiligen Geistes ist, das durch Jesus Christus geschenkte Heil zu vergegenwärtigen, dann erkennt man, daß die kirchliche Heilsvermittlung grundsätzlich eine epikletische Struktur besitzt. Die Kirche verfügt nicht über das Heil, aber sie kann und soll vollmächtig um den das Heil vermittelnden Geist Jesu Christi bitten, und sie darf sich dabei aufgrund der Verheißung Jesu Christi gewiß sein. Ein solches Verständnis der kirchlichen Heilsvermittlung könnte das Grundproblem, das zwischen den getrennten Kirchen des Westens steht, entkrampfen und einer Lösung näher führen. Eine solche Lösung braucht auch bezüglich konkreter Einzelfragen nicht uniformistisch zu sein. Denn in der konkreten Ausgestaltung und im genauen Verständnis etwa des Bischofsamtes und der bischöflichen Sukzession und erst recht des Petrusamtes weist die katholische Tradition eine ganz erhebliche und geradezu atemberaubende geschichtliche Variabilität auf. So besteht kein Grund, den getrennten Kirchen, sofern ein grundlegender Konsens in der Sache besteht, nicht ein größtmögliches Maß an Freiheit innerhalb einer künftigen communio-Einheit zuzugestehen"[46]. Eine wichtige Frage in den zukünftigen ökumenischen Gesprächen wird sein, nach welchen Kriterien zu entscheiden ist, ob Gottes Geist im sichtbaren Gefüge einer ekklesialen Ge-

---

[45] Vgl. zur gegenwärtigen Bedeutung der Kontroverse im 16. Jahrhundert: *Karlheinz Diez*, „Ecclesia – non est Civitas Platonica". Antworten katholischer Kontroverstheologen des 16. Jahrhunderts auf Martin Luthers Anfrage an die „Sichtbarkeit" der Kirche, Frankfurt 1997; zum Stand der ökumenischen Gespräche über die „Sichtbarkeit" und die „Verborgenheit" der Kirche vgl.: Gemeinsame römisch-katholische und evangelisch-lutherische Kommission (Hg.), Kirche und Rechtfertigung, Das Verständnis der Kirche im Licht der Rechtfertigungslehre, Paderborn–Frankfurt a. M. 1994, 76-81.

[46] *Walter Kasper*, Grundkonsens und Kirchengemeinschaft. Zum Stand des ökumenischen Gesprächs zwischen katholischer und evangelisch-lutherischer Kirche, in: *A. Birmelé/H. Meyer* (Hg.), Grundkonsens – Grunddifferenz (s. Anm. 1), 97-116, hier 112.

meinschaft wirksam gegenwärtig ist. Bei der Suche nach einer Möglichkeit, die evangelischen Ämter als apostolisch gegründet anzuerkennen, darf sich der Blick nicht von der gelebten existentiellen Gestalt ihres geistgewirkten Zeugnisses für Christus Jesus abwenden: „Das Ereignis des Geistes begründet die Institution immer wieder neu. Wo in dieser Weise die Freiheit des Geistes innerhalb der sakramentalen Gesamtstruktur der Kirche anerkannt wird, da ergibt sich grundsätzlich die Möglichkeit, Ämter, die nach rein institutionellen Kriterien ungültig sind, die sich aber geistlich bewähren und sich als geistlich fruchtbar erweisen, in einem geistlichen Urteil anzuerkennen"[47].

4. Ökumenische Perspektiven im Anschluß an den Gedanken der Ecclesia ab Abel

In Umrissen möchte ich andeuten, in welcher Weise eine Rezeption der Rede von der *Ecclesia ab Abel* in der gegenwärtigen ökumenischen Theologie denkbar wäre. Ich beschränke mich bei meinen Ausführungen auf die Betrachtung der beiden Themen, die gemäß „Dominus Iesus" im Blick auf die Kirchlichkeit der reformatorischen Gemeinschaften zu besprechen sind: die Frage der Wahrung des eucharistischen Mysteriums und die Frage der Apostolizität der Kirche.

4.1. Eucharistische Ekklesiologie

Eine erste Möglichkeit, das Traditionsgut von der *Ecclesia ab Abel* in ökumenischer Hinsicht aufzunehmen, erkenne ich in der Besinnung auf die eucharistische Gründung der kirchlichen Gemeinschaft. Wer sein Leben im Geist Jesu Christi verzehren läßt zum Zeugnis für Gott, der ist Kirche.

In der ökumenischen Eucharistietheologie zeichnet sich seit einigen Jahren eine Konvergenz in der Bestimmung des Opfercharakters der Eucharistie ab, die sich auf die inhaltliche Bestimmung der eucharistischen Feier als wirksame Vergegenwärtigung der erlösenden Lebenspreisgabe Jesu Christi in seinem blutigen Tod bezieht[48], während ter-

---

[47] *Walter Kasper*, Die apostolische Sukzession als ökumenisches Problem, in: *Wolfhart Pannenberg* (Hg.), Lehrverurteilungen – kirchentrennend? Materialien zur Lehre von den Sakramenten und vom kirchlichen Amt, Freiburg–Göttingen 1990, 329-349, hier 348; vgl. auch *ders.*, Das Zweite Vatikanum weiterdenken, Die apostolische Sukzession im Bischofsamt als ökumenisches Problem, in: Kerygma und Dogma [KuD] 44 (1998), 207-218.

[48] Vgl. *Michael Welker*, Was geht vor beim Abendmahl?, Stuttgart 1999, 110-124.

minologische Fragen angesichts des auch mißzuverstehenden Opferbegriffs in den liturgischen Texten weiterhin umstritten sind – auch
innerhalb der Konfessionsgemeinschaften[49]. Die in der gemeinsamen
Anstrengung gelungene Personalisierung und Existentialisierung des
Opferverständnisses – auch im Blick auf die Rede vom „Opfer der
Kirche" – gilt als eine wichtige Grundlage für eine Verständigung
auch in der Frage der Weise der Gegenwart Jesu Christi in der Feier
des eucharistischen Gemeinschaftsmahls.

Die Frage, in welcher Weise die Feier des Herrenmahls als „Opfer"
zu verstehen ist, gilt als eine schwierige, weil historisch sehr belastete
und auch innerkonfessionell strittige Einzelfrage des ökumenischen
Dialogs zu eucharistietheologischen Themen. Auf der Basis der Ausführungen des II. Vatikanischen Konzils[50], in denen sich die theologische Neubesinnung der Vorjahre spiegelt, beschäftigten sich mehrere
katholisch-lutherische Dialogkommissionen auf nationaler und internationaler Ebene mit dieser Fragestellung[51]. Eingehend behandelt
wurde die Frage nach dem Opfer Jesu Christi im eucharistischen Gedächtnis der Kirche in einer in den Jahren 1976-1982 erarbeiteten und
1983 erschienenen Studie des deutschen Ökumenischen Arbeitskreises
evangelischer und katholischer Theologen mit dem Titel „Das Opfer
Jesu Christi und seine Gegenwart in der Kirche. Klärungen zum Opfercharakter des Herrenmahles"[52].

Das eucharistische Opfer ist die sakramentale Gegenwärtigung der
liebenden Lebenshingabe Jesu Christi in der (Mahl-)Feier und im
Leben der Kirche. In dieser Weise ließe sich knapp zusammenfassen,
was der Ökumenische Arbeitskreis in jahrelangem Bemühen durch
Detailuntersuchungen und in Gesprächen erarbeitete und der Öffent-

---

[49] Vgl. *Albert Gerhards/Klemens Richter* (Hg.), Das Opfer. Biblischer Anspruch und
liturgische Gestalt, Freiburg–Basel–Wien 2000; *Martin Stuflesser*, Memoria Passionis.
Das Verhältnis von lex orandi und lex credendi am Beispiel des Opferbegriffs in den
Eucharistischen Hochgebeten nach dem II. Vatikanischen Konzil, Altenberge 1998;
Theologisch-praktische Quartalschrift [ThPQ] 146 (1998), Themenheft „Opfer und
Religion".
[50] Vgl. bes. Sacrosanctum Concilium [SC] 6f;47f; Lumen gentium [LG] 3;10-
12;28;34;45 Presbyterorum ordinis [PO] 2; vgl. dazu: *Theodor Schneider*, Das Opfer
der Kirche nach der Dogmatischen Konstitution „Lumen Gentium" des Vatikanum II,
in: Wissenschaft und Weisheit [WiWei] 41 (1978), 19-31.
[51] Vgl. *Elisabeth Hönig*, Die Eucharistie als Opfer nach den neueren ökumenischen
Erklärungen, Paderborn 1989.
[52] Vgl. *Karl Lehmann/Edmund Schlink* (Hg.), Das Opfer Jesu Christi und seine Gegenwart in der Kirche. Klärungen zum Opfercharakter des Herrenmahles, Freiburg–
Göttingen 1983, ²1986.

lichkeit zur Rezeption übergab. Neben der personalen Sinnbestimmung und der christologischen Prägung der Opfervorstellung kommt auf der Grundlage der unstrittigen Überzeugung von der „Einmaligkeit und Einzigartigkeit des Selbstopfers Jesu Christi"[53] insbesondere zur Sprache, wie eine Teilhabe der Getauften am Opfer Jesu Christi theologisch zu denken ist. Das Anliegen der römisch-katholischen Seite, auch von einem „Opfer der Kirche" zu sprechen, wird aufgegriffen: Eingebunden in eine pneumatologische Argumentation[54] erscheint das „Opfer der Kirche" als geistgewirkte Teilhabe der Gemeinde an der absteigenden (katabatischen) und aufsteigenden (anabatischen) Linie des Opfers Jesu Christi. In ihm empfängt die Kirche alles vom Vater und schenkt sich gleich ihm allen Menschen. „Opfer der Kirche meint also nicht Darbringung einer uns gegenüberstehenden heiligen Gabe auf dem Altar an Gott durch die Hand des menschlichen Priesters, sondern Eingehen der Kirche in die Hingabe Jesu Christi, d.h. Darbringung unserer selbst durch, mit und in Jesus Christus als lebendige Opfergabe"[55]. In ihrer Menschenliebe, ihrem „Kult des Lebensopfers"[56], bringt die Kirche Gott ein Opfer des Lobes dar, indem sie im Geist Gottes hineingenommen wird in die liebende und vertrauende Beziehung des Sohnes zum Vater. „Teilhabe an der Eucharistie [ist] zugleich Bewegung auf Gott hin, die vertrauensvolle, dankbare Hingabe der Brüder und Schwestern Jesu Christi, der Glieder seines Leibes in die Hände des liebenden Vaters und insofern der eigentliche Akt der Gottesverehrung des neuen Volkes Gottes, der Kirche. In dem Maße, wie wir uns in die Liebe Jesu zu den Menschen und zum Vater einbeziehen lassen, werden auch wir selbst zum Opfer, zu einem Opfer, das nicht nur in der Stunde der Eucharistiefeier geschieht, sondern im ganzen mühsamen Lebensalltag"[57].

Weithin unbekannt ist, wie groß die erreichten ökumenischen Annäherungen in der Eucharistietheologie sind. Die noch bestehenden Differenzen beziehen sich vor allem auf die Frage der Anerkenntnis der amtlichen Leitung der eucharistischen Feiern. Es erscheint mir aussichtsreich, das auch in den christlichen Gemeinschaften, in denen die Leiter der eucharistischen Feier nicht in einer historisch verifizierbaren apostolischen Sukzession stehen, gelebte eucharistische Zeugnis

---

[53] Ebd., 232.
[54] Vgl. ebd., 234f.
[55] Ebd., 237.
[56] Ebd., 238.
[57] *Theodor Schneider*, Wir sind sein Leib. Meditationen zur Eucharistie, Mainz [4]1989, 67.

stärker als bisher geschehen bei der Diskussion der Frage zu berücksichtigen, ob das Mysterium der Eucharistie bewahrt blieb. Dabei kann sich der Blick insbesondere auf das in der Kraft des Geistes Gottes gelebte Martyrium, das Lebensopfer zum Zeugnis für die Wahrheit des christlichen Glaubens, richten. Das Glaubenszeugnis der gottesfürchtigen Märtyrerinnen und Märtyrer aus den nicht-katholischen Kirchen ist ein Erweis ihrer eucharistisch gegründeten Kirchlichkeit.

4.2. Apostolische Ekklesiologie

In zahlreichen Beiträgen zur ökumenischen Ekklesiologie wird die bereits bestehende Gemeinschaft der christlichen Kirchen in der Wahrnehmung ihrer apostolischen Sendung zur Verkündigung des einen Evangeliums hervorgehoben. Abel, der erste Gerechte, ist das Urbild einer Menschengemeinschaft, die die Wahrheit des österlichen Geheimnisses am eigenen Leib erfährt: das abgründige Vertrauen in den lebendigen Gott bewahrt vor dem Fall in die Nichtigkeit. Abel, dessen Name an die „Nichtigkeit" und „Hinfälligkeit" des geschöpflichen Lebens erinnert, bleibt aufgrund seines blutigen Lebenszeugnisses im Gedächtnis der Glaubensgemeinschaft Israel. Abels Stimme verstummt nicht. Kirche ist dort, wo Menschen mit ihrer gesamten Lebensexistenz das Dasein des lebendigen Gottes bezeugen.

Gott nimmt die Kirche bei seiner Suche nach lebendiger Gemeinschaft mit seinen Geschöpfen in Dienst: Das Wesen der Kirche ist ihre Berufung, Ort der erfahrbaren Gegenwart Gottes zu sein. Ihr Sein ist ihre Sendung, ihre Erwählung ist ihr Auftrag. Das Urbild, das Vorbild und das Leitbild des kirchlichen Tuns ist die Vergegenwärtigung des Gottseins Gottes: seiner alles begründenden, verwandelnden und vollendenden Lebendigkeit. Die Besinnung auf Gottes offenbaren Willen für seine Schöpfung weist den Weg zur Erkenntnis der Eigenart der kirchlichen Gemeinschaft: Sie legt Zeugnis ab für Gottes lebendiges Dasein (Martyria), sie bewahrt das Gedächtnis des in Christus Jesus menschgewordenen Gottes (Leiturgia) und sie führt zur Erkenntnis Gottes in der Geisterfahrung der Liebe (Diakonia). In all dem schöpft die Kirche nicht aus eigener Kraft, sondern sie schenkt, was sie selbst empfangen hat. Die kirchlichen Grundvollzüge der Martyria, Leiturgia und Diakonia gehören engstens zusammen und sind ineinander verwoben: Das Zeugnis geschieht in der Feier der Verkündigung von Gottes Wort in Menschenworten und in der selbstsprechenden Tat der Liebe; das gottesdienstliche Gedächtnis Jesu macht Mut zur tätigen Nachfolge in seinem menschennahen Gottesdienst; das lebenaufreibende Tatzeugnis findet immer wieder Trost in der Gewißheit der alle Not wendenden Zusage des befreienden Erbarmens Gottes. Die gesamte kirchliche Sendung ist Zeugnis für das Leben Gottes, Feier der Gegenwart Gottes und Handeln in Gottes Sinn. Erfahrbar wirksam kann die in ihren Grundvollzügen umschriebene Kirche nur in einer Gemeinschaft von Menschen werden, die sich in einem Raum, an den Lebensorten, begegnen. Bliebe die Kirche rein „unsichtbar", bestünde sie nur in geistlichem Sinn, wäre sie nie leibhaftig erfahrbar, nie konkret, dann wäre sie unwirksam. An ihren Lebensorten suchen Menschen nach Trost, nach Rat und nach einem Halt in den Abgründen der zeitlichen Existenz.

Die „Katholizität" der Kirche besteht in ihrer an allen Orten des Erdkreises von Gott gewünschten Präsenz zur Erfüllung ihrer universalen Sendung zur Verkündigung des Evangeliums in aller Welt. Der Grund der Sendung der Kirche in alle Welt liegt in Gottes universalem Heilswillen, der schöpfungstheologisch begründet ist: Der Schöpfer von allem, was ist, trägt selbst Sorge dafür, daß alles zu seiner Erfüllung finden kann. Die ersten Kapitel der Bibel lassen Gott als ein Wesen in Erscheinung treten, das alles im Guten begonnen hat und dann bitter erfahren muß, daß Mißtrauen, Angst und Neid Menschen in die Sünde treiben. Gott hält trotz seiner inneren Anfechtung, ob er nicht besser das gesamte Menschengeschlecht wieder vernichten solle (Gen 6,5-7), daran fest, seinen Geschöpfen das Leben zu erhalten. Nach christlicher Überzeugung ist Gottes Name im Leben und Sterben Jesu in untrüglicher Weise offenbar geworden. Jesus bleibt in aller erfahrenen Anfeindung den Menschen selbst dann noch liebend verbunden, als er seinen bitteren Tod vor Augen hatte. Gottes Tat der Auferweckung Jesu autorisiert die Verkündigung Jesu: Gott ist wirklich einer, der die Sünderinnen und Sünder liebt. Gottes Erbarmen ist unermeßlich. Gottes Güte stellt keine Vorbedingungen. Es besteht Hoffnung für die gesamte Schöpfung: Alle sollen aus der Finsternis des Todes in das Licht Gottes geführt werden. Die Kirche hört Gottes Ruf in ihre Sendung, dieses Evangelium in aller Welt zu verkündigen.

Die christlichen Kirchen stehen heute gemeinsam in der Herausforderung, Gottes Dasein angesichts der bedrängenden Gestalten des geschöpflichen Leidens als glaubwürdig zu erweisen. Die Theodizeefrage ist erneut vehement aufgebrochen. In neueren literarischen Interpretationen des Geschicks von Abel und Kain besteht daher nicht zufällig die Neigung, Gott wegen seiner scheinbar unbegründeten Ungerechtigkeit im Umgang mit den Opfern der beiden Brüder anzuklagen und Verständnis für die Tat des Kain zu zeigen. Ein Beispiel für eine solche Aufnahme der biblischen Erzählung, ein Gedicht von Uriel Birnbaum mit dem Titel „Kain an Abels Grab"[58], soll meinen Schlußgedanken vorbereiten:

Nacht war in Eden. Durch den Kreis der Engel,
Wo Schwert mit Schwert Flammenkreise ergab,
Wand sich den Wall erkletternd, mit Geschlängel
Der alte Kain sprang von dem Wall hinab

Und ging, gestützt auf einen Eisenstab,
durch Edens duftdurchhauchte Süße.
Er suchte und er fand des Abels Grab
Und bückte sich und sprach, als ob er's grüße:

„Abel, ich komme nicht, damit ich büße,
Was ich an dir getan, in Zorn entloht.
Die von neunhundert Jahren müden Füße
Hierher geführt hat neuen Zorn's Gebot.

Von Leben weißt du nichts noch Lebens Not -
Gern schlüg' ich dich, Beglückter, nochmals tot!"

Wer um das Leben und um des Lebens Not weiß, erstarkt im Ringen um das eigene gottesfürchtige Zeugnis durch die Erfahrung der Gemeinschaft der Kirche. Um Abels und auch um Kains willen ist die Suche nach der geeinigten Kirche unaufgebbar wichtig. Kain steht für die vielen Menschen, die mit ihrem Lebensgeschick hadern und ein frühes Ende ersehnen. Den Gotteszweiflern Lebensmut zu erwirken, ist eine ökumenische Sendung unserer Tage.

---

[58] Vgl. *Uriel Birnbaum*, Gedichte. Eine Auswahl, Amsterdam 1957, 574.

VI

Die widersprüchliche Vieldeutigkeit von *Dominus Jesus* als Chance

von Erwin Dirscherl, Osnabrück

1. Die Vieldeutigkeit und Ambivalenz lehramtlicher Texte

Wie jeder lehramtliche Text fordert auch die Erklärung der Kongregation für die Glaubenslehre *Dominus Jesus* die Rezipienten zur Deutung heraus.[1] Lehramtliche Texte sind keine eindeutigen, sondern vieldeutige und durchaus auch ambivalente Texte. Dies gilt auch für die Texte des II. Vatikanischen Konzils, in dessen spannender Rezeptionsphase wir uns immer noch befinden. K. Walf und H.J. Pottmeyer haben davon gesprochen, daß es in den Texten und vor allem in der Ekklesiologie des II. Vatikanums Zweideutigkeiten und Doppelgesichter gibt[2]. Eine ähnliche Sichtweise finden wir in den Aussagen von Walter Kasper wieder, wenn er sich mit der ekklesiologischen Rezep-

---

[1] Vgl. *P. Hünermann*, Dominus Jesus – Stachel im ökumenischen Dialog!, in: Bibel und Kirche [BiKi] 55 (2000), 228; *U. Ruh*, Lehramt: Warnung vor religiösem Relativismus, in: Herder Korrespondenz [HerKorr] 54 (2000), 493-95; *ders.*, Nachschlag: „Dominus Jesus", der Vatikan und die öffentliche Meinung, in: HerKorr 54 (2000), 544-45; *N. Klein*, Dominus Jesus und die Religionen, in: Orientierung [Orien.] 64 (2000), 213-215; *W. Schöpsdau*, Versöhnbare Verschiedenheit oder ökumenisches Patt? Die Erklärung Dominus Jesus und die Note über den Ausdruck „Schwesterkirchen", in: Materialdienst des Konfessionskundlichen Instituts Bensheim 51 (2000), 93-97; *N. Klein*, Wenn ein Konzil umgedeutet wird..., in: Orien. 64 (2000), 199-200; *P. Neuner*, Belastungsprobe für die Ökumene: Anmerkungen zum Kirchenverständnis in einem Dokument der Glaubenskongregation, in: Stimmen der Zeit [StZ] 218 (2000), 723-737; *H.M. Barth*, Domine Jesu! in: Materialdienst des Konfessionskundlichen Instituts Bensheim 51 (2000), 81-82; *M.J. Rainer* (Hg.), „Dominus Jesus". Anstößige Wahrheit oder anstößige Kirche? Münster 2001.

[2] Vgl. *K. Walf*, Lakunen und Zweideutigkeiten in der Ekklesiologie des II. Vatikanums, in: *G. Alberigo/Y. Congar/H.J. Pottmeyer* (Hg.), Kirche im Wandel. Eine kritische Zwischenbilanz nach dem II. Vatikanum, Düsseldorf 1982, 195-207; *H.J. Pottmeyer*, Vor einer neuen Phase der Rezeption des Vaticanum II, in: *H.J. Pottmeyer/G. Alberigo/J.-P. Jossua*, Die Rezeption des II. Vatikanischen Konzils, Düsseldorf 1986, 47-65.

tion von Joseph Ratzinger auseinandersetzt.[3] Die Ekklesiologie des II. Vatikanischen Konzils ist aufgrund der Textlage wirklich keine eindeutige, sondern eine ambivalente – es gibt eine zwiespältige Ekklesiologie. Zwei Grundrichtungen geraten hier in den Widerstreit. Es ist zum einen das Kirchenbild der Communio, das in Spannung zu einer, wie Walter Kasper es ausdrückt, Einheitsekklesiologie steht. Bevor ich mich der Interpretation von *Dominus Jesus* zuwende, will ich kurz fragen, wie es zu einer solchen Ambivalenz kommen kann und was dies für einen Text wie *Dominus Jesus* bedeutet.

Dogmenhermeneutisch müssen wir feststellen, daß wahrscheinlich kein einziger lehramtlicher oder konziliarer Text jemals eindeutig gewesen ist oder eindeutig rezipiert wurde. Texte sind immer von einer Sinn- und Interpretationsvielfalt geprägt. Die Deutung eines Textes ist niemals zwingend vorgegeben, denn ein Text impliziert immer eine Mehrdeutigkeit. Wie Johannes Paul II. betont hat, gilt dies ja auch schon für den Text der Heiligen Schrift und es muß dann auch für die Texte des kirchlichen Lehramtes gelten. Diese Uneindeutigkeit oder Vieldeutigkeit liegt darin begründet, daß konziliare oder lehramtliche Texte immer auch Kompromißtexte sind, die zwischen verschiedenen Positionen vermitteln möchten. Wenn wir etwa an das berühmte Konzil von Chalkedon denken, wo die Rede von Jesus Christus als wahrem Gott und wahrem Menschen grundgelegt wurde, dann haben wir dort ein Paradebeispiel. Zwischen dem Monophysitismus, der nur die Gottheit Jesu Christi in den Vordergrund zu stellen schien, und dem Nestorianismus, der in der Gefahr stand, Gottheit und Menschheit völlig auseinanderzureißen, suchte man einen Kompromiß und Mittelweg. Diese Kompromißformel aber ließ nach dem Konzil verschiedene Rezeptionsmöglichkeiten offen. Jeder versuchte, aus den Texten dasjenige herauszulesen, was er auf dem Konzil in diese hineinbringen oder hineinlesen wollte. Die Rezeption solcher Dokumente hängt also immer mit der Frage zusammen, wie und von wem sie in der Folgezeit gedeutet und ausgelegt werden. Und dann kommt es zu der spannenden Frage, welche Deutungsrichtung sich durchsetzen wird. Genau das ist ja auch die spannende Frage bei der Rezeption des II. Vatikanischen Konzils. Dort gab es eher progressive und eher konservative Strömungen, und da man der Meinung war, daß vor allem eine Ein-

---

[3] Vgl. bes. *W. Kasper*, Kircheneinheit und Kirchengemeinschaft in katholischer Perspektive, in: *K. Hillenbrand/H. Niederschlag* (Hg.) Glaube und Gemeinschaft. FS P.W. Scheele. Würzburg 2000, 100-117.

stimmigkeit den Texten Nachdruck und Konsens verleiht, versuchte man, möglichst vieles in die Formulierungen der Texte einzubinden. Jede Seite sollte sich auf eine bestimmte Weise wiederfinden können. Das hatte nun zur Folge, daß eine eher zentralistische Ekklesiologie des I. Vatikanischen Konzils mit einem Neuaufbruch und einer Entdeckung der Communio-Ekklesiologie vermittelt werden mußte, die mehr und mehr der Pluralität und Vielfalt kirchlichen Lebens Raum geben wollte. Dies zeigte sich vor allem in den Ausführungen zum Ökumenismus oder zur Frage des interreligiösen Dialogs. Diese beiden Konzeptionen standen sowohl auf dem Konzil als auch in der nachträglichen Rezeptionsgeschichte zueinander in Konkurrenz und dies gilt auch heute. Es gibt einen legitimen Streit um den richtigen Weg der Kirche und damit um die Rezeption der konziliaren Texte. So stehen bereits in *Lumen gentium* Passagen, die von der Kollegialität des Bischofskollegiums und vom synodalen Prinzip sprechen fast unvermittelt neben solchen Texten, die noch einmal das I. Vatikanum und den Primat des Papstes zitieren und in Erinnerung rufen. Pottmeyer spricht von zwei Phasen des Rezeptionsprozesses, nämlich von einer Phase des Überschwangs und dann von einer Phase der Enttäuschung: „Das Neue entfaltete seine Eigendynamik, oft ohne die notwendige religiös-spirituelle Kraft und als bloße Absetzbewegung vom Vorhergehenden, aber auch mit zukunftsweisenden Ansätzen und voller Hoffnung. Enttäuscht entdeckte man dabei die Beharrungskraft einer so großen Institution und ihrer geschichtlichen Prägung. Man erkannte zudem das Gewicht der Tradition, auch das der unmittelbar vorkonziliaren, die in Konzilstexten und deren Fußnoten präsent ist und mit den Neuansätzen oft in einer nicht vermittelten Spannung steht. Auch in diesem Sinn ist das Vatikanum II ein Übergangskonzil. Das, was man die innere Zwiespältigkeit oder das Doppelgesicht der Konzilstexte nennt, trat nun in den Mittelpunkt der Aufmerksamkeit. Denn das Doppelgesicht der Konzilstexte selbst und nicht nur die Nachwirkung einer vorkonziliaren Mentalität scheint die wesentliche Ursache der fortdauernden nachkonziliaren Konflikte zu sein"[4].

Diese Ambivalenz der Konzilstexte erklärt letztlich auch ein solches Dokument wie *Dominus Jesus*. In diesem Dokument finden wir die Ambivalenz wieder – dabei verstärkt ein eher exklusives Einheitsmodell von Kirche, das manchmal unvermittelt neben den ökumenisch

---

[4] Vgl. *H.J. Pottmeyer*, Vor einer neuen Phase der Rezeption des Vatikanum II (s. Anm. 2), 54f.

oder interreligiös offenen Aussagen des II. Vatikanums steht. Und hier setzt diese Erklärung natürlich Akzente. Die Ambivalenz der Texte gehört zum Interpretationsspielraum der Dogmenhermeneutik hinzu. Was *Dominus Jesus* allerdings zu vergessen scheint, ist die Interpretations- und Rezeptionsgeschichte des II. Vatikanums, die sich ja im interreligiösen und ökumenischen Dialog, in vielen Konvergenz- oder Konsensdokumenten ausgedrückt hat und damit weitergegangen ist. Wenn es sich etwa in der ökumenischen Debatte eingebürgert hat, von der evangelisch-lutherischen Kirche als Schwesterkirche zu sprechen, dann kann man hinter ein solches Resultat nicht einfach zurückfallen und so tun, als ob nicht in der Zwischenzeit weitergehende Klärungen und Konsense erreicht worden seien, die eine solche Sprachregelung auf den Weg gebracht haben. Denn zur Rezeptionsgeschichte und damit zur eigenen Traditionsgeschichte gehören auch Dialogdokumente der ökumenischen Annäherung. Solche Dokumente sind keine Dokumente im luftleeren Raum zwischen den Kirchen, sondern sie müssen in der Rezeption zum Bestandteil der eigenen Tradition werden. Wenn das nicht geschieht, dann haben sie keine Bedeutung und können auch nicht weiter wirken. Mit diesem hermeneutischen Grundsatz ist Ernst zu machen. Und von dieser Hermeneutik her, ist auch die Erklärung *Dominus Jesus* in den Blick zu nehmen.

2. Exemplarische Analyse und Interpretation von Dominus Jesus

2.1. Die Konkretheit der Offenbarung Gottes und der interreligiöse Dialog

Im ersten Kapitel geht es vor allem um das Verhältnis der Konkretheit der Offenbarung Gottes in Jesus Christus zur universalen Offenbarung. Wenn wir Jesus Christus als das „universale concretum" des Glaubens betrachten, ist diese Spannung schon vorgegeben. Wie verhalten sich Einzigkeit und Universalität zueinander? Diese spannungsvolle Frage durchzieht das gesamte Dokument. Was in der Christologie gesagt wird hat Konsequenzen für die Ekklesiologie, und immer wieder geht es darum, wie die Konkretheit der Offenbarung Gottes in Jesus Christus oder die Konkretheit der Kirche mit der universalen Nähe Gottes in seiner Schöpfung zusammenhängen. Damit hat auch jene Spannung zu tun, daß wir angesichts des Christusgeschehens sehr konkret von Gott sprechen, andererseits jedoch an seiner Unbegreiflichkeit festhalten müssen. Wenn man diese Spannungen mit einem personalen Begriff von Wahrheit zusammenbekommen will, von dem dieses Dokument doch offensichtlich ausgeht, dann muß in einer bestimmten Weise von Einzigkeit und Universalität gesprochen werden, die nicht allzu sachhaft daherkommen kann. Von daher ist es nicht anders zu erwarten, daß der Erfahrungsbegriff nun eine zentrale Rolle spielen wird bei der Frage, wie Gott sich den Menschen in der Pluralität der Religionen angenähert hat.

Hier kommt es zu jener nicht glücklichen Gegenübersetzung von theologalem Glauben und innerer Überzeugung, auf die schon Medard Kehl in seinem Beitrag hingewiesen hat[5]. In *Dominus Jesus* 7 wird festgestellt: „Der Glaube ist die gnadenhafte Annahme der geoffenbarten Wahrheit, die es gestattet, ‚in das Innere des Mysteriums einzutreten‘, dessen Verständnis er in angemessener Weise begünstigt‘. Die innere Überzeugung in den anderen Religionen ist hingegen jene Gesamtheit an Erfahrungen und Einsichten, welche die menschlichen Schätze der Weisheit und Religiosität ausmachen, die der Mensch auf seiner Suche nach der Wahrheit in seiner Beziehung zum Göttlichen und Absoluten ersonnen und verwirklicht hat". Hier wird behauptet, daß eine gnadenhafte Annahme der geoffenbarten Wahrheit nur dem christlichen Glauben möglich ist, nicht aber den anderen Religionen, die nur als Gesamtheit menschlicher Erfahrung betrachtet werden können. Und es wird noch einmal betont, daß diese Unterscheidung in der gegenwärtigen Diskussion präsent gehalten werden müsse. Der theologale Glaube könne nicht mit der inneren Überzeugung in anderen Religionen gleichgesetzt werden, mit einer Erfahrung, die noch auf der Suche nach der absoluten Wahrheit sei und der die Zustimmung zu dem sich offenbarenden Gott fehle. Hier muß man fragen, ob nicht auch die Christinnen und Christen in einer bestimmten Weise immer auf der Suche nach der absoluten Wahrheit sind. Und man muß fragen, ob menschliche Erfahrung und gnadenhafte Annahme der geoffenbarten Wahrheit so entgegengesetzt werden können, wie es das Dokument tut. Gilt nicht auch für die christliche Rede vom Glauben, daß menschliche Erfahrung eine Bedeutung hat? Kann man Glauben und Erfahrung auf diese Weise gegen einander ausspielen? Beides gehört doch unmittelbar zusammen. Wenn im Gefolge der Theologie Karl Rahners und anderer davon ausgegangen werden muß, daß Theologie unmittelbar mit Anthropologie zu tun hat und umgekehrt, daß vom Menschen zu sprechen bedeutet, von Gott zu sprechen und umgekehrt, dann kann eine solche Entgegensetzung nicht ernsthaft

---

[5] *M. Kehl*, Die eine Kirche und die vielen Kirchen, in: StZ 219 (2001), 3-16.

durchgehalten werden. Außerdem entsteht in dem Dokument ein Widerspruch zu Abschnitt 2, in dem *Nostra Aetate* zitiert wird. In *Nostra Aetate* 2 ist bekanntlich die Rede davon, daß das Konzil nichts von alledem ablehnt, was in anderen Religionen wahr und heilig ist. Und es wird gesagt, daß auch in den anderen Religionen nicht selten ein Strahl jener Wahrheit erkennbar ist, die alle Menschen erleuchtet. Eine solche Aussage ist überhaupt nicht anders als gnadentheologisch zur Sprache zu bringen, das hat auch Karl Rahners Theorie vom sogenannten Anonymen Christentum entfaltet. Wenn also Wahrheit auch in anderen Religionen zu finden ist, dann ist offensichtlich auch eine bestimmte Weise der Annahme der gnadenhaften Nähe Gottes denkbar und festzuhalten. Im Gefolge einer solchen Überlegung kann dann aber nicht eine Reduktion auf bloße Erfahrung und innere Überzeugung erfolgen, wie sie der Abschnitt 7 vorgibt. Hier gibt es einen unauflösbaren Widerspruch, der bei der Deutung zu berücksichtigen ist. Und noch einmal sei betont: Auch ein theologaler Glaube ist nicht ohne innere Überzeugung und Erfahrung zur Sprache zu bringen.

Außerdem ist mit Medard Kehl festzuhalten, daß hier ein völliger Ausfall des Verhältnisses von Judentum und Christentum festgestellt werden muß, der äußerst ärgerlich ist. Wenn man bedenkt, welche Bedeutung Johannes Paul II. dem christlich-jüdischen Verhältnis beimißt und welche wegweisenden Äußerungen er dazu getan hat, kann dieser Ausfall hier nur verwundern. Andererseits kann es nicht überraschen, daß Joseph Kardinal Ratzinger im Gefolge darauf hinweisen mußte, daß dieses christlich-jüdische Verhältnis für die römisch-katholische Kirche von besonderer Qualität ist. Bezogen auf die Feststellung Johannes Pauls II., daß Israel das Gottesvolk des ungekündigten Bundes ist, wäre der Abschnitt 7 in Anwendung auf das christlich-jüdische Verhältnis völlig inakzeptabel[6]. Kehl weist auch zu Recht darauf hin, daß Glaube hier einseitig als ein Fürwahrhalten zur Sprache kommt und damit der kognitive Aspekt zu stark betont wird.

Diese Widersprüchlichkeit von *Dominus Jesus* wird auch dort noch einmal deutlich, wo im Abschnitt 8 festgestellt wird: „Weil aber Gott alle Völker in Christus zu sich rufen und ihnen die Fülle seiner Offenbarung und seiner Liebe mitteilen will, hört er nicht auf, sich auf viel-

---

[6] Vgl. dazu auch *M. Kehl*, Die eine Kirche (s. Anm. 5), 7. Zu den Äußerungen Johannes Pauls II. zum christlich-jüdischen Verhältnis vgl. *W. Breuning*, Positive Beispiele christlich-jüdischer Zusammenarbeit in jüngeren katholischen Dokumenten, in: *ders.*, Dogmatik im Dienst an der Versöhnung, hg. von *E. Dirscherl*, Würzburg 1995, 159-173, bes. 164f.

fältige Weise gegenwärtig zu machen, ‚nicht nur dem Einzelnen, sondern auch den Völkern im Reichtum ihrer Spiritualität, die in den Religionen ihren vorzüglichen und wesentlichen Ausdruck findet, auch wenn sie ‚Lücken, Unzulänglichkeiten und Irrtümer' enthalten'". Und es wird hinzugefügt, daß die heiligen Bücher anderer Religionen vom Mysterium Christi jene Elemente des Guten und der Gnade enthalten, die in ihnen vorhanden sind. Hier wird noch einmal deutlich, daß eine Reduktion der Gottesbeziehung in anderen Religionen auf ein bloßes Überzeugtsein zu kurz greift[7]. Hier wird tatsächlich gesagt, daß Gott sich auf vielfältige Weise gegenwärtig macht. Die Feststellung, daß sich in anderen Religionen Unzulänglichkeiten und Irrtümer finden, gilt, das zeigt die Vergebungsbitte des Papstes, ja offensichtlich auch für das Christentum selbst. Und wenn die Heiligen Schriften anderer Religionen etwas vom Mysterium Christi enthalten, dann geschieht doch mehr, als nur das Leben innerer Überzeugungen. Diese Widersprüchlichkeit des Dokumentes gibt die Möglichkeit, es im Hinblick auf die in ihm vorhandenen offenen Positionen weiterzudenken, so wie es im Vorwort auch gewünscht wird.

2.2. Das Problem der Einheit und Unterschiedenheit von Gottheit und Menschheit in Jesus Christus und die Frage nach der Einzigkeit

Das zweite Kapitel befaßt sich mit dem Fleisch gewordenen Logos und dem Heiligen Geist im Heilswerk und muß sich erneut mit der Spannung von Konkretheit und Universalität beschäftigen. In Jesus Christus kommt Gott selbst den Menschen nahe, teilt sich ihnen in Fülle mit. Dies geschieht in einem bestimmten Raum und zu bestimmten Zeiten. Und was da geschieht, hat eine universale Gültigkeit. An diesem Problem arbeitet sich die Christologie von Anbeginn an ab[8]. Alle Christustitel versuchen, diese Spannung ins Wort zu bringen.

---

[7] Vgl. hierzu die Beiträge von *B. Waldenfels, B. Fuchs, H.-J. Findeis, Franz Kardinal König, A. Camps, M. Fuss, H.-R. Schlette, E. Dirscherl, J. Wohlmuth* in: *G. Riße/H. Sonnemans/B. Thess* (Hg.), Wege der Theologie: An der Schwelle zum 3. Jahrtausend, FS H. Waldenfels, Paderborn 1996.

[8] Vgl. dazu *R. Laufen* (Hg.), Gottes ewiger Sohn. Die Präexistenz Christi, Paderborn u.a. 1997; *K.-H. Ohlig*, Fundamentalchristologie. Im Spannungsfeld von Christentum und Kultur, München 1986; *W. Kasper*, Jesus der Christus, Mainz 11. Aufl. 1992; *F.-W. Marquardt*, Das christliche Bekenntnis zu Jesus, dem Juden. Eine Christologie, 2 Bde., München 1990/91; *A. Grillmeier*, Jesus der Christus im Glauben der Kirche I, Freiburg ²1986.

Und es zeigt sich in der Dogmengeschichte, daß es unglaublich schwer ist, die Spannung in der Christologie auszuhalten, die Jesus Christus ganz und gar als Menschen und ganz und gar als Gott bekennt. Die Formel des Konzils von Chalkedon spricht von jenem berühmten „Unvermischt und Ungetrennt", das in der Spannung und Inbeziehungsetzung zwischen Gottheit und Menschheit christologisch festzuhalten ist. Hier stellt sich nun die Frage, ob diese Spannung von *Dominus Jesus* adäquat aufrecht erhalten wird. Das Dokument wehrt sich gegen eine Trennung zwischen dem Heilswirken des Logos als solchem und dem Heilswirken des Wortes, das Fleisch geworden ist. „Mit der Inkarnation werden alle Heilstaten des Wortes Gottes immer in Einheit mit seiner menschlichen Natur vollbracht, die es zum Heil aller Menschen angenommen hat. Das einzige Subjekt, das in beiden Naturen – der göttlichen und der menschlichen – handelt, ist die einzige Person des Wortes" (*Dominus Jesus* 10). In diesem Zusammenhang wird als Beleg der Brief *Lectis dilectionis tuae* an Flavian von Leo d. Gr. genannt. Schaut man nun in diesem genannten Text (DH 294) nach, so fällt auf, daß *Dominus Jesus* diesen Text auf eine sehr steile Weise deutet. *Dominus Jesus* behauptet ja, daß das einzige Subjekt, das in beiden Naturen handelt, die einzige Person des Wortes ist. Dies ist eine monophysitisch mißverstehbare Äußerung. Im Brief Leos I. ist gerade die gegensätzliche Rede charakteristisch. „Er, der wahrer Gott ist, ist nämlich ebenso wahrer Mensch; und es gibt in dieser Einheit keinen Trug, da die Niedrigkeit des Menschen und die Hoheit der Gottheit in Wechselbeziehung miteinander stehen (*qui enim verus est deus, idem verus est homo, et nullum est in hac unitate mendacium, dum invicem sunt et humilitas hominis et altitudo divinitatis*)". Und Leo führt weiter aus, daß sich Gott durch sein Erbarmen nicht verändert und auch der Mensch durch die Würde nicht aufgezehrt wird. «*Agit enim utraque forma cum alterius communione quod proprium est*» (DH 294). Jede der beiden Gestalten wirkt in Gemeinschaft mit der anderen, was ihr eigen ist: das Wort, was des Wortes ist, und das Fleisch, was des Fleisches ist. Wenn Leo davon spricht, daß der Sohn Gottes also in die Schwächen der Welt eintritt, so muß er das wahrhaft Menschliche und das wahrhaft Göttliche wahren, ohne das Menschliche dabei nur auf das Fleischliche zu reduzieren, als ob nicht auch ein menschliches Denken und ein menschlicher Wille im Spiel wären. Das wird vom III. Konzil von Konstantinopel eingeschärft, und zwar mit Rekurs auf Leo. Dieses Konzil stellt fest, daß es in der einen Person Jesu Christi zwei natürliche Weisen des Willens und zwei natürliche Tätigkeiten gibt, die ungetrennt, unveränderlich, unteilbar und unvermischt in ihm sind. Diese beiden Willen sind nicht entgegengesetzt, weil der menschliche Wille dem göttlichen gehorcht. „Wir preisen aber zwei natürliche Tätigkeiten (*physicas energeias*) ungetrennt, unveränderlich, unteilbar und unvermischt in unserem selben Herrn Jesus Christus, unserem wahren Gott, d.h. eine göttliche Tätigkeit und eine menschliche Tätigkeit, wie es der Gottesverkünder Leo aufs deutlichste sagt: ‚Denn jede der beiden Gestalten wirkt in Gemeinschaft mit der anderen, was ihr eigen ist ...‘“ (DH 557). Von diesen beiden Willen wird um des Heiles willen gesprochen. Es ist an jene soteriologische Maxime zu erinnern: *Quod non est assumptum, non est sanatum*. Es ist von der chalkedonischen Christologie her, wie Rahner es immer wieder betont hat, an dem Gegenüber von Gott und Mensch in Jesus Christus festzuhalten. Diese Beziehung des Gegenübers ist so wichtig, daß sie auch in einer trinitarischen Gottrede niemals nivelliert wird. Der Vater und der Sohn unterscheiden sich und sind trotzdem eins im Wesen. Ist nur der göttliche Logos das einzige Handlungssubjekt? Oder ist auch der Mensch Jesus von Nazaret Handlungssubjekt, unvermischt und ungetrennt in seiner Beziehung zum göttlichen Wort? Möglicherweise hält *Dominus Jesus* diese Spannung des Konzils von Chalkedon nicht aus. Liegt das Geheimnis der Christologie nicht genau in jener Mitte?

Dominus Jesus möchte mit dieser Zuspitzung in der Christologie darauf hinaus, daß dem Logos nicht eine andere Art von Heilswirken zugeschrieben werden kann, als dem Mensch gewordenen Logos. Denn auf die Gottheit und die Menschheit hin gilt doch, daß in dieser Einzigkeit Jesu Christi sich die Universalität des göttlichen Handelns zeigt. In diesem Anliegen aber besteht ein Konsens, auch wenn man nicht nur von dem einzigen Handlungssubjekt des Logos spricht. Wer Einzigkeit und Universalität auf Göttlichkeit und Menschlichkeit Jesu Christi aufteilen wollte, hätte die Formel und die Spannung von Chalkedon verspielt. Für diesen einen Jesus Christus in beiden Naturen gilt, daß in dieser Einzigkeit auch die Universalität der Nähe Gottes geschieht. Kann man dieses nicht auch deutlich machen, ohne die Christologie einzuengen? Karl Rahner hat sehr klar gezeigt, daß wir von Jesus Christus als Heilsmittler nur sprechen können, wenn in ihm etwas ganz vom Menschen und ganz von Gott her geschieht.

Diese Spannung von Einzigkeit und Universalität wird nun auch auf dem Feld der Pneumatologie behandelt. Es wird darauf hingewiesen, daß Jesus Christus in Gemeinschaft mit seinem Heiligen Geist wirkt, und daß auch hier nicht einfach die Einzigkeit auf die Christologie und das universale Heilswirken Gottes auf die Pneumatologie festgelegt werden kann. „Das Wirken des Geistes geschieht also nicht außerhalb oder neben dem Wirken Christi" (*Dominus Jesus* 12). Die Beziehung zwischen Gott und Mensch geschieht immer in Jesus Christus und in der Wirksamkeit des Geistes, nur so kann eine trinitarische Gottrede gehalten werden. Diesem Anliegen des Dokumentes ist voll und ganz zuzustimmen. Aber auch hier müßte man bei allem, was den trinitarischen Personen gemeinsam ist, die Unterschiede noch einmal benennen[9].

Im dritten Kapitel werden Einzigkeit und Universalität des Heilsmysteriums Jesu Christi explizit zum Gegenstand der Betrachtung gemacht. Hier erfolgt in Abschnitt 14 eine Einladung an die Theologie, „über das Vorhandensein anderer religiöser Erfahrungen und ihrer Bedeutung im Heilsplan Gottes nachzudenken und zu erforschen, ob und wie auch Gestalten und positive Elemente anderer Religionen zum göttlichen Heilsplan gehören können. In diesem Bereich gibt es für die theologische Forschung unter Führung des Lehramtes der Kirche ein weites Arbeitsfeld. Das II. Vatikanische Konzil hat nämlich festgestellt, daß ‚die Einzigkeit der Mittlerschaft des Erlösers im geschöpflichen Bereich eine unterschiedliche Teilnahme an der einzigen Quelle in der Mitwirkung nicht ausschließt, sondern sie erweckt'. Es bedarf einer vertieften Anstrengung zu ergründen, was diese teilhabende Mittlerschaft bedeutet, die jedoch immer vom Prinzip der einzigen Mittlerschaft Christi normiert bleiben muß: ‚Andere Mittlertätigkeiten verschiedener Art und Ordnung, die an seiner Mittlerschaft teilhaben, werden nicht ausgeschlossen, aber sie haben Bedeutung und Wert allein in Verbindung mit der Mittlerschaft Christi und können nicht als gleichrangig und komplementär betrachtet werden'" (*Dominus Jesus* 14). Wieder ein Verweis auf eine spannende Aussage Johannes Pauls II. über andere Mittlertätigkeiten in anderen Religionen. Für eine christliche Position sind diese anderen Mittlergestalten gar nicht anders zur Sprache zu bringen, als in der Beziehung auf Christus und seinen Geist hin. Auch hier erweist sich die Stärke eines relationalen Denkens, das in diesem Dokument aber so gut wie überhaupt nicht gesucht wird, weil es zu sehr in statisch gedachten Begriffen denkt. Hier wird in der Tat davon gesprochen, daß andere Mittlergestalten denkbar sind, und dies ist eine äußerst spannende Bemerkung.

---

[9] Vgl. *W. Breuning*, Im Geist durch Christus zum Vater, in: *ders.*, Dogmatik im Dienst an der Versöhnung (s. Anm. 6), 47-66; *G. Greshake*, Der dreieine Gott. Eine trinitarische Theologie, Freiburg 1997, 179f. '

Und hier gibt es in der Tat noch vieles zu erarbeiten und zu bedenken. Auch hier hätte unbedingt ein Verweis auf das Verhältnis von Judentum und Christentum erfolgen müssen.

Wenn in *Dominus Jesus* 15 der Vorschlag zurückgewiesen wird, in der Theologie Ausdrücke wie Einzigkeit, Universalität oder Absolutheit zu vermeiden, dann ist dem voll zuzustimmen. Auch hier hätte man sich aber gewünscht, daß nicht undifferenziert von „der Theologie" gesprochen, sondern Roß und Reiter benannt worden wären. Die überwiegende Mehrheit der Theologinnen und Theologen denkt überhaupt nicht daran, diese Ausdrücke zu vermeiden, macht aber auf eine notwendige Differenzierung aufmerksam. So ist natürlich zwischen Universalität und Absolutheit zu unterscheiden[10]. Und es ist auch die Frage, was die Bedeutung von Einzigkeit ist. Wenn man das Wort Einzigkeit ernstnimmt, dann kann man nicht mehr vergleichen, weil dies gegen den Begriff der Einzigkeit steht. Wenn wir von der Einzigkeit Jesu Christi sprechen, dann muß dies so geschehen, daß damit nicht die Einzigkeit jedes Menschen vor Gott in Frage gestellt wird[11]. Beides hat unmittelbar miteinander zu tun. All diese Ausdrücke stehen unter der Signatur der Zeit. All diese Ausdrücke haben es mit Beziehungen zu tun, in denen sie alleine Bedeutsamkeit gewinnen. Zwischen Einzigartigen gibt es eine Anderheit, die nicht in Kategorien von „mehr oder weniger" zur Sprache gebracht werden kann. Wenn das, was in Jesus Christus auf einzigartige Weise passiert, eine universale Bedeutung haben soll, dann nur deshalb, weil es sich auf alle Menschen bezieht. Wieder müßte in relationalen Kategorien der Anderheit gesprochen werden. Noch einmal sei darauf hingewiesen, daß es eine sehr offene und spannende Feststellung ist, daß *Dominus Jesus* mit anderen Mittlergestalten rechnet. Dies bedeutet einen offenen Raum für den interreligiösen Dialog.

---

[10] Vgl. dazu *M. v. Brück/J. Werbick* (Hg.), Der einzige Weg zum Heil? Die Herausforderung des christlichen Absolutheitsanspruchs durch die pluralistische Religionstheologie, Freiburg 1993; *R. Schwager* (Hg.), Christus allein? Der Streit um die pluralistische Religionstheologie, Freiburg 1996; *J. Werbick* (Hg.), Offenbarungsanspruch und fundamentalistische Versuchung, Freiburg 1991.

[11] Vgl. zum Thema Einzigkeit: *E. Dirscherl*, Bemerkungen zum Verhältnis von Anthropologie und Messiasgedanke im Dialog mit Emmanuel Levinas, in: Zeitschrift für katholische Theologie [ZKTh] 118 (1996), 441-467; *ders.*, Die Bedeutung der Taufe in der spannungsvollen Beziehung zwischen Gott, dem einzigartigen Menschen und dem Gottesvolk, in: *E. Dirscherl/M. Böhnke/H. Gasper* (Hg.), „... damit auch ihr Gemeinschaft habt" (1 Joh 1,3). Wider die Privatisierung des Glaubens, FS W. Breuning, Osnabrück 2000, 151-169.

2.3 Die ökumenische Frage

Das Problem von Einzigkeit und Universalität, das bereits in der Christologie zu spannungsvollen und widersprüchlichen Aussagen geführt hat, wird nun auch auf dem Gebiet der Ekklesiologie nicht widerspruchsfrei entfaltet. Zunächst geht es dem Dokument darum, die Beziehung von Jesus Christus und seiner Kirche in den Blick zu nehmen. Von einer chalkedonischen Hermeneutik her wird festgestellt, daß Jesus Christus und die Kirche nicht identisch sind, aber auch nicht getrennt werden dürfen. Beide verhalten sich also zueinander im Sinne des „Unvermischt und Ungetrennt". Wenn das aber so ist, dann wird etwas undifferenziert davon gesprochen, daß beide den „ganzen Christus" bilden (*Dominus Jesus* 16). Wenn gesagt wird, daß diese Untrennbarkeit auch durch die Analogie der Kirche als der Braut Jesu Christi zum Ausdruck gebracht wird, dann kann man ja nur feststellen, daß darin gerade dieses Gegenüber im Bild der Brautschaft festgehalten wird. Der Begriff des „Totus Christus" aber ist sehr mißverständlich. Er geht zu sehr auf die Einheit und vernachlässigt die Unterschiedenheit.

Diese Begründung der Ekklesiologie kann aber auf dem Hintergrund der zuvor entfalteten Christologie nicht verwundern. So wie in der Christologie der eine göttliche Logos als Handlungssubjekt festgehalten wird, so wird nun von daher die eine Kirche Jesu Christi begründet. Und von ihr her als universales Konkretum ergibt sich notwendig die These, daß die Fülle der Gnaden in ihr gegeben ist. Der Einzigkeit Jesu Christi entspricht die Einzigkeit seiner einen Kirche. Diese eine Kirche ist verwirklicht (*subsistit in*) der katholischen Kirche. Dieser berühmte Ausdruck des „*subsistit in*" sollte auf dem II. Vatikanischen Konzil eine strenge Identifikation zwischen der katholischen Kirche und der Kirche Jesu Christi im ökumenischen Sinne aufbrechen, nun wird sie von *Dominus Jesus* in umgekehrter Sinnrichtung gebraucht. *Dominus Jesus* sagt, daß das „*subsistit in*" zwei Lehrsätze miteinander in Einklang bringen wollte. Zum einen soll gesagt sein, daß die Kirche Jesu Christi trotz der Spaltungen voll nur in der katholischen Kirche weiter besteht und auf der anderen Seite, daß außerhalb ihres sichtbaren Gefüges vielfältige Elemente der Heiligung und der Wahrheit zu finden sind, in den Kirchen und kirchlichen Gemeinschaften, die nicht in voller Gemeinschaft mit der katholischen Kirche stehen. Medard Kehl hat an dieser Deutung ebenfalls Kritik geübt. Er stellt heraus, daß der Sinn dieses viel diskutierten Wortes „*subsistit*" am ehesten dann getroffen ist, wenn man sagt: Die Kirche

Jesu Christi ist „in der katholischen Kirche *konkret* verwirklicht"[12]. Und Kehl kann sich dabei auch auf Walter Kasper beziehen. Es geht dem Konzil nicht einfach um die volle Verwirklichung der Kirche Jesu Christi nur in der katholischen Kirche. Denn dazu gehört vor allem auch die existentielle Dimension, das Erfülltsein vom Heiligen Geist. Es geht um die Vollständigkeit der sakramentalen Struktur der Kirche Jesu Christi als heilsvermittelndes Sakrament. Aus dieser hohen Bewertung der sakramentalen Zeichen folgt aber keineswegs, daß anderen Kirchen und kirchlichen Gemeinschaften das Kirchesein einfachhin abgesprochen werden kann. Hier ist darauf hinzuweisen, daß schon in der gemeinsamen Anerkennung des Taufsakramentes von einem solchen Absprechen keine Rede sein kann. Wenn Taufe auch für uns bedeutet, in die Gemeinschaft mit Christus und auch in die Gemeinschaft mit der Kirche zu kommen, dann würde eine Anerkennung der Taufe in anderen Kirchen bei gleichzeitiger Absprechung von deren Kirchlichkeit dem eigenen Taufverständnis entschieden widersprechen.

Medard Kehl weist außerdem zu Recht darauf hin, daß in *Unitatis redintegratio* 19-23 die von der katholischen Kirche getrennten Kirchen des Abendlandes differenziert als Kirchen und kirchliche Gemeinschaften bezeichnet werden, wobei offen gelassen wird, auf wen sich die jeweilige Bezeichnung konkret bezieht. Grundsätzlich aber gilt, daß im Hinblick auf diese Kirchen der Begriff Kirche als legitim erscheint. Genau das wird von *Dominus Jesus* aber überspielt[13]. Kehl klagt die Möglichkeit ein, von einer analogen Weise des Kircheseins zu sprechen, wo bei aller Unterschiedenheit doch eine Vergleichbarkeit in der Realisierung des Wesensvollzugs von Kirche gegeben sein kann.

Es ist auch daran zu erinnern, daß der Begriff des Subsistierens eine ganz spezifische Bedeutung nicht nur in der Ekklesiologie, sondern auch in der Christologie und Trinitätslehre besitzt. Wenn in der Trinitätstheologie davon gesprochen wird, daß die göttlichen Personen als sogenannte distinkte Subsistenzweisen zu interpretieren sind, dann bedeutet „Subsistentia" hier, Träger eines Wesens zu sein. Aber hier gibt es nicht nur einen Wesensträger, sondern deren drei, wenn wir es

---

[12] Vgl. *M. Kehl*, Die eine Kirche (s. Anm. 5), 10.
[13] Vgl. dazu auch das bedeutende Konsensdokument Communio sanctorum. Die Kirche als Gemeinschaft der Heiligen. Bilaterale Arbeitsgruppe der Deutschen Bischofskonferenz und der Kirchenleitung der Vereinigten Evangelisch-Lutherischen Kirche Deutschlands, Paderborn u.a. 2000, 104.

zunächst einmal auf das trinitarische Wesen beziehen. Also hat der Begriff der Subsistenz eine Offenheit. Auch in ihm spiegeln sich Einheit und Pluralität gleichermaßen wider und er kann nicht auf eine Einheit hin reduziert werden. Dies bedeutet also, daß die Offenheit des „*subsistit in*" gar nicht zurückgenommen werden kann. Was damals im II. Vatikanum Wege geöffnet hat, kann sie heute nicht schließen. Erneut kommt es zu einem Widerspruch in *Dominus Jesus* selbst, wenn in Abschnitt 17 gesagt wird, daß der Geist Christi sich gewürdigt hat, die anderen Kirchen und kirchlichen Gemeinschaften als Mittel des Heils zu gebrauchen, deren Wirksamkeit sich von der der katholischen Kirche anvertrauten Fülle der Gnade und Wahrheit herleitet. Wenn also auch diese als Heilsmittel betrachtet werden, dann ist schon sehr viel über deren ekklesialen Ort gesagt. Und wenn man die Kirche vom inkarnatorischen Denken her zur Sprache bringt, dann muß doch auch die Spaltung der Christenheit, die in Abschnitt 17 als Wunde für die Kirche bezeichnet wird, auch die katholische Kirche und ihre Einheit treffen. Dies hat auch Walter Kasper betont[14]. Würde man dies abstreiten, hätte man gegen das eigene inkarnatorische Denken einen Widerspruch eingelegt. Ganz anders verhält es sich damit, wenn das Dokument sagt, daß die Wunde der Spaltung die Kirche hindert, ihre Universalität in der Geschichte voll zu verwirklichen.

Im letzten Abschnitt über Kirche, Reich Gottes und Reich Christi wird interessanterweise darauf hingewiesen, daß man von den biblischen Texten und den patristischen Zeugnissen und von den Dokumenten des Lehramts der Kirche für die Ausdrücke Himmelreich, Reich Gottes und Reich Christi keine ganz eindeutigen Bedeutungsinhalte ableiten könne. Dies gelte auch von ihrer Beziehung zur Kirche, die selbst Mysterium sei und nicht gänzlich mit einem menschlichen Begriff erfaßt werden könne. Hier spricht dieses Dokument davon, daß es in diesen zentralen Begrifflichkeiten offensichtlich keine Eindeutigkeit gibt. Von daher ist das Plädoyer für die Pluralität nur allzu gut nachzuvollziehen: „Es sind deswegen verschiedene theologische Erklärungen dieser Themen zulässig" (*Dominus Jesus* 18). Diese Vieldeutigkeit ist in der Tat festzuhalten und daran hängt auch die Vieldeutigkeit dieses Dokumentes. Das Dokument versucht dort eindeutige Antworten, wo sie nicht bis ins Letzte möglich sind. Eine

---

[14] Vgl. *W. Kasper*, Kircheneinheit (s. Anm. 3), 110-117; *P. Neuner*, Kirchen und kirchliche Gemeinschaften, in: *M.J. Rainer* (Hg.), „Dominus Jesus" (s. Anm. 1), 196-211, 207.

Deutung versucht immer zu vereindeutigen. Nur an bestimmten Stellen hält *Dominus Jesus* diese Uneindeutigkeit offen. Das Dokument behauptet völlig zu Recht, daß es Beziehungen zwischen diesen Begriffen Himmelreich, Reich Gottes, Reich Christi und Kirche gibt, aber daß sie sich einer letzten Vereindeutigung entziehen.[15] Zu Recht wird betont, daß das Reich Gottes nicht mit der Kirche in ihrer sichtbaren gesellschaftlichen Wirklichkeit identisch ist (*Dominus Jesus* 19). Und es ist sehr zu begrüßen, daß eine ethische Bedeutsamkeit zur Sprache kommt: „Das Reich aufbauen bedeutet, arbeiten zur Befreiung vom Übel in all seinen Formen" (*Dominus Jesus* 19). Dort, wo es um unmittelbare Beziehungen zwischen Gott und den Menschen, zwischen Christus und seiner Kirche geht, gibt es immer nur ein vieldeutiges Beziehungsgeschehen. Hier müssen bestimmte Begriffe die Pluralität wahren, auch um der Einheit willen. Denn es geht darum, daß die Vielen sich in dieser Einheit wiederfinden können. Und natürlich ist es schwer, diese Einheit zur Sprache zu bringen. Wenn lehramtliche Dokumente oder konziliare Texte deshalb zu Formeln greifen, die ohne Deutung gar nicht lebendig werden können, dann ist diese Not zu einer formelhaften Rede genau in dieser Notwendigkeit begründet, Einheit, d.h. Verbindend-Verbindliches, und Pluralität der Deutung zu ermöglichen. Eine ungedeutete Formel bleibt tot, so wie es Karl Rahner im Hinblick auf die Formel von Chalkedon schon ausgeführt hat.

Wenn in Abschnitt 22 alle Nichtchristen als solche beschrieben werden, die sich objektiv in einer schwer defizitären Situation im Vergleich zu jenen befinden, die in der Kirche die Fülle der Heilsmittel besitzen, dann spürt man hier die Sorge, die Identität und den Vorteil des Christentums zur Sprache zu bringen. Diese Feststellung steht in Spannung zum universalen Heilswillen Gottes, das spürt auch das Dokument *Dominus Jesus*. Hier ist darauf hinzuweisen, daß diese

---

[15] Ich verweise hier auch auf die spannenden Gedanken von *Johannes Paul II.* (in einem Vorwort zu dem Dokument der Päpstlichen Bibelkommission, Die Interpretation der Bibel in der Kirche. Verlautbarungen des Apostolischen Stuhls 115, Bonn 1993, bes.12-13) zur Uneindeutigkeit und Sinnvielfalt des Textes der Heiligen Schrift als Gottes Wort im Menschenwort, die immer wieder neu nach Deutung verlangen. Wenn aber schon der Text der Heiligen Schrift nicht eindeutig ist, dann muß dies auch für lehramentliche Texte gelten: auch sie müssen in ihrer Vieldeutigkeit immer neu gedeutet werden; vgl. dazu *E. Dirscherl*, Pluralität ja – Fundamentalismus nein! Vom Umgang mit der Bibel in postmodernen Zeiten, in: Bibel und Liturgie [BiLi] 70 (1997), 208-212; dazu auch *S. Wiedenhofer*, Traditionshermeneutische Bemerkungen zur Erklärung der Glaubenskongregation „Dominus Jesus", in: *M.J. Rainer* (Hg.), „Dominus Jesus" (s. Anm. 1), 85-91, 89f.

Öffnung des Heils auf alle Menschen hin, daß dieses Sprechen von den eigenen Wegen, die Gott kennt, bei denen, die nicht an Christus glauben, eine Aussage ist, die sich genuin dem christlichen Glaubenszeugnis verdankt. Gerade das Eingeständnis der Heilsmöglichkeit auch außerhalb der verfaßten Kirche öffnet die eigene Rede vom Heil auf alle Menschen und macht sie nicht fundamentalistisch zu. Anderen die Möglichkeit des Heiles auf ihrem Weg zuzugestehen bedeutet nicht, die Identität des Christlichen zu gefährden, die sich gerade in dieser universalen Hoffnung Ausdruck verschafft. Was dies aber näher heißt, daß ich mich entweder in einer explizit bewußten Beziehung auf Gott hin befinde oder nicht, das muß in weiteren Untersuchungen noch geklärt werden, zu denen das Dokument immer wieder ermutigt. Immer wieder gilt es, daß wir Spannungen und spannungsvolle Aussagen aushalten müssen, die wir nicht eindeutig auflösen können. Davon zeugt *Dominus Jesus* im gesamten Duktus der Argumentation. Dort bieten sich auch die Interpretationsspielräume, die sowohl im interreligiösen wie im ökumenischen Dialog öffnen und eben nicht abschließen. Freilich bleibt mit Medard Kehl festzustellen, daß man sich an bestimmten Stellen einen weniger verletzenden und ausgrenzenden Stil gewünscht hätte[16].

3. *Der Streit um die Spannung von Einheit und Vielfalt in der Kirche*

In der Frage nach der rechten Verhältnisbestimmung von Einzigkeit und Universalität zeigt sich die Grundspannung des Verhältnisses von Einheit und Vielfalt. Daß das Dokument mit dieser Spannung Schwierigkeiten hat, zeigte sich nicht nur in den widersprüchlichen Äußerungen im interreligiösen und ökumenischen Kontext, sondern auch in der christologischen Konzeption. Immer wieder wird der Versuch unternommen, das unmittelbare Verhältnis von Einheit und Vielfalt auf die Einheit hin zu deuten und möglicherweise aufzulösen. Walter Kasper hat davon gesprochen, daß sich eine Communio- und eine Einheitsekklesiologie gegenüberstehen, und man könnte hinzufügen, daß sich hier zwei unterschiedliche Modelle gegenüberstehen, die je anders von der Beziehung zwischen Einheit und Vielfalt sprechen. Wie können Einheit und Vielfalt in ein Verhältnis zueinander gesetzt werden? Diese Frage prägt die aktuelle Debatte zwischen Kardinal Walter Kasper und Kardinal Joseph Ratzinger. Für Walter Kasper gibt

---

[16] Vgl. *M. Kehl*, Die eine Kirche (s. Anm. 5), 5.

es keine Einheit, die nicht immer schon mit Vielfalt zu tun hätte.[17] Das bedeutet in puncto Ekklesiologie, daß es für ihn keine der Vielfalt der Ortskirchen vorangehende Einheit der Kirche geben kann. Genau dies behauptet aber Joseph Kardinal Ratzinger, der bereits in einem Schreiben der Glaubenskongregation über einige Aspekte der Kirche als Communio im Jahre 1992 einige Richtigstellungen in der Interpretation der konziliaren Communio-Ekklesiologie eingefordert hat. Walter Kasper sah in jenem Schreiben die Gefahr der Verabschiedung der konziliaren Communio-Ekklesiologie und den Versuch einer theologischen Restauration des römischen Zentralismus[18]. Ratzinger versteht die Einheit der Kirche im Sinne einer Universalkirche, die für ihn eine Wirklichkeit darstellt, die ontologisch und zeitlich den einzelnen Teilkirchen vorangeht. Walter Kasper betont hingegen, daß die eine katholische Kirche weder die nachträgliche Summe oder Konföderation der Teilkirchen, noch eine Superkirche, deren Teilkirchen lediglich Provinzen der Universalkirche wären, ist. Für ihn kann die Einheit der Kirche nur unmittelbar in ihrer Vielfalt bestehen. Es gibt keine Einheit, die einer Vielfalt vorausgeht. So versteht er auch die Aussage der Kirchenkonstitution *Lumen gentium*, daß die Universalkirche in und aus den Teilkirchen bestehe. *Lumen gentium* 26 betont, daß die Kirche Christi wahrhaft in allen rechtmäßigen Ortsgemeinschaften der Gläubigen anwesend ist. Das Phänomen der Kirche hat immer schon unmittelbar mit Einheit und Vielfalt zu tun, es gibt keine Einheit, die ihr idealerweise vorausgeht. Für Ratzinger aber geht, getreu einem platonisch-augustinischen Denken, die Einheit einer Vielfalt immer voraus. Und das hat Konsequenzen bis in jede einzelne theologische Argumentationsstruktur hinein. Dann kann ich vielleicht nicht mehr die Spannung zwischen wahrem Gott und wahrem Menschen in Jesus Christus halten, sondern bin geneigt, die Einheit Jesu Christi von der Einheit des Logos her zu denken, die der Unterschiedenheit von wahrem Gott und wahrem Mensch vorausgeht. Dann bin ich geneigt, die Geheimnishaftigkeit der Kirche nicht mehr mit dem Geheimnis der Trinität in Verbindung zu bringen, wo die Einheit des göttlichen Wesens ebenfalls nicht ohne die Pluralität der göttlichen

---

[17] Das zeigt sich auch in einer Reihe von Beiträgen in *W. Kasper*, Theologie und Kirche II. Mainz 1999.

[18] Vgl. *W. Kasper*, Zur Theologie und Praxis des bischöflichen Amtes, in: *W. Schreer/G. Steins*, Auf neue Art Kirche sein. Wirklichkeiten – Herausforderungen – Wandlungen, München 1999, 32-48, 44.

Person zur Sprache gebracht werden kann[19]. Dann bin ich geneigt, alle anderen Kirchen und kirchlichen Gemeinschaften aus der einen Kirche herzuleiten, die dann auch noch als Universalkirche einer konkreten Vielfalt der Ortskirchen vorausgehen soll. Wenn die Einheit aber der Vielfalt vorausgeht, dann muß sie erst wieder mit ihr in Beziehung gesetzt werden. Dann kann es im Letzten eine Einheit ohne Vielfalt geben. Kann es sie geben? Walter Kasper verneint dies zu Recht. Es gibt keine Einheit, die nicht immer schon mit Vielfalt zu tun hätte. Dies hat dann auch konkrete Konsequenzen für das Verständnis des Dialogs oder für das Verständnis der Vollständigkeit der katholischen Kirche angesichts der Spaltungen. Für Kasper ist eben die römisch-katholische Kirche auch durch die Spaltung verwundet. Und es muß einen Dialog zwischen den Kirchen geben, weil sich nur auf diese Weise um das Kirchesein streiten läßt, in der Pluralität der Kirchen. Für Ratzinger ist der Dialog immer auf gewisse Weise von dieser einen Kirche her geprägt, die die Elemente der Kirche Jesu Christi in Fülle bewahrt. Dies ist ein anderes Gefälle für ein Dialogverständnis. Im einen Fall kann die Wahrheit nur gefunden werden, wenn sie von der einen Kirche eingebracht wird, im anderen Fall wird gemeinsam nach der Wahrheit gesucht. Diese spannende Frage hat entscheidende praktische Konsequenzen, die davon abhängen, wie dieses Problem denkerisch angegangen wird. Diese spannende Auseinandersetzung wird uns noch eine ganze Zeit beschäftigen. *Dominus Jesus* zeugt davon.

---

[19] Vgl. dazu *G. Greshake*, Der dreieine Gott (s. Anm. 9), bes. 182f., 377f. und 454-464; Zur Bedeutung der Theologie K. Hemmerles in der Frage nach dem Verhältnis von Einheit und Vielfalt vgl. die Arbeit von *M. Böhnke*, Einheit in Mehrursprünglichkeit. Eine kritische Analyse des trinitarischen Ansatzes im Werk von Klaus Hemmerle, Würzburg 2000; zu den praktischen Konsequenzen für die Kirche vgl. auch *K. Lehmann*, Dissensus. Überlegungen zu einem neueren dogmenhermeneutischen Grundbegriff, in: *E. Schockenhoff/P. Walter* (Hg.), Dogma und Glaube. Bausteine für eine theologische Erkenntnislehre. FS W. Kasper, Mainz 1993, 69-87.

C.

Problemfelder und Herausforderungen
gelebter und reflektierter Katholizität heute

VII

Kanonistisches zur Streitkultur in der kirchlichen Communio

von Richard Puza, Tübingen

1. Einführung anhand zweier Stellen aus dem Corpus Iuris Canonici und der Glosse

„Erfülle mein Reskript, oder bringe mit einem Schreiben einen ausreichenden und vernünftigen Grund (causa sufficiens et rationabilis) vor, warum du es nicht durchführen kannst." So schreibt Alexander III. im 12. Jahrhundert an den Erzbischof von Ravenna. Gregor IX. hat es für notwendig befunden, diesen Brief in den Liber Extra (1234) aufzunehmen[1].

Die Glosse „iudicent" zum Dekret Gratians (D. IV. c. 3) macht folgende Aussage: „Wenn der Papst Canones erlassen will, können die Bischöfe widersprechen (contradicere) und sagen, daß jener Canon nicht zu den Gebräuchen (consuetudines) ihrer Region paßt (convenit)." Die Glosse verweist dabei auf eine andere Stelle im Dekret Gratians (D. IV. c. 2), wo eine isidorische Stelle von Gratian übernommen wird. Diese führt zehn Eigenschaften des Gesetzes an, darunter auch die Eigenschaft, daß es secundum patriae consuetudinem und loco temporique conveniens sein muß. Das heißt, daß es den Gebräuchen und den Umständen des Ortes und der Zeit entsprechen muß[2].

Das Dekret Gratians und die Glosse lassen zwar die Frage offen, ob es sich dabei um eine Beschränkung der päpstlichen Vollmacht oder um eine praktisch-legistische Maßnahme handelt. Die Dekretale

---

[1] X. I. 3, 5; vgl. *Richard Puza*, Katholisches Kirchenrecht (UTB 1395), Heidelberg [2]1993, 21f.; *ders.*, Die Prüfung fehlerhafter Gesetze im Kirchenrecht. Ein Beitrag zur Normenkontrolle, in: Österreichisches Archiv für Kirchenrecht [ÖAKR] 26 (1975), 90-119.
[2] *R. Puza*, Katholisches Kirchenrecht (s. Anm. 1), 21f.

Alexanders III. weist den Weg eines rationalen und Gründe abwägenden Verfahrens im Konfliktfall zwischen den Repräsentanten der Universal- und Ortskirche.

2. Konfliktvermeidung in der Communio

Unsere Frage nach dem rechtlichen Miteinander in der ecclesia-communio soll nun nicht mit den Regeln des Corpus Iuris Canonici beantwortet werden. In den angesprochenen Stellen kommt aber eine kanonistische Tradition zum Vorschein, die schon aus dem 1. Jahrtausend stammt und die auch durch die Entwicklung des päpstlichen kanonischen Rechtes seit dem hohen Mittelalter nicht verschüttet worden ist: die rechtliche Eigenständigkeit (nicht Autonomie) der Teilkirche, deren Recht nicht dem automatischen, unbegründeten Zugriff des gesamtkirchlichen Gesetzgebers unterliegt. Diese Tradition gilt es mit der Ekklesiologie der Ortskirche des Vaticanum II (LG 23, CD 11) zu verbinden.

2.1. Kommunikationsmöglichkeiten zwischen Gesamt- und Teilkirche

Die Sicht der Kirche als communio scheint zunächst Konflikte und damit zusammenhängende Konfliktlösungsmodelle grundsätzlich auszuschließen. Im Vordergrund müßte der Grundsatz der „Einmütigkeit" stehen.

Das heißt, Konflikte müssen von Anfang an vermieden werden. Gerade das Kirchenrecht des CIC/1983 und die heutige Praxis stellen nun eine Reihe von Kommunikationsmöglichkeiten, insbesondere zwischen Gesamtkirche und Teilkirche, zur Verfügung. Zum einen die Bischofssynode in ihren verschiedenen Formen als ordentliche, außerordentliche und Sondersynode; zum anderen neuestens die Versammlung der Kardinäle mit dem Papst. Dazu ist der Typ des Gesprächs zwischen Papst/Kurie und den Bischöfen einer Region getreten, wie wir es im November 1989 mit den Bischöfen der Bundesrepublik Deutschland erlebt haben. Weiter sind zu nennen die Papstreisen und die Ad-limina-Besuche der Bischöfe in Rom. Die Vorsitzenden der Bischofskonferenzen stehen als gewählte Sprecher und Gesprächspartner jederzeit zur Verfügung[3]. Dazu kommt, daß viele Bischöfe Mitglieder römischer Kongregationen sind. Auch die Gesandten des Pap-

---

[3] Siehe dazu *Klaus Nientiedt*, Dürfen Konflikte sein?, in: Herder-Korrespondenz [HerKorr] 43 (1989), 486.

stes sind hier zu nennen. Ihre „Hauptaufgabe" ist es, die Bande der Einheit, welche zwischen dem Apostolischen Stuhl und den Teilkirchen bestehen, ständig zu stärken und wirksam zu gestalten[4]. Trotzdem hat man im Falle von „Dominus Jesus"[5] diese Möglichkeiten nicht ausgenutzt, aus unbekannten Gründen.

2.2. Foren der Mitverantwortung auf der Ebene der Teilkirche

Auf der Ebene der Teilkirchen haben sich seit dem II. Vatikanischen Konzil Foren der Mitverantwortung aller Christgläubigen gebildet: Auf der Ebene der Pfarrei die Pfarrpastoralräte und Kirchengemeinderäte, auf Diözesanebene die Diözesanräte, Diözesanpastoralräte und Priesterräte. Der CIC/1983 hat sie zum Teil besonders hervorgehoben, allerdings ihren Wirkungsbereich teilweise einzuschränken versucht.

Daß die partikulare Vielfalt dieser Foren dennoch nicht gebremst ist, zeigt die nachkodikarische Entwicklung in einzelnen Teilkirchen. Auch die Bischofssynode über die Laien 1987 hat sie besonders hervorgehoben[6]. Sie sind nach meiner persönlichen Erfahrung auf der Laiensynode 1987 auch vielen Bischöfen ein Anliegen. Hierzu gehört auch die Abhaltung von Diözesansynoden/foren. Die Diözese Rottenburg-Stuttgart ist 1985 darin beispielhaft vorangegangen.

2.3. Konsultation bei Gesetzesvorhaben und in Lehrfragen

Darüber hinaus ist zum Beispiel Konsultation der Weltkirche bei wichtigen (Gesetzes-)Vorhaben des Heiligen Stuhls üblich geworden. Johannes Paul II. hat in der Promulgationsbulle des CIC/1983 diese Form der Zusammenarbeit „der kollegialen Sorge aller Unserer Brü-

---

[4] C. 64 CIC.

[5] Kongregation für die Glaubenslehre, Erklärung Dominus Jesus – Über die Einzigkeit und die Heilsuniversalität Jesu Christi und der Kirche, Verlautbarungen des Apostolischen Stuhles, hg. v. Sekretariat der Deutschen Bischofskonferenz, Nr. 148, 6. August 2000.

[6] Dies schon in der Generaldebatte, in der deutschen Sprachgruppe, aber auch in den Propositionen (10.) und im Schlußdokument (25./27.). – Die „Propositiones" sind abgedruckt in: HerKorr 41 (1987), 569-579; das Schlußdokument (*Johannes Paul II.*, Nachsynodales Schreiben „Christifideles Laici. Über die Berufung und Sendung der Laien in Kirche und Welt" vom 30. Dezember 1988) in: Verlautbarungen des Apostolischen Stuhls 87, hg. v. Sekretariat der Deutschen Bischofskonferenz, Bonn 1989.

der im Bischofsamt" zugeschrieben und von einer „gewissen Ähnlichkeit mit dem Konzil" in „kollegialer Zusammenarbeit" gesprochen[7].

Diesen „Foren des Dialogs" stehen aber eine Reihe von kirchenrechtlichen Institutionen und Regelungen gegenüber, die eher einer hierarchisch-juristischen Ekklesiologie entspringen. Auch die jüngere Praxis wird nicht immer im Geiste der Communio-Ekklesiologie geübt.

Werden die vorhandenen Möglichkeiten zu wirklich klärenden Gesprächen genützt? Klaus Nientiedt bemerkt dazu: „Offenbar nicht oder nur ungenügend oder vorwiegend in der Form der einseitigen Ansprache. Wie könnte es sonst sein, daß wir wirklich trotz aller dieser, *auch als Problemlösungsvorgänge gedachten Einrichtungen*, seit Jahren, ja Jahrzehnten einen so massiven unbewältigten Problemstau vor uns herschieben und dieser immer eher noch größer denn kleiner wird"[8]?

Wieso ist es notwendig geworden, die Frage zu beantworten, welche rechtlichen Möglichkeiten das Domkapitel hat, wenn seine Vorstellungen über die Person des neuen Bischofs einfach nicht genügend ernst genommen werden?

Wieso muß sich eine Fakultät, wenn es um den Nihil-obstat-Entzug eines ihrer Mitglieder und um die damit zusammenhängenden Fragen, die sie ja auch betreffen, geht, in manchen Bereichen übergangen fühlen? Zu oft hört man heute das Wort: Das geht ja über unsere Köpfe hinweg.

Muß unbedingt der päpstliche Nuntius ein so entscheidendes Wort im endgültigen Listenvorschlag für den zu bestellenden Bischof haben[9]?

Wieso ergeht in einer so bedeutenden Angelegenheit wie dem christlichen, christlich-jüdischen und interreligiösen Dialog ein Schreiben, bei dessen Konzipierung nachweislich nicht der Konsens in der Kirche gesucht wurde? In der Herder-Korrespondenz wurden unlängst von asiatischer Seite Mängel angemahnt: „Rein theologische Fragen sollten, wenn sie das Selbstverständnis auch anderer

---

[7] *Johannes Paul II.*, Sacrae disciplinae leges, abgedruckt in: Codex Iuris Canonici. Lateinisch-deutsche Ausgabe, Kevelaer ³1989, XVIIff.

[8] *K. Nientiedt*, (s. Anm. 3), 486.

[9] Siehe dazu den Vorschlag von Matthäus Kaiser zur Erneuerung des Ernennungs- und Wahlrechtes von Bischöfen: *M. Kaiser*, Die Bestellung der Bischöfe in Geschichte und Gegenwart. Wahl oder Ernennung?, in: *Richard Puza/Abraham Peter Kustermann* (Hg.), Eine Kirche – ein Recht?, Stuttgart 1990, 47-72; *ders.*, Dem Bischofsamt angemessen? Kritik der gegenwärtigen und Option für eine angemessene Bestellungspraxis, in: ebd., 73-100.

Religionen berühren, nicht länger nur innerkirchlich behandelt werden können, sondern die Implikationen für das Miteinander in der multireligiösen-multikulturellen Weltgesellschaft müssen eingehend mitbedacht werden. Dies setzt voraus, daß es im Vorfeld solcher Erklärungen, die für die gesamte katholische Kirche sprechen, zu angemessenen Konsultationen kommt. Reaktionen gerade indischer und asiatischer Bischöfe machen deutlich, daß dies im Falle der Erklärung „Dominus Jesus" nicht geschehen ist"[10]. Und in demselben Artikel wird unter der Überschrift „Kommunikationsproblem als strukturelles Defizit" ausgeführt, „wenn man fragt, was eigentlich die vorwiegend negativen Reaktionen auf die Erklärung der Glaubenskongregation ausgelöst hat, wird man neben den genannten inhaltlichen und formalen Gründen ein Kommunikationsdefizit zwischen der Zentrale und den Ortskirchen nennen müssen, das zugleich ein Strukturproblem deutlich macht. Die Glaubenkongregation erhebt den Anspruch, verbindlich für die Gesamtheit der Kirche in Fragen des Glaubens und der Lehre sprechen zu können und zu müssen. Wie die vorliegende Erklärung zeigt, läßt sie dabei die inzwischen gewachsene Vielfalt der theologischen Methode in den einzelnen Kontinental- und Ortskirchen außer Acht. Weiterhin wird nicht auf die Verschiedenheit des jeweiligen Kontextes eingegangen, in den hinein bestimmte Aussagen zur Christologie, zu den anderen Religionen, zur Evangelisierung und Inkulturation gemacht werden. Das Bewußtsein, daß die Rezeption dieser Aussagen sowohl innerkirchlich wie auch außerhalb des kirchlichen Rahmens in der Gesellschaft allgemein, je nachdem, ob sie in Europa oder im multireligiösen und multikulturellen Asien, wo die Kirchen kleine Minderheitskirchen sind, sehr unterschiedlich ausfallen wird, fehlt vollkommen. Die negative Reaktion auf die Erklärung der Glaubenskongregation innerhalb der asiatischen Kirchen ist auf diesen Tatbestand zurückzuführen"[11].

2.4. Vorschlag einer rechtlichen Festschreibung der Konsultationspflicht

Wenn das Kirchenrecht die Aufgabe hat, geeignete juristische Institute und ausreichende Räume für den Ausgleich der Spannungen zwischen Universal- und Teilkirche(n) und für die Mitverantwortung aller

---

[10] *Georg Evers*, Zu kurz gesprungen. „Dominus Jesus" und die Theologie in Asien, in: HerKorr 54 (2000), 618-624, 620.
[11] Ebd. 623f.

Christgläubigen in der ecclesia communio zu schaffen, müßten die Konsultationsrechte und Konsultationspflichten bei Erlaß von Rechtsnormen durch die Gesamtkirche doch auch rechtlich festgeschrieben werden können. Wir wollen davon ausgehen, daß sie zum strukturellen Recht[12] gehören.

Wenn heute dem päpstlichen Rat für die Interpretation kirchlicher Rechtstexte so weitgehende Aufgaben übertragen worden sind, die dem eines Verfassungsgerichtshofes ähnlich sind[13], warum sollte dieser Rat dann nicht auch die Aufgabe übertragen bekommen, in wichtigen Fragen der gesamtkirchlichen Gesetzgebung die Weltkirche zu konsultieren? Art. 154 von „Pastor Bonus"[14] läßt diese Möglichkeit schon offen, wenn doch die Aufgabe des Rates *praesertim* in der Interpretation der Gesetze gesehen wird. Dazu könnte auch Art. 155[15] entsprechend erweitert werden: Der Rat hat die Aufgabe, nicht nur bei authentischen Interpretationen, sondern auch bei Schaffung neuer gesamtkirchlicher Gesetze die Teilkirchen zu hören.

Aber Art. 155 bedürfte *noch* einer Erweiterung: Auch die authentische Interpretation fordert ein vorhergehendes Anhören (in rebus maioris momenti) nicht nur der Dikasterien der Römischen Kurie, sondern auch der betroffenen Teilkirchen.

3. Möglichkeiten der Konfliktlösung in der Communio

Daß es auch in einer Kirche, die communio ist, zu Konflikten kommen kann, belegt die Entwicklung der letzten Jahre. Daher müssen Möglichkeiten der Konfliktlösung – auch rechtlicher Natur – geschaffen bzw. bestehende ausgenützt werden.

Die Kirche als communio ist auch sichtbare Gesellschaft von Menschen, in der deren Regeln anzuwenden sind. Oder, wie es Klaus Nientiedt ausdrückt: „Trotz göttlicher Stiftung und sakramentalen We-

---

[12] Zum Begriff siehe meinen Beitrag „Die Communio-Ekklesiologie und das Recht der Teilkirche", in: *R.Puza/A.P. Kustermann* (Hg.), (s. Anm. 9), 23-46, 25-27.

[13] *Johannes Paul II.*, „Pastor Bonus", in: Acta Apostolicae Sedis [AAS] 80 (1988), 841-934, Art. 154ff; *Richard Puza*, Der Rechtsschutz im Kirchenrecht zwischen Hierarchie und Grundrechten, in: Theologische Quartalschrift [ThQ] 179 (1999), 179-194; *ders.*, La hiérarchie des normes en droit canonique, in: Revue de droit canonique 47 (1997), 127-142.

[14] *Johannes Paul II.*, „Pastor Bonus", in: AAS 80 (1988), 841-934, Art. 154: Consilii munus in legibus Ecclesiae interpretandis praesertim consistit.

[15] Ebd. Art. 155: Consilio competit Ecclesiae legum universalium interpretationem authenticam pontificia auctoritate firmatam proferre, auditis in rebus maioris momenti Dicasteriis, ad quae res ratione materiae pertinet.

sens [gelten] auch für die Kirche, da inkarnierte Heilswirklichkeit, alle Gesetze des gesellschaftlichen Miteinanders [...] wie in anderen ‚Gesellschaften' auch, allerdings ohne daß sich Kirche darin erschöpft."[16].

So wie Kirchenrecht analoges Recht[17] ist, können natürlich im staatlichen Recht zur Verfügung stehende Konfliktlösungsmodelle nur bedingt in der Kirche Anwendung finden. Das hat auch die – heute fast verstummte – kanonistische Diskussion der vergangenen Jahre um die Einführung einer Verwaltungsgerichtsbarkeit oder gar Verfassungsgerichtsbarkeit in der Kirche gezeigt. Sie kann hier nicht wieder aufgenommen werden, wodurch aber ein weiteres Nachdenken in dieser Richtung der Konfliktlösung nicht grundsätzlich ausgeschlossen werden soll.

Die hier zur Diskussion stehenden Konflikte sind meines Erachtens aber von anderer Beschaffenheit. Sie erfordern nicht primär ein Austragen im Wege eines gerichtlichen Verfahrens. Das kann in einer Kirche, die communio ist, ohnehin nur der letzte Weg sein.

In den Fällen des Nihil-obstat-Entzuges und der damit verbundenen rechtlichen Folgen für den Betreffenden muß Strategie ohnehin die Vermeidung von Rechtsstreit – in diesem Fall vor den staatlichen Gerichten – sein, der eine Fakultät nur in jahrelange Unsicherheit und Schwierigkeit stürzen könnte.

Das geltende Kirchenrecht stellt verschiedene Verfahren der Konfliktlösung auf universal- und teilkirchlicher Ebene zur Verfügung. Dazu gehören das ganze Prozeßrecht, einzelne Verwaltungsverfahren (z.B. das neue Schlichtungsverfahren, das vor hierarchischer Entscheidung über einen Rekurs eingeschaltet werden kann, oder das Verfahren zur Versetzung von Pfarrern) und besondere Verfahrensarten wie etwa das Lehrbeanstandungsverfahren vor der Glaubenskongregation oder vor der deutschen Bischofskonferenz. Darüber hinaus kennt das Partikularrecht auch verschiedene Schiedsverfahren, z.B. im kirchlichen Dienst- und Arbeitsrecht. Auf gesamtkirchlicher Ebene wurde – wie schon erwähnt – der Rat für die Auslegung kirchlicher Gesetze mit verfassungsrechtlichen Normenkontrollfunktionen betraut. Zu diesen rein kirchenrechtlichen Verfahren kommen Verfahren des Konkordatsrechts und des staatlichen Rechts hinzu, so das Verfahren der Freundschaftsklausel in den Konkordaten und konkordatären Vereinbarungen.

---

[16] *K. Nientiedt*, (s. Anm. 3) 487.
[17] Vgl. dazu *Gottlieb Söhngen*, Grundfragen einer Rechtstheologie, München 1962, 65; *R. Puza*, Katholisches Kirchenrecht, (s. Anm. 1), 1. Kap.: Grundfragen des Kirchenrechts, bes. 41, 65ff.

Es kann also von innerkirchlichen und über das Innerkirchliche hinausgehenden Konfliktlösungsmöglichkeiten gesprochen werden. Letztere dürfen nicht grundsätzlich ausgeschlossen werden, da sie einerseits in den Verträgen vorgesehen sind und andererseits gemeinsame Angelegenheiten von Kirche und Staat betreffen (Bischofswahl und Katholisch-Theologische Fakultäten).

3.1. Innerkirchliche Konfliktlösungsmöglichkeiten im Einzelfall[18]

a. Vorrang der schiedlich-friedlichen Beilegung

Wenden wir uns zuerst den innerkirchlichen Konfliktlösungsmöglichkeiten zu. Aus der diakonisch-pastoralen Funktion des Kirchenrechtes der communio ergibt sich, daß konfliktvermeidende, ausgleichende, schiedlich-friedliche Maßnahmen im Vordergrund stehen müssen. So kennt das Kirchenrecht konfliktvorbeugende Normen, die z.B. Anhörungsrechte von Betroffenen festlegen. Beispielsweise verlangt c. 431 § 3 vor der Errichtung, Aufhebung oder Änderung von Kirchenprovinzen und c. 372 § 2 vor Errichtung mehrerer Teilkirchen (z.B. unterschiedlichen Ritus') in demselben Gebiet die Anhörung der betroffenen Bischöfe, oder c. 294 vor der Errichtung von Personalprälaturen die Anhörung der betroffenen Bischofskonferenzen.

b. Im kanonischen Prozeß

Das Anliegen, Rechtsstreitigkeiten friedlich beizulegen, hat im kanonischen Prozeß einen hohen Stellenwert. Es wird unter den Aufgaben der Richter an erster Stelle genannt (vgl. c. 1446, bes. § 2). Aber nicht nur die Richter, alle Gläubigen, vor allem die Bischöfe, sollen eifrig bemüht sein, daß Rechtsstreitigkeiten im Gottesvolk ohne Beeinträchtigung der Gerechtigkeit nach Möglichkeit vermieden und baldmöglichst friedlich beigelegt werden (c. 1446 § 1).

c. Im Strafprozeß

Auch im Strafrecht kommt diese diakonisch-pastorale Funktion des Kirchenrechts zum Tragen. Es sind Maßnahmen vorgesehen, durch die der eigentliche Strafprozeß vermieden und der Konflikt auf andere Weise gelöst wird. Ein einschlägiges gerichtliches Verfahren soll nur dann eingeleitet werden, wenn der Ordinarius meint, daß weder durch

---

[18] *Hugo Schwendenwein*, Konfliktlösung im Kirchenrecht, in: Frieden und Gesellschaftsordnung, FS R. Weiler, hg. von *A. Klose* u.a., Berlin 1988, 91-106.

brüderliche Zurechtweisung (correctio fraterna) noch durch Verweis (correptio) noch durch andere Wege pastoralen Bemühens ein Ärgernis hinreichend behoben, die Gerechtigkeit wieder hergestellt und der Täter gebessert werden kann (c. 1341). Es muß also gefragt werden, ob die Zwecke des kirchlichen Strafrechtes nicht auf andere Weise erreicht werden können.

d. Im Verwaltungsverfahren

Besondere Verfahren der Streitschlichtung sind im Verwaltungsrecht vorgesehen, wenn also ein Konflikt durch eine kirchliche Entscheidung im Einzelfall, durch einen Verwaltungsakt, entsteht. Neben dem hierarchischen Rekurs, bzw. diesem vorgeschaltet sieht der CIC Verfahren der Streitschlichtung vor. Eine Verwaltungsgerichtsbarkeit auf Teilkirchenebene ist zwar nicht mehr, wie noch in den Entwürfen, vorgesehen, doch sind an deren Stelle Maßnahmen getreten, die einem pastoral-diakonischen Kirchenrecht der communio vielleicht eher entsprechen[19]: Der CIC begünstigt in gewisser Hinsicht, bevor ein rechtlicher Rekurs erhoben wird, friedliche, vom Einvernehmen der Betroffenen getragene bzw. mitgetragene Möglichkeiten der Bereinigung der Auseinandersetzung. Er:
- spricht die Aufforderung zur friedlichen Streitbeilegung zwischen den Teilen, den Wunsch nach Vorschaltung des Versuchs einer solchen, vor Rekursverfahren aus (c. 1733 § 1),
- sieht die Möglichkeit der Schaffung einer einschlägigen Stelle (Schlichtungsstelle), die ohne Fristverlust angerufen werden kann (c. 1733 §§ 2 u. 3), vor und
- verlangt strikt, daß dem Rekurs an den höheren Autoritätsträger die Bitte an den Entscheidungsträger um Verbesserung der Entscheidung, die angefochten werden soll, vorangehen muß (c. 1734).

Daß die schiedlich-friedliche Lösung ihre Grenzen hat, liegt auf der Hand. Es gibt Fälle, in denen entschieden werden muß. C. 1646 § 1 nennt als Grenze die Wahrung der Gerechtigkeit. Niemand kann gezwungen werden, einen Vergleich anzunehmen, der der in der positiven Rechtsordnung vorgegebenen Gerechtigkeit widerspricht[20].

---

[19] Siehe dazu *Richard Puza*, Die diakonische Funktion des Kirchenrechts – Gewandeltes Rechtsverständnis im neuen CIC?, in: Archiv für Katholisches Kirchenrecht [AkathKR] 151 (1982), 130-139.
[20] *H. Schwendenwein*, (Anm. 18), 93f.

Die bisher genannten Verfahrensarten betreffen den Einzelfall. Das gilt auch für die Lehrbeanstandungsverfahren der Glaubenskongregation und der deutschen Bischofskonferenz, die noch zur Sprache kommen. Hier besteht die Möglichkeit, Sachkonflikte auszutragen und einer Lösung zuzuführen. Dennoch wäre es eine Überlegung wert, ob man auch im Kirchenrecht einen Musterprozeß führen können sollte, ob ein Sachkonflikt im Wege eines Grundsatzprozesses, wie seinerzeit der Konkordatsprozeß vor dem Bundesverfassungsgericht, beigelegt werden könnte.

Die heute zur Diskussion stehenden Fragen haben allerdings eine Dimension erreicht, die den Einzelfall überschreitet. Das Problem liegt geradezu in der Häufung von Einzelfällen. Damit treten aber grundsätzliche Fragen von der Struktur der Kirche bis zum Stil des Umganges miteinander in den Vordergrund. Was die Situation heute so schwierig macht, ist, daß wir es gegenwärtig in der Kirche nicht nur mit einem Konflikt über strittige Sachfragen von bestimmten Moralregeln bis zum Primatsverständnis zu tun haben, sondern zuvor noch mit einer Auseinandersetzung darüber, wie diese Konflikte in der Kirche zu lösen sind bzw. gelöst werden dürfen[21].

3.2. Über das Innerkirchliche hinausgehende Konfliktlösungsmöglichkeiten: Die Freundschaftsklausel

Dazu kommt, daß kirchliche Institutionen es für notwendig befunden haben, das Verfahren der Freundschaftsklausel nach den Konkordaten anzuregen und damit den Staat anzurufen. Diese Freundschaftsklauseln treten bei sich abzeichnenden Differenzen in der Interpretation oder Konkretisierung und bei Anpassungsschwierigkeiten eines Konkordates in Funktion. Im Wege der Anwendung dieser Klausel kann eine Meinungsverschiedenheit über die Auslegung einer Bestimmung beigelegt werden oder auch eine einvernehmliche Revision des Vertrages herbeigeführt werden. Die Freundschaftsklausel wurde in neueren Verträgen bis zum institutionalisierten Partnergespräch weiterentwickelt. Partner dieses Verfahrens, das an die Stelle internationalisierter Schiedsgerichtsbarkeit tritt, sind die vertragsschließenden Teile (also z.B. Land und Hl. Stuhl)[22].

---

[21] K. Nientiedt, (Anm. 3), 487

[22] Zur Freundschaftsklausel siehe Alexander Hollerbach, Art. Konkordat, in: Staatslexikon. Recht – Wirtschaft – Gesellschaft [StL⁷], hg. v. der Görres-Gesellschaft, Freiburg ⁷1985-93, hier: Bd. III (1987), 624 und die dort zit. Literatur; Richard Puza, Art.

Wenn wir zum Beispiel bei der Bischofsbestellung davon ausgehen, daß die Frage strittig ist, was unter Wahl zu verstehen ist, insbesondere, ob Devolution eintreten kann, wenn die Wahl erfolglos war, so ist folgende Vorgehensweise denkbar: Das Domkapitel kann sich an das Land wenden, wobei die Differenzen in der Auslegung präzisiert werden müssen. Da der religionsneutrale Staat sich nicht in eigene Angelegenheiten der Kirche einmischen darf (Art. 137 Abs. WRV i.V.m. Art. 140 GG), kann die Frage wohl nur sein, ob der bischöfliche Stuhl bei Erledigung auf jeden Fall im Wege der Wahl durch das Domkapitel zu besetzen ist, wie also beispielsweise Art. III (1) u. (2) des Badischen Konkordats zu interpretieren ist. Fragen möglicher Devolution können dabei angesprochen werden.

Das Domkapitel kann hier aber gewissermaßen nur anregend wirken. Die Einleitung des Verfahrens nach der Freundschaftsklausel müßte vom Land ausgehen. Bei sich abzeichnender freier Amtsübertragung durch den Heiligen Stuhl sollte die Einschaltung des Landes noch möglichst innerhalb genutzter Frist erfolgen.

Zu bedenken ist aber, daß der religionsneutrale Staat, der in der Verfassung das freie Ämterbesetzungsrecht garantiert (Art. 137 Abs. 3 WRV i.V.m. Art. 140 GG), geneigt sein könnte, unsere Frage als eigene Angelegenheit der Kirche zu betrachten. Eine Tendenz, die sich in anderen Bereichen gemeinsamer Angelegenheiten, z.B. im Hochschulrecht, längst abzeichnet. Dann bliebe dem Domkapitel dem Hl. Stuhl gegenüber nur die Berufung auf Konkordatsrecht (c. 3) und Statuten bzw. Gewohnheitsrecht.

Die Freundschaftsklausel spielt auch im Recht der Katholisch-Theologischen Fakultäten eine Rolle. Hierbei ist z.B. an die einvernehmliche Nihil-obstat-Regelung für Nordrhein-Westfalen von 1979 gedacht, mit der verschiedene Sachfragen um den Nihil-obstat-Entzug einer Klärung zugeführt wurden[23].

Auch eine Nihil-obstat-Erteilung kann zur Konkordatsfrage und damit zum Gegenstand der Freundschaftsklausel werden: Welche sachlichen Gründe (Laisierungsantrag eines Priester-Professors) können als Beanstandung des Lebenswandels konkordatsrelevant sein? Welche

---

Konkordat, in: Katholisches Soziallexikon, hg. von *A. Klose* u.a., Innsbruck, Graz 1980, 1477ff.; *ders.*, Kirchenrechtliche Probleme konkordatärer Vereinbarungen, in: ThQ 160 (1980), 122-137.

[23] Einvernehmliche Interpretation zwischen Kirche und Staat bezüglich der bestehenden Rechtsgrundlage des bischöflichen „Nihil obstat" im Lande Nordrhein-Westfalen vom Jahr 1979, in: AKathKR 148 (1979), 568-591.

Gründe berechtigen den Ordinarius zur Verweigerung des Nihil obstat?

Das Verfahren nach der Freundschaftsklausel ist wichtiger Bestandteil der Ordnung des Verhältnisses von Kirche und Staat in der Bundesrepublik Deutschland. Es stellt eine Möglichkeit der Bereinigung von Sachkonflikten dar. Dennoch löst ein solcher Vorgang (beispielsweise im Zusammenhang mit der Ämterbesetzung) bei breiten Bevölkerungskreisen Erstaunen aus.

Dieses Verfahren soll hier nur der Vollständigkeit halber an-, nicht aber weiter ausgeführt werden.

4. Über den Einzelfall hinausgehende innerkirchliche Konfliktlösungsmöglichkeiten

Worum es aber heute gehen muß, ist nicht so sehr die Frage, wie im Einzelfall Konflikte zu lösen sind – wenn auch hier Verbesserungswünsche anzumelden wären –, sondern wie es in den strittigen *Grundfragen* zu einer Lösung, zu einem Konsens kommen kann. Und hier scheint das Kirchenrecht noch überfordert zu sein. Das Kirchenrecht bzw. die Kanonistik kann hier nur versuchen, einen Beitrag zur Schaffung von Strukturen zu leisten, die der seit dem II. Vatikanum entwikkelten Communio-Ekklesiologie entsprechen. Es soll jetzt also von der Lösung von Verfassungskonflikten die Rede sein. Hier bieten sich als Instanzen die verschiedenen schon angesprochenen Konsultations- und Entscheidungsorgane auf regionaler und universalkirchlicher Ebene an.

4.1. Bischofssynode

Eine wichtige Funktion hat hier sicher die Bischofssynode. Es wäre zu prüfen, wie weit ihr neben der beratenden Funktion in stärkerem Maße entscheidende Kompetenzen zuerkannt werden können. Die Bischofssynode stellt – vor allem in ihrer ersten Phase – ein sehr komplexes Gesprächs- und Kommunikationsforum dar. Die Berichte der Bischöfe geben einen breiten Überblick über Situationen und Probleme in den Teilkirchen. Auch in der zweiten Phase, der Diskussion in den Sprachgruppen, kommt es zu einem breiten und tiefen Gedankenaustausch über die anstehenden Sachfragen unter den Repräsentanten der Teilkirchen und mit den Vertretern der Römischen Kurie. In der dritten entscheidenden Phase scheint allerdings der Zwang zum möglichst breiten Konsens zu einer Ausdünnung der Problemlage zu führen. So wurden in der Laiensynode 1987 in der ersten Phase sehr viele Fragen um die Stellung und Aufgaben der Laien angesprochen, in der zweiten Phase einer positiven Behandlung zugeführt, um dann in der dritten Phase um des Konsenses willen fallengelassen zu werden.

Gründe dafür liegen auch in der formalen Konstruktion der Synode. Die bloße Vorlage von Propositionen an den Papst, die dann die Grundlage für eine päpstliche Exhortation, ein nachsynodales Schreiben, bilden, läßt die Bedeutung eines solchen Organes schwinden. Vielleicht sollten die Bischöfe in manchen Fragen auch deutlicher ihren Standpunkt vertreten. Nach der an- und aufregenden Diskussion in der ersten und in der zweiten Phase der Synode um die Laiendienste waren die beiden daraus resultierenden Propositionen mehr als ernüchternd. Daß man die Frage nach den ministeria und deren Zugang für Laien überhaupt nur in die Bitte um Überprüfung des Motu proprio Pauls VI. „Ministeria quaedam" kleidete, war ein vielleicht zu weit gehendes Zugeständnis der Synode.

Es wäre also notwendig, die Bischofssynode zu stärken. Die Beteiligung von Laien – sie waren bei der Laiensynode 1987 als Auditoren schon präsent – könnte ähnlich den Partikularkonzilien erfolgen, also mit beratender Funktion.

4.2. Rat für die Interpretation kirchlicher Rechtstexte

Mit der schon angesprochenen Erweiterung der Kompetenzen des Rates für die Interpretation kirchlicher Rechtstexte besitzt die Kirche nunmehr auch eine Art verfassungsgerichtlicher Instanz, wenn diese auch nicht nach Art eines Prozesses vorgeht. Der Rat kann auf Antrag die Frage prüfen, ob Partikulargesetze und generelle Anordnungen (z. B. der Bischofskonferenz), die von einem Gesetzgeber unterhalb der höchsten Autorität erlassen sind, mit den gesamtkirchlichen Gesetzen übereinstimmen[24].

---

[24] „Pastor Bonus" (Anm. 10), Art. 158: Iis quorum interest postulantibus, decernit utrum leges particulares et generalia decreta, a legislatoribus infra supremam auctoritatem lata, universalibus Ecclesiae legibus consentanea sint necne.

4.3. Das ius remonstrandi[25]

Nun ergibt sich in der ecclesia-communio aber auch die Frage, wie weit das Partikularrecht und die partikulare Situation nicht stärker sein kann als das ius commune. Und damit sind wir wieder bei den einleitenden Stellen aus dem Corpus Iuris Canonici angelangt. Diese beiden Aussagen haben in der Kanonistik zur Entwicklung des ius remonstrandi geführt, eines bischöflichen Vorstellungsrechtes gegen gesamtkirchliche Gesetze.

Dieses ius remonstrandi wurde selbst unter Geltung des CIC/1917 von der Kanonistik als weiterbestehend angenommen. Beispiele für die Ausübung dieses Rechtes ließen sich anführen. So könnte jede Anfrage von Bischöfen eines Teilkirchenverbandes (auch der Bischofskonferenz), die auf die Änderung des gesamtkirchlichen Rechtes zugunsten des Rechtes dieser Teilkirchen ausgerichtet ist, als Beispiel für Inanspruchnahme dieses Rechtes gedeutet werden. Leider scheinen sich die Bischöfe in der Diskussion um die Schwangerschaftskonfliktberatung dieses ihres Rechtes nicht bewußt gewesen zu sein.

Man wird davon ausgehen müssen, daß dieses ius remonstrandi auch heute geltendes Recht ist, obwohl es nicht kodifiziert ist. Es gehört gewissermaßen zum strukturellen Recht[26].

Die Entscheidung über die Vorstellung könnte dem Rat für die Interpretation kirchlicher Rechtstexte übertragen werden. Man müßte dann allerdings auch die Frage nach der Zusammensetzung dieses Rates stellen.

4.4. Beispiel: Dominus Jesus und die Kollegialität: Vorschlag eines Briefkonzils[27]

Es soll hier nicht gleich die Forderung nach einem Konzil gestellt werden. Sicher wäre zu überlegen, wie weit nicht-synodale Überlegungen wieder stärker in Anspruch genommen werden müssen. Auch die Synode ist Ausdruck von Kollegialität in der Kirche beziehungs-

---

[25] Siehe dazu *R. Puza*, Katholisches Kirchenrecht (s. Anm. 1), 21 f.; *ders.*, Die Prüfung fehlerhafter Gesetze im Kirchenrecht. Ein Beitrag zur Normenkontrolle, in: ÖAKR 26 (1975), 90-119; *ders.*, Die Teilkirche und ihr Recht im neuen Kodex, in: ThQ 164 (1984), 34-51; *ders.*, La hiérarchie des normes (s. Anm. 14), 127-142.

[26] Zum Begriff siehe Anm. 12.

[27] *Richard Puza*, Das synodale Prinzip in historischer, rechtstheologischer und kanonistischer Bedeutung. In: *Gebhard Fürst* (Hg.), Dialog als Selbstvollzug der Kirche? Freiburg u.a. 1997, 242-269.

weise kollegialer Vollmachtausübung. Zu denken gewesen wäre im vorliegenden Fall aber auch an c. 337 § 2. Dort ist vom sogenannten Briefkonzil die Rede[28]. Zu begründen wäre diese Forderung nicht nur mit dem synodalen Prinzip beziehungsweise der Kollegialität, sondern auch damit, daß die Frage der Ökumene im Codex von 1983 (c. 383 § 3) auch als Aufgabe der Bischofskonferenz und des Diözesanbischofs vor Ort gesehen wird.

5. Zur Frage des rechtlichen Verhältnisses von kirchlichem Lehramt und wissenschaftlicher Theologie

5.1. Grundsätzliches

Das Verhältnis von Lehramt und Theologie stellt sich erheblich differenzierter und vielschichtiger, in gewisser Hinsicht freilich auch eindeutiger dar, als es im Streit der Parteien heute oft den Anschein hat, wenn man dessen geschichtlichen Werdegang betrachtet. Das kann hier nicht erfolgen; ich möchte auf Ausführungen von Max Seckler verweisen[29]. Auch die Rechtsfragen um das Motu proprio „Ad tuendam fidem" sollen hier nicht ausgeführt werden, sie wurden vor kurzem im Bulletin von Severin J. Lederhilger ausführlich dargestellt[30].

Die Bezeugung der Offenbarungswahrheit ist der Kirche insgesamt in der Einheit und Vielfalt ihrer Charismen, Dienste und Ämter anvertraut; die authentische Bezeugung ist nach katholischem Verständnis Sache des kirchlichen Amtes. Deshalb ist Theologie eine Lebensfunktion der Kirche selbst, wie das Lehramt (Max Seckler)[31]. Es geht in der Theologie nicht um die private Glaubenseinsicht des einzelnen Theologen, sondern um den Glauben der Kirche. Die Kirchlichkeit kommt also nicht als externe Größe zur Theologie hinzu; sie ist ein inneres Moment der Theologie. Nicht jeder kirchliche Eingriff ist auch schon ein Übergriff. Die Theologie ist freilich nicht ein bloßer Funktionär

---

[28] C. 337 § 2: Dieselbe Gewalt übt es [das Bischofskollegium zusammen mit dem Papst] durch eine vereinte Amtshandlung der auf dem Erdkreis verstreut weilenden Bischöfe aus, sofern diese Handlung als solche vom Papst in die Wege geleitet oder frei angenommen ist, so daß ein wirklich kollegialer Akt zustande kommt.

[29] *Max Seckler*, Modelle des Verhältnisses von kirchlichem Lehramt und theologischer Wissenschaft. Geschichtliche Aspekte und Lösungselemente, in: *ders.* (Hg.), Lehramt und Theologie: Unnötiger Konflikt oder heilsame Spannung? Düsseldorf 1981, 83-130, 125.

[30] *Severin J. Lederhilger*, Das Verhältnis von Theologie und Lehramt in kanonistischer Perspektive, in: Bulletin ET 11 (2000), 17-33.

[31] *M. Seckler*, (s. Anm. 29), 126.

der Kirche. Der kirchliche Glaube ist zwar die nächste Norm (regula proxima) der Theologie; die höchste Norm (regula suprema) ist das Wort Gottes, in dessen Auslegung der Theologie eine eigenständige kritische wie konstruktive Funktion in der Kirche und für die Kirche zukommt. Sie hat dem kirchlichen Amt nicht nur die Schleppe nachzutragen, sondern auch die Fackel voranzutragen (Walter Kasper)[32].

Im Kirchenrecht kommen diese Grundgedanken in den cc. 218[33] und 809[34] zum Tragen. Sofern die Theologie eine Glaubenswissenschaft ist, steht denen, die sich theologischen Disziplinen widmen, jene Freiheit der wissenschaftlichen Forschung zu, die mit den der theologischen Wissenschaft angemessenen Methoden zu tieferem Verständnis der Glaubenswahrheit zu führen vermag. Diese Freiheit schließt auch das Recht in sich, die Forschungsergebnisse unter Einsatz aller Kommunikationsmittel zu publizieren.

Katholische Theologie ist aber als Glaubenswissenschaft nur in der Gemeinschaft der Kirche (communio), auf der Grundlage und unter der Norm des kirchlichen Glaubens möglich. Dazu gehört auch die Gemeinschaft mit dem kirchlichen Lehramt. Damit steht sie von Haus aus und für sich selbst in einem Spannungsverhältnis, wie es für die intensive Begegnung von wissenschaftlicher Vernunft und christlichem Glauben konstitutiv ist. Dieses Spannungsverhältnis entsteht nicht erst in der Begegnung oder im Konflikt mit dem kirchlichen Lehramt. Es gewinnt dort nur institutionelle Dimension. Nach katholischer Lehre liegt die letzte Entscheidung in Lehrkonflikten bei den zuständigen Instanzen des kirchlichen Lehramtes. Im Geiste der Verantwortung und Brüderlichkeit (Mt 18, 15-18) können disziplinäre Maßnahmen und Lehrverfahren aber erst das letzte Mittel (ultima ratio) in einem Konflikt sein[35].

Konflikte und Spannungen bestehen heute vor allem in zwei Bereichen: in der Praxis der Nihil-obstat-Erteilung und bei der Lehrbeanstandung.

---

[32] *Walter Kasper*, Art. Theologie, in: StL[7], Bd.V (1989), 455.
[33] C. 218: Die sich theologischen Wissenschaften widmen, besitzen die gebührende Freiheit der Forschung und der klugen Meinungsäußerung in den Bereichen, in denen sie über Sachkenntnis verfügen; dabei ist der schuldige Gehorsam gegenüber dem Lehramt der Kirche zu wahren.
[34] C. 809: Die Bischofskonferenzen haben dafür Sorge zu tragen, daß, soweit möglich und ratsam, in geeigneter Weise in ihrem Gebiet verteilt, Universitäten oder wenigstens Fakultäten bestehen, in denen die verschiedenen Wissenschaften unbeschadet ihrer wissenschaftlichen Autonomie in Forschung und Lehre unter Berücksichtigung der katholischen Lehre gepflegt werden.
[35] *R. Puza*, Katholisches Kirchenrecht (s. Anm. 1), 263.

5.2. Die Erteilung des konkordatsrechtlichen und des „römischen" Nihil obstat

Die Universitätslehrer der Theologie an den staatlichen katholisch-theologischen Fakultäten haben ein konfessions- bzw. kirchengebundenes Staatsamt inne, d.h. sie müssen bestimmte, sich aus ihrem Dienst für ihre Kirche ergebende Voraussetzungen erfüllen – der Staat kann insoweit Personalentscheidungen nicht alleine treffen. Die katholischen Universitätstheologen bedürfen des Nihil obstat des zuständigen Diözesanbischofs, bevor sie berufen werden können. Es kann versagt werden, wenn Einwendungen gegen die Lehre und/oder den Lebenswandel (doctrina vel mores) zu erheben sind. Unter bestimmten Voraussetzungen ist auch seit „Sapientia Christiana" ein römisches „Nihil obstat" durch den Diözesanbischof einzuholen.

In jüngerer Zeit wurde das Nihil obstat verweigert, ohne daß den Betroffenen konkrete Abweichungen von der katholischen Lehre zur Last gelegt worden sind und ohne daß die zur Ablehnung führende Verfahrensweise transparent gemacht worden wäre. Beim Nihil obstat geht es nämlich um Abweichung bzw. um Nicht-Übereinstimmung im Falle der Ablehnung. Dies bezieht sich auf Lehrinhalte der Katholischen Kirche. Es reicht nicht aus, wenn ohne Beleg auf „zweideutige Aussagen" verwiesen oder von einem „persönlichen Ansatz" die Rede ist statt von einem fachlichen Ansatz oder vom „Glauben der Kirche" in so allgemeiner Form, daß man nicht erkennen kann, um welche Lehrinhalte es geht. Obwohl in der Handreichung der Zentralstelle Bildung der Deutschen Bischofskonferenz[36] vorgesehen, wurde ein vorgeschlagener Berater zum ersten Klärungsgespräch mit dem Bischof von diesem nicht zugelassen. Damit fehlte für die Beratung des/der Kandidaten/in in der wichtigen Frage, ob er/sie angesichts der vom Bischof geäußerten Bedenken seine/ihre Bewerbung aufrecht erhalten solle, ein wichtiger Faktor.

In dem Zusammenhang ist auf eine weitere Form rechtlicher Möglichkeiten der Konfliktbereinigung hinzuweisen: Die Schaffung entsprechender Verfahrensordnungen. So hat die Congregatio pro Institutione Catholica 1988 Normen zur Erklärung des Nihil obstats durch den Hl. Stuhl erlassen[37]. Darin werden vor allem auch die zuständigen Diözesanbischöfe aufgefordert, ihr begründetes positives Votum der

---

[36] S. u. Anm. 38.
[37] SC InstCath, Normae ad declarationem „nihil obstat Sanctae Sedis" obtinendam de quo in Art. 27, 2 Apostolicae Constitutionis „Sapientia Christiana" vom 12. Juli 1988, Prot. N. 462/79, abgedruckt in der Handreichung (s. Anm. 39) im Anhang.

Kongregation vorzulegen. Die Zentralstelle für Bildung der Deutschen Bischofskonferenz hat dazu 1997 eine „Handreichung für die kirchliche Mitwirkung bei der Berufung von Theologieprofessoren" herausgegeben. Zum Inhalt dieser Handreichung sei auf meinen Artikel im 173. Band der Quaestiones disputatae verwiesen[38]. Meine dortige Beurteilung möchte ich insofern ergänzen, als daß die bisherigen Erfahrungen zeigen, daß die Verfahrensregelungen immer noch nicht ausreichen, um den entsprechenden, vom Kirchenrecht geforderten Rechtsschutz (c. 221 §§ 1 und 2 CIC/1983) zu gewährleisten. Da die Handreichung nur der Information und der Transparentmachung des geltenden Rechtes dienen konnte, wäre es notwendig, in Absprache zwischen der Bischofskonferenz, der Studienkongregation und der Glaubenskongregation eine Verfahrensordnung auszuarbeiten.

5.3. Die Lehrbeanstandung

a. Die Verfahrensordnung auf gesamtkirchlicher und teilkirchlicher Ebene

Eine Lehrbeanstandung, die den Entzug des Nihil obstat zur Folge hat, kann nach Konkordatsrecht und Kirchenrecht zwar auch ohne vorangegangenes Lehrbeanstandungsverfahren erfolgen, die Verfahren vor der Glaubenskongregation und bei der Deutschen Bischofskonferenz stellen aber Verfahren der Konfliktbewältigung dar und sollen daher hier kurz vorgestellt werden.

Erst während des II. Vatikanischen Konzils waren die entsprechenden Weichen gestellt worden. Der damalige Kölner Erzbischof Josef Kardinal Frings[39] hatte anläßlich der Diskussion um das Dekret über die Hirtenaufgabe der Bischöfe eine Erneuerung der Verfahrensweise des Hl. Offiziums gefordert. Niemand solle bei dieser Behörde angeklagt oder gerichtet werden, bevor er und sein Oberhirte gehört und die Gründe, die gegen ihn geltend gemacht werden, ihm mitgeteilt worden sind. Der CIC/1917 hatte keine rechtlichen Normen für das

---

[38] *Richard Puza*, Die „Handreichung für die kirchliche Mitwirkung bei der Berufung von Theologieprofessoren" der Zentralstelle Bildung der Deutschen Bischofskonferenz von 1997, in: *Albert Franz* (Hg.), Bindung an die Kirche oder Autonomie? Theologie im gesellschaftlichen Diskurs, Freiburg 1999, 197-218.

[39] Acta Synodalia Sacrosancti Concilii Oecumenici Vaticani II, Città del Vaticano 1970 ff., Vol IV, 616; *Heribert Heinemann*, Schutz der Glaubens- und Sittenlehre, in: Handbuch des katholischen Kirchenrechts [HdbKathKR], hg. v. *J. Listl, H. Müller* u. *H. Schmitz*, Regensburg 1983, 715ff.

Verfahren vor dem Hl. Offizium beinhaltet. Bis 1971 gab es nur eine interne Verfahrensordnung. Das seit 1965 Kongregation für die Glaubenslehre genannte Hl. Offizium wurde aber verpflichtet, sich eine eigene Geschäftsordnung zu geben. Diese ist am 15. Januar 1971 erlassen worden (Kongregation für die Glaubenslehre, „Agendi ratio in doctrinarum examine" – „Neue Verfahrensordnung zur Prüfung von Lehrfragen")[40]. Im Jahr nach der Veröffentlichung der Verfahrensordnung der römischen Glaubenskongregation hat die Deutsche Bischofskonferenz für ihren Bereich ein Lehrbeanstandungsverfahren zunächst probeweise für drei Jahre eingerichtet. Die Ordnung ist in den Amtsblättern der Bistümer veröffentlicht worden. Seit dem Frühjahr 1981 liegt eine nunmehr endgültige Neufassung vor: „Lehrbeanstandungsverfahren bei der Deutschen Bischofskonferenz" vom 1. April 1981 mit endgültigem Text vom 4. Mai 1981[41]. Mittlerweile gibt es eine neue „Ordnung für die Lehrüberprüfung" der Kongregation für die Glaubenslehre vom 29. Juni 1997[42].

b. Die Ordnung für die Lehrüberprüfung der Kongregation für die Glaubenslehre von 1997

Die Ordnung wurde klarer nach den einzelnen Verfahrensabschnitten abgefaßt und damit transparenter. Die Stellung des Autors und des Diözesanbischofs wurde verbessert. Am Anfang stehen die Vorprüfung und das Studium durch das Ufficio.

aa. Der Brief

Das Ufficio, die sachlich zuständige Abteilung der Kongregation, untersucht zuerst die Schriften und Lehrmeinungen und legt das Ergebnis dem Kongreß (er setzt sich aus dem Kardinalpräfekten, dem Sekretär, dem Prosekretär und anderen leitenden Beamten der Kongregation zusammen) vor. Dieser entscheidet, ob nur beim zuständigen Ordinarius (Diözesanbischof) zu intervenieren ist oder ob eines der beiden förmlichen Verfahren einzuleiten ist. Im ersten Fall wird der Autor über seinen Ordinarius aufgefordert, die nötigen Klarstellungen vorzunehmen, die anschließend dem Urteil der Kongregation zu unterbreiten sind.

---

[40] AAS 63 (1971), 234-236; Nachkonziliare Dokumentation [NKD] 37.
[41] Kirchliches Amtsblatt der Diözese Essen 24 (1981), 95ff.
[42] Osservatore Romano Nr. 199 vom 30. August 1997, 4.

bb. Das dringliche Lehrprüfungsverfahren

In der römischen Verfahrensordnung wird zwischen dem ordentlichen und dem dringlichen Verfahren unterschieden. Das dringliche Verfahren ist nur dann anzuwenden, *wenn eine Schrift offensichtlich und sicher Irrtümer enthält und wenn durch deren Verbreitung ein schwerer Schaden für die Gläubigen entstehen könnte oder bereits entstanden ist.* Es obliegt dem Kongreß zu entscheiden, ob das ordentliche oder dringliche Verfahren angewendet wird. Wird der Weg des dringlichen Verfahrens beschritten, so wird, nach Beratung in der ordentlichen Versammlung der Kardinäle und Approbation durch den Papst, der Ordinarius mit der Auflage benachrichtigt, den Autor, dessen Lehrmeinung beanstandet wird, zur Berichtigung seiner Irrtümer zu veranlassen. Nach Eingehen des Berichtes des Ordinarius entscheidet die ordentliche Versammlung der Kardinäle über das weitere Vorgehen. Sie legt ihre Entscheidung dem Papst zur Approbation vor.

cc. Das ordentliche Lehrprüfungsverfahren

In der Regel ist ein ordentliches Verfahren durchzuführen. Es besteht aus zwei Phasen: der internen, die aus der am Sitz der Kongregation vorgenommenen Voruntersuchung besteht, und der externen Phase, welche die Beanstandung und den Dialog mit dem Autor vorsieht. Die erste Phase beginnt damit, daß der Kongreß zunächst zwei Sachverständige und einen relator pro auctore bestellt. Letzterer hat die Aufgabe, die Interessen des Autors wahrzunehmen. Er ist aber kein echter Anwalt, da er von der Kongregation ohne Beteiligung des Autors bestellt wird. In der Regel kennt der Autor den Namen des Relators nicht. Die Sachverständigen haben die Aufgabe, *die entsprechenden Schriften einer Prüfung [zu] unterziehen, in einem eigenen Gutachten dazu Stellung [zu] nehmen und [zu] beurteilen, ob der Text mit der kirchlichen Lehre übereinstimmt.* Die Voten der Sachverständigen und die Stellungnahme des Relators werden der Versammlung der Konsultoren (Consulta) übergeben, welche für die Ordentliche Versammlung der Kongregation (Sessione ordinaria, regelmäßig stattfindende Versammlung der Mitglieder der Kongregation unter Vorsitz des Kardinalpräfekten) eine Stellungnahme vorbereitet. Zur Consulta werden der relator pro auctore sowie der Ordinarius des Autors eingeladen, und ebenso können die beiden Sachverständigen beigezogen werden. Es entscheiden aber die Konsultoren alleine, ob die Schrift lehrmäßige Irrtümer oder gefährliche Auffassungen enthält. *Diese sind im Licht der in der Professio fidei*[43] *enthaltenen unterschiedlichen Kategorien der Wahrheitsfindung konkret anzugeben.* Die ordentliche Versammlung der Kardinäle bildet sich ein Urteil, ob die Lehrmeinung der göttlichen Offenbarung bzw. dem kirchlichen Lehramt widerstreitet. Der Kardinalpräfekt legt das Ergebnis dem Papst zur Approbation vor.

dd. Der Dialog mit dem Autor

Ist das Ergebnis, daß die Lehrmeinung zu beanstanden ist, werden der Ordinarius des Autors oder die betreffenden Ordinarien sowie die zuständigen Römischen Dikasterien/Kongregationen unterrichtet. Dem Autor selbst wird durch den Ordinarius mitgeteilt, welche seiner Lehrmeinungen *zu beanstanden, irrig oder gefährlich* ist. Erst jetzt hat er Gelegenheit, sich im längst gegen ihn laufenden Verfahren zu äußern. Er kann sich schriftlich verteidigen, es kann aber auch ein Gespräch zwischen dem Autor, seinem Ratgeber, den der Autor sich mit Einverständnis des Ordinarius wählen kann, und Beauftragten der Glaubenskongregation geführt werden. Die schriftliche Antwort des Autors und ggf. das Ergebnis des Gesprächs werden vom Kongreß dahingehend geprüft, ob die Frage wegen neuer lehrmäßiger Elemente, die eine eingehendere Bewertung erfordern, erneut der Consulta vorzulegen ist. Dann könnten auch noch andere Fachleute und der Ratgeber des Autors beigezogen werden. Es ist also durchaus sinnvoll, daß der Autor bzw. sein Ratgeber über den Ordinarius diese erneute Behandlung des Falles verlangen. Im anderen Fall wird die Frage erneut der Sessione ordinaria unterbreitet. Deren Entscheidung ist dem Papst zur Approbation vorzulegen und wird anschließend dem Ordinarius des Autors, der Bischofskonferenz und den zuständigen römischen Dikasterien mitgeteilt.

ee. Die Entscheidung der Kongregation

- Die Kongregation kann die Angelegenheit als erledigt betrachten, einfach nicht weiter verfolgen. Eine Mitteilung an den Ordinarius und den Autor, die in der Ordnung nicht expressis verbis vorgesehen ist, wäre dann zumindest notwendig.
- Sie kann im gegenteiligen Fall, also wenn die Lehre eines Autors beanstandet wird, zum Wohl der Gläubigen angemessene Maßnahmen ergreifen und auch die Veröffentlichung ihrer Entscheidung, als notificatio (auch auf der Homepage des Vatikans im Internet), anordnen.

---

[43] Vgl. AAS 81 (1989), 104f.

ff. Die Maßnahmen der Kongregation

Die Maßnahmen, die die Kongregation ergreifen kann, können zweifacher Natur sein: bei Häresie, Apostasie oder Schisma wird die latae sententiae zugezogene Strafe erklärt[44], ansonsten wird nach allgemeinem Recht vorgegangen (vgl. c. 1371 n. 1).

c. Das Lehrbeanstandungsverfahren bei der Deutschen Bischofskonferenz

Der Zweck dieses Verfahrens ist ein zweifacher. Erstens soll dem Autor, der mit dem Lehramt in Konflikt geraten ist, der dem heutigen Standard entsprechende *Rechtsschutz in zwei Richtungen* garantiert werden: Er kann selbst ein Verfahren einleiten und das Verfahren entspricht dem heutigen Rechtsempfinden und christlichen Ethos (Recht auf Gehör, Akteneinsicht, freigewählter Anwalt und Einrede gegen befangene Mitglieder der Theologen- und nunmehr auch Bischofskommission). Zweitens soll es dem zuständigen Diözesanbischof helfen, sein Lehr- und Hirtenamt wahrzunehmen. Bischof und Autor können erst nach einem klärenden Gespräch das Verfahren einleiten.

Gegenstand des Verfahrens ist durchgehend die Frage, *ob Lehren eines katholischen Autors der kirchlichen Glaubenslehre widerstreiten oder sie verfälschen.* Der Autor kann nicht gegen jede benachteiligende Maßnahme eines kirchlichen Amtsträgers, sondern nur gegen zu Unrecht erfolgte Beanstandungen seiner Lehre durch einen Ordinarius (Bischof) den Rechtsschutz des Lehrbeanstandungsverfahrens in Anspruch nehmen.

Beispiele sind der Entzug der Lehrbefugnis eines Professors der Theologie und die Verweigerung einer vom Autor erbetenen Maßnahme oder ihrer Unterlassung (z.B. wenn der zuständige Ortsbischof gegen die Nichtzulassung des Autors zur Zelebration einer Messe oder zur Predigt durch einen Pfarrer trotz Antrags des Autors keine Abhilfe schafft). Nach einer Ergänzung der Verfahrensordnung, die durch den Ständigen Rat der Deutschen Bischofskonferenz erfolgte, unterliegt die Verweigerung oder der Entzug der missio canonica für Religionslehrer nicht dem Lehrbeanstandungsverfahren.

Wie läuft das Verfahren ab? Drei Gremien sind daran beteiligt: die Glaubenskommission der Deutschen Bischofskonferenz, eine Theologenkommission und die Bischofskommission. Die Glaubenskommis-

---

[44] Vgl. Art. 28 u. 29 der neuen Ordnung, die vom Papst *in forma specifica* approbiert wurden.

sion hat die Zulässigkeit des Antrages zu prüfen und entscheidet über die Eröffnung oder Nichteröffnung des Verfahrens. Soll das Verfahren eröffnet werden, bestellt sie eine Theologenkommission, die Berichterstatter und ggf. den Anwalt und berät die Bischofskommission. Der Theologenkommission gehören fünf Mitglieder an. Sie wählt aus ihrer Mitte einen Vorsitzenden. Beteiligter Ordinarius und Autor haben das Recht der Befangenheitseinrede. Die Theologenkommission prüft die beanstandeten Äußerungen des Autors, diskutiert die beanstandeten Lehren mit dem Autor und seinem Anwalt sowie mit dem Bischof und seinem theologischen Berater. Sie erstellt der Bischofskommission ein Gutachten, ob die Äußerungen des Autors im Widerspruch zur kirchlichen Glaubenslehre stehen oder ob sie diese verfälschen. Die Bischofskommission besteht ebenfalls aus fünf Mitgliedern. Sie entscheidet schließlich aufgrund des Gutachtens der Theologenkommission und eines Gesprächs mit dem beteiligten Ordinarius und dem Autor und schlägt dem beteiligten Ordinarius Maßnahmen vor. Die Entscheidung der Bischofskommission wird dem Ordinarius und dem Autor zugestellt. Gegen die Entscheidung ist Rekurs an die Kongregation für die Glaubenslehre möglich.

Lag bereits in der Fassung von 1972 eine vorbildliche Verfahrensordnung vor, so wurde diese durch die Fassung von 1981 noch verbessert. Bischofskommission und Glaubenskommission werden personell stärker voneinander abgehoben. Damit wird eine Verwischung der Kompetenzen besser vermieden. Alle zur Ingangsetzung des Verfahrens erforderlichen Schritte werden von der Glaubenskommission gesetzt. Auch die Berichterstatter und nötigenfalls der Anwalt werden nun durch sie bestellt. Die Bischofskommission wird en bloc auf fünf Jahre bestellt. Die Verfahren müssen in der gleichen Besetzung zu Ende geführt werden. Die Theologenkommission hat der Bischofskommission jetzt nicht mehr ein Votum, sondern ein begründetes Gutachten abzugeben. Damit wird ihre argumentative Funktion als Repräsentant der Wissenschaft besser betont und gleichzeitig auch schon der Anschein, als würden im Lehrbeanstandungsverfahren zwei Instanzen entscheiden, vermieden.

d. Warum keine grundsätzliche Erstzuständigkeit der Teilkirche?

Das Verhältnis von Universalkirche und Ortskirche wird in der oben besprochenen Ordnung der Glaubenskongregation für die Lehrüberprüfung nun schon in der Präambel ausdrücklich angesprochen. Die bischöfliche Lehraufsicht wird hervorgehoben und das Recht der Bischöfe betont, *sich auch der Glaubenskommissionen zu bedienen, die institutionalisierte Beratungsorgane für die Bischofskonferenzen und die einzelnen Bischöfe in ihrer Sorge um die Glaubenslehre darstellen.* Gleichzeitig wird aber hervorgehoben, daß *der Hl. Stuhl zu jeder Zeit intervenieren kann.* Als Begründung für eine Intervention wird angeführt, daß *der Einfluß einer Veröffentlichung über die Grenzen einer Bischofskonferenz hinausgeht oder der Glaube einer besonders schweren Gefahr ausgesetzt ist.* Die Eigenverantwortung des Diözesanbischofs und der Bischofskonferenz wird durch diese pragmatische Argumentation gestärkt, die Erstzuständigkeit der Glaubenskongregation klar umschrieben. Trotzdem wäre zu fragen, ob es rechtlich und ekklesiologisch wirklich unmöglich ist, vorzusehen, daß Lehrbeanstandungsverfahren in der Regel zunächst auf der Ebene der Teilkirche durchgeführt werden.

6. *Schlußbemerkungen: Mehr Kommunikation, Kollegialität und Konsultation*

Es ließen sich hier mehrere Möglichkeiten der Lösung von Verfassungs- und Sachkonflikten in der Kirche ansprechen. Defizite haben sich vor allem in der am modernen Rechtsstand gemessen mangelhaften Ausgestaltung der Verfahren und oft nicht vorhandener Transparenz gezeigt, aber auch in der oft mangelnden Bereitschaft römischer Dikasterien, den „Weg der Kollegialität" zur Klärung drängender Fragen mit rechtlich-pastoraler Konsequenz zu gehen. Es soll hier ausdrücklich nochmals auf „Dominus Jesus" verwiesen werden.

Nicht weiter ausgeführt wurde die Möglichkeit der Anstrengung von Verfahren vor den staatlichen Gerichten, ein Weg, der ja im Bereich der Katholisch-Theologischen Fakultäten denkbar wäre.

Zum Schluß seien noch zwei Aspekte hervorgehoben:

1. Man wird in der Kirche nicht darauf verzichten können, sich auf flexiblere Gesprächs- und Kommunikationsmethoden einzulassen[45].

2. Drängende Fragen mit rechtlich-pastoraler Konsequenz, und dazu zählen ganz besonders die Ökumene und der interreligiöse Dialog, müssen „im Wege der Kollegialität", d.h. wenn nicht im Wege eines Generalkonzils (cc. 337ff.), so wenigstens Briefkonzils (c.

---

[45] K. Nientiedt, (Anm. 3), 487.

337 § 2) oder zumindest umfassender Konsultation der Teilkirchen behandelt werden. Das folgt aus der eingangs dieses Artikels postulierten Verbindung der Ekklesiologie der Ortskirche (Vatikanum II, LG 23 und CD 11) mit der kanonistischen Tradition der rechtlichen Eigenständigkeit der Teilkirchen.

VIII

Liturgie in der Weite der Catholica?

Fortschreitende Mißachtung und endgültige Aufhebung
eines Konzilsbeschlusses

von Reiner Kaczynski, München

In einer Grußadresse zum Auftakt eines dreitägigen Kongresses von
über 200 Bischöfen, Theologen und Historikern zur Beratung über die
Umsetzung des Zweiten Vatikanums 35 Jahre nach dessen Abschluß
schrieb der französische Kurienkardinal Roger Etchegaray, der Präsi-
dent des Komitees für das „Große Jubiläum des Jahres 2000", in An-
spielung auf die gleichzeitig stattfindende Pilgerreise des Papstes zum
Sinai, das Konzil sei ein Gipfelereignis gewesen, bei dem Gott, ähnlich wie seinerzeit vom Berg Sinai, den Weg für sein Volk gewiesen
habe. Dank des Konzils habe die Kirche die Spuren des Evangeliums
wiedergefunden. Die Kirche müsse sich auf ihre Zeit einlassen und zugleich ihr eigentliches Wesen und ihre sakramentale Dimension zeigen. In einem Moment, in dem sich das Konzilsereignis zu entfernen
scheine, sei es nötig, das Zweite Vatikanum als Ausgangspunkt für
den Weg der Kirche ins dritte Jahrtausend zu begreifen.[1] Mit Nachdruck bekannte sich auch Papst Johannes Paul II. in der Abschlußrede
des Kongresses „zu den Ergebnissen dieses Konzils und warnte davor,
es einseitig und voreingenommen zu interpretieren".[2]

Es wäre zu erwarten, daß die vatikanischen Dienststellen, zumal sie
sich selbst oft genug als „die Kirche" bezeichnen, bei dieser Besinnung auf das Zweite Vatikanum mit gutem Beispiel vorangingen. Daher sollen hier bezüglich des für das Leben der Kirche entscheidenden
Konzilsbeschlusses über Zuständigkeit und Verfahrensweise bei der

---

[1] Vgl. KNA-Meldung vom 26. Februar 2000.

[2] Bischöfe und Theologen diskutieren über das Konzil: L'Osservatore Romano. Wo-
chenausgabe in deutscher Sprache, 30. Jg., Nr. 9 (3.3.2000), 1.

Übersetzung liturgischer Texte in die Volkssprachen die Maßgaben Papst Pauls VI. und des von Papst Johannes Paul II. erlassenen Codex Iuris Canonici von 1983 sowie die Maßnahmen der für die Liturgie des römischen Ritus zuständigen vatikanischen Kongregationen dargestellt werden.

1. Die Liturgiekonstitution des Zweiten Vatikanums, Art. 36.

Josef Andreas Jungmann schreibt in seinem Kommentar zu Art. 36 der Liturgiekonstitution, daß die Konzilsväter sich mit diesem Artikel dem Gegenstand zuwandten, „auf den die Reformgedanken seit Jahrzehnten immer wieder hinausliefen und von dem jedermann wußte, daß er der schwierigste Punkt in der liturgischen Reformarbeit des Konzils werden mußte", der Sprache im Gottesdienst.[3] Während § 1 von Art. 36 – der Gebrauch der lateinischen Sprache soll in den lateinischen Riten erhalten bleiben – und § 2 – der Muttersprache soll ein weiterer Raum zugebilligt werden – keines Kommentars bedürfen, sind §§ 3 und 4 genau zu betrachten:

§ 3. Huiusmodi normis servatis, est competentis auctoritatis ecclesiasticae territorialis, de qua in art. 22 § 2, etiam, si casus ferat, consilio habito cum Episcopis finitimarum regionum eiusdem linguae, de usu et modo linguae vernaculae statuere, actis ab Apostolica Sede probatis seu confirmatis.

Die offizielle deutsche Übersetzung lautet:

§ 3. Im Rahmen dieser Regeln kommt es der für die einzelnen Gebiete zuständigen kirchlichen Autorität zu, im Sinne von Art. 22 § 2 – gegebenenfalls nach Beratung mit den Bischöfen der angrenzenden Gebiete des gleichen Sprachraumes – zu bestimmen, ob und in welcher Weise die Muttersprache gebraucht werden darf. Die Beschlüsse bedürfen der Billigung, das heißt der Bestätigung durch den Apostolischen Stuhl.

---

[3] Lexikon für Theologie und Kirche. Das Zweite Vatikanische Konzil. Dokumente und Kommentare [LThK.E], hg. v. *H.S. Brechter* u.a., 3 Bde., Freiburg 1966-68, hier: 1,41; vgl. zum folgenden ferner *E.J. Lengeling*, Die Konstitution des Zweiten Vatikanischen Konzils über die heilige Liturgie (Reihe Lebendiger Gottesdienst 5/6), Münster ²1965, 81-85; *F. Nikolasch*, Das liturgische Recht zwischen Liturgiekonstitution und neuem Kodex, Liturgisches Jahrbuch [LJ] 43 (1993) 141-159.

Die Commissio liturgica praeparatoria hatte den zweiten Satzteil im dritten und endgültigen Schema (11.-13. Januar 1962) folgendermaßen formuliert: Aufgabe der Bischofskonferenz sei es, „Grenzen und Art der Zulassung der Muttersprache zur Liturgie zu bestimmen (statuere); die Beschlüsse bedürfen der Überprüfung durch den Heiligen Stuhl (actis a Sancta Sede recognitis)"; dabei wurde auf CIC 1917, can. 291 verwiesen, wo die Überprüfung der Akten von Plenar- und Provinzial-konzilien durch die Konzilskongregation vorgeschrieben war.[4] Die von Kardinal Carlo Confalonieri geleitete „Unterkommission zur Verbes-serung der Schemata" veränderte den Text, bevor er den Konzilsvätern vorgelegt wurde, dahingehend, daß es Aufgabe der Bischofskonferenz sein solle, „Grenzen und Art der Zulassung der Muttersprache zur Li-turgie dem Heiligen Stuhl vorzuschlagen (Sanctae Sedi proponere)".

Die Väter kämpften in der Aula zunächst dagegen an, daß den Bi-schofskonferenzen ein bloßes Vorschlagsrecht hinsichtlich der Gren-zen und der Art der Zulassung der Muttersprache eingeräumt werden solle, da ein solches schließlich auch jedem Laien zustehe. Das Wort „proponere" (vorschlagen) müsse wieder durch das Wort „statuere" (bestimmen) ersetzt werden, auch von den „Grenzen der Zulassung" wurde dann nicht mehr geredet, sondern „de usu et modo linguae ver-naculae" (ob und in welcher Weise die Muttersprache gebraucht wer-den solle). Die Konzilsväter waren aber auch nicht mit der von der Vorbereitenden Liturgiekommission vorgeschlagenen Formulierung „actis recognitis" einverstanden, da dieser Ausdruck „zu unbestimmt" (J.A. Jungmann), „in etwa zweideutig" (E.J. Lengeling) erschien. Ebenfalls kam „actis approbatis" nicht in Frage, da es das Recht der Bischofskonferenzen eingeschränkt hätte. So wurde „actis probatis" vorgeschlagen und, um alle Fehldeutungen zu vermeiden, „seu confir-matis" erklärend hinzugefügt.[5] Diese Formulierung sollte auf ein

---

[4] Der Text findet sich in: Acta et documenta Concilio Oecumenico Vaticano II appa-rando [ADCOV] II, vol. 3,2,21; vgl. *E.J. Lengeling* (s. Anm. 3), 84.

[5] Vgl. LThK.E 1,42; *E.J. Lengeling* (s. Anm. 3), 85; *C. Braga* hält die Formulierung "actis ab Apostolica Sede recognitis" für "im wesentlichen gleichbedeutend" mit "actis ab Apostolica Sede probatis seu confirmatis", vgl. *ders.*, De lingua adhibenda, Ephe-merides liturgicae [EL] 78 (1964), 275-283, hier 281. Er erläutert dies jedoch, ohne das Wort confirmari zu gebrauchen: Die gesamte rechtliche Zuständigkeit liegt bei der Bischofskonferenz, "während der Apostolische Stuhl prüft (probat), d.h. sieht, ob alles entsprechend dem geltenden Recht erfolgt ist, und damit den rechtmäßig zustande gekommenen Beschlüssen die Kraft der höheren Autorität hinzufügt, so daß sie die einzelnen Bischöfe neu in Pflicht nehmen können: vgl. ebd., 277. Mögen aber die Be-

Recht hinweisen, „das die untergeordnete Autorität legitim festlegt und das die übergeordnete Autorität anerkennt und vollendet. Auf diese Weise wird eine mittlere Linie erreicht, da die untergeordnete Autorität Recht setzt und die übergeordnete Autorität eine neue rechtliche Kraft hinzufügt".[6] Außerdem mußte der Begriff „Bischofskonferenz", da das Konzilsdekret „Christus Dominus" noch nicht vorlag, durch „zuständige territoriale Autorität" ersetzt werden.

Die damit erhaltene Fassung von Art. 36 § 3 wurde am 5. Dezember 1962 von 2016 Vätern bei 56 Gegenstimmen und 10 ungültigen Stimmen angenommen.[7]

§ 4. *Conversio textus latini in linguam vernaculam in Liturgia adhibenda, a competenti auctoriate ecclesiastica territoriali, de qua supra, approbari debet.*

Die offizielle deutsche Übersetzung lautet:

§ 4. *Die in der Liturgie gebrauchte muttersprachliche Übersetzung des lateinischen Textes muß von der obengenannten für das Gebiet zuständigen Autorität approbiert werden.*

Aufgrund einer Intervention in der Aula sah die Liturgiekommission des Konzils sich veranlaßt, diesen Satz hinzuzufügen, mit dem sie das ausschließliche Recht der „zuständigen territorialen Autorität" (später Bischofskonferenz) auf Approbation der muttersprachigen Texte festschreiben wollte. Damit sollte eine „schädliche Freiheit in den Übersetzungen und eine Verschiedenheit, die den wahren Sinn und die Schönheit der Texte bisweilen zu bedrohen scheint", vermieden werden.[8]

Am 5. Dezember 1962 stimmten 2041 Väter (bei 30 Gegenstimmen und 8 ungültigen Stimmen) der Einfügung von § 4 zu und sprachen sich damit gegen eine rechtliche Zuständigkeit des Apostolischen Stuhles bei der Approbation von Übersetzungen aus.[9]

---

griffe "recognoscere" und "probare" auch beide "durchsehen", "prüfen", "untersuchen" bedeuten, so heißt doch nur "probare" auch "billigen", "genehmigen", "gutheißen" und wird in diesem Sinn durch das erklärende "confirmare" (bestätigen, bekräftigen) festgelegt.

[6] Acta synodalia sacrosancti Concilii Oecumenici Vaticani II [ASCOV] I/4, 288; *E.J. Lengeling* (s. Anm. 3), 85.

[7] Vgl. ASCOV I/4, 320.

[8] Ebd., 288.

[9] Vgl. ebd., 320; *F. Nikolasch* (s. Anm. 3), 147.

2. Das Motu proprio „Sacram Liturgiam"

In der Ausgabe vom 29. Januar 1964 der vatikanischen Zeitung L'Osservatore Romano erschien das von Papst Paul VI. „motu proprio" erlassene Schreiben, mit dem einige Bestimmungen der Liturgiekonstitution in Kraft gesetzt wurden. Dabei wurden ein erstes Mal Konzilsaussagen verfälscht.[10] Am gravierendsten war die Abänderung der Bestimmung von Art. 36 § 4 in Nr. IX des päpstlichen Schreibens: Alle von der zuständigen territorialen Autorität vorgeschlagenen (propositas) Übersetzungen seien vom Apostolischen Stuhl zu überprüfen und zu billigen (recognoscendas atque probandas). Damit sollte den Bischöfen das im Konzil festgelegte Approbationsrecht wieder genommen werden.

In einem Schreiben an den Substituten im Staatssekretariat, Erzbischof Angelo Dell'Acqua, protestierte der ernannte Leiter des römischen Liturgierats („Consilium ad exsequendam Constitutionem de sacra Liturgia"), Kardinal Giacomo Lercaro, gegen dieses Verfahren, mit dem die Konstitution, noch bevor sie in Kraft trat, modifiziert wurde. Man habe in Art. 36 § 4 die ursprünglich vorgeschlagene Hinzufügung, daß der Apostolische Stuhl die von der territorialen Autorität approbierte Übersetzung zu überprüfen habe, bewußt nicht übernommen. Denn das Konzil habe gewollt, daß die Übersetzungen von der territorialen Autorität approbiert werden, ohne daß sie dem Apostolischen Stuhl vorgelegt werden müssen. Er schlage vor, in der offiziellen Ausgabe des Motu proprio in den Acta Apostolicae Sedis die Übereinstimmung der Texte des Motu proprio und der Konstitution wiederherzustellen.[11]

Es gelang Kardinal Lercaro zwar in einer Audienz beim Papst am 15. Februar 1962, das Approbationsrecht der territorialen Autoritäten (Bischofskonferenzen) wiederherzustellen, nicht jedoch, die Verpflichtung zu streichen, die Übersetzungen aller liturgischen Texte in Rom zur Konfirmierung vorzulegen. Der endgültige Text des Motu proprio bestimmt, daß die „Übersetzungen von der für die einzelnen Gebiete zuständigen kirchlichen Autorität zu erstellen und zu appro-

---

[10] Zu den Vorgängen vgl. *F. Nikolasch* (s. Anm. 3), 149-153; *R. Kaczynski*, Verso la riforma liturgica, in: *G. Alberigo* (ed.), Storia del concilio Vaticano II, vol. 3, Bologna 1998, 209-276, hier 258-261, 269-276.

[11] Das Schreiben findet sich im Archiv des Istituto per le scienze religiose, Bologna: Fondo-Lercaro XXV 714.

bieren sind (conficiendas et approbandas) gemäß Art. 36 §§ 3 und 4. Die Beschlüsse bedürfen jedoch der Billigung, d.h. der Bestätigung (rite probanda seu confirmanda) durch den Apostolischen Stuhl gemäß demselben Art. 36 § 3. Wir schreiben vor, daß dieses Verfahren einzuhalten ist, sooft ein lateinischer liturgischer Text von der oben genannten rechtmäßigen Obrigkeit in die Landessprache übersetzt werden wird."[12]

3. Die späteren römischen Verlautbarungen zur Übersetzung liturgischer Texte

Während das Konzil beim Rituale (SC 63) und beim Stundengebet (SC 101) keinerlei Einschränkungen hinsichtlich der Teile gemacht hat, die in der Volkssprache vollzogen werden dürfen, so hat es bezüglich der Meßfeier nur von den Lesungen, dem Allgemeinen Gebet und „den Teilen, die dem Volk zukommen", gesprochen (SC 54) und beim Pontifikale nur die Ansprachen des Bischofs am Beginn der einzelnen Ordinationsfeiern erwähnt (SC 76). Die dem Volk bei der Meßfeier zukommenden Teile hat die 1. Instruktion zur ordnungsgemäßen Durchführung der Liturgiekonstitution „Inter Oecumenici" vom 26. September 1964 einzeln aufgeführt.[13]

Das Decretum typicum, mit dem den einzelnen Bischofskonferenzen der Gebrauch der Volkssprache in der Meßfeier erlaubt wurde, hat die Aufzählung im Sinn einer besseren Übersetzung des Ausdrucks der Liturgiekonstitution – „in partibus quae ad populum spectant" heißt nicht nur „in den Teilen, die dem Volk zukommen", sondern auch und besser „in den Teilen, die das Volk angehen" – um Tagesgebet, Gabengebet, Schlußgebet und Segensgebet über das Volk erweitert.[14] Am 27. April 1965 kam aufgrund einer besonderen Erlaubnis durch den Papst die Präfation hinzu.[15]

---

[12] *Paul VI.*, Litterae Apostolicae Motu proprio datae die 25 ianuarii 1964 "Sacram Liturgiam": Acta Apostolicae Sedis [AAS] 56 (1964), 139-144, hier 143: Enchiridion documentorum instaurationis liturgicae, hg. v. *R. Kaczynski*, Bd. I Roma 1976, Bd. II Roma 1988, Bd. III Roma 1997 [*Kaczynski*]; hier *Kaczynski* I 188.

[13] Vgl. Art. 57: *Kaczynski* I 255.

[14] Vgl. Notitiae 1 (1965), 9. Die zum Chor verpflichteten klerikalen Ordensgemeinschaften wurden in der von der Riten- und der Religiosen-Kongregation zusammen mit dem Liturgierat herausgegebenen Instruktion "In edicendis normis" vom 23. November 1965, Art. 1 und 17 (*Kaczynski* I 506 und 522) dazu verpflichtet, Stundengebet und

Mit der 2. Instruktion zur ordnungsgemäßen Durchführung der Liturgiekonstitution „Tres abhinc annos" vom 4. Mai 1967 folgte die Zulassung der Volkssprache für den Canon Missae, für alle Ordinationen sowie für die Lesungen des Stundengebets auch im Chor.[16] Damit war für alle Liturgiefeiern im römischen Ritus die Verwendung der Volkssprache erlaubt. Gegen die ob der einschlägigen Maßnahmen erhobenen Vorwürfe nahm Paul VI. das „Consilium" und seinen Vorsitzenden, Kardinal Giacomo Lercaro, öffentlich in Schutz.[17]

Für die Bischofskonferenzen ergab sich ein immer größeres Arbeitspensum hinsichtlich Erstellung und Herausgabe der volkssprachigen liturgischen Bücher. Zuerst mußten die vorkonziliaren liturgischen Bücher übersetzt werden, bevor von 1969 an die nach dem Konzil neu erarbeiteten Bücher übersetzt und adaptiert werden konnten.

Hatte bereits die Liturgiekonstitution in Art. 36 § 3 den zuständigen territorialen Autoritäten dazu geraten, ihre Maßnahmen hinsichtlich des Gebrauchs der Volkssprache in der Liturgie „gegebenenfalls nach Beratung mit Bischöfen der angrenzenden Gebiete des gleichen Sprachraumes" zu treffen,[18] so legte der römische Liturgierat von Anfang an Wert darauf, daß, „während die jahrhundertealte Einheit der liturgischen Sprache schwindet (dum saecularis unitas linguae liturgicae labitur)", in Gebieten mit derselben Sprache möglichst nicht mehrere Übersetzungen, Texte und Ausgaben für ein und dieselbe Sprache – es werden eigens die Länder erwähnt, in denen Englisch, Französisch, Deutsch und Spanisch gesprochen wird – im Gottesdienst verwendet werden, sondern daß vielmehr eine Einheitlichkeit der liturgischen Texte über die Landesgrenzen hinweg angestrebt wird.[19] Man wünschte für jedes Sprachgebiet eine gemischte Kommission, in

---

Konventmesse in lateinischer Sprache zu halten; vgl. auch den Brief Pauls VI. an die Generaloberen der Klerikergemeinschaft mit Verpflichtung zum Chorgebet "Sacrificium Laudis" vom 15.8.1966 (*Kaczynski* I 675-680).

[15] Vgl. Notitiae 1 (1965), 140 (n. 22). 149.

[16] Vgl. Art. 28: *Kaczynski* I 837.

[17] Vgl. die Ansprache des Papstes an das "Consilium" vom 19.4.1967: *Kaczynski* I 802-807, hier 804.

[18] Vgl. auch die Instruktion "Inter Oecumenici, Art. 41 c: *Kaczynski* I 238 c.

[19] Vgl. das Schreiben des Vorsitzenden des Liturgierats an die Vorsitzenden der Bischofskonferenzen vom 16. Oktober 1964: *Kaczynski* I 298; vgl. auch die Ansprache *Pauls VI.* an die Teilnehmer des Übersetzerkongresses vom 10. November 1965: *Kaczynski* I 484.

der sich Bischöfe und Fachleute aus verschiedenen Ländern zum Zweck der Erstellung einheitlicher liturgischer Texte treffen.[20] Wegen der großen Schwierigkeiten, vor allem in weit auseinanderliegenden Gebieten mit der gleichen Sprache, einheitliche liturgische Texte zu schaffen, hat man sich später damit begnügt, die Einheitlichkeit nur für den Ordo Missae und für Texte, an denen sich das Volk unmittelbar beteiligt, zu fordern.[21]

Wegen der sich überall ergebenden Schwierigkeiten, die lateinischen liturgischen Texte sinngemäß in die jeweils zeitgemäße lebende Sprache zu übertragen, hielt der Liturgierat es für angebracht, all jene, denen die Aufgabe der Übersetzung in die verschiedenen Sprachen zufiel, vom 9. bis 13. November 1965 nach Rom zu einem Kongreß einzuladen, auf dem die sich bei der Übersetzung ergebenden Probleme dargelegt und diskutiert werden sollten. Es nahmen 69 Bischöfe, 167 Priester und Ordensleute und 13 Laien aus 69 Nationen aller fünf Kontinente teil. Die Akten des Kongresses sind vollständig dokumentiert.[22] Die für die Weiterarbeit an den Übersetzungen wichtige Instruktion über die Übersetzung liturgischer Texte für Feiern mit dem Volk wurde etwas mehr als drei Jahre nach dem Kongreß, am 25. Januar 1969, in französischer Sprache vom Liturgierat veröffentlicht. Sie trägt zwar keine Unterschrift, ist aber nach Aussage des Begleitbriefes vom Papst approbiert worden.[23] Vor allem wird durch diese Instruktion die freie Übertragung alter lateinischer Texte ermöglicht (Art. 34) und am Schluß ein Bekenntnis dazu abgelegt, daß man sich „für die Feier einer von Grund auf erneuerten Liturgie nicht mit Über-

---

[20] Vgl. den Brief des Vorsitzenden des Liturgierats an die Vorsitzenden der Bischofskonferenzen vom 21. Juni 1967: *Kaczynski* I 981, sowie die sog. Übersetzer-Instruktion vom 25. Januar 1969, Art. 41f.: *Kaczynski* I 1240f.

[21] Vgl. die Instruktion der Gottesdienstkongregation über die schrittweise Einführung der Apostolischen Konstitution "Missale Romanum" vom 20. Oktober 1969, Art. 4: *Kaczynski* I 1975, sowie die diesbezüglichen Richtlinien vom 6. Februar 1970: *Kaczynski* I 2050-2055.

[22] Vgl. Le traduzioni dei libri liturgici. Atti del Congresso tenuto a Roma il 9-13 novembre 1965, Città del Vaticano 1966; vgl. die Berichte in Notitiae 1 (1965) 203-206.273-276, sowie in: *A. Bugnini*, La riforma liturgica (1948-1975), Roma ²1997, 223-226; *ders.*, Die Liturgiereform 1948-75. Zeugnis und Testament, Freiburg 1988, [*Bugnini* L] 240-243.

[23] Die Instruktion findet sich in *Kaczynski* I 1200-1242; deutsch in: Nachkonziliare Dokumentation 46, Trier 1976, 107-135. Zur Approbation durch den Papst vgl. *A. Bugnini* (s. Anm. 22), 238-242, hier 239; *Bugnini* L, 257-260, hier 257f.

setzungen begnügen (kann); Neuschöpfungen sind erforderlich" (Art. 43).

Liturgierat und Gottesdienstkongregation äußerten sich zu zwei weiteren Problemen der Übersetzung, nämlich am 10. August 1967 zur Übertragung des Römischen Kanons[24] und am 15. September 1969 zur vollständigen Wiedergabe des Inhalts lateinischer liturgischer Bücher in den volkssprachigen Ausgaben.[25] Beide Institutionen konnten in Ruhe unter dem Wohlwollen des Papstes ihren Dienst für die Kirche tun. Da kam es plötzlich zu einem ärgerlichen Zwischenfall, von dem A. Bugnini selbst berichtet: Am 11. Oktober 1972 schrieben acht Mitglieder der Internationalen Theologenkommission unmittelbar an den Papst und äußerten ihre Besorgnis „hinsichtlich der Einheit und Reinheit des katholischen Glaubens", der durch einige Übersetzungen gefährdet sei, die man für untauglich und höchst fragwürdig in wesentlichen Punkten des katholischen Glaubens halte. Der Brief warf auch ein schlechtes Licht auf die Tätigkeit der Gottesdienstkongregation, die sich zu sehr auf die örtlichen Autoritäten verlasse und die Überprüfung der übersetzten liturgischen Texte nicht mit der nötigen Strenge durchgeführt habe.[26] Der Brief gelangte vom Papst über den Kardinalstaatssekretär an die Gottesdienstkongregation und führte zu einem heftigen Briefwechsel zwischen jenen Theologen, der Glaubenskongregation und der Gottesdienstkongregation.[27]

---

[24] Vgl. die Mitteilung des Sekretärs des Liturgierats an die Vorsitzenden der Bischofskonferenzen: *Kaczynski* I 983-988.

[25] Vgl. die Erklärung der Gottesdienstkongregation: *Kaczynski* I 1963-1965.

[26] Die keine zehn Mitarbeiter zählende Kongregation hätte sich dazu weder personell in der Lage gesehen noch für befugt gehalten, die Approbation liturgischer Texte, wie etwa im deutschen Sprachgebiet durch 120 Bischöfe geschehen, zu "überprüfen". Sie verstand, dem Konzilswillen entsprechend, ihre Aufgabe als "Konfirmierung", d.h. Bestätigung der bereits von den Bischöfen approbierten Texte. – Es gibt keinen Grund dafür, daß die römischen Behörden heutzutage dieses Vertrauen, das sie afrikanischen und asiatischen Bischöfen in Ländern, deren Sprachen in Rom unbekannt sind, selbstverständlich entgegenbringen (müssen), Bischöfen jener Länder, in denen die großen europäischen Sprachen gesprochen werden, verweigern (vgl. S. 180-185).

[27] Vgl. Anm. 35. – Sicher ist, daß Prof. Dr. Joseph Ratzinger einer der acht Theologen war und auch Prof. Dr. Jorge Medina Estévez zu ihnen gehörte. Weitere fünf Namen (H. de Lubac SJ, Ph. Delhaye, M.-J. Le Guillou OP, L. Bouyer Or, H.U. von Balthasar) lassen sich dem in Anm. 42 angegebenen Abschnitt des Buches von J. Kardinal Ratzinger entnehmen; hinzu kam noch A.H. Maltha OP. Es liegt nahe, diesen Angriff auf A. Bugnini vom 11. Oktober 1972 als einen ersten Schritt zu dessen genau 2 ¾ Jahre später am 11. Juli 1973 erfolgten Absetzung zu verstehen.

Erschwerend kamen die Proteste gegen die englische Übersetzung des Begleitwortes zur Firmsalbung hinzu. Die Übersetzung war von der Glaubenskongregation genehmigt und von der Gottesdienstkongregation konfirmiert worden, entfernte sich aber nach Auffassung der Gegner zu weit vom lateinischen Originaltext. Schließlich nahm man doch den bereits genehmigten Text an, während die Glaubenskongregation am 23. Mai 1973 erklärte, sie erteile lediglich das „Nihil obstat". Am 20. Juli 1973 forderte das Staatssekretariat eine nochmalige Überprüfung des englischen Textes und gab folgende Entscheidung des Papstes bekannt: „In Zukunft wird es angebracht sein, die Approbation der liturgischen sakramentalen Formeln dem Papst zu reservieren."[28]

Am 25. Oktober 1973 teilte die Gottesdienstkongregation die Entscheidung des Papstes den Bischofskonferenzen mit: In den großen europäischen Sprachen werden die für die Gültigkeit der Feier der Sakramente nötigen Worte in Zukunft von der Gottesdienstkongregation in Beratung mit den betreffenden Bischofskonferenzen übersetzt und vom Papst approbiert.[29] Damit wurde knapp zehn Jahre nach Verabschiedung der Liturgiekonstitution das vom Konzil den territorialen Autoritäten (Bischofskonferenzen) zugebilligte Approbationsrecht eingeschränkt.

Es dauerte weitere zehn Jahre, bis von einem Recht der Bischofskonferenzen, volkssprachige liturgische Texte zu approbieren, überhaupt nicht mehr die Rede war. Der mit Datum vom 25. Januar 1983 veröffentlichte CIC bestimmt in can. 838:

> *§ 2. Apostolicae Sedis est sacram liturgiam Ecclesiae universae ordinare, libros liturgicos edere eorumque versiones in linguas vernaculas recognoscere, necnon advigilare ut ordinationes liturgicae ubique fideliter observentur.*
>
> *§ 3. Ad Episcoporum conferentias spectat versiones librorum liturgicorum in linguas vernaculas, convenienter intra limites in ipsis libris liturgicis definitos aptatas, parare, easque edere, praevia recognitione Sanctae Sedis.*

---

[28] Vgl. *A. Bugnini* (s. Anm. 22), 243-246, hier 244; *Bugnini* L, 262-266, hier 263. Natürlich tut dies nicht der Papst persönlich, sondern die Glaubenskongregation in seinem Auftrag.

[29] Vgl. das wegen der Vakanz der Präfektur der Gottesdienstkongregation vom Kardinalstaatssekretär unterzeichnete Schreiben der Gottesdienstkongregation an die Vorsitzenden der Bischofskonferenzen vom 25. Oktober 1973: *Kaczynski* I 3110-3114.

Die Übersetzung lautet:

§ 2. Sache des Apostolischen Stuhles ist es, die heilige Liturgie der ganzen Kirche zu ordnen, die liturgischen Bücher herauszugeben und ihre Übersetzungen in die Volkssprachen zu überprüfen sowie darüber zu wachen, daß die liturgischen Ordnungen überall getreu eingehalten werden.

§ 3. Die Bischofskonferenzen haben die Übersetzungen der liturgischen Bücher in die Volkssprachen zu besorgen und sie dabei innerhalb der in diesen liturgischen Büchern festgelegten Grenzen in angemessener Weise ihren Verhältnissen anzupassen; diese Übersetzungen haben sie nach vorgängiger Überprüfung durch den Heiligen Stuhl herauszugeben.

Danach werden liturgische Bücher nur noch in Rom herausgegeben, gibt es liturgische Bücher überhaupt nur noch in lateinischer Sprache, und dies anscheinend nicht nur für die lateinische, sondern für die ganze Kirche, deren (Ecclesiae universae!) Liturgie zu ordnen angeblich Sache des Apostolischen Stuhles ist. Im übrigen hat der Apostolische Stuhl zu überprüfen (recognoscere), weil man offensichtlich den Bischöfen nicht vertraut.

Die Bischofskonferenzen können nur Übersetzungen der liturgischen Bücher in die Volkssprache besorgen (parare) und dürfen diese Übersetzungen, die aber nicht als „liturgische Bücher" gelten, nach Überprüfung durch den Heiligen Stuhl herausgeben. Gemäß diesen Worten des bezüglich der liturgischen Bücher grundlegenden can. 838 des Rechtsbuches der lateinischen Kirche wird Liturgie im deutschen Sprachgebiet anscheinend nicht mehr nach liturgischen Büchern gefeiert. Priester, die sich für Gottesdienstfeiern eigene Bücher zurechtlegen, könnten – streng genommen – nicht mit dem Hinweis, sie hielten sich nicht an die liturgischen Bücher, gemaßregelt werden.[30]

Rom hat sich genau das wieder angemaßt, was ihm nach dem CIC von 1917 can. 1257 zwar bereits zustand, ihm jedoch die Mehrheit der Väter des Zweiten Vatikanums in zähem Ringen entzogen hatte. Der Konzilswille ist damit in eklatanter Weise mißachtet. Von bischöflichen Protesten gegen solches antibischöfliches Verhalten hörte man

---

[30] Andernorts (z.B. cann. 846 § 1; 850; 880 § 1; 1000 § 1; 1229) scheint der Codex auch muttersprachige Ausgaben als liturgische Bücher zu bezeichnen; vgl. *R. Kaczynski*, Notwendige Änderungen der liturgischen Bücher aufgrund des Codex Iuris Canonici von 1983: LJ 34 (1984), 84-99, hier 87.

nichts. Die Generation jener Bischöfe, die am Konzil teilgenommen haben, ist längst nicht mehr im Dienst. Trotz gegenteiliger Beteuerungen bedeutet den heutigen Vorstehern der Ortskirchen das Zweite Vatikanum und das, was es über die Liturgie als den „Höhepunkt, dem das Tun der Kirche zustrebt, und zugleich die Quelle, aus der all ihre Kraft strömt" (SC 10), gesagt hat, nicht mehr so viel, daß sie sich für die ihnen zugesprochenen Rechte einsetzen würden.

4. Die Zusammenarbeit der römischen Dienststellen für den Gottesdienst mit dem deutschen Sprachgebiet

Längere Zeit nach Verabschiedung der Liturgiekonstitution durch das Konzil hörte ich Kardinal Julius Döpfner einmal sagen, er sei überzeugt, daß die Liturgiekonstitution ohne A. Bugnini nicht die beschlossene Form erhalten hätte. Der Vincentiner Annibale Bugnini,[31] Schriftleiter der „Ephemerides Liturgicae", war 1948 von Pius XII. in die mit der Ritenkongregation verbundene Kommission für die Liturgiereform berufen worden, der die Erneuerung der Osternacht (1951) und der Karwoche (1955), die Vereinfachung der Rubriken (1960) und die Neuausgaben des Römischen Breviers (1961), des Römischen Pontifikale (1961/1962) und des Römischen Meßbuches (1962) übertragen worden waren. Im Juli 1960 ernannte ihn Papst Johannes XXIII. zum Sekretär der Liturgischen Vorbereitungskommission für das Zweite Vatikanum, im Januar 1962 legte er das in äußerst fruchtbarer Zusammenarbeit mit Fachleuten aus der ganzen Welt erarbeitete Schema für eine Liturgiekonstitution vor, das ohne Schwierigkeiten im März/April von der Zentralen Vorbereitungskommission verabschiedet und schließlich als erstes Schema im Oktober 1962 den Konzilsvätern zur Diskussion übergeben wurde.

Kuriale Machenschaften hatten dazu geführt, daß A. Bugnini als einziger Sekretär einer vorbereitenden Kommission nicht auch Sekretär der entsprechenden Konzilskommission wurde; er war nur zum gewöhnlichen Peritus ernannt. Gleichzeitig wurde er als Dozent für Liturgie an der Päpstlichen Lateran-Universität entpflichtet und man versuchte, ihm auch den Lehrstuhl an der Päpstlichen Universität Ur-

---

[31] Zur Person A. Bugninis vgl. *G. Pasqualetti*, Una vita per la liturgia, in: *P. Jounel – R. Kaczynski – G. Pasqualetti* (Hg.), Liturgia opera divina e umana (Bibliotheca ‚Ephemerides liturgicae' – Subsidia [BEL.S] 26), Roma 1982, 13-28, hier bes. 16-18.

baniana zu entziehen.[32] Während andere sich von A. Bugnini demonstrativ distanzierten, setzten sich, wie er selbst zu berichten wußte, die beiden führenden Periti des französischen und des deutschen Sprachgebietes, A.G. Martimort und J. Wagner, ebenso demonstrativ in der Aula neben ihn, was dieser ihnen nie vergaß. Als ihm Papst Paul VI. im Januar 1964 die Leitung des Sekretariats des Liturgierats übertrug, besaß er nicht nur das uneingeschränkte Vertrauen des Papstes, der sich bei ihm erkundigte, wer aus seiner Umgebung der Liturgiereform Schwierigkeiten bereite, um diesen baldmöglichst zu versetzen, sondern auch das seiner Mitarbeiter aus der ganzen Welt, denen auch er vorurteilsfrei vertraute.

Dies änderte sich auch nicht, als der Liturgierat am 8. Mai 1969 durch die Gottesdienstkongregation abgelöst wurde.[33] Als deren Sekretär übernahm A. Bugnini nur einen einzigen Mitarbeiter aus der früheren Ritenkongregation; im übrigen konnte das eingespielte Team des Sekretariats des Liturgierats weiterarbeiten. Neue Mitarbeiter aus dem französischen, englischen und schließlich (1971) auch deutschen Sprachgebiet kamen hinzu.

Es mußte rasch gearbeitet werden. Zur Konfirmierung eingereichte liturgische Texte durften nicht, wie das heute vielfach der Fall ist, jahrelang auf irgendwelchen Schreibtischen liegenbleiben.[34] Die zügige Arbeit aber geschah nicht auf Kosten der Genauigkeit. Dahingehende Vorwürfe, daß zu jener Zeit liturgische Texte viel zu schnell konfirmiert worden seien, können nur aus Unkenntnis der damaligen Arbeitsweise erhoben werden. Als deutscher Mitarbeiter der Kongregation konnte ich an allen, gewöhnlich zweimal jährlich stattfindenden Kontaktsitzungen der „Internationalen Arbeitsgemeinschaft der Liturgischen Kommissionen im deutschen Sprachgebiet" (IAG) teilnehmen,

---

[32] Vgl. ebd., 19; ferner *A. Bugnini* (s. Anm. 22), 44, Anm. 5; *Bugnini* L, 51, Anm. 4.

[33] Vgl. *Kaczynski* I 1761-1773.

[34] Vgl. O.OrdinGerm approbiert 11. April 1971, konfirmiert 11. Mai 1971; F.Kindertaufe appr. 6. August 1971, konf. 28. September 1971; F.Begräbnis appr. 21. Mai 1972, konf. 4. Oktober 1972; F.Firmung appr. 30. November 1972, konf. 3. Januar 1973; F.Aufnahme appr. 2. Februar 1973, konf. 3. März 1973; F.Trauung appr. 23. September 1974, konf. 9. November 1974; F.Abtsweihe, F.Beauftragung, F.Ordensprofeß appr. 6. Januar 1974, konf. 25. Februar 1974. Länger dauerte die Konfirmierung nur bei F.Krankensalbung wegen der Überprüfung der Begleitworte zur Salbung durch die Glaubenskongregation: appr. 6. Januar 1974, konf. 7. Februar 1975, und beim Meßbuch wegen der Überprüfung der Eigentexte durch die Glaubenskongregation: appr. 23. September 1974, konf. 10. Dezember 1974.

die Entstehung der liturgischen Bücher verfolgen und auf den Sitzungen immer wieder die römischen Erwartungen erläutern. Ich erhielt schon vor der Approbation alle Vorlagen, kannte die Texte, die den Bischöfen zur Approbation vorgelegt wurden, sehr genau und berichtete in Rom immer wieder von der seriösen Arbeit der Kommission.

Es wurde in der IAG sehr ernsthaft gearbeitet, ohne daß das Abstimmungsverhalten der Mitglieder vorher abzusehen war. Die Berater hatten nicht nur in der IAG, sondern auch in den nationalen Liturgiekommissionen Stimmrecht. Und die Weihbischöfe schauten bei einer Frage nicht auf den Vorsitzenden – dieser war damals freilich auch kein Kardinal –, um sich dann seinem Votum anzuschließen. Ich konnte sodann, wenn eine Vorlage nach Rom gesandt wurde, sie bei der nächsten Sitzung der Kongregation vorstellen, für die Qualität der geleisteten Arbeit garantieren und erhielt umgehend den Auftrag, das Konfirmierungsdekret zu schreiben. A. Bugnini handelte nach dem Grundsatz „salus animarum suprema lex". Das mußte sich auf seine Mitarbeiter auswirken. Länger als einige Wochen mußte man im Sprachgebiet kaum auf eine Konfirmierung warten.

Neue Texte wie die Orationen zur Auswahl im Meßbuch mußten auch damals zuvor zur Begutachtung an die Glaubenskongregation weitergegeben werden. Sie wurden vom dortigen deutschen Mitarbeiter ebenfalls rasch bearbeitet.

Von 1971 bis 1976 wurden alle in dieser Zeit erschienenen lateinischen liturgischen Bücher, soweit sie bereits in einer definitiven ersten Auflage im deutschen Sprachgebiet erstellt und von den Bischöfen approbiert wurden, auch konfirmiert: Meßbuch und Lektionar, Rituale- und Pontifikalefaszikel. Die Tätigkeit der Kongregation wurde von Anfang an von deren Leitung eindeutig weder als kleinliche Überprüfung noch als Approbation, sondern als Billigung und Bestätigung verstanden. Und man fuhr gut mit dieser Vorgehensweise. Niemals kamen in dieser Zeit ernstzunehmende Klagen hinsichtlich der deutschen Übersetzungen unmittelbar an die Gottesdienstkongregation.[35]

---

[35] A. Bugnini warf daher den acht Mitgliedern der Theologenkommission, die sich beim Papst über die "untauglichen und höchst fragwürdigen" Übersetzungen beklagten (vgl. S. 168f.), vor, daß sie sich nicht an die Gottesdienstkongregation gewandt hätten, sondern unmittelbar zur höchsten Stelle gegangen seien (vgl. *A. Bugnini* [s. Anm. 22], 243, Anm. 30; *Bugnini* L 263, Anm. 29). Richtig wäre es allerdings gewesen, wenn sie sich an die Bischofskonferenzen gewandt hätten, die die Übersetzungen approbiert haben.

Dreimal nur gab es Schwierigkeiten, von denen zwei umgehend behoben waren; nur eine hat längere Verhandlungen des IAG-Sekretariats nötig gemacht.[36] In der IAG sah A. Bugnini immer wieder ein Vorbild für die gemischten Kommissionen in anderen Sprachgebieten. Dabei kam ihr natürlich zugute, daß das deutsche Sprachgebiet geographisch zusammenhängt und nicht wie andere große Sprachräume sich auf mehrere Kontinente verteilt.

Die Zufriedenheit mit der Arbeit in Deutschland hat jedenfalls bewirkt, daß die am 16. März 1971 gegebene Erlaubnis, „die jeweiligen Übersetzungen liturgischer Texte einen angemessenen Zeitraum hindurch in einem dem Ermessen der liturgischen Kommissionen der verschiedenen Länder des deutschen Sprachgebietes entsprechenden Rahmen praktisch zu erproben, bevor die endgültigen Textfassungen von den Bischofskonferenzen approbiert und dem Heiligen Stuhl zur Konfirmierung vorgelegt werden,"[37] in jenen Jahren nicht zurückgenommen wurde. Drei der damals als Studienausgaben erschienenen Bücher – Die Feier der Buße (1974), Die Feier der Eingliederung Erwachsener in die Kirche (1975), Kommunionspendung und Eucharistieverehrung außerhalb der Messe (1976) – sind heute noch im liturgischen Gebrauch.

Mit Schreiben vom 27. Februar 1976 gestattete die Kongregation für die Sakramente und den Gottesdienst sogar erstmals die Erarbeitung eines volkssprachigen liturgischen Buches unabhängig von einer lateinischen Modellvorlage, nämlich des deutschen Benediktionale, das mit Schreiben vom 21. Februar 1977 zum liturgischen Gebrauch

---

[36] 1. Der Kardinalpräfekt hatte beanstandet, daß im Buch für die Firmung die Ansprache des Bischofs im Anhang abgedruckt ist – ich war gar nicht auf den Gedanken gekommen, darauf als auf eine Abweichung zum lateinischen Original aufmerksam zu machen –, weil so der Bischof meinen könnte, nicht predigen zu brauchen. Ich beruhigte Kardinal Tabera mit dem Hinweis darauf, daß dies in Deutschland kaum denkbar sei, was er freilich nicht ganz einsehen wollte.

2. Die Übergabe des Äbtissinnenstabes, der im lateinischen Pontifikale nicht vorgesehen ist, wurde nur nach zähen Verhandlungen schließlich als Anpassung erlaubt.

3. Die Reduzierung einiger gebotener Gedenktage des Generalkalenders zu nichtgebotenen im Regionalkalender, weil auch die Heiligen der Region alle nur als nichtgebotene Gedenktage verzeichnet sind, machte erhebliche Schwierigkeiten und wurde schließlich auch nicht genehmigt.

[37] Der Brief wurde auf den ersten Seiten der Hefte mit den Studientexten jeweils abgedruckt.

zugelassen wurde. Im ersten Schreiben waren nur drei Bedingungen genannt worden:

1. Segnungen müssen als gemeinschaftliche Feiern konzipiert werden;
2. Das Wort Gottes soll einen gebührenden Platz erhalten;
3. Bei Segnungen von Gegenständen soll nicht über einen Gegenstand gebetet werden, sondern das Gebet soll sich auf die Menschen beziehen, die den Gegenstand gebrauchen.[38]

Wer die Praenotanda und Texte des 1984 erschienenen lateinischen Benediktionale mit dem deutschen Buch vergleicht, wird feststellen, daß dieses oft für das lateinische Buch Pate gestanden hat.

Die vertrauensvolle Zusammenarbeit der römischen Dienststelle für den Gottesdienst mit dem deutschen Sprachgebiet setzte sich zunächst auch nach deren mehrmaliger Umstrukturierung in zufriedenstellender Weise fort. Nachfolger von Erzbischof A. Bugnini wurde 1975 Mons. Virgilio Noè, der von 1982 bis 1989 auch als Erzbischof das Sekretariat leitete. Ihm folgten Erzbischof Lajos Kada (1989-1991) und Erzbischof Geraldo M. Agnelo (1991-1999). Die deutschen Belange waren bei den von der Deutschen Bischofskonferenz geschickten Mitarbeitern, Franz-Wilhelm Thiele und Wolfgang Fricke, in guten Händen. Auch sie verstanden es nicht als ihre Aufgabe, beckmesserisch die sorgfältig erstellten und von Bischöfen approbierten Übersetzungen liturgischer Texte auf wortwörtliche Übereinstimmung mit den lateinischen Texten hin zu kontrollieren.[39]

Wenn die zweite Auflage der „Feier der Trauung" zunächst von der Gottesdienstkongregation abgelehnt wurde, so lag dies am damaligen Mitarbeiter der Ständigen Kommission für die Herausgabe der liturgischen Bücher, dem die bereits approbierte Vorlage nicht gefiel. Er brachte sie persönlich nach Rom, bat aber dort darum, sie in dieser Fassung nicht zu konfirmieren. Die übrigen liturgischen Texte wurden jedoch auch nach Inkrafttreten des CIC von 1983 keiner kleinlichen Überprüfung unterzogen, sondern konfirmiert. Nur die zur Gültigkeit

---

[38] Vgl.: Das Benediktionale – eine Studienausgabe besonderer Art: Gottesdienst 13 (1979), 25f.

[39] Das Stundenbuch wurde in der Zeit vom 15. Februar bis zum 3. April 1978 approbiert und am 4. Mai 1978 konfirmiert, F.Trauung[2] in der Zeit vom 4. September 1991 bis zum 25. Februar 1992 approbiert und am 13. Februar und am 20. März konfirmiert. Länger dauerte das Verfahren bei F.Krankensakramente[2]: appr. 2. Februar 1993 bis 1. April 1993, konf. 17. Dezember 1993.

erforderlichen Passagen der Ordinationsgebete mußten durch die Glaubenskongregation auf ihre genaue Wiedergabe hin überprüft werden. Dies war, verglichen mit früheren Zeiten, ein umständliches Verfahren, dessen Ergebnis im Grund enttäuschend war. Der von den Bischöfen des deutschen Sprachgebietes approbierte Text des Pontifikale, der am 17. Juni 1992 an die Gottesdienstkongregation übersandt worden war, mußte, um dem bereits erwähnten Vorwurf zu begegnen, derartige Vorlagen seien in früheren Zeiten viel zu rasch konfirmiert worden und hätten in der kurzen Zeit gar nicht genau überprüft werden können, auf einem oder mehreren Schreibtischen der Gottesdienstkongregation eine gewisse Zeit liegenbleiben.

Aus der 533 Seiten umfassenden, von den Bischöfen in der Zeit vom 13. Januar bis 15. Juni 1992 approbierten Vorlage, die Ende Juni 1992 in Rom eingetroffen war, wurden im Oktober 1992 endlich jene 23 Zeilen, deren Approbation sich der Papst selbst vorbehalten hatte, der Kongregation für die Glaubenslehre zugeschickt, die am 18. Januar 1993 für diese Zeilen eine wortwörtliche Übersetzung forderte und daher einige „Korrekturen" verlangte. Am 28. Januar 1993 wurden die Ausstellungen der Glaubenskongregation, so unsinnig, ja falsch sie teilweise erschienen,[40] von der IAG stillschweigend berücksichtigt. Die Zeiten, in denen man gegen eine derartige Bevormundung der Bischofskonferenzen protestierte, scheinen endgültig vorbei zu sein. Man wollte die Angelegenheit rasch abschließen. Obwohl die Berücksichtigung der römischen Ausstellungen bereits einen Tag nach der Beschlußfassung (29. Januar 1993) nach Rom gemeldet wurde, erfolgte die Konfirmierung des Pontifikale erst am 19. Mai 1993.[41]

So theologisch unbefriedigend das Verfahren ist, sich allein auf die Worte zu konzentrieren, „die wesentlich und daher zur Gültigkeit unabdingbar sind", so froh war man doch, daß keine anderen Texte und vor allem keine Anpassungen aus dem so umfangreichen deutschen Pontifikale Anlaß zu Ausstellungen gaben.

---

[40] Vgl. die liturgischen Texte zur Bischofs-, Priester- und Diakonenweihe im Anhang dieses Aufsatzes.

[41] Vgl. zum Vorgang R. *Kaczynski*, Ein neues Pontifikale für die katholischen Bistümer des deutschen Sprachgebietes: LJ 43 (1993) 223-263, hier 234.

5. Wiederaufleben eines vorkonziliaren Zentralismus und Eingriff in die Kompetenzen der Partikularkirchen

5.1. Der neue Stil

Das im großen und ganzen gute Einvernehmen zwischen der Kirche im deutschen Sprachgebiet und anderen Partikularkirchen einerseits und der Kongregation für den Gottesdienst und die Sakramentenordnung andererseits änderte sich grundlegend, als mit dem 21. Juni 1996 der chilenische Erzbischof Jorge Medina Estévez Propräfekt (seit dem 23. Februar 1998 Präfekt) dieser Kongregation wurde. Über ihn schreibt Kardinal Joseph Ratzinger in seinen Lebenserinnerungen aus Anlaß der gemeinsamen Berufung in die Internationale päpstliche Theologenkommission: „Es war für mich eine große Ermutigung, daß viele die gegenwärtige Lage und unsere Aufgaben in ihr genauso beurteilten wie ich: [...] Jorge Medina, der aus Chile stammende und mir gleichaltrige Theologe, sah die Lage nicht anders als ich."[42]

Sekretär der Kongregation ist seit 1999 der Liturgiewissenschaftler Erzbischof Francesco Pio Tamburrino OSB, dessen Möglichkeiten freilich mit denen seiner Vorgänger nicht zu vergleichen sind, da der Präfekt sich nicht, wie man es in den römischen Kongregationen zumeist gewöhnt ist, auf Repräsentationspflichten beschränkt. Deutscher Mitarbeiter in der Kongregation ist seit 1997 der Kölner Priester Stefan Hünseler, der nicht mit der Liturgiewissenschaft vertraut ist.

Die Arbeitsweise der Kongregation hat sich insofern wesentlich geändert, als der Präfekt sich mit Dingen beschäftigt, die früher Mitarbeitern übertragen waren. Er prüft selbst die Eingaben der Bischofskonferenzen und meint, da er gewisse Sprachkenntnisse besitzt, alle großen europäischen Sprachen so zu beherrschen, daß er in diesen Sprachen abgefaßte liturgische Texte korrigieren kann. Er sieht selbst die liturgischen Zeitschriften durch, die an die Kongregation kommen, und gibt, wenn es ihm angebracht erscheint, kritische Stellungnahmen ab.[43]

---

[42] *J. Kardinal Ratzinger*, Aus meinem Leben. Erinnerungen (1927-1977), Stuttgart 1998, 155f.; vgl. auch Anm. 27.

[43] Der vom neuen (Pro-)Präfekten der Kongregation für den Gottesdienst und die Sakramentenordnung gepflegte zentralistische Stil zeigt sich bereits daran, wie er die Antworten ("Solutiones") auf die (zumindest teilweise wohl frei erfundenen) Anfragen ("Dubia") an die Kongregation verstanden wissen will. Während 32 Jahre zuvor die

Die drei Vorlagen, die während der Amtszeit von Kardinal Medina Estévez bisher vom deutschen Sprachgebiet bei der Kongregation eintrafen, wurden alle unbestätigt zurückgeschickt mit Ausstellungen, die weitgehend inakzeptabel sind.

- Die längst angekündigte und dringend erwartete zweite Auflage des Kindertaufritus ist infolge der schleppenden Bearbeitung der Vorlage in Rom noch nicht erschienen. Die von den Bischöfen approbierte Fassung traf am 1. September 1997 in Rom ein. Am 11. Mai 1999 fühlte sich die Kongregation endlich bemüßigt, zu antworten. Dabei wurden in schlechtem Deutsch sprachliche Ausstellungen vorgenommen, die, falls sie befolgt würden, den Ritus sofort unbrauchbar machen würden. Die zwölf Seiten umfassenden Bemerkungen kommen einer Verhöhnung nicht nur der Bearbeiter des Ritus und der Bischöfe, die ihn approbiert haben, sondern auch des Konzils und der nachkonziliaren Reform gleich. Daß die Bischofskonferenzen das Rituale in weitem Umfang anpassen dürfen, ist offensichtlich in der Kongregation nicht mehr bekannt. Von Vorwürfen bezüglich der langen Wartezeit aber lassen sich der Präfekt und seine Mitarbeiter völlig unbeeindruckt. Seelsorgliche Argumente für ein rasches Handeln werden nicht berücksichtigt.

- Meßbuch und Stundenbuch müssen ergänzt werden durch Orationen für die Gedenktage neuer Heiliger. Die am 29. Juni 1998 vorgelegten Texte einiger Orationen wurden ungenehmigt mit drei Seiten Ausstellungen am 13. April 1999 zurückgesandt.

- Die Texte für das Heilige Jahr wurden nach langer Wartezeit endlich genehmigt, mit Ausstellungen, die man in die zweite Auflage aufnehmen sollte. Zum Glück mußte diese längst zuvor gedruckt werden, damit man sie noch im Heiligen Jahr verwenden konnte.

Bezeichnend für die in der Kongregation für den Gottesdienst und die Sakramentenordnung herrschende Einstellung ist, daß in den vom Präfekten unterzeichneten Briefen – früher hätte solche Briefe der Sekretär der Kongregation unterschrieben – immer betont von der „re-

---

ersten derartigen Antworten des Liturgierates noch mit der Bemerkung überschrieben waren: "Solutio quae proponitur nullum induit vestem officialem. Solummodo habet valorem orientativum: solutiones enim ex officio publici iuris fient, si casus fert, a competenti Auctoritate in «Acta Apostolicae Sedis»", in: Notitiae 1 (1965), 136, lautet der nach Amtsantritt von Erzbischof J. Medina Estévez im Jahr 1997 verfaßte neue Einleitungstext zu den Antworten der Kongregation: "Licet solutiones quae proponuntur potestatem legislativam non habeant, induunt tamen vestem officialem quia actuale magisterium et praxim huius Congregationis exprimunt", in: Notitiae 33 (1997), 138.

cognitio", also der Überprüfung der Texte durch die Kongregation, die Rede ist. Dabei kann die Kongregation sich natürlich auf CIC 838 § 2 berufen. Wohin das jedoch führt, mag man erkennen, wenn man die Ausstellungen der Glaubenskongregation an den für die Gültigkeit der Ordinationen erforderlichen Worten kritisch überprüft.[44]

5.2. Um eine neue Übersetzerinstruktion

Kardinal Medina Estévez versteht von lebendiger Sprachentwicklung offensichtlich wenig; sonst könnte er nicht auf die Bitten, Neuauflagen liturgischer Bücher zu konfirmieren, antworten: Wenn jetzt bereits wieder neue Texte vorgelegt werden, sei dies doch ein Zeichen dafür, daß bei der ersten Auflage (d.h. vor 25-30 Jahren!) von den Übersetzern schlechte Arbeit geleistet wurde. Daß lebende Sprachen sich, anders als die lateinische Sprache, ändern, nimmt er nicht zur Kenntnis.

Andererseits will aber der Kardinal selbst auch neue Ausgaben liturgischer Bücher: Es war nämlich zu erfahren, daß ein Schreiben des Kardinalstaatssekretärs vom 1. Februar 1997, in dem er dem Präfekten der Gottesdienstkongregation mitteilt, der Papst wünsche die Erarbeitung neuer Kriterien für die Übersetzung liturgischer Bücher, d.h. eine neue Übersetzerinstruktion, vom Präfekten der Kongregation angeregt war. In der Instruktion soll zum Ausdruck kommen, daß die liturgischen Texte in großer Treue zu den lateinischen Vorlagen übersetzt werden müssen. Es sei keine wortwörtliche Übersetzung des lateinischen Textes gemeint, sondern die Wahrung des Inhalts.

Die Absicht, eine neue Übersetzerinstruktion zu veröffentlichen, alle liturgischen Texte zu überprüfen und nötigenfalls neu zu übersetzen, hat der Vorsitzende der Liturgiekommission der Deutschen Bischofskonferenz zustimmend zur Kenntnis genommen und sich dafür eigens bedankt. Er hätte freilich auch bedenken sollen, daß dies nicht Sache allein der deutschen Bischofskonferenz ist, sondern daß liturgische Bücher bei uns in jahrzehntelanger bewährter internationaler Zusammenarbeit im Sprachgebiet erarbeitet werden und daher auch die Revision auf internationaler Ebene zu erfolgen hat. Wenn einzelne Bischöfe des deutschen Sprachgebietes sich über Übersetzungen beklagen, sollten sie überlegen, ob sie tatsächlich selbst immer der Aufforderung nachgekommen sind, zu den übersetzten Texten vor der

---

[44] Vgl. den Anhang dieses Aufsatzes und Anm. 41.

Approbation Stellung zu nehmen und Modi einzureichen. Die Erfahrung zeigt nämlich, daß zu manchen Vorlagen viel weniger bischöfliche Modi beim Sekretariat der IAG eingehen als in früheren Jahren, vor allem dann, wenn es sich um Feiern handelt, denen Bischöfe nur selten vorstehen.

Im Hinblick auf die zu erstellende zweite Auflage des Benediktionale und auf die Erarbeitung anderer liturgischer Bücher hat der Vorsitzende der Liturgiekommission der Deutschen Bischofskonferenz die damit beauftragten Studiengruppen aufgefordert, sich schon jetzt an die neuen Maßgaben zu halten. Sie betreffen im Benediktionale freilich nur die Texte, die aus dem 1984 erschienenen lateinischen Buch in das deutsche zu übernehmen sind. Im übrigen wird man eine noch nicht veröffentlichte und inhaltlich nicht genau bekannte Instruktion schwerlich beachten können. Das ist auch der Grund, warum die Arbeit an einer Neuübersetzung der Texte des Meßbuches inzwischen eingestellt wurde. Wie man hört, stößt die geplante Instruktion aber auch in Rom selbst auf Schwierigkeiten.

5.3. Entmachtung von Bischofskonferenzen und ihren Kommissionen

Der Präfekt der Kongregation für den Gottesdienst und die Sakramentenordnung ist dazu entschlossen, noch folgenschwerer in die Rechte der Bischöfe einzugreifen, wie sein Streit mit der „Internationalen Kommission für die englische Sprache in der Liturgie" (ICEL) zeigt:

Am 26. Oktober 1999 hat Kardinal Medina Estévez an den Vorsitzenden von ICEL, Bischof Maurice Taylor von Galloway in Schottland, ein ausführliches Schreiben gerichtet. Darin wird nicht nur Kritik an den Übersetzungen liturgischer Texte sowie an der Erstellung von Eigentexten und Bibelübersetzungen durch ICEL geübt, sondern der Präfekt mischt sich auch in die geplante Veröffentlichung des zweiten Bandes einer englischen Dokumentensammlung ein, die sich an das von mir privat herausgegebene Enchiridion Documentorum Instaurationis Liturgicae anschließt. Er kritisiert, daß das Caeremoniale Episcoporum ohne die nötige bischöfliche Approbation und eine gleichfalls nötige „recognitio" durch die Kongregation veröffentlicht wurde. Schließlich meint Kardinal Medina Estévez feststellen zu müssen, daß die derzeitige Kommission nicht in der Lage sei, die künftig benötigten liturgischen Texte, einschließlich des Ritualteils für den Exorzismus („De exorcismis et supplicationibus quibusdam"), des Martyrologium Romanum und der in das Meßbuch neu aufzunehmenden Texte, in einer vertretbaren Zeit zur Verfügung zu stellen.

Ein besonderes Problem ergibt sich für den Kardinal daraus, daß die englischen Übersetzungen liturgischer Texte bei der Erstellung liturgischer Texte in anderen Sprachen zum Vorbild genommen werden. Die nachkonziliaren Erfahrungen hätten deutlich gemacht, daß die Errichtung, die Verfahrensordnung und die Kontrolle einer Internationalen Übersetzerkommission in die Kompetenz des Apostolischen Stuhles fallen müßte. Mit Berufung auf die Apostolische Konstitution „Pastor bonus" vom 28. Juni 1988, Art. 62, wird ICEL daher vorgeschrieben, seine Statuten innerhalb von sechs Monaten zu ändern, weil dies gemäß dem Apostolischen Schreiben „Vicesimus quintus annus" vom 4. Dezember 1988, Art. 20, nunmehr nötig sei.

Diesbezüglich fügt der Kardinal seinem Schreiben auch noch „Überlegungen" („considerations") hinzu, was gemäß kurialer Sprachregelung soviel bedeutet wie „Auflagen", die bei dieser Änderung der Statuten zu beachten sind: ICEL habe nur die Texte aller römischen liturgischen Bücher vollständig zu übersetzen. Vorschläge für Anpassungen der Texte an die kulturellen Verhältnisse stehen gemäß der 4. Instruktion zur ordnungsgemäßen Durchführung der Liturgiekonstitution „Varietates legitimae" vom 15. Januar 1994 nur den einzelnen Bischofskonferenzen zu. Diese müssen sie vom Apostolischen Stuhl approbieren lassen. Ferner muß die Mitarbeit bei ICEL zeitlich begrenzt sein. Die Mitarbeiter des „Beratenden Ausschusses" („advisory committee") und des „Sekretariats" bedürfen zudem des „Nihil obstat" durch die Kongregation für den Gottesdienst und die Sakramentenordnung.[45]

Der Brief von Kardinal Medina Estévez bedeutet Mißachtung und endgültige Aufhebung nicht nur eines, sondern mehrerer Konzilsbeschlüsse. Nach dem Willen des Konzils fallen nicht nur die Erstellung von Übersetzungen liturgischer Texte, sondern auch die Errichtung liturgischer Kommissionen und deren Kontaktaufnahme mit den Kommissionen benachbarter Gebiete sowie die Approbation von Statuten für die Arbeit der Kommissionen in die Kompetenz ausschließ-

---

[45] Brief und "Überlegungen" sind dokumentiert auf http://www.natcath.org; vgl. Herder-Korrespondenz 54 (2000), 106. Zu den angegebenen Dokumenten vgl. *Kaczynski* III 6218 ("Pastor bonus", n. 62) und 6282 ("Vicesimus quintus annus", n. 20), sowie AAS 87 (1995), 307-313 ("Varietates legitimae", nn. 52-69).

lich der Bischofskonferenzen; von einer „recognitio" der liturgischen Texte durch eine römische Behörde spricht das Konzil ohnehin nicht.[46]

Ferner bedeuten die dem Brief des Präfekten beigegebenen „Überlegungen" eine unzulässige Bevormundung der Bischofskonferenzen. Hinsichtlich der Anpassungen werden vom Konzil und von der 4. Instruktion zur Durchführung der Liturgiekonstitution zwei unterschiedliche Fälle berücksichtigt, nämlich die von den liturgischen Büchern vorgesehenen Anpassungen gemäß Liturgiekonstitution Art. 39, und tiefer greifende Anpassungen gemäß Art. 40. Während das Konzil über die zuerst genannten Anpassungen nur sagt, die Bischofskonferenzen hätten sie festzulegen („definire"), von einer Zuständigkeit des Apostolischen Stuhles aber überhaupt nicht spricht, und bezüglich der tiefer greifenden Anpassungen nur bestimmt, sie sollten „dem Apostolischen Stuhl vorgelegt („proponantur") und dann mit dessen Einverständnis eingeführt werden" („de ipsius consensu introducendae"), gebraucht die 4. Instruktion im Hinblick auf die Anpassungen gemäß Art. 39 wieder das Wort „recognoscere" und nimmt bei den Anpassungen gemäß Art. 40 für die Kongregation sogar ein Approbationsrecht in Anspruch. Die Konzilsväter haben jedoch sowohl eine „recognitio" als auch eine „approbatio" durch die römische Behörde abgelehnt.[47]

Das zentralistische Vorgehen des Präfekten der Kongregation für den Gottesdienst und die Sakramentenordnung gipfelt darin, daß er selbst mit einem von ihm zu erteilenden „Nihil obstat" über die Zulassung von Mitarbeitern in den Bischöflichen Kommissionen entscheiden und außerdem die Zeit ihrer Mitarbeit begrenzen will.

Inzwischen hat sich bestätigt, was gerüchteweise bereits seit längerem aus Rom zu hören war: daß ein Schreiben gleichen Inhalts wie an ICEL von Kardinal Medina Estévez auch an die Vorsitzenden der Bischofskonferenzen des deutschen Sprachgebietes gerichtet wurde. Der Wortlaut wurde nicht bekannt. Zu bedenken ist allerdings folgendes:

- Schon vor längerer Zeit hatte der Herausgeber der deutschsprachigen Sammlung von Dokumenten zur Liturgiereform ein Schreiben erhalten, in dem ihm bedeutet wurde, er habe für die Herausgabe bei der Kongregation die Erlaubnis einzuholen.

---

[46] Vgl. SC 36 §§ 3 und 4 sowie SC 44.

[47] Vgl. S. 162f.

- Auch das deutsche Meßbuch enthält neben den Übersetzungen der lateinischen Texte solche, die im deutschen Sprachgebiet verfaßt wurden und die von der Glaubenskongregation das „Nihil obstat" und von der Gottesdienstkongregation die Konfirmierung erhielten.

- Auch im deutschen Sprachgebiet wurde das Caeremoniale Episcoporum zwar von den Bischofskonferenzen und konferenzfreien Bischöfen im Jahr 1996 approbiert, brauchte aber laut ausdrücklicher Erlaubnis der römischen Kongregation nicht zur Konfirmierung nach Rom gesandt zu werden. Dies erschien deshalb nicht nötig, weil es keine liturgischen Texte enthält, die liturgischen Feiern nach den für das Sprachgebiet angepaßten liturgischen Büchern zugrundelegt und daher nicht wortgetreu das lateinische Buch wiedergeben kann.

- Bischofskonferenzen können außerdem nicht verpflichtet werden, liturgische Bücher in der Volkssprache herauszugeben. So wurde für das deutsche Sprachgebiet von den Bischofskonferenzen bereits beschlossen, das Buch für den Exorzismus (zumindest vorerst) nicht zu übersetzen, sondern, falls nötig, dessen lateinische Fassung zu verwenden.

Die Reaktionen der Vorsitzenden der Bischofskonferenzen des deutschen Sprachgebietes auf das an sie gerichtete Schreiben von Kardinal Medina Estévez wurden nicht bekannt. Man kann nur hoffen, daß die Bischöfe mit aller Deutlichkeit und Entschiedenheit dem Ansinnen der römischen Kongregation Widerstand geleistet haben.

Von ICEL hat man inzwischen Genaueres über die Ablehnung der Forderungen der Kongregation erfahren können: Unter dem Datum des 12. Mai 2000 schrieb der National Catholic Reporter (USA), die Bischöfe würden die von Rom beabsichtigte Kontrolle über ICEL zurückweisen. Der Vertreter der USA bei ICEL, Kardinal Francis George von Chicago, hatte im Januar zwar einen Satzungsentwurf für ICEL vorgelegt, der den Forderungen von Kardinal Medina Estévez weitgehend entgegenkam, jedoch dafür keine mehrheitliche Zustimmung gefunden. Man berief eine Unterkommission, die den Entwurf ablehnte. Die am 26. April den Vorsitzenden der englischsprachigen Bischofskonferenzen vorgelegten Statuten sichern den Bischöfen zwar eine Schlüsselstellung innerhalb von ICEL zu, enthalten jedoch bestimmte von Kardinal Medina Estévez verlangte Änderungen nicht:

- Dem Vatikan wird kein Recht eingeräumt, Mitarbeiter und Berater von ICEL über ein „Nihil obstat"-Verfahren zu verhindern.

- Der Kommission wird nicht verwehrt, zusätzlich zu den übersetzten römischen liturgischen Texten neue zu schaffen.

- Die Funktionen des hauptamtlichen Geschäftsführers („executive secretary") der Kommission werden nicht aufgehoben oder eingeschränkt.

- Die Dienstzeit der Mitarbeiter wird nicht befristet und eine Verlängerung nicht von der Genehmigung durch Rom abhängig gemacht.

- Der Kommission wird nicht untersagt, Dokumente ohne römische Genehmigung zu veröffentlichen.

Diese Reaktionen spiegeln die besondere Situation der englischsprachigen Kirchen wieder: 80 % der Katholiken wohnen in den USA. Deren Vertreter bei ICEL scheint der einzige zu sein, der sich mit einer größeren Abhängigkeit von Rom abfinden könnte und daher gewisse Vorbehalte gegen die neuen Statuten hat, während die Vertreter der übrigen zehn Bischofskonferenzen für ICEL entschieden die Unabhängigkeit von Rom befürworten.[48]

Am 4. März 2000 hatte der frühere Vorsitzende der Liturgiekommission und derzeitige Vorsitzende der Theologischen Kommission der US-Amerikanischen Bischofskonferenz, Bischof Donald W. Trautman von Erie, in einem Aufsatz der bis 1996 positiven Zusammenarbeit von ICEL mit der Kongregation für den Gottesdienst und die Sakramentenordnung, die das Wirken von ICEL sogar ausdrücklich lobte, die ablehnende Haltung von Kardinal Medina Estévez gegenübergestellt. Er hatte dabei den drei zentralen Forderungen des Kardinals – keine englischen Eigentexte, „Nihil obstat" für die Mitarbeiter und „genaue und volle Wiedergabe des Inhalts der lateinischen Texte" – mit aller wünschenswerten Klarheit widersprochen. Er sieht vor allem in der Forderung nach einem „Nihil obstat" eine Herabsetzung der Bischofskonferenzen und nimmt mit Recht in Anspruch, daß die Fachleute für Übersetzungen ins Englische in englischsprachigen Ländern anzutreffen sind.[49]

Kardinal Medina Estévez antwortete auf den Artikel von Bischof D.W. Trautman mit einem Schreiben vom 14. April 2000. Der am 13. Mai 2000 veröffentlichte Brief gipfelt in der an Überheblichkeit kaum zu überbietenden Behauptung: Der Heilige Stuhl habe seine eigene reiche Erfahrung, um Übersetzungen liturgischer Texte zu bewerten; diese Erfahrung würde nur unzureichend genutzt, wenn ihm lediglich

---

[48] Vgl. *J.L. Allen jr.*, Bishops reject controls sought by Rome: http://www.natcath.com.

[49] Vgl. *D.W. Trautman*, Rome and ICEL: America 182 (2000), n. 7, 7-11 (4. März 2000).

das Urteil über abgeschlossene Übersetzungen zustände, die mit seiner Hilfe weit besser gelungen wären. Vielmehr sei der Heilige Stuhl die alleinige Instanz, die zu entscheiden vermag, ob Übersetzungen den Inhalt der lateinischen Gebete des römischen Ritus treu wiedergeben.[50]

Der Streit zwischen der Kongregation und ICEL ist sicher noch nicht beendet; er darf auch noch nicht beendet sein. Es ist unvorstellbar, daß die römische Kongregation am besten zu entscheiden vermag, wie lateinische Texte in den zahlreichen für die Liturgie zugelassenen Sprachen der Welt richtig wiedergegeben werden. Schon der Versuch, die vom deutschen Sprachgebiet in Rom zur Konfirmierung eingereichten liturgischen Texte zu überprüfen und zu „verbessern", erwies sich als Fehlschlag: Viele sprachliche Ausstellungen an den bisher nur wenigen unkonfirmiert zurückgesandten Texten sind unannehmbar.[51] Es wäre eine unerträgliche Zumutung, wenn in Zukunft Übersetzungen liturgischer Texte, die im deutschen Sprachgebiet erstellt und von den Bischöfen approbiert worden sind, von der Kongregation für den Gottesdienst und die Sakramentenordnung, in der sich kein qualifizierter Mitarbeiter aus dem deutschen Sprachgebiet befindet, „überprüft" oder gar verändert würden.

Es sollte aufgezeigt werden, wie der Konzilsbeschluß hinsichtlich der Übersetzung liturgischer Texte in die Volkssprachen (SC 36 § 4) fortschreitend mißachtet wurde und offensichtlich nun endgültig aufgehoben werden soll. Deutlich wurde damit die unerhörte Art und Weise, in der das vom Konzil gesetzte Recht im Laufe von 36 Jahren verändert wurde: Zunächst hatte Paul VI. es noch für nötig gehalten, die Änderung von Art. 36 § 4 der Liturgiekonstitution kurz nach deren Verabschiedung in einem „motu proprio" erlassenen Apostolischen Schreiben zu verfügen. Der CIC von 1983 hat mit can. 838 die in Art. 36 der Liturgiekonstitution den Bischofskonferenzen gegebenen Rechte weiter eingeschränkt; er wurde immerhin durch eine Apostolische Konstitution von Papst Johannes Paul II. promulgiert. Der Präfekt einer Kongregation maßt sich dagegen an, mit bloßen Briefen der Kongregation Bischofskonferenzen die letzten ihnen hinsichtlich der Her-

---

[50] Vgl. America 182 (2000), n. 17, 17-19 (13. Mai 2000); vgl. zum ganzen Vorgang auch *J.L. Allen jr.*, Vatican officials challenge Trautman: http://www.natcath.com.

[51] Vgl. S. 177; eine ins einzelne gehende Dokumentation kann hier leider aus Gründen der Vertraulichkeit nicht vorgelegt werden.

ausgabe liturgischer Bücher in der Volkssprache noch verbliebenen Rechte – Übersetzung durch Fachleute, die sie frei ernennen können – abzusprechen und sie dem Zentralismus zu opfern.

Der Gottesdienstfeier würde mit einer Befolgung solcher Anweisungen ein schlechter Dienst erwiesen. Die Anzahl derer, die sich liturgische Texte selbst beschaffen, würde dadurch keineswegs geringer werden, sondern eher zunehmen. Dies ist die Folge, wenn man in Rom selbst Konzilsbeschlüsse übergeht, ihren Wortlaut verändert und entgegen dem Willen von Papst Johannes Paul II. das Konzil einseitig und voreingenommen interpretiert.[52] Es bleibt zu hoffen, daß sowohl ICEL als auch nötigenfalls entsprechende Kommissionen in anderen Sprachgebieten bzw. die Bischofskonferenzen, in deren Auftrag diese Kommissionen arbeiten, den derzeitigen römischen Tendenzen nicht nachgeben, sondern ihnen vielmehr entschieden Widerstand leisten, nötigenfalls dadurch, daß sie liturgische Texte ohne römische Konfirmierung herausgeben. Denn weder der Präfekt noch ein Mitarbeiter einer römischen Kongregation kann es den Mitgliedern einer Bischofskonferenz streitig machen, was das Konzil als Aufgabe der Bischöfe feierlich festgestellt hat, daß nämlich sie es sind, „die Leitung, Förderung und Aufsicht des gesamten liturgischen Lebens in der ihnen anvertrauten Kirche innehaben."[53]

(abgeschlossen am 30. Juni 2000)

Nachtrag: Die oben unter 5.2 (S. 177f.) angekündigte Übersetzerinstruktion ist mit Datum vom 28. März 2001 erschienen und übertrifft die schlimmsten Befürchtungen.

---

[52] Vgl. S. 160 und Anm. 2.
[53] CD 15: "Episcopi [...] sunt [...] totius vitae liturgicae in Ecclesia sibi commissa moderatores, promotores et custodes."

Anhang (zu Anm. 40):

BISCHOFSWEIHE:

Lateinischer Text:
> Et nunc effunde super hunc electum
> eam virtutem, quae a te est,
> Spiritum principalem,
> quem dedisti dilecto Filio tuo Iesu Christo,
> quem ipse donavit sanctis Apostolis,
> qui constituerunt Ecclesiam *per singula loca*
> ut sanctuarium tuum,
> in gloriam et laudem indeficientem nominis tui.

Vorgelegte deutsche Übersetzung:
> Gieße *auch* jetzt aus über deinen Diener, den du erwählt hast,
>   die Kraft, die von dir ausgeht,
> den Geist *zum Dienst* der Leitung.
> Ihn hast du deinem geliebten Sohn Jesus Christus gegeben
> und er hat ihn den Aposteln verliehen.
> Sie haben die Kirche
>   an allen Orten gegründet als dein Heiligtum,
> zur Ehre und zum unaufhörlichen Lob deines Namens.

Ausstellung der Glaubenskongregation:
> Die Wörter "auch" und "zum Dienst" sind auszulassen.
> Für den lateinischen Ausdruck "per singula loca" soll eine sinn-
> getreuere Übersetzung gefunden werden.

PRIESTERWEIHE:

Lateinischer Text:
> Da, *quaesumus*, omnipotens Pater,
> in hos famulos tuos *presbyterii dignitatem*;
> innova in visceribus eorum
> Spiritum sanctitatis;
> acceptum a te, Deus,
> secundi meriti munus obtineant,
> *censuramque morum*
> *exemplo suae conversationis insinuent.*

Vorgelegte deutsche Übersetzung:
    Allmächtiger Vater,
    gib diesen deinen Dienern
        die Würde des priesterlichen Amtes.
    Erfülle ihr Herz mit dem Geiste der Heiligkeit.
    Das Amt, das sie aus deiner Hand,
        Herr, unser Gott, empfangen,
        die Teilhabe am Priesterdienst,
        sei ihr Anteil für immer.
    So werde ihr Leben
        Ansporn und Vorbild für alle.

Ausstellungen der Glaubenskongregation:
    Die Übersetzung des Wortes "quaesumus" fehlt.
    Es ist notwendig, den Ausdruck "presbyterii dignitatem" mit "die Würde des Priestertums" zu übersetzen.
    "Erfülle ihr Herz" ist durch "Erneuere ihr Inneres" und "Herr, unser Gott" durch "o Gott" zu ersetzen.
    Außerdem muß für "censuramque morum exemplo suae conversationis insinuent" eine sinngetreuere Übersetzung gefunden werden.

DIAKONENWEIHE:

Lateinischer Text:
    Emitte in eos, Domine, quaesumus,
    Spiritum Sanctum,
        quo in opus ministerii fideliter exsequendi
        munere septiformis tuae gratiae *roborentur*.

Vorgelegte deutsche Übersetzung:
    Sende auf sie herab, o Herr,
        den Heiligen Geist.
    Seine siebenfältige Gnade
        sei ihnen Stärkung und Kraft,
        ihren Dienst getreu zu erfüllen.

Ausstellung der Glaubenskongregation:
    "sei ihnen Stärkung und Kraft" ist durch "möge sie stärken" zu ersetzen.

Zur Kritik an den genannten, teils kleinlichen, teils unsinnigen Ausstellungen vgl. den in Anm. 41 angegebenen Aufsatz, Anm. 36 und 37.

IX

Die Kirche zwischen Macht und Ethik

Plädoyer für eine zukunftsfähige Moral[1]

von Dietmar Mieth, Tübingen

1. Die eingefrorene Moraltheologie und die neuen Herausforderungen, insbesondere in der Bioethik

1974 war ich der erste Laie, der einen moraltheologischen Lehrstuhl erhalten hat. Deswegen kenne ich die Schwierigkeiten, einen Durchbruch auf einem bisher verschlossenen Gebiet zu erzielen, aus eigener Erfahrung: Sei es in der Frage des „nihil obstat" für Moraltheologen, insbesondere zunächst für Laien, sei es in der Auseinandersetzung um die kirchliche Zuständigkeit, das fundamentalmoralische Modell „autonome Moral", um das Gewissen und um die in sich schlechten Handlungen.[2]

Seit 1989 war es in einigen Ländern nicht möglich, z.B. in Österreich, als Unterzeichner der *Kölner Erklärung* (1989) einen theologischen Ehrendoktor zu bekommen (z.B. Alfons Auer, der ihn erst nach acht Jahren am 23. Januar 2001 erhielt) oder gar einen Ruf an eine theologische Fakultät z.B. in Graz oder Wien. Das alles ist viel weniger verhandelt worden, als es das vielleicht verdient hätte. Ein Einspruch von über 200 Theologen (1990) im Fall einer Grazer Besetzung blieb ohne Antwort. Die *Kölner Erklärung* war auch für mich etwas Neues.[3] Ich habe damals den größten Teil des Textes verfaßt

---

[1] Ein Plädoyer hat rhetorischen Charakter. Entstanden aus einer Rede, ist dieser Charakter im folgenden Beitrag nur gemildert, aber nicht getilgt worden.

[2] Vgl. *D. Mieth* (Hg.), Moraltheologie im Abseits? Antwort auf die Enzyklika „Veritatis splendor", Freiburg–Basel–Wien 1994.

[3] Vgl. Artikel „Kölner Erklärung" in: Lexikon für Theologie und Kirche [LThK], hg. v. *W. Kasper* u.a., [3]1997, Bd. 6, Freiburg–Basel–Rom–Wien, 196. Zum Thema „Macht in der Kirche" vgl. Concilium [Conc] 24 (1988), Heft 3.

und das Sammeln der Unterschriften betreut. Letztlich kamen über 800 Unterschriften von Theologieprofessorinnen und -professoren zusammen, die unterschiedlichen Erklärungen aus anderen europäischen Ländern eingeschlossen. Mit den Reaktionen aus Übersee kann man von einem Einspruch der 1000 Theologen sprechen. Ich habe danach Bücher geschrieben, so über „Geburtenregelung" und mit meiner Frau über den Schwangerschaftsabbruch, die gut beachtet worden sind, auch auf Anregung derer, die die Moraltheologie in diesen Angelegenheiten für zu schweigsam hielten.

Ich wollte mich aber nicht auf bestimmte kirchliche Problemzonen konzentrieren, sondern mich in einem anderen Problembereich stärker engagieren, nämlich in der Technologieentwicklung und in den damit verbundenen Fragen der Ethik, insbesondere der so genannten Bioethik – ein Ausdruck, den ich wegen seiner Usurpation der Ethik für andere Zwecke nicht liebe, den man aber kaum mehr vermeiden kann. In diesem Zusammenhang bin ich Mitglied in der europäischen Ethik-Beratergruppe in Brüssel geworden (1994). Hier tauchten noch andere Probleme für mich auf. In einer Stellungnahme zur Charta der europäischen Grundrechte, die 2000 in vielen Kommissionen verhandelt wurde, sollte entweder stehen: „Das Klonen von menschlichen Lebewesen ist verboten" oder: „Das reproduktive Klonen ist verboten". Manche werden auf Anhieb nicht verstehen, worum es da geht, aber es geht um etwas ganz Entscheidendes: Sagt man, das *reproduktive* Klonen ist verboten, dann bleibt das *nicht-reproduktive* Klonen (also das Klonen von Embryonen „in vitro") ungeschoren.[4] Sagt man dagegen „Das Klonen von menschlichen Lebewesen ist verboten", dann ist das noch offen, dann kann man den Streit darüber noch führen, wer denn „menschliches Lebewesen" (human being) ist. Ich habe mich dafür eingesetzt, daß mindestens als Alternative angeboten wird: „das Klonen von menschlichen Lebewesen ist verboten". Von anderen Mitgliedern dieser Beratergruppe wurde dies abgelehnt, weil sie das nicht-reproduktive Klonen, also (wenn auch mit Einschränkungen) die „verbrauchende" Embryonenforschung für unbedenklich halten. Die zentrale Kommission, die die Grundrechte bearbeitet, entschied sich für die Formel des Verbotes des „reproduktiven" Klonens. Meines Erachtens war es ein Fehler, eine solche konkrete Frage auf Quasi-Verfassungsebene angehen zu wollen. Hat sich die Kirche – von mei-

---

[4] Vgl. Newsletter „Biomedical Ethics", Tübingen 5 (2000), No. 2: Bericht der Ethikberatergruppe der Europäischen Kommission mit ausführlicher Diskussion zur Grundrechtcharta.

nen Bemühungen einmal abgesehen – hier rechtzeitig und zureichend eingemischt?

Ich nenne ein weiteres Beispiel: Die Gesetzesvorlage des Bundesjustizministeriums in Deutschland zur Frage der menschlichen Lebensgemeinschaften. Es geht unter anderem um die Lebensgemeinschaften von Schwulen und Lesben. Die Deutsche Bischofskonferenz hat darauf aufmerksam gemacht, daß sie zwar keine Diskriminierung will, aber auch nicht die Verunklarung des Alleinvertretungsrechtes für geschlechtliche Lebensgemeinschaften durch die Ehe. Wir haben dieses Problem noch zu einem guten Teil vor uns. Wenn man keine Diskriminierung will – wenn man will, daß verbindliche Lebensgemeinschaften auch Konsequenzen haben, die von anderen anerkannt werden – dann wird man sicher einen Schritt weiter gehen müssen, als es die bisherige Rechtslage in Deutschland erlaubt, auch wenn man keine Gleichstellung von Lebensgemeinschaften will, die in sich ungleichartig sind. Dies gilt nach dem Gerechtigkeitsprinzip: Gleiches soll gleich, Ungleiches ungleich behandelt werden. Etwas kann als gleich bewertet werden, aber das ändert nichts an ungleichen Wertpräferenzen. Die Frage der „Stellung" ist keine Rangfrage, sondern eine Frage nach dem spezifischen Charakter einer Institution.

Wenn sich die Kirche in dieser Frage eine Meinung bilden will, dann kann diese Meinung nicht nur auf der Bischofskonferenz abgerufen werden, sondern sie müßte in der Tat auch an der Basis geklärt werden; es müßten die Erfahrungen, die die Schwulen und Lesben in der Kirche gemacht haben, eingebracht werden, und es müßten Gespräche stattfinden, die schon auf der Gemeindeebene stattgefunden haben. Aber das wird schwierig sein. Ich erinnere mich, daß ich vor Jahren einmal zu einer schwulen Teilgemeinde eingeladen war. Als ich gefragt wurde, warum ich dafür so weit reisen müßte, hat man mir gesagt, daß in der Nachbarschaft Moraltheologen dazu nicht bereit seien. – Solche Hemmungen gehören zu einer autoritären Tradition, in der die Kirche die Moral nur ängstlich gehütet hat.

2. Die Kirche sitzt am Katzentisch der internationalen Ethik, aber sie präsidiert bei der internationalen Moral

Moral betrachte ich als das, was Menschen, zunächst ohne Nachdenken, für richtig halten. Die Kirche fühlt sich mehr für die Moral als für die Ethik verantwortlich. So übt sie viel mehr Einfluß auf das aus, was Menschen ohne besonderes Nachdenken für richtig halten, etwa im Parlament. In der Tat reagieren Parlamente – das Europaparlament ist ein Beispiel – oft „moralischer" als Regierungen, weil hier intakte Intuitionen zur Geltung kommen – eine Reaktion, welche Regierungen mit Hilfe von „Ethik" zu differenzieren versuchen. Das Problem liegt aber darin, daß die Kirche zwar Ausstrahlung auf die *Moral* hat, (wir werden uns noch über die Frage zu unterhalten haben: Ist das gut? Ist das schlecht?) – aber kaum mehr einen Einfluß auf die *Ethik*. Dies gilt nicht im gleichen Maße für die Theologie, sofern sie sich nicht als Sprachrohr kirchlicher Autorität stilisiert.

„Ethik" erscheint oft als die professionelle Art und Weise, unter unterschiedlichen moralischen Voraussetzungen und Annahmen gemeinsam nach einer Reflexion und nach einer prozeduralen Praxis zu suchen, die konsensfähig genug sind, um Normen für die Gesellschaft aufzustellen. Dabei geht man wie von selbst davon aus, daß eine Minimalmoral für alle Beteiligten erforderlich ist: deren Grundsätze sind erstens, daß man friedfertig miteinander lebt, zweitens, daß man dennoch miteinander eine gute Streitkultur entwickeln muß. Moral als Unterbau ist Minimalmoral – Ethik als Überbau ist das Management des moralischen Pluralismus. Beides ist problematisch: zum einen, weil leicht der recht behält, der die geringsten moralischen Anforderungen stellt; zum anderen, weil Ethik als Reflexionstheorie der Moral selbst eine gehaltvolle Moral und nicht nur Prozeduren der Verkehrsregelung zwischen Moralen begründen sollte.

Die Kirche sitzt am Katzentisch der internationalen Ethik, aber sie präsidiert bei der internationalen Moral. Der Heilige Vater ist so etwas wie der Pfarrer im „globalen Dorf", wenn man das Medienecho betrachtet, mit dem seine Reisen begleitet werden. Das ist das interessante Dilemma, das wir aufarbeiten müssen: Die Moral als das ethische *Beispiel* in der Kirche wird immer wieder gepriesen, die moralische *Reflexion* der Kirche aber wird abgewiesen. Bei den Philosophen gilt sogar: „theologica non leguntur", d.h. theologische Moral wird von vornherein nicht gelesen. Daß die Kirche an den Katzentisch der Ethik geraten ist, liegt auch daran, daß sie ihre eigene Moral in der Geschichte durch unkontrollierte Machtausübung verletzt hat. Beispiele lassen sich leicht finden, sei es in der Unterdrückung der Leiblichkeit, sei es in der Rechtfertigung von Gewaltanwendung. Die oft geübte Methode, Begründungsmängel durch Autoritätszuweisungen auszugleichen, ist in der Ethik nicht diskursfähig.

Die Glaubenskongregation, die über die moralgebende Ethik in der katholischen Kirche wacht, ist aber nicht daran gebunden, Gründe anzugeben. Man will ja wissen, wie und warum sie zu einem negativen Urteil kommt. Mancher Urteilsspruch gegen wissenschaftliche Weiterentwicklungen in der Moraltheologie ohne einschlägige Begründung und ohne angemessenes Rechtsverfahren ist eigentlich nichts wert, er widerspricht dem Menschenrecht. Machtausübung, die rechtlich unkontrolliert bleibt, artet in Willkür aus. Rom beansprucht oft das letzte Wort willkürlich, und es kommt in der Kirche von denen, die die Macht nicht teilen können. Indem z.b. jungen Theologinnen der Nachweis zugemutet wird, daß sie mit jedem offiziellen Kirchenwort übereinstimmen, wird ihnen die Kraft zur Reflexion und zur Auseinandersetzung mit den Zeitzeichen genommen.

Manchmal wird eine „Begründung" vorgelegt, die eine Abweichung nicht in der Lehre, sondern in Methodenfragen konstatiert. Dabei wird z.B. die Forderung nach unmittelbarer Ableitung von konkreten Normen aus der Offenbarung erhoben. Diese bleibt weit hinter dem Reflexionsstand und dem Methodenbewußtsein der Moraltheologie zurück.

In der Vergangenheit hat auch die Kirche als Volk gesündigt, z.B. durch Judenpogrome und andere tödliche Diskriminierungen – gesündigt hat das Volk freilich aufgrund einer von der Macht her gebildeten geschlossenen Mentalität: Heidenbekehrung mit dem Schwert, Ketzerverfolgung, getragen von der Heuchelei der Kirche, die gesagt hat, sie verbrenne ja keine Ketzer, weil das dem Staat obliege, die Kreuzzüge, die Hexenideologien, die Kriegstreiberei, die Verteidigung der Todesstrafe und ihre Ausübung im Kirchenstaat, die Doppelmoral, die Unterdrückung der Wissenschaft, die Zerstörung der Selbstbestimmung, die Hierarchisierung der Geschlechter, die Instrumentalisierung der Frauen, die Fixierung auf die Macht über die sittliche Lebensführung im Milieukatholizismus und die Aufgipfelung der Lehrautorität bis zur (durch Jurisdiktion abgesicherten) Willkür. Man kann das alles nur im schnellen Durchgang vortragen, man könnte es ausmalen, das ist oft genug geschehen, und ich will es hier nicht tun.

3. Gibt es noch Hoffnung angesichts der unkontrollierten Kirchenmacht?

Als die Kirche ihre weltliche Macht verlor, als die französischen Truppen 1870 Rom besetzt haben, da wurde das Dogma von der Unfehlbarkeit des Papstes geboren, in Glaubens- *und* Sittenangelegenheiten. Die römische Autorität und der Milieu-Katholizismus verstanden dies additiv: Glaubens- und Sittenangelegenheiten nebeneinander.

Moraltheologen interpretieren dies konsekutiv: Die Sittenangelegenheiten nur insofern, als sie aus dem Glauben unmittelbar hervorgehen.[5] Und das tun sie nicht. Es ist wirklich kein Wunder, daß in dem Augenblick, in dem die weltliche Macht verschwindet, die geistige Macht alles usurpiert. Die Macht über die Seelen anstelle der Zuchtmittel des Staates, auf die die Kirche nun teilweise verzichten muß. Das Zuchtmittel des Staates gibt es auf subtile Weise heute noch: wenn jemand als Professor wegen kirchlichen Einspruches keinen Ruf mehr erhält, kann er nicht um mehr Gehalt und um mehr Ausstattung verhandeln, trotz aller Leistung. Mit anderen Worten: Die Kirche spielt mit der staatlichen „Bande" – ich meine das im Sinne von Eishockey – den Puck gegen die Wand, von dort kommt er wieder zurück – als Strafe für den Betroffenen. Es ist auch die Frage, ob der Staat hier moralisch handelt, der sich darauf bereitwillig einläßt. Aber das ist üblich: Kirchenverträge stehen „über" der Rechtsauffassung. Das führt zu deren Unterbietung.

Wer der Meinung ist, das Lehramt sei die Hauptquelle und das Hauptkriterium des sittlich Richtigen, muß entweder das Sittliche als Glaubensoffenbarung betrachten, bei der die Vernunft an Grenzen stößt oder die sittliche Vernunft usurpieren. Beides läuft auf dasselbe hinaus: auf Unüberprüfbarkeit.

Gibt es denn überhaupt so etwas wie Hoffnung – in der Kirche von heute – angesichts unüberprüfbarer Machtausübung? Die Hoffnung beruht auf den Menschen in der Kirche, die auch heute durch ihren moralischen Anspruch und ihre Vorbildlichkeit wirken. Die schließt die Hierarchie mit ein: z.B. Oscar Romero, eine starke Identifikationsgestalt für viele Christen, weil er ein Mensch war, der diese doppelte Aufgabe aufrecht hielt; einerseits den staatlichen Gewalten gegenüber angstfrei die Menschenrechtspositionen und die Option für die Armen zu vertreten, andererseits sich auch von der kirchlichen Obrigkeit nicht kommandieren zu lassen wie ein Untertan, und der deshalb beiderseits in die entsprechenden Schwierigkeiten hinein geraten ist. Das ist gerade die Aufgabe exponierter Menschen in der Kirche, daß das Rückgrat nach diesen beiden Seiten hin aufrecht bleibt. Manchmal stärkt die Kirche auch den Rücken: Man braucht nur an Bischof Belo in Osttimor zu denken, um zu sehen, wie sich das fortsetzt. Oder an die Frauen von Nicaragua, und die von Nordirland, die für Versöh-

---

[5] Vgl. *A. Auer*, Autonome Moral und christlicher Glaube, erw. 2. Auflage Düsseldorf 1984, 160-197; *J. Schuster*, Ethos und kirchliches Lehramt, Zur Kompetenz des Lehramtes in Fragen der natürlichen Sittlichkeit, Frankfurt a.M. 1984.

nung und Frieden in der Öffentlichkeit eingetreten sind – oft unter Gefährdung ihres Lebens, trotz der Bedrohung durch Bomben. Man braucht nur zu denken an die Ausdauer unterdrückter Christen ganz verschiedener Konfessionen und Denominationen, z.B. in China. Man braucht nur zu denken an die Solidarität mit den Armen, mit den Schwachen, mit den „vulnerable persons", den verletzlichen Personen. Das Prinzip Solidarität mit den besonders Verletzlichen ist ein wunderbarer Begriff in der internationalen Ethik. Diese Ethik ist ja in manchen Punkten nicht so weit von dem entfernt, was wir die Option für die Schwachen und die Armen nennen. Nur bleibt die Frage: Wer sind die verletzlichen Personen? Und hier bricht am Personbegriff die Differenz auf: Ob Person mit der jedem Menschsein eigenen Menschenwürde verknüpft wird (Kant: „Achtung der Menschheit in jedem Menschen") oder mit entfalteten Qualitäten und Fähigkeiten – dies führt zu sehr unterschiedlichen Ethiken. Die in dieser Sache eindeutige Position der Kirche läßt sich meines Erachtens gut begründen.

Hoffnung in der Kirche knüpft sich auch daran, daß manche Änderungen in der offiziellen Sozialverkündigung der Kirche einen Aufbruch darstellen, den Marie Dominique Chenu als Wandel beschrieben hat: von der kirchlichen Sozialdoktrin zum „Social Teaching", zu einer kirchlichen sozialen Reflexion. Diese Reflexion wird von unten her aufgebaut, sichtbar durch Wirtschaftshirtenbriefe, wie in den Vereinigten Staaten und in Kanada, durch Sozialhirtenbriefe, wie in Österreich, durch Sozialworte und Friedensworte der Kirchen in Deutschland[6], durch die Basisgemeinden und durch die Befreiungspastoral. Wenn man von unten anfängt, über den Konsens zu streiten, dann entsteht auch Streitkultur – über die erzwungene Einheitskultur hinaus.

Zeichen der Hoffnung in der Kirche sind vorhanden. Die Frage ist aber, von wem die Hoffnungszeichen ausgehen. Sie gehen nicht von denen aus, die die Macht in der Kirche unkollegial usurpieren, sie gehen nicht aus von der Zentralisierung der Lehrfragen und von der Ausschaltung abweichender Reflexionen und Erfahrungen bzw. ihrer Beschränkung auf folgenlose Mitgliedschaften in päpstlichen Akademien. Wenn Josef Ratzinger gegenüber der modernen Glaubensindifferenz den Wahrheitsanspruch aus dem Zusammenwirken von Glaube

---

[6] Vgl. Deutsche Bischofskonferenz/Evangelische Kirche Deutschlands, Für eine Zukunft in Solidarität und Gerechtigkeit, München 1997; Bischofswort „Gerechter Frieden" (11. 10. 2000) und dazu *M. Rosenberger*, Klare Worte gegen des Konsens des Schweigens, in: Orientierung [Orien.] 65 (2001), 29-33.

und Vernunft erhebt (in der FAZ zum Jahresanfang 2000), stimmt man ihm gern zu, wenn er aber die Verantwortlichkeit, ja die Relevanz der Art, wie Institutionen (und damit die Kirche) gestaltet sind, für die Wahrheitsfrage leugnet, entschwindet er in die Wolken der Willkür: Die aller Überprüfung entzogene Zuständigkeit ersetzt dann die Überprüfbarkeit durch philosophische und theologische Reflexion. Mit Ratzingers Mitteln läßt sich seine eigene Forderung, dem Wahrheitsanspruch durch glaubenserhellte Vernunft gerecht zu werden, nicht erfüllen.

Aber das Fazit bleibt doch: Die Kirche *könnte* ein wichtiges Forum der Ethik und eine Instanz der Moral sein. Auch in der pluralen Gesellschaft ist eine gewisse Bereitschaft da, diese Rolle zu akzeptieren und die Kirche vom Katzentisch an den runden Tisch der Ethik zu bitten. Denn keiner bezweifelt, daß Religion Sinn und Motiv der Moral mitbestimmt. Der Erfolg von Hans Küng als Anreger des Weltethos ist nur ein Beispiel für die Bereitschaft, sich davon motivieren zu lassen. Aber wozu? Zur neuen Reflexion, nicht zur Ideologie einer vorreflexiven moralischen Gefolgschaft.

Wie Religion Sinn und Motiv der Moral darstellt, wie Religion auch in der Moral erfahrbar ist, auch das ist etwas, was Hans Küng positiv aufgegriffen hat. Man denke an die Gebote der zweiten Tafel vom Sinai. Man kann diese Gebote modern formulieren als das Recht zukünftiger Generationen, Leben zu bewahren; den Menschen nicht zu instrumentalisieren, nicht zu betrügen, ihn nicht auszubeuten, nicht zu ermorden ... Das sind gute Traditionen. Sie haben sich nicht immer in der Weise behauptet, daß man ihre beste Interpretation mit dem Glauben verbindet. Aber man wird sie Kriterien der Erinnerung nennen dürfen. Theologen sehen es ja mit Recht als die eigentliche Aufgabe der Kirche an, Hüterin der Erinnerung zu sein im Sinne des Gedächtnisses Gottes, der solidarisch ist mit den Leidenden[7]; Hüterin der Erinnerung in der Trauerarbeit, in der Buße, Hüterin der Erinnerung im Andenken an das eigene Versagen. Die Bilder vom Papst unter dem Kreuz sind wirksamer als alles, was er im einzelnen dazu gesagt hat. Sie werden bleiben, wenn die Worte verweht sind.

---

[7] Vgl. Compassion. Weltprogramm des Christentums, hg. v. *J.B. Metz* u.a., Freiburg–Basel–Wien 2000.

4. Religion ist mehr als Moral

Wir leben in einer Gesellschaft, in der die Ethik boomt und in der die Menschen von anderen an ihrer Moral gemessen werden. Die amerikanischen Präsidentenwahlkämpfe sind Moralschlachten – und deswegen Schlammschlachten, denn schlechte Moral ist immer die Moral des anderen. Moral ist in der Politik Waffe, mit der man sich gegenseitig die Köpfe einschlägt. Derzeit geschieht dies in Deutschland über die Parteispendendebatte und über die Prüfung der Wahrheitsfähigkeit von Aussagen einzelner Politiker. Dabei zeigt sich oft, daß Moral nicht rechtsfähig ist und daß es weniger auf die Moral ankommt als darauf, mit derselben zu heucheln. Dennoch ist politische Moral wichtig – wenn sie bei sich selbst beginnt. Albert Camus hat es schon nach dem Kriege ausgedrückt: Moral heißt, daß jeder jeden beschuldigt und niemand mehr freispricht. Mit einem Blick auf Pressekampagnen wird deutlich, daß niemand mehr freispricht, jeder jeden beschuldigt. Die Presse dient als Transmissionsriemen dieser wechselseitigen Beschuldigungen.

Als das Entscheidende im Christentum wird oft die Binde- und Lösegewalt (Mt 16) und das Behalten und Nachlassen (Jo 23) betrachtet. An diesen Stellen wird zum Ausdruck gebracht, daß der Mensch mehr als Moral ist und daß er mehr ist als die Bilanz, die wir aufgrund seiner moralischen Leistungen von ihm erstellen können. „Religion" sagte Albert Camus damals schon, „sollte eine allgemeine Weißwäscherei sein". Das war selbstverständlich übertrieben, hyperbolisch gemeint. Aber was heißt es z.B., zu „binden" und zu „lösen"? Wenn man an die Macht der Kirche denkt, die man oft damit in Verbindung bringt, heißt es doch nichts anderes, als diejenigen, die die Täter sind, in ihrer Indifferenz aufzusuchen, sie anzuklagen – also zu „binden". Und „lösen" heißt doch eigentlich, die Skrupulanten aufzusuchen, die sich überall herausgebildet haben – oft aufgrund kirchlich-moralischer Sozialisation – und diesen Opfern zu sagen, daß der Mensch mehr ist als seine Moral. Aber ich glaube nicht, daß das Wort vom Binden und Lösen von den Machtträgern in der Kirche tatsächlich so verstanden wird: als Bindung der Gleichgültigen und als Lösung der Unterdrückten. Dazu wäre der Kirche mehr Distanz vom rechten Staatsterror zu wünschen und eine größere Gelöstheit gegenüber prophetischen Kräften.

Die Hauptforderung an die Kirche für eine zukünftige, zukunftsfähige Moral besteht darin, die Moral am „Menschen" zu messen.[8] Gerade das ist die religiöse Botschaft des Christentums – daß der Mensch nämlich mehr ist als seine Moral, denn er ist das Subjekt der Erlösung –, daß es nicht nur die größte Kraft des Menschen ist, Gottes zu bedürfen (Paul Tillich), sondern umgekehrt auch, daß Gott des Menschen bedarf und sich in der Menschlichkeit entscheidend ausgedrückt hat, als der Gott Jesu Christi. Und gerade darum liegt die Hauptforderung an die Kirche für eine zukunftsfähige Moral darin, sich selbst an der Menschlichkeit des Menschen zu messen. Der Mensch darf nicht Opfer einer Moral werden, die die Schwachen bindet, aber nicht löst, während sie die moralische Bindungen gegenüber den Starken zu wenig einklagt.

Nun ist das aber noch immer der ideologische Streit quer durch die moraltheologischen Veröffentlichungen. Da kann man z.B. ausführlich lesen, daß man Gott nicht im Interesse des Menschen instrumentalisieren dürfe[9] – aber in solchen Beiträgen wird vergessen, daß es meistens umgekehrt geschieht. Wir haben eine negative Erinnerung aufzuarbeiten: daß das Kreuz falsch dargestellt wurde – als Zeichen der Knechtschaft. "Nimm dein Kreuz auf dich und folge mir nach" – als ob das bedeutete: Nimm die Unterdrückung auf dich![10]

Als hieße Kreuztragen nicht umgekehrt: solidarisch sein, den Opfern das Joch von den Schultern nehmen? Nicht die Auferlegung sondern das Bestehen und die Hinaufhebung des Kreuzes sind die Zeichen christlicher Solidarität. Die Solidarität mit der „Wahrheit" ist an ihrer Frucht, an der Solidarität mit den Marginalisierten erkennbar.

---

[8] Vgl. Conc 18 (1982), Heft 5: „Das Menschliche – Kriterium christlicher Existenz?"; *Ch. Duquoc*, Die Torheit des Kreuzes und das Humane, a.a.O. 351-358, macht darauf aufmerksam, daß das Evangelium das Humane nicht definiere, aber im Kreuz der Widerstand gegen das Inhumane aufgerichtet sei. Die Negativität des Inhumanen bleibt der sozialethische Schlüssel des christlichen Glaubens, der sich nicht in einen konstruierten Humanismus erschöpft. Dazu schreibt Duquoc: „Das Humane wird unter schmerzhaften Wehen geboren. Es ist weder spontan noch naturgegeben, sondern Ergebnis einer ständigen Bemühung um die Beherrschung der Gewaltsamkeit, die inmitten aller menschlichen Beziehung wuchert." (a.a.O. 357).

[9] Vgl. z.B. *E. Schockenhoff*, Das Glück der Liebe, Zum theologisch-ethischen Verständnis der Gottesliebe, in: Aus reichen Quellen leben, Ethische Fragen in Geschichte und Gegenwart, hg. v. *J. Reiter* u.a., Trier 1995, 285-306. Schockenhoff bemerkt freilich am Schluß: „Die Balance, die das rechte Verständnis des christlichen Ethos im Lot hält, wird zerstört, wo die Begriffe Opfer, Verzicht und Selbstverleugnung vom Hintergrund des Evangeliums als einer frohen Botschaft abgelöst werden." (305) Dennoch ist der Tenor des Beitrags dem Menschen gegenüber instrumentell.

[10] Vgl. auch dazu *Ch. Duquoc*, Die Torheit des Kreuzes und das Humane (s. Anm. 7).

Leider ist es oft umgekehrt: Die „Wahrheit" gilt – aber als wolkige Konstruktion. Sie hat mit der Institution auf Erden nichts zu tun, obwohl diese sie ja repräsentieren soll. Und dazu gehört dann auch die Brutalität gegenüber der apodiktisch diagnostizierten Abweichung, der Versuch, alles im Griff zu behalten, das Mißtrauen im Geiste. Die verschwärmte Wahrheit führt eine scharfe Klinge, weil sie selber unbetreffbar bleibt.

Der Philosoph Robert Spaemann hat oft den Utilitarismus in der Moraltheologie bekämpft (eine grobe und nur teilweise berechtigte Kritik), aber er bekämpft nicht den Kirchenutilitarismus, was ihm bei seiner philosophischen Deontologie wohl anstünde. Die platonisch „reine" Kirche, die sich die Hände in der Schuld der anderen zu waschen sucht, ohne zu bedenken, daß sie sich gerade damit befleckt, wird zum strategischen Alibi, auf moralische Effizienz zu verzichten, um kirchliche Effizienz zu erreichen.

Kirchenutilitarismus bedeutet u.a., daß man auf der einen Seite den Utilitarismus bekämpft, auf der anderen Seite aber im Namen der Einheit der Kirche und im Namen ihres Anspruchs einen ziemlich freizügigen Umgang mit dem biblischen Zeugnis moralischer Fruchtbarkeit akzeptiert.

5. Keine Priorität für Machterhaltensstrategien

Der Streit um die Beratungspflicht für Schwangere war geradezu grotesk: Das Erschwernis der Abtreibung, die Pflichtberatung wurde zur Beihilfe umgedeutet – gegen den Sinn des Gesetzes. Hier wurde die Mücke geseiht und das Kamel verschluckt.

Der bürokratische Zentralismus in der katholischen Kirche führte in der Schwangerschaftskonfliktberatung zu einer Mißachtung der Kollegialität der Bischöfe. Auch dies geschah im Namen der Priorität der Machterhaltung; die Zentrale sieht sich unter dem Zwang, diese pluralistische Kirche kompakt zusammenzuhalten. Aber solches ist ja nicht einmal in einer Diözese möglich. Gelassenheit gegenüber den Kontrollneurotikern kann man bei Jesus von Nazareth nachlesen: „Lasset das Unkraut wachsen mit dem Weizen"[11]. In den Enzykliken früherer Jahrhunderte steht, man müsse das Unkraut herausreißen (statt es nach der Ernte zu sortieren!). Diese Sprache hat aufgehört – aber ist die Mentalität verschwunden?

---

[11] Vgl. dazu D. *Mieth*: Mit dem Unkraut wächst der Weizen. Sanfte Moralpredigten. Fribourg–Luzern 1991

Wenn die Kirche eine Moral mit menschlichem Antlitz verkünden will, muß sie sich neuen Anforderungen stellen. Und da die Kirche immer noch durch viele Seelen hindurchgeht, kann man nur wünschen, daß sie dieses menschliche Antlitz selber trägt, daß sie sich überprüfbar weiß. Dies kann aber nur ekklesiologisch eingelöst werden, wenn die Gewaltenteilung, ein demokratisches Prinzip in der Menschlichkeit, die Kirche erreicht. Gewaltenteilung wäre möglich ohne Verletzung des apostolischen Prinzips, und sie wurde, wie die Apostelgeschichte zeigt, auch in den Anfängen geübt: zwischen Aposteln und Diakonen, zwischen Juden- und Heidenmissionaren, zwischen Petrus und Paulus, zwischen Jerusalem und Antiochien, Alt- und Neu-Rom usw.

6. Technisch oft Spitze: die kirchliche Bürokratie

Die Frage nach der Ethik hat enormen Zuspruch. Überall in Europa werden Ethik-Gruppen eingerichtet – auch im früheren Ostblock, auch in den baltischen Ländern. Warum? Die Menschen sind verunsichert; zum Beispiel durch die Umweltkatastrophen. Dazu gibt es Ansätze in den Kirchen, aber auf eine ökologische Zentralbotschaft warten wir noch. Umwelt-Ethik heißt aber auch, daß es Prioritäten in der Energiewirtschaft geben muß. Warum und wie lange noch hält sich die Weltkirche aus diesen Fragen heraus?

Sicher muß eine gewisse Zurückhaltung geübt werden, wo die Fakten strittig sind. Die schon genannten Fragen des Technologiewandels beziehen sich nicht nur auf die Bio-Medizin, sondern auch auf die Informationstechnologien – ein Forum in der Kirche gibt es zum Beispiel für Ethik-Fragen zum Internet nicht. J. B. Metz fragte, ob es nicht besser sei, keine Messen im Fernsehen zu übertragen, aber kommen wird der Kirchenkanal ... Typisch für die Kirche ist: Sie ist technisch stets fortschrittlich, sie hat alle Büros digitalisiert und elektronisch aufgerüstet; ihre Modernisierung auf dem technischen Niveau ist meist kein Problem. Wenn die Expertokratie miteinander redet, sind die Bischöfe dabei, und manchmal werden sie durch die Faszination verlockt. Es gibt so eine Art Galilei-Furcht auf der oberen Etage – diese Blamage möchte man nicht noch einmal erleben. Aber die Menschenwürde bleibt doch die gleiche, gleich ob wir das kopernikanische Sonnensystem haben oder ob die Erde eine Scheibe ist.

Der Technologiewandel führt in der Wirtschaft zu Globalisierungsprozessen, zu Kapitalverwertungsprozessen, zu internationalen „joint ventures" ... – in jeder Predigt, die sich mit aktuellen Worten schmückt, taucht so etwas auf. Aber was fangen wir damit an, wenn es dafür kein Forum mit öffentlicher Streitkultur in der Kirche gibt? Denken wir an die politische Moral! Welches Profil hat die katholische Kirche im Zusammenhang mit der Parteispenden-Affäre entwikkelt? – Hier gab es so etwas wie ein fast völliges Abtauchen.

In der den Kirchen nahestehenden „Wirtschaftsethik" hat sich ein Stichwort etabliert, das alle Ethik domestiziert. Es heißt „Implementierung". Ethik soll zwar Regeln mitbestimmen, aber nur „more oeconomico" implementiert werden. Zugleich wird der Ethik ein Lernprozeß in Ökonomik auferlegt, der nicht die Kenntnis der Wirkweisen von Ökonomie meint, sondern das Erlernen der dort gültigen vor-ethischen (weil ethisch nicht reflektierten) Mechanismen. Besser als das Nachbeten wäre hier die kritische Kenntnis, vor allem der Expertendifferenzen. Denn die Ökonomisierung des ethischen Diskurses führt zu einer Widerstandsunfähigkeit und zu einer fast schrankenlosen Instrumentalisierung der Sozialethik. Die christliche Sozialethik scheint manchmal nur noch indirekt durch eine philosophische Institutionenethik vertreten zu sein.

Eine große Herausforderung unter den heutigen ethischen Fragen kann man unter Lebensberatung zusammenfassen. Wie wichtig heute Beratung ist, sieht man deutlich an dem Zusammenbruch der katholischen Schwangerschaftskonfliktberatung. Die Menschen wollen selbst entscheiden, aber sie wollen auch beraten werden. Lebensberatung wird unter der Voraussetzung der „Selbstbestimmung" eingefordert, und wenn die Kirche in all den Feldern der nicht-direktiven Beratung präsent ist, wird sie auch akzeptiert. Denken wir an die vielen Initiativen in Bildungshäusern und in Bildungswerken, wo vieles bereits von unten her geschieht; es wird nur „oben" ungern wahrgenommen; würde man es wahrnehmen, dann müßte man ja vielleicht einiges verbieten, weil es nicht direktiv genug ist. Ich erinnere mich an einen Vorwurf, der mir einmal gemacht wurde. In einer Illustrierten mit dem Titel „Ja" in den siebziger Jahren (das Heft über die Trauung und die Ehe erschien in einer Auflage von einer Million) wurde mein einführender Text von einer Kommission der Deutschen Bischofskonferenz geändert: Er war ungenügend im Verurteilen. Mein Protest dagegen hat viel Kraft gekostet; ich habe es nicht unterschrieben, bevor es nicht noch einmal geändert war. So verpufft viel Energie an innerkirchlichen Reibungsflächen – Energie, die gerade den moralischen Interessen der Kirche mit ethischer Reflexion dienen will.

In Fragen der Humangenetik brauchen wir eine neue Beratungsstruktur. Es ist ein neues Ziel, Menschen in ihren persönlichen Lebensplänen zu helfen. Psychologie allein ist „out"; der Trend ist die philosophische Lebensberatung[12], denn die Menschen wollen nicht wissen, was sie im Leben versäumt haben, sondern sie wollen erkennen, was sie selber wollen. Fragt man eine Schulklasse, was jeder einzelne will – Sex? Liebesromantik? Familie gründen? –, man wird relativ restriktive Antworten erhalten, denn die Schüler wollen diese Alternativen nicht zur Wahl. Man müßte nur mehr fragen – und von unten würden schon auch Regulierungen heranwachsen. Kirchliche Lebensberatung ist nicht Verordnung, sondern Dienst. Dies ist den Beratungsinstanzen in der Praxis bewußt, aber ihnen fehlt die Theorie.

Eine Theologie der Macht, die wirklich Dienst wäre, fehlt den kirchlichen Diensten.

7. Eine Macht, die wirklich Dienst wäre – auf der Suche nach einer Verbindung von Ethik und Praxis[13]

In der Kirchensprache hört man oft: Niemand hat Macht, alle dienen. Walter Kasper sieht z.B. im Priester den „Dienst an den Diensten". Der Papst gilt als „servus servorum" (Diener der Diener). Beides ist eine funktionale Beschreibung, aber es ist auch ein ziemlicher Anspruch und die Hypostasierung einer Aufgabe, bei der man eigentlich nur versagen kann.[14] Die Rede vom Dienst verbirgt oft nur die Macht. Dienst ist häufig bloß ein Euphemismus für Machtansprüche. Damit möchte ich denen, die vom Dienst reden, nicht unterstellen, es ginge ihnen persönlich nur um Macht. Das Problem ist nicht das Machtstreben von Personen (obwohl auch das vorkommt), sondern das Problem ist die Unüberprüfbarkeit einer Macht, die sich vom Dienst nicht unterscheidet, ihn aufsaugt und sich in ihm kaschiert. Die Wirklichkeit wird nicht besser, wenn man die Worte über sie austauscht. (So wird z.B. die Globalisierung nicht dadurch besser, daß man ihr „Mundialisierung" vorschreibt.) Ein „Ja" zur Macht und eine überprüfbare Machtausübung stehen nicht im Gegensatz zum Evangelium, wohl

---

[12] Deren Tradition wird gerade neu erarbeitet. Vgl. etwa *Ch. Horn*, Antike Lebenskunst, München 1998.

[13] Vgl. *M. Junker-Kenny,* Ethik und Praxis, in: *A. Holderegger/J.-P. Wils* (Hg.): Interdisziplinäre Ethik. Grundlagen und Methoden. Festgabe für Dietmar Mieth zum sechzigsten Geburtstag. Freiburg i. Br.–Fribourg 2001, 185-212

[14] Dieses Versagen ist z.B. bei Ezechiel 34 in deutlicher Form dargestellt. Daß dieser Text im Rahmen einer sehr „petrinischen" Liturgie zur Feier der Kardinalserhebung (am 22. 2. 2001) in Rom als Lesung diente, mag die ganze Ambivalenz des Kapitels Macht und Dienst aufdecken.

aber eine mit spirituellen Worten übertünchte Macht. Noch einmal: Es geht um die theologische und um die sozialethische (also institutionsethische) Überprüfbarkeit von Macht und Machtausübung. Daß der einzelne Machtträger seine Machtausübung in der Spiritualität seines Dienstes sieht, mag gut sein, ist aber unter Umständen nicht richtig. Denn was ethisch falsch ist, kann nicht spirituell legitimiert werden. Was im Ansatz gut ist (Macht des Dienstes in der Nachfolge eines jesuanischen Gemeindeprogramms), kann strukturell falsch sein, wenn der Charakter des „Dienstes" nicht in institutionstheoretischer Überprüfbarkeit gesichert wird. Sonst entsteht jene paternalistische Verfälschung, die wir als Eltern-Selbsttäuschung kennen: „Ich will ja nur dein Bestes". Das Wollen wäre hier willkürlich, stünde es nicht in der Prüfung eines Diskurses über das Gute und Richtige. Eine Kirche, die den Zugang zur Ethik über die Macht sucht, verfehlt die Ethik der Macht. Eine solche Ethik der Macht, wenn sie den evangelischen Impuls des Dienstes umsetzen will, besteht in der institutionellen Überprüfbarkeit. Hier wird die Ethik auch zur Kirchenrechts-Ethik. Aber läßt die Kirche neben der kanonischen Interpretationskunst eine Rechtsethik zu? Dies müßte freilich eine Rechtsethik ohne triumphale Ansprüche sein, die sie von vornherein entschärfen.[15]

Auch als Communio-Begriff ist Dienst nicht von der Spiritualität der Christengemeinschaft her zu sehen, auch nicht allein vom Dienst an der Einheit her, in welcher so oft die Bindung im Vordergrund steht und die Lösung vergessen wird. Dienst vollzieht sich in Diensten, und diese müssen ihre Gewalt teilen, sowie institutionentheoretisch aufeinander abgestimmt sein. Kurz gesagt: wo in der Communio der Dienst nicht am Teilen der damit verbundenen Gewalten erkennbar ist, da wird Communio zur Verschleierung der nicht mehr kommunikationsfähigen Macht. Was spirituell denkbar ist, Dienst ohne Gewaltenteilung, ist institutionell nicht denkbar, weder ethisch noch ekklesiologisch.

Ich sagte schon: Es geht darum, die Indifferenten zu binden und die Schwachen von ihren Skrupeln zu befreien. Dies hat auch eine pastorale Seite. Die prophetische Anklage gegen die zerstörerischen Kräfte der Gleichgültigkeit darf nicht fehlen. Das Falsche soll verurteilt werden, aber Vergebung muß/soll zusprachebereit sein; und auf keinen Fall darf die Würde des Sünders und der Sünderin verletzt werden. Auch die Ethik nicht-direktiver Beratung braucht Normen, selbstver-

---

[15] Vgl. *D. Mieth*, Die Spannung zwischen Recht und Moral in der Katholischen Kirche, in: Conc 321 (1996) 410-415.

ständlich auch in der Sexualmoral. Aber die Normen müssen Raum lassen für die Verantwortung der moralischen Identität und persönlichen Lebensführung. Zu einer solchen Ethik gehört als Adressat auch die Familie, gehören Eltern, die an den Kindern die Erziehung lernen; dazu gehören Kinder, die durch ihre Bedürfnisse und Orientierungssuche ihre Eltern erziehen, denn Kinder zeigen, was sie brauchen (in erster Linie Rückhalt, Selbstbestimmung). Die Angst vor individualistischer Willkür bei der Erziehung ist nicht ganz von der Hand zu weisen, aber die Angst vor der Instrumentalisierung von Menschen etwa durch die Medien, durch das Internet usw. ist ebenfalls berechtigt.

Die Kirche auf der Seite der Diskriminierten und Marginalisierten, die "das geknickte Rohr aufrichtet" im Namen Gottes, die die Subsidiarität und Kollegialität (nicht nur der Bischöfe), die Überprüfbarkeit und die Teilung der Gewalten an ihren Taten erkennen läßt; die dafür sorgt, daß sich in ihr unterschiedliche Erfahrungen herausbilden können, aus denen alle Nutzen ziehen können und die keineswegs versucht, alle Erfahrungen doktrinär gleichzuschalten ..., diese Kirche kann zu einer zukunftsfähigen Moral finden, denn sie wäre selber ein Forum des Lebens. Und damit würde auch die Kirche ein neues Profil gewinnen in dem Boom der Ethik, den wir heute erfahren, und durch sie wäre der Tisch der Ethik reichhaltiger gedeckt.

X

Das Verhältnis von Ortskirche und Weltkirche als Gestaltungsaufgabe

Sozialethische Überlegungen

von Marianne Heimbach-Steins, Bamberg

Die katholische Kirche wird gerne als *ältester global player* und als *global player eigener Art* charakterisiert.[1] Immerhin verfügt sie „über das weltweit größte Netzwerk mit internationalen Verflechtungen bei gleichzeitig national-kulturellen Bindungen. Mit dem Papst hat sie einen universalen Repräsentanten, der verbindlich im Namen der gesamten Kirche sprechen kann. Ein einzigartiges Instrument zur weltweiten Verständigung und Festlegung von Richtlinien sind auch die ökumenischen Konzilien."[2] Als Großinstitution, die sich aus einer Vielfalt kulturell kontextualisierter Ortskirchen und zugleich aus einer diese durchziehenden und übergreifenden zentralistischen Struktur aufbaut, verfügt die katholische Kirche über starke Stützen globaler Einheit. Gleichzeitig steht sie vor der Aufgabe, die im weltweiten Maßstab wachsende Vielfalt ihrer Realisationen zu gestalten – und dies nicht nur in dem Sinne eines unvermeidbaren Übels, sondern als positives Indiz weltweit inkulturierter Präsenz und Vitalität. Gerade angesichts der Globalisierung medialer Kommunikation werden die

---

[1] Vgl. zur Charakterisierung der Kirche als ältester global player: *F.X. Kaufmann*, Globalisierung und Christentum, in: *P. Hünermann* (Hg.), Das II. Vatikanum – christlicher Glaube im Horizont globaler Modernisierung. Einleitungsfragen, Paderborn 1998, 15-30, 21; ähnlich: *ders.*, Wie bringt die Kirche das Christentum ins dritte Jahrtausend?, hg. v. *J. Lüpke* u. *H.J. Marcus* (Hildesheimer Texte 1), Hildesheim 2000, 14; zu den Besonderheiten der Kirche als global player u.a.: *M. Maier*, Die Kirche als „Global Player" – Theologische Überlegungen zu einer menschengerechten Globalisierung, in: Jahrbuch für christliche Sozialwissenschaft [JCSW] 41 (2000), 130-146; *U. Ruh*, Nach dem Heiligen Jahr, in: Herder-Korrespondenz [HerKorr] 55 (2001), 1-3.

[2] *M. Maier*, (s. Anm. 1), 131f.

erheblichen Ungleichzeitigkeiten und Wahrnehmungsdifferenzen zwischen den vielen konkreten Gestalten der katholischen Kirche in verschiedenen geographischen und kulturellen Kontexten zu einer Herausforderung von neuer Dringlichkeit: „Auf der einen Seite ist die Struktur der katholischen Kirche mit der vielbeschworenen Globalisierung unserer Welt bestens vereinbar. Ob in Botswana oder Finnland, Ecuador oder Papua-Neuguinea: Katholiken verstehen sich überall als Glieder *einer* Kirche, und wer als Tourist oder Geschäftsmann andere Weltgegenden besucht, wird seine katholische Kirche dort bei allen Unterschieden des kulturellen oder sozialen Milieus wiedererkennen. Auf der anderen Seite sind auch katholische Ortskirchen ungeachtet der Einheit in Gottesdienst, Lehre und Amt von ihrer jeweiligen Geschichte so durchtränkt, daß sie sich nicht als bloß verwaltungsmäßig voneinander getrennte Provinzen der einen Großorganisation Kirche verstehen lassen."[3] Spannungen zwischen der faszinierenden Vielfalt in der einen Kirche und dem Bemühen, die Einheit durch Stärkung zentralistischer Strukturen zu sichern, sind Symptome einer noch nicht bewältigten Herausforderung: Das Verhältnis zwischen Ortskirchen und Weltkirche sei „aus der Balance geraten" – so hat Kardinal Walter Kasper das Problem jüngst diagnostiziert.[4]

Nicht nur die dogmatische Ekklesiologie, sondern auch eine christliche Sozialethik, die vor der Institution Kirche nicht halt machen kann, ist von dieser Problematik herausgefordert. Um den Gegenstand der Auseinandersetzung präzise bestimmen zu können und das für die folgenden Überlegungen leitende Vorverständnis offenzulegen, werde ich zunächst die Begriffe „Ortskirche" und „Weltkirche" untersuchen. In einem zweiten Schritt werde ich die Weichenstellungen in Erinnerung rufen, die das Konzil im Hinblick auf die Zuordnung der verschiedenen Ebenen ortskirchlichen und weltkirchlichen Handelns vorgenommen hat. Vor diesem Hintergrund lassen sich Orientierungen zum Verhältnis von Ortskirche und Weltkirche skizzieren, die aus den in der kirchlichen Sozialverkündigung verankerten normativen Leitkriterien christlicher Sozialethik entwickelt werden können.[5]

---

[3] *U. Ruh*, (s. Anm. 1), 2f.

[4] *W. Kasper*, Das Verhältnis von Universalkirche und Ortskirche. Freundschaftliche Auseinandersetzung mit der Kritik von Joseph Kardinal Ratzinger, in: Stimmen der Zeit [StZ] 218 (2000), 795-804, 796.

[5] Die folgende Darlegung basiert auf dem Kapitel „Netzwerk oder Pyramide? Zum Verhältnis von Ortskirche und Weltkirche" aus: *M. Heimbach-Steins*, Einmischung

1. Zur Semantik der theologischen Begriffe „Ortskirche" und „Weltkirche"

Das Begriffspaar „Ortskirche - Weltkirche" weckt eine Vielzahl möglicher Assoziationen. So formelhaft es in den gegenwärtigen Auseinandersetzungen und Konflikten eingesetzt wird, so wenig eindeutig ist es hinsichtlich seiner ekklesiologischen Aussagekraft. Es gilt deshalb zu klären, welche Subjekte, Ebenen und Verstehensweisen von Kirche erschlossen werden, wenn von „Ortskirche" oder von „Weltkirche" gesprochen wird. Diese Vergewisserung wird dazu beitragen, die sozialethischen Fragen, die sich angesichts der gegenwärtigen Krisenerfahrungen stellen, im Horizont der konziliaren und nachkonziliaren Ekklesiologie zu verankern und zukunftsweisend zu erörtern.

1.1. Ortskirche

Mit der Perspektive auf die Ortskirche bzw. die „Kirche vor Ort" wird die Realität von Kirche von einem ganz bestimmten Ansatz her gedacht. In der Gegenwart hat er mit der Kirchenkonstitution des Zweiten Vatikanischen Konzils „Lumen Gentium" eine neue theologische Würdigung erfahren und konnte so für die kirchliche Entwicklung wirksam werden. Sowohl das Bistum – die eigentliche *Ortskirche* unter der Leitung des Bischofs – als auch die einzelne *Ortsgemeinde* kommen in den Blick. Neben der Pfarrei als dem vorherrschenden Organisationsmuster sind hier auch andere Artikulationsformen von „Kirche vor Ort" einzubeziehen, z.B. Personalgemeinden, Basisgemeinschaften, christliche Gruppen, die eher am Rande der Gemeinden stehen, klösterliche Gemeinschaften, geistliche Gemeinschaften etc., die über die Strukturen der Ortskirche in je bestimmter Weise in das Ganze der kirchlichen Glaubensgemeinschaft integriert sind. Schließlich ist dieses in sich vielschichtige institutionelle Gebilde der Ortskirche in einen größeren kirchlichen sowie kulturellen und gesellschaftlich-politischen Kontext eingebettet, der als *Regionalkirche* in den Blick kommt und sich in der Verbindung einzelner Ortskirchen, z.B. auf der Ebene von nationalen, subkontinentalen oder kontinentalen

---

und Anwaltschaft. Für eine diakonische und prophetische Kirche, Ostfildern 2001, 182-198.

Bischofskonferenzen, aber auch in Zusammenschlüssen von Laien-
vertretungen, Ordenskongregationen etc., konkretisiert und artikuliert.
Der Terminus Ortskirche bezeichnet daher nicht nur eine geographische oder eine kirchensoziologische Kategorie (wenngleich diese
Aspekte zur Bestimmung des Begriffs beitragen), sondern er markiert
zugleich die *theologische* Qualität all jener Manifestationen von Kirche in ihren jeweiligen geographischen, politischen und kulturellen
Kontexten: Mit der Wahl der Perspektive „Kirche vor Ort" kommt die
Realität von Kirche als solcher in den Blick, und zwar nicht nur in einer abgeleiteten, indirekten oder sonst irgendwie sekundären Weise,
sondern so, daß bereits auf der Ebene der Ortskirche die Struktur von
Kirche mit ihren eigentümlichen Spannungen zwischen Einheit und
Vielheit, Hierarchie und Partizipation, die für das Wesen der Kirche
typische Vielzahl von einander mehr oder weniger klar zugeordneten
Subjekten, jedenfalls ein pluraler Modus des Selbstvollzugs von Kirche wahrgenommen werden kann und muß. Insofern ist der Einschätzung von G. Ruggieri zuzustimmen, der die Aufwertung der Ortskirchen auch unter der Rücksicht einer kritischen Gegenbewegung zu den
Vereinheitlichungswirkungen der Globalisierung hervorhebt: „Es ist
bemerkenswert, daß die katholische Kirche gerade in ihrem ersten eigentlichen Vollzug als Weltkirche die alte universalistische Figur einer
monokulturellen Kirche durch die bis jetzt nur prinzipielle und noch
nicht praktisch vollzogene Anerkennung der vollen Subjektivität der
Ortskirchen aufgegeben hat, indem sie den Ortskirchen das Recht zu
einer eigenen Ordnung (*disciplina*), einem eigenen liturgischen Brauch
und einem eigenen theologischen und geistlichen Erbe (LG 23) zuge-
stand. Hier scheint die Aufgabe der Kirche darin zu bestehen, den Ni-
vellierungswirkungen der Globalisierung korrigierend entgegenzutreten."[6]
Die theologische Würdigung der Ortskirche ist auch unter der
Rücksicht einer Sozialethik des kirchlichen Lebens ein wesentlicher
Ertrag des Zweiten Vatikanums, auch wenn das Konzil insgesamt vor
allem von einer Perspektive der Gesamtkirche ausging: „Diese Kirche
Christi ist wahrhaft in allen rechtmäßigen Ortsgemeinschaften (con-
gregationibus localibus) der Gläubigen anwesend, die in der Verbundenheit mit ihren Hirten im Neuen Testament auch selbst Kirchen
heißen. *Sie sind nämlich je an ihrem Ort, im Heiligen Geist und mit*

---

[6] *G. Ruggieri*, Das II. Vatikanum – Ereignis von Weltkirche, in: *P. Hünermann*, (s.
Anm. 1), 31-34, 33.

großer Zuversicht (vgl. 1 Thess 1,5), das von Gott gerufene neue Volk.
In ihnen werden durch die Verkündigung der Frohbotschaft Christi die
Gläubigen versammelt, in ihnen wird das Mysterium des Herrenmahls
begangen [...]. In diesen Gemeinden, auch wenn sie oft klein und arm
sind oder in der Diaspora leben, ist Christus gegenwärtig, durch dessen Kraft die eine, heilige, katholische und apostolische Kirche geeint
wird." (LG 26)

Karl Rahner hält in seinem Kommentar zu dieser Stelle fest, zwar
sei die Sichtweise des Konzils ganz überwiegend von der Gesamtkirche und deren Struktur geprägt; immerhin aber schlösse sie die andere
Sinnmöglichkeit nicht aus: „Man kann von der konkreten Gemeinde
ausgehen, in der sich die Predigt des Wortes Christi und die Prokla-
mation seines heilbringenden Todes im Abendmahl ereignet, Christus
selbst so im Wort und Sakrament und in Bruderschaft als das eschatologische Heil gegenwärtig ist und so Kirche ist im wahren Sinn des
Wortes. Man kann auch von da aus dann das Verständnis der Kirche
als ganzer erreichen, weil diese selbst wahrhaft da ist (vere adest) in
der Ortsgemeinde."[7] Über die Kirche in der Perspektive „Kirche vor
Ort" nachzudenken, heißt demnach nicht, die ‚eigentliche' Kirche
„herunterzubuchstabieren", als ob in der Ortskirche lediglich ein blas-
ser Abglanz des Eigentlichen, ein Reflex der Idee von Kirche zu erfassen sei. Es heißt, Kirche konkret zu denken von den vielfältigen Orten
ihrer Erfahrbarkeit her[8] und von diesem Ansatzpunkt aus bereits die
volle theologische Wirklichkeit in den Blick nehmen zu können. Dies
ist dogmatisch wie sozialethisch von erheblicher Bedeutung.

1.2. Weltkirche

Ebenso wie der Begriff der *Ortskirche* nicht auf eine geographisch
oder soziologisch beschreibende Funktion zu reduzieren ist, repräsentiert der Begriff *Weltkirche* nicht einfach eine geographische Entgrenzung der Perspektive, sondern beinhaltet eine *theologische* Kategorie
von ekklesiologisch hoher Bedeutung. *Weltkirche* im Sinne des ekklesiologischen Merkmals der Katholizität ist und wächst, wo immer Kir-

---

[7] *K. Rahner*, Kommentar zum III. Kapitel der Dogmatischen Konstitution über die
Kirche, in: Lexikon für Theologie und Kirche. Das Zweite Vatikanische Konzil. Dokumente und Kommentare [LThK.E], hg. v. *H.S. Brechter* u.a., Bd. I, Freiburg 1966,
243.
[8] Vgl. auch *W. Kasper*, (s. Anm. 4), 796 und 800.

che sich darauf einläßt, Kirche in der Welt und für die Welt zu sein, wo sie sich von ihrem Auftrag her – dem der Verkündigung des Evangeliums „in aller Welt" – versteht und diesen Auftrag als Verpflichtung zur Solidarität mit der Weltwirklichkeit bzw. den in dieser Wirklichkeit lebenden, liebenden und leidenden Menschen begreift. *Weltkirche* in dem Sinne ist kein Gegenbegriff zu *Ortskirche*, sondern meint eine bestimmte Qualität der Kirche als inkarnierter, geschichtlich und kulturell verorteter Wirklichkeit.[9] Beide Dimensionen von Kirche verhalten sich zueinander in einem perichoretischen Verhältnis: „Sowenig die Ortskirchen Ausgliederungen oder Provinzen der universalen Kirche sind, ebensowenig ist die universale Kirche Summe oder Produkt des Zusammenschlusses der Ortskirchen. Ortskirche und Universalkirche sind sich gegenseitig innerlich; sie durchdringen sich und sind sich perichoretisch."[10]

Weltkirche, von der inkarnatorisch-dialektischen Beziehung zwischen Kirche und Welt her gedeutet, kann Kirche daher nur sein, wenn sie sich in den weltweit – gesellschaftlich, politisch, ökonomisch, kulturell, religiös – unterschiedlichen Kontexten jeweils so konkretisiert, daß die Botschaft, um derentwillen Kirche überhaupt existiert, vernehmbar werden kann. Anders gesagt: Kirche muß sich je neu in unterschiedlichen Zusammenhängen und daher notwendigerweise auch in differenter Gestalt *inkulturieren*, um eine in der Welt *inkarnierte* Kirche sein zu können. Weltkirchlichkeit als Katholizität ist also mit Uniformität geradezu unvereinbar. Unvereinbar ist sie deshalb auch mit dem Dominanzanspruch einer bestimmten kulturellen Realisation, selbst wenn diese, wie es mit der abendländischen Kultur über eine lange geschichtliche Epoche der Fall gewesen ist, der Humus für die Ausbildung einer bestimmten Gestalt von Kirche und kirchlich geprägter Kultur gewesen ist.

Die Vielfalt der konkreten Realisierungen von Kirche, hinter die im Sinne des Weltkirche-Anspruchs nicht zurückgegangen werden kann, erheischt bestimmte Strukturen, die dieses in sich differenzierte und gleichzeitig-ungleichzeitige Gebilde gerade als ein plural strukturiertes Ganzes zusammenhalten. Es braucht Strukturen, in denen die Gemein-

---

[9] Vgl. *M. Eckholt*, Weltkirche-Werden auf dem II. Vatikanum: Aufbruch zu einer neuen Katholizität, in: Edith-Stein-Jahrbuch. Jahreszeitschrift für Philosophie, Theologie, Pädagogik, andere Wissenschaften, Literatur und Kunst, hg. im Auftrag des Teresianischen Karmel, Bd. 6, Würzburg 2000, 378-390.
[10] *W. Kasper*, (s. Anm. 4), 800.

schaft der Ortskirchen als Weltkirche konkret wird, und dies geschieht sicher nicht einfach im Sinne bloßer Addition. Es kann auch nicht dadurch zureichend geschehen, daß sich jede einzelne Ortskirche auf eine zentrale – sei es administrative, sei es symbolische – Repräsentationsform von Kirche bezieht, wenn es nicht zugleich und in konkreter Wirksamkeit für die Fortentwicklung des Ganzen Formen der Kommunikation, des Austauschs, des Ringens um die authentische Auslegung der Botschaft und ihrer angemessenen Darstellung *zwischen* den verschiedenen Orts- und Regionalkirchen gibt. Als Weltkirche wird Kirche deshalb erst dann konkret, wenn sich in ihr ein kommunikatives und kooperatives *Netzwerk* der Ortskirchen verwirklicht, was der Bedeutung einer zentralen Repräsentationsinstanz, wie das römische Papsttum sie darstellt, keinen Abbruch tun muß. Allerdings kann weder das Papstamt als solches noch der kuriale Apparat die Netzwerkbildung einer Kirche, die wirklich Weltkirche in den Dimensionen der heutigen Welt werden und sein will, ersetzen oder erübrigen; vielmehr ist die eigentümliche Struktur der katholischen Kirche mit dem zentralen Lehr- und Leitungsamt des Papstes ein genuines und unverzichtbares, d.h. aber auch: nicht in seiner Bedeutung isolierbares Element in diesem Netzwerk.

Wenn heute viel von Konflikten zwischen Ortskirche(n) und Weltkirche gesprochen wird, dann bezieht sich dies in der Regel auf bestimmte Auseinandersetzungen zwischen einzelnen Orts- bzw. Regionalkirchen auf der einen und „Rom" bzw. bestimmten Organen der Kurie auf der anderen Seite.[11] Diesen Part der Konfliktkonstellation mit dem Stichwort „Weltkirche" (oder „Universalkirche") zu belegen, bedeutet vor allem dann eine dem Wesen der katholischen Kirche nicht voll gerecht werdende Verengung und Verkürzung, wenn damit die theologische Bedeutung von *Weltkirche* (oder *Universalkirche*) auf „Rom" bzw. das gesamtkirchliche Lehr- und Leitungsamt reduziert wird. Erst jenseits solcher Verengungen werden theologisch und ethisch relevante Dimensionen der Kirche als *Weltkirche* ansichtig, die zur Klärung des begrifflichen Spektrums skizziert werden müssen.

---

[11] Vgl. dazu *M. Maier*, (s. Anm. 1), 137f.

2. Zur Neubestimmung des Verhältnisses von Ortskirchen und Weltkirche durch das Zweite Vatikanum

In der Skizze zur Semantik der Begriffe *Ortskirche* und *Weltkirche* ist die zentrale Bedeutung des Zweiten Vatikanums für die Erschließung beider Dimensionen von Kirche bereits angeklungen. Karl Rahner, der die (noch etwas verhaltene) Neuentdeckung der Ortskirche durch die Konzilsväter stark gemacht hat, hat auch mit großem Nachdruck die neue „weltkirchliche" Qualität des Konzils und seiner Ekklesiologie herausgearbeitet: Es sei „in einem ersten Ansatz, der sich erst tastend selber zu finden sucht, der erste amtliche Selbstvollzug der Kirche *als Weltkirche.*"[12] Er stellt diesen noch „schüchternen" Neuansatz dem vorherigen Selbstverständnis der eurozentrischen Kirche gegenüber, deren Tun doch eher das einer „Exportfirma war, die eine europäische Religion, ohne eigentlich diese Ware verändern zu wollen, in alle Welt exportierte [...].'"[13] Der Anfang des Weltkirche-Werdens liegt für Rahner also gerade deshalb im Konzil begründet, weil hier erstmals ein rein eurozentrisches Bild und Selbstbild der Kirche real in Frage gestellt wird: Zum einen durch die Präsenz von Bischöfen nicht europäischer Herkunft (wenn auch oft theologisch noch von dort her geprägt), zum anderen durch bestimmte Schritte der Öffnung auf eine Welt hin, die nicht mehr einfach als die unheile Kontrastfolie zum in der Kirche „gehorteten" Heil fungierte, sondern als Ort und Humus des Kircheseins, ja sogar als Quelle von Lernerfahrungen für die Kirche selbst in den Blick genommen wurde. Unter dieser Rücksicht haben nicht nur die *Dogmatische Konstitution über die Kirche*, sondern auch die *Pastoralkonstitution über die Kirche in der Welt von heute* und die *Erklärung über die Religionsfreiheit* bedeutende Markierungen auf dem Weg des Weltkirche-Werdens gesetzt.

So hat die katholische Kirche im Konzil auf neue Art begonnen, nach sich selbst zu fragen, und zwar gerade so, daß solches Fragen aus dem Zirkel der Selbstgenügsamkeit einer *societas perfecta* herausführen und eine neue Öffnung zur Welt hin freisetzen konnte. Auf einer ersten fundamentalen Sinnebene beruht das Weltkirche-Werden im Konzil demnach auf der Entdeckung, daß „die Lebensfelder, in denen

---

[12] *K. Rahner*, Theologische Grundinterpretation des II. Vatikanischen Konzils, in: Schriften zur Theologie, Bd. 14: In Sorge um die Kirche, bearb. v. *P. Imhof,* Einsiedeln–Zürich–Köln 1980, 287-302, 288
[13] Ebd.

der Mensch Welt gestaltet, die Probleme, die damit verbunden sind, und die Fragen, die dem Menschen dabei aufgehen, [...] für die Kirche bei der Rückfrage nach sich selbst konstitutiv [sind]."[14] Auf einer zweiten Sinnebene, die mit dieser ersten verbunden ist, beruht diese Entwicklung auf der Rückbesinnung auf den soziohistorischen und kulturellen Kontext, in dem sich Kirche über die bislang längste Epoche ihrer Existenz verwurzelt hat, und auf dem wachsenden Bewußtsein der Partikularität und grundsätzlichen Überholbarkeit dieser Kontextualisierung: „Die Kirche beginnt sich als Weltkirche zu verstehen, indem sie sich ihrer westlich-abendländischen Wurzeln bewußt wird und auf die Welt in der Vielfalt ihrer Kulturen reagiert."[15]

Wenn dieser – längst noch nicht abgeschlossene – Vorgang der Dekonstruktion des bis dato weitgehend unbefragten „Universums" der eurozentrischen Kirche im Sinne eines kathartischen Prozesses die Voraussetzungen zu einer Neukonstruktion schaffen und also im Sinne einer zeitgerechten Einlösung der Kriterien von Katholizität und Einheit der Kirche fruchtbar werden soll, müssen bestimmte ekklesiologisch zentrale Fragen beantwortet werden, z.B.: Wie wird Pluralität wahrnehmbar als ein „Zeichen der Zeit", d.h. als eine kirchliches Handeln herausfordernde Tatsache, aber nicht als zwangsläufige Bedrohung der Einheit? Wie kann die Notwendigkeit der Neuverwurzelung mit dem historisch gewachsenen und mit den Ausdrucksformen eines bestimmten kulturellen Kontextes „kodifizierten" Selbstverständnis der Kirche vermittelt werden? Wie kann Kirche sich in einem neuartigen Prozeß pluraler Kontextualisierungen dennoch als *eine* identifizieren?

Mit dem konziliaren Aufbruch zur Weltkirche beginnt offensichtlich eine grundlegend neue Epoche der geschichtlichen Verwirklichung von Kirche. Karl Rahner hält die Qualität dieses Neuanfangs – im Rückblick auf zweitausend Jahre – nur mit dem historischen Vorgang der Entgrenzung der judenchristlichen Gemeinde in die heidnische Welt hinein für vergleichbar.[16] Hier interessiert nun weniger die Rückschau auf die bisherigen Rahmenbedingungen kirchlicher Selbstidentifikation (obgleich diese auch im Blick auf die Deutung der gegenwärtigen Krisenerfahrungen höchst aufschlußreich sein dürften, um bestimmte Reaktionsmuster und Handlungsschemata zu verste-

---

[14] *M. Eckholt*, (s. Anm. 9), 379.
[15] Ebd.
[16] Vgl. *K. Rahner*, (s. Anm. 12), 294-299.

hen). Angesichts der Reichweite und der historischen Valenz des reflektierten Prozesses ekklesialer Selbstverständigung ist vielmehr nach den Bedingungen zu fragen, unter denen gegenwärtig plurale Neukontextualisierungen von Kirche als Weltkirche möglich sind und inwiefern die christliche Sozialethik angesichts dieser Notwendigkeiten auch für die Eigenentwicklung der Kirche als einer Welt-Organisation Orientierungen zu geben vermag.

Als Grundvoraussetzung für das Weltkirche-Werden im Sinne echter Katholizität hat Margit Eckholt im Anschluß an die Konzilsinterpretationen von Karl Rahner und Marie-Dominique Chenu eine *Logik der Anerkennung* identifiziert, die nicht als etwas Fremdes an die Kirche herangetragen werden muß, damit sie den gegenwärtigen Herausforderungen standhalten kann, sondern die ihr von ihrer ureigenen theologischen Identität her zuwächst.[17] „Für die Kirche bedeutet dies vor allem, sich von ihren eigenen Kulturvorstellungen frei zu machen. Kardinal Lercaro belegte dies in den Diskussionen über die Kulturthematik in der Pastoralkonstitution *Gaudium et spes* mit dem Gedanken der ‚Armut‘ der Kirche im kulturellen Bereich. Die Kirche muß sich von eigenen Kulturvorstellungen lösen, um zu einer solchen ‚Armut‘ frei zu werden, damit sich je neu der Grund jeder Kulturschöpfung ereignen kann: Jesus Christus. Dieses Arm- und Freiwerden ist dabei von einem Prozeß der ‚Unterscheidung der Geister‘ begleitet, Jesu Christi Geist in der ‚Welt‘, in der Kultur und ihren unterschiedlichen Gestalten zu erkennen. Mit dieser, in der ‚Unterscheidung der Geister‘ angelegten neuen Annäherung an die Kultur sind auch ein neues Missionsverständnis, ein neuer Ökumenismus und ein Hineinwachsen in eine ‚neue Katholizität‘ verbunden – ein Aufbruch aus der Bindung der Kirche an die abendländische Form des Christentums.“[18]

Aufgrund der Heilssendung der Kirche muß deshalb die Katholizität von der Anerkennung des Anderen her entwickelt und eingelöst werden, ja diese qualitativ *neue Katholizität* besteht geradezu in der Anerkennung des bzw. der Anderen. Der Schlüssel zu einer katholischen Identität besteht demnach in der Annahme der Herausforderung des „fremden Anderen“, in der erst der Schritt zur Weltkirche im strengen Sinn getan wird. Eckholt formuliert einige strukturelle Konsequenzen aus dieser fundamentalen Einsicht: „Katholizität und Pluralismus sind zusammenzudenken. Die Kirche ist katholisch in einer

---

[17] Vgl. *M. Eckholt*, (s. Anm. 9), 387f.
[18] Ebd., 387.

durch die vielfältigsten Pluralisierungs- und Differenzierungsprozesse charakterisierten Welt, die wiederum auf die Kirche zurückwirken. In den verschiedenen, je neuen Inkulturationsprozessen wächst die Kirche in ihre Katholizität hinein. Ein solches Verständnis von Katholizität modifiziert die darin implizierte Einheitsvorstellung. Einheit realisiert sich in verschiedensten Kommunikationsprozessen: ‚communio‘ der Ortskirchen untereinander, der Ortskirchen mit dem Bischof von Rom, der verschiedenen Charismen usw. in der Kirche; Kommunikation mit den anderen christlichen Kirchen, den nichtchristlichen Religionen, der modernen Welt, Weltökumene.“[19]

Die Vielfalt und Komplexität der hier angedeuteten Kommunikationen, in denen sich Katholizität konstituiert, verlangt einen neuen Blick auf die verschiedenen konkreten, kulturell identifizierbaren Subjekte von Kirche, sowohl in den ortskirchlichen Zusammenhängen als auch in ihren weltkirchlichen Vernetzungen. Erst in einem dialogischen Zusammenwirken zwischen diesen je eigenen, in ihrer relativen Eigenständigkeit und ihren spezifischen Kompetenzen unverzichtbaren Subjekten von Kirche realisiert sich Kirche im Sinne des *Katholischen*. Vor dem Hintergrund dieser systematischen Überlegung ist nach strukturellen Konsequenzen für den praktischen Selbstvollzug der Kirche in der Spannung von Ortskirchen und Weltkirche zu fragen. Für eine christliche Sozialethik liegt es nahe, Antworten darauf im Gespräch mit den normativen Orientierungen zur Gesellschaftsgestaltung zu suchen, die diese theologische Disziplin – in einem dichten Austausch mit der lehramtlichen Sozialverkündigung – entwickelt hat; es soll gezeigt werden, inwiefern diese Quelle auch im Hinblick auf die Strukturen kirchlicher Kommunikation Orientierendes beitragen kann.

3. Ortskirchliche Kompetenzen und weltkirchliche Strukturen im Licht sozialethischer Orientierungen

Der Anspruch der Anerkennung der Anderen markiert eine grundlegende Voraussetzung für das Weltkirche-Werden. Dieser Prozeß steht in Wechselwirkung mit der Wahrnehmung der Ortskirchen als eigenständiger Subjekte von Kirche, die ebenfalls nur auf der Basis jener Logik der Anerkennung gelingen kann. Entsprechende Ansätze der

---

[19] Ebd., 389.

Selbstidentifizierung vom Anderen her sind als Lernschritte der Kirche gerade in der Konzilszeit sehr deutlich, nicht zuletzt im Bereich der Soziallehre. Exemplarisch ist auf die „Entdeckung" der weltweiten Dimension der sozialen Frage seit der Enzyklika „Mater et magistra" (1961) zu verweisen oder – noch deutlicher (vor dem Hintergrund der Konfliktgeschichte zwischen Kirche und Moderne) – auf die Anerkennung und eigenständige Relecture der modernen Menschenrechte in der Enzyklika „Pacem in terris" (1963) durch Johannes XXIII.[20] Im folgenden möchte ich die Frage nach dem Orientierungspotential aufnehmen, welches die kirchliche Sozialverkündigung und die wissenschaftliche Sozialethik für diesen ebenso notwendigen wie institutionell mühsamen Prozeß anzubieten haben. Ich greife dazu auf die „klassischen" Sozialprinzipien zurück und skizziere deren normativen Gehalt als Orientierungshilfe für die Verhältnisbestimmung von Ortskirchen und Weltkirche wie zwischen der einzelnen Ortskirche und der zentralen Kirchenleitung.

3.1. Das Personprinzip und die Anerkennung der Anderen

Die ethische und hermeneutische Grundforderung, den/die (fremde/n) Andere/n unbedingt anzuerkennen, ist dem Basisprinzip der Sozialethik, dem Personprinzip, nahe verwandt. Das Personprinzip gilt ausdrücklich nicht nur für den zwischenmenschlichen Umgang, sondern es beansprucht, im strengen Sinn des Wortes *Sozial*prinzip, also normatives Prinzip des Gesellschaftsaufbaus zu sein: „Wurzelgrund, Träger und Ziel aller gesellschaftlichen Institutionen ist und muß auch sein die menschliche Person, die ja von ihrem Wesen selbst her des gesellschaftlichen Lebens durchaus bedarf." (*Gaudium et spes* [GS] 25) Die Grundidee der unbedingten Achtung der Personalität des Menschen als Prinzip des Gesellschaftsaufbaus hat in der Sozialverkündigung Papst Johannes Pauls II. eine interessante Weiterführung erfahren: Wiederholt spricht er – nicht beschreibend, sondern normativ – von der Subjekthaftigkeit der Gesellschaft (vgl. z.B. *Sollicitudo rei socialis* [SRS] 15), die aus der Vielfalt zwischenmenschlicher Beziehungen erwachse (*Centesimus annus* [CA] 49,3). Dem entsprechend

---

[20] Vgl. *M. Heimbach-Steins*, Menschenrechte in der kirchlichen Sozialverkündigung, in: *H. Schmidinger* (Hg.), Gerechtigkeit heute – Anspruch und Wirklichkeit, Innsbruck–Wien 2000, 191-227.

würde es zur „Zerstörung des wahren Subjektcharakters der Gesellschaft und der Bürger als Personen" führen, wenn eine bestimmte gesellschaftliche Gruppe, z.b. eine politische Partei, sich das Recht nähme, „das Führungsmonopol an sich zu reißen", wie dies bei jedem Totalitarismus geschehe (vgl. SRS 15,4). Die Wahrung des Subjektcharakters der Gesellschaft verlangt deshalb u.a., „Strukturen der Beteiligung und Mitverantwortung" zu schaffen (vgl. CA 46,2).

Mit der analogen Anwendung des Personprinzips auf die Struktur der Gesellschaft hat Papst Johannes Paul II. eine qualitative Weiterentwicklung der sozialethischen Prinzipienlehre angestoßen, der auch für die hier zur Diskussion stehende Frage nach dem rechten Verhältnis von Ortskirche und Weltkirche wegweisender Charakter zuzusprechen ist. Denn hier zeichnet sich eine strukturelle Parallele zu dem oben aufgenommenen Postulat der Anerkennung der Anderen als Aufbauprinzip der „neuen Katholizität" im Sinne des Weltkirche-Werdens ab. In beiden Fällen geht es ausdrücklich um die fundamentale Voraussetzung für die Konstituierung eines sozialen Zusammenhangs, der nicht totalitär strukturiert sein soll; in beiden Fällen wird sie in der Achtung vor dem Eigenwert und der Eigenart der diesen Zusammenhang bildenden individuellen und kollektiven Subjekte gesehen (vgl. CA 49,3).

Als ein erster Denkimpuls ergibt sich daraus die Anregung, den Gedanken der Subjekthaftigkeit der Gesellschaft auch auf die Kirche als institutionelles Gefüge anzuwenden und ihn zu einem Prinzip des Verstehens und zugleich zum fundamentalen Kommunikationsprinzip dieses in sich komplexen und hoch differenzierten kollektiven Subjektes zu erheben. Auf jeder Ebene des kirchlichen Selbstvollzugs – von der einzelnen Pfarrgemeinde bis hin zu einem ökumenischen Konzil oder einer Weltbischofssynode – muß die Anerkennung der einzelnen Akteure als Subjekte und Träger spezifischer Kompetenz die Meßlatte des Handelns bilden, und zwar sowohl in bezug auf die Individuen, die in der Kirche und gegebenenfalls im Namen der Kirche handeln, als auch auf die kollektiven Akteure, sei es, daß sie als Bistum, repräsentiert in der Gestalt des Ortsbischofs, oder als Regionalkirche, repräsentiert in einer Bischofskonferenz, in Erscheinung treten. Erst durch die konsequente Anwendung eines solchen Prinzips der wechselseitigen Anerkennung wird dem im Konzil neu bestimmten Status der Ortskirchen in der Gesamtkirche angemessen Rechnung getragen (vgl. *Lumen gentium* [LG] 26). Eine solche Logik der Anerkennung erschließt für eine Sozialethik des kirchlichen Lebens eine

Sichtweise, die es erlaubt, die verschiedenen kirchlichen Subjekte in eine konstruktive Beziehung zueinander zu setzen – jenseits der dogmatischen Diskussion um eine Vor- oder Nachordnung von Ortskirche oder Gesamtkirche, wie sie zur Zeit zwischen führenden Persönlichkeiten der katholischen Kirche geführt wird.[21]

Aus dem fundamentalen Prinzip der Personalität hat die kirchliche Sozialverkündigung schon früh die heuristischen Prinzipien der Subsidiarität und der Solidarität hergeleitet. Die Diskussion um deren Anwendbarkeit auf die Kirche als Institution ist nicht neu; insbesondere um das Prinzip der Subsidiarität ist in dieser Hinsicht intensiv diskutiert worden. Gleichwohl lohnt sich in der hier entwickelten Perspektive ein neuer Blick.

3.2. Subsidiarität

Als Prinzip der Sicherung personaler Freiheit diente das Subsidiaritätsprinzip seit jeher dem Schutz der Person, der Wahrung der Identität der einzelnen und der kleinen Gruppen im Gemeinwesen. Angesichts der historischen Bedrohung der Freiheit der Person durch totalitäre Ideologien wurde es durch die Sozialenzyklika *Quadragesimo anno* [QA] (1931) in die kirchliche Sozialverkündigung eingeführt (vgl. QA 79). Bis heute hat es in der Sozialverkündigung wie in der christlichen Sozialethik eine bewegte Interpretationsgeschichte durchlaufen. Die Frage nach der Anwendbarkeit des Subsidiaritätsprinzips auf die Kirche selbst hat eine immer wieder aufflammende Kontroverse ausgelöst.[22] Bereits Papst Pius XII. nahm im Jahr 1946 eine sehr deutliche

---

[21] Der Streit geht aus von einem Artikel, den Walter Kasper in der FS für Bischof Homeyer veröffentlicht hat und für den er von Kardinal Ratzinger in einem Vortrag öffentlich kritisiert wurde. Vgl. *W. Kasper*, Zur Theologie und Praxis des bischöflichen Amtes, in *W. Schreer/G. Steins* (Hg.), Auf neue Art Kirche sein. Wirklichkeiten – Herausforderungen – Wandlungen, München 1999, 32-48; *J. Ratzinger*, L′ecclesiologia della Costituzione „Lumen gentium", in: *R. Fisichella* (Hg.), Il Concilio Vaticano II – Recezione e attualità alla luce del Giubileo, Cinisello Balsamo 2000, 66-81; *W. Kasper*, (s. Anm. 4).

[22] Vgl. zu diesem Thema u.a.: *J. Beyer*, Subsidiarität – auch für das Recht der Kirche?, in: *J. Pfammatter/F. Furger* (Hg.), Die Kirche und ihr Recht, Einsiedeln 1986 (= Theologische Berichte 4) 113-137; *F. Furger*, Subsidiaritätsprinzip – Gestaltungsprinzip nur für die weltliche Gesellschaft oder auch für die Kirche?, in: Theologie der Gegenwart [ThG] 33 (1990), 327-335; *ders.*, Das Subsidiaritätsprinzip als Brücke zwischen Kontextualität und Universalität in der Kirche, in: *ders.*, Christliche Sozialethik in pluraler Gesellschaft, posthum hg. von *M. Heimbach-Steins/A. Lienkamp/J.*

Weichenstellung vor, indem er zu der Darlegung des Prinzips in der Sozialenzyklika *Quadragesimo anno* schrieb: „Wahrhaft leuchtende Worte, die für das soziale Leben in allen seinen Stufungen gelten, auch für das Leben der Kirche, ohne Nachteil für deren hierarchische Struktur."[23] Seither entbrannte die Debatte um die innerkirchliche Geltung des Subsidiaritätsprinzips immer wieder; ausgehend von der kleinen Bemerkung Pius' XII. zur hierarchischen Struktur der Kirche rankte sie sich insbesondere um die Stellung und Kompetenzen der Bischofskonferenzen. Franz Furger hat in einem Beitrag über das Subsidiaritätsprinzip als Brücke zwischen Kontextualität und Universalität in der Kirche die Argumente dieser Diskussion noch einmal nachgezeichnet und stellt in Bezug auf die Ämterstruktur der Kirche im Licht des Zweiten Vatikanums fest: „Subsidiarität charakterisiert [...] nicht nur ‚auch', sondern sogar in ganz besonderer Weise das kirchliche Amt als Dienstamt, ohne deshalb auch schon linear vereinfachend demokratische Prozesse der Entscheidungsfindung von staatlichen Gemeinwesen undifferenziert auf die Kirche übertragen zu wollen."[24]

Für den hier erörterten Zusammenhang scheint mir darüber hinaus die Einsicht wichtig, daß das Subsidiaritätsprinzip nicht nur auf die Ämterstruktur der Kirche anzuwenden ist; denn zugleich bietet es eine wichtige Orientierungshilfe im Hinblick auf die Zuordnung der unterschiedlichen kulturellen und geographischen Konkretionen von Kirche zueinander und zum zentralen Lehr- und Leitungsamt im Sinne des

---

Wiemeyer (Schriften des Instituts für Christliche Sozialwissenschaften 38), Münster 1998, 102-110; *W. Kasper*, Der Geheimnischarakter hebt den Sozialcharakter nicht auf – zur Geltung des Subsidiaritätsprinzips in der Kirche, in: HerKorr 41 (1987), 232-236; *W. Kerber*, Die Geltung des Subsidiaritätsprinzips in der Kirche, in: Stimmen der Zeit [StZ] 202 (1984), 662-672; *O. von Nell-Breuning*, Subsidiarität in der Kirche, in: StZ 204 (1986), 147-157; *F.J. Stegmann*, Subsidiarität in der Kirche, in: *W. Geerlings/M. Seckler* (Hg.), Kirche sein, (FS Pottmeyer), Freiburg 1994, 361-371; *J. Werbick*, Partizipation und Subsidiarität. Ekklesiologische Reflexionen im Anschluß an das Wort der EKD und der DBK zur wirtschaftlichen und sozialen Lage in Deutschland „Für eine Zukunft in Solidarität und Gerechtigkeit", in: Kann Kirche Politik möglich machen? Wissenschaftliche Studientagung in Bad Honnef (1./2. Oktober 1998), hg. v. Sekretariat der Deutschen Bischofskonferenz (Die deutschen Bischöfe – Kommission für gesellschaftliche und soziale Fragen, 21), Bonn o.J. (1998), 150-162, 152; *V. Zsifkovits*, Die Kirche, eine Demokratie eigener Art? (Schriften des Instituts für Christliche Sozialwissenschaften 37), Münster 1997, bes. 14-63.
[23] Aufbau und Entfaltung des gesellschaftlichen Lebens. Soziale Summe Pius' XII., hg. v. *A.F. Utz/J.F. Groner*, 3 Bde., Fribourg 1954-61, [Utz-Groner], hier Bd. II (1955), Nr. 4094.
[24] *F. Furger*, Das Subsidiaritätsprinzip als Brücke (s. Anm. 22), 104f.

Weltkirche-Werdens. Diese Erkenntnis wird besonders deutlich ausgearbeitet in dem Apostolischen Schreiben *Octogesima adveniens* [OA] Papst Pauls VI. (1971). Darin ist der Grundgedanke der eigenständigen ekklesialen Dignität der Ortskirchen aufgenommen und umgesetzt. Die Vielgestaltigkeit der gesellschaftlichen Herausforderungen im weltweiten Horizont wird unter dem Aspekt ihrer ekklesiologischen Relevanz reflektiert. Ausdrücklich wird die primäre Zuständigkeit der „einzelnen christlichen Gemeinschaften" als Träger der gesellschaftlichen Verantwortung von Kirche vor Ort betont (vgl. insb. OA 4[25]). Damit wird ein wichtiges Signal für die Klärung des Verhältnisses von Ortskirche und Weltkirche im Sinne des Subsidiaritätsprinzips gesetzt. Dies gilt es als eine wichtige Orientierung für die Realisierung des Verhältnisses von Ortskirche und Weltkirche in der Sinnlinie des Konzils zu betonen, unbeschadet der berechtigten Kritik, die sich auf die mangelnde Umsetzung der dogmatischen Grundlegung einer solchen Orientierung – der Lehre vom *(con)sensus fidelium* – bezieht: So weist insbesondere Jürgen Werbick nachdrücklich darauf hin, die hier vertretene Zuordnung von Kompetenzen orientiere sich noch am „Modell der deduktiven Konkretion" und rechne nicht wirklich damit, daß „neben der praktisch-politischen auch die Glaubenserfahrung der Gläubigen nach Würdigung verlangt und diese Würdigung sich nicht nur auf die Zulassung der Mitsprache ‚weit draußen' an der Peripherie nachgeordneter Anwendungsprobleme beschränken kann, sondern nach einem ehrlichen, bis ‚ins Zentrum' kirchlicher Lehrkompetenz reichenden Dialog verlangt."[26]

Gleichwohl ist mit der Verhältnisbestimmung von ortskirchlichen Zuständigkeiten und gesamtkirchlichem (päpstlichem) Lehramt in *Octogesima adveniens* eine Weichenstellung gegeben, die in der ge-

---

[25] In diesem Text heißt es: „Sie (d.i. die „einzelnen christlichen Gemeinschaften", *M.H.-St.*) müssen die Verhältnisse ihres jeweiligen Landes objektiv abklären, müssen mit dem Licht der unwandelbaren Lehre des Evangeliums hineinleuchten und der Soziallehre der Kirche Grundsätze für die Denkweise, Normen für die Urteilsbildung und Direktiven für die Praxis entnehmen [...]. Diesen einzelnen christlichen Gemeinschaften obliegt es, mit dem Beistand des Heiligen Geistes, in Verbundenheit mit ihren zuständigen Bischöfen und im Gespräch mit den anderen christlichen Brüdern und allen Menschen guten Willens darüber zu befinden, welche Schritte zu tun und welche Maßnahmen zu ergreifen sind, um die gesellschaftlichen, wirtschaftlichen und politischen Reformen herbeizuführen, die sich als wirklich geboten erweisen und zudem oft unaufschiebbar sind." (OA 4).

[26] *J. Werbick*, (s. Anm. 22), 152.

genwärtigen Situation erinnert und deren konsequente Beachtung angemahnt zu werden verdient, weil in der gegenwärtigen Praxis nicht einmal das dort vorgelegte Prinzip als konsequent handlungsleitend wahrgenommen zu werden scheint: Die auf einen bestimmten Kontext bezogene Erfahrungskompetenz, die den Verantwortungsträgern an der kirchlichen Basis und in den ortskirchlichen Leitungsstrukturen im Prozeß des Urteilens und der Entfaltung von Handlungsperspektiven zur Verbesserung der jeweiligen gesellschaftlichen Lage zukommt, begründet die primäre (und nicht delegierbare) Verantwortung der „einzelnen christlichen Gemeinschaften" für die Mitgestaltung der gesellschaftlichen Verhältnisse. Solche Verantwortung soll in einem umgreifenden Kommunikationszusammenhang der verschiedenen ortskirchlichen Subjekte im verbindlichen Rückbezug auf die gesamtkirchlich relevanten Quellen der Orientierung und Normierung christlichen Handelns wahrgenommen werden. Dies entspricht im Ansatz der theologischen Identifizierung der Ortskirche nach „Lumen gentium" (vgl. LG 26). Die Glaubenden sind aufgerufen, gemeinsam mit den Bischöfen, im ökumenischen Dialog und mit allen Menschen guten Willens diese Aufgabe anzunehmen und in der Orientierung an der Botschaft des Evangeliums und der bisherigen kirchlichen Sozialverkündigung nach situationsadäquaten Lösungen zu suchen.

Gerade unter der Rücksicht der aus sozialethischer Perspektive unübersehbaren, bedeutenden Weichenstellung, die OA 4 hinsichtlich der Umsetzung des Subsidiaritätsprinzips in der Kirche darstellt, ist J. Werbick zuzustimmen, wenn er entsprechende Konsequenzen auch für innerkirchliche Kommunikationen in anderen Bereichen fordert: „Es wäre für die ekklesiologische Ortsbestimmung des hierarchischen Lehramts – ob es sich zu Fragen der Sozial-, der Moral- oder der Glaubenslehre äußert – ernstzunehmen, daß seine Festlegungen den consensus fidelium zum Ausdruck bringen soll"; nur in solchen Fällen solle es „von der Amtsautorität des Allein-Sprechen-Könnens Gebrauch machen", „wo dies um der Wahrung der Identität des Christlichen in einer krisenhaften Situation wirklich erforderlich ist. Der Normalfall wäre hier die dialogische Wahrheitsermittlung, bei der der lehramtlichen Autorität ‚zwar ein wichtiger, aber nicht der alles entscheidende Part' zukommt."[27]

[27] Ebd., 153 (das Zitat im Zitat bezieht sich auf K. Koch, Verbindliches Christsein – verbindender Glaube, Fribourg 1995, 260); vgl. zur Erörterung dieser Fragen in einer theologisch interdisziplinären Konstellation zwischen Sozialethik und dogmatischer

Die konkreten Akteure in den Kirchen vor Ort, seien es Leitungs-verantwortliche der kirchlichen Hierarchie oder im hauptamtlichen kirchlichen Dienst, oder seien es andere kompetente Christinnen und Christen in Gemeinden, Verbänden und Gruppen mit oder ohne besondere Funktion, werden als eigenständige und verantwortliche Subjekte angesprochen, nicht als bloße Platzhalter, Weisungsempfänger und ausführende Organe einer mehr oder weniger fernen, dem jeweiligen ortskirchlichen Kontext entrückten kirchlichen Zentralinstanz (vgl. auch LG 27 zur Rolle der Bischöfe). In diesem Sinne verteidigt das Subsidiaritätsprinzip also auch „das Recht auf eigene Identität der kleineren Gruppe [...] und läßt in einem solchen Schutz der Eigenart von Minderheiten auch die wünschenswerte Möglichkeit zur besseren Entfaltung des Ganzen aufleuchten. Denn wahre Einheit einer mitmenschlichen Gesellschaft erweist sich nicht in einer zentral gesteuerten Uniformität, sondern in einer gegenseitig sich nicht nur tolerierenden, sondern bereichernden Vielfalt. Im Begriff der Subsidiarität schwingen also nicht nur Momente der Demokratisierung, sondern stets auch solche des berechtigten Föderalismus mit."[28]

3.3. Solidarität

In der Entfaltung der sozialethischen Prinzipienlehre gehören Subsidiarität und Solidarität als Paar zusammen. Die Wahrnehmung der eigenen ekklesiologischen Dignität der einzelnen Ortskirchen meint nicht Vereinzelung, sondern muß einhergehen mit dem wachsenden Bewußtsein einer netzwerkartigen Zusammengehörigkeit untereinander.[29] So bedeutend und unverzichtbar die Repräsentanz des Ganzen in der zentralen Kirchenleitung ist und bleibt, so unerläßlich ist gerade unter dem Anspruch einer „neuen Katholizität" die wechselseitige Aufmerksamkeit der Ortskirchen für einander als ein Prozeß der gegenseitigen Begleitung, Anregung, Kritik und der auch über kulturelle, politische, ökonomische und geographische Grenzen hinausreichenden

Ekklesiologie jetzt auch die Studie von *J. Wolf*, Kirche im Dialog. Sozialethische Herausforderungen der Ekklesiologie im Spiegel des Konsultationsprozesses der Kirchen in Deutschland (1994-1996), Münster 2002 (i. Dr.).

[28] *F. Furger*, Das Subsidiaritätsprinzip als Brücke (s. Anm. 22), 107f.

[29] Vgl. *M. Maier*, (s. Anm. 1); *H. Schalück*, Bleibt die Kirche im Dorf?– Globalisierung als Herausforderung an das kirchliche Selbstverständnis, in: JCSW 41 (2000), 147-159.

gemeinsamen Vergewisserung im Glauben. Solidarität als Prinzip von Weltkirche bezieht sich dann zunächst auf die gegenseitige Herausforderung und Bereicherung in der Glaubensinterpretation, z.B. jenseits bestimmter europäisch-abendländischer Traditionsmuster. Dazu gehört die im Zweiten Vatikanischen Konzil grundgelegte Anerkennung liturgischer und theologischer Vielfalt in und zwischen den Kirchen verschiedener kultureller Kontexte (vgl. LG 23) und das ernsthafte Bemühen um Verständigung gerade unter der Voraussetzung legitimer Pluralität. In einem erweiterten Sinne bezieht dieses Anliegen die Vernetzung der christlichen Kirchen und Glaubensgemeinschaften im Sinne einer Ökumene aller Christen auf der Basis des gemeinsamen Glaubens in einer versöhnten Verschiedenheit ein.

Darüber hinaus lenkt der Grundsatz der Solidarität die Aufmerksamkeit auf das Herausforderungspotential der extremen Differenzen zwischen den reichen Kirchen des Nordens und Westens und den armen Kirchen des Südens und des Ostens sowie auf die innerhalb der einzelnen lokalen und regionalen Kirchengemeinschaften anzutreffenden sozialen und ökonomischen Spaltungen. Die Gefahr, daß die wachsende Kluft zwischen armen und reichen Teilen der Erde sich auch in der Kirche als tiefe Spaltung festsetzt, ist nicht auf die leichte Schulter zu nehmen. „Über 60% der Katholiken leben in Ländern, in denen ein Großteil der Bevölkerung schon mehrere Jahrzehnte lang durch die nationale und internationale Wirtschaftspolitik in extremer Verelendung festgehalten wird, ohne daß in absehbarer Zeit eine durchgreifende Verbesserung realistisch zu erwarten steht. Zugleich aber gehören sowohl in diesen Ländern wie in den westlichen Industrieländern auch sehr viele Christen zu den Nutznießern des Weltwirtschaftssystems. Diese eklatante Ungleichheit und Ungerechtigkeit sowohl bei der Teilhabe an lebensnotwendigen Gütern wie auch bei den Möglichkeiten zu einem menschenwürdigen Leben überhaupt können auf Dauer zu einer viel tieferen Spaltung der Kirche führen als alle bisherigen, vom Ringen um die Orthodoxie bedingten Glaubensspaltungen oder Richtungskämpfe. Denn mögen Glaubenskenntnis, Dogma, Liturgie und Recht auch überall ziemlich gleich lauten, so besteht doch die große Gefahr, daß sich unter einer äußerlich-institutionellen Gleichartigkeit zentrale Elemente im Verständnis und in der Praxis des Glaubens immer weiter auseinanderentwickeln."[30]

---

[30] *M. Kehl*, Die Kirche. Eine katholische Ekklesiologie, Würzburg 1992, 218f.

Zu Recht macht Medard Kehl auf die nicht zu unterschätzende Bedeutung der sozialen Spaltungen für die Entwicklung des Glaubensbewußtseins und damit letztlich für die Möglichkeit kirchlicher Einheit in einem mehr als äußerlichen, nur administrativ und disziplinär zu sichernden Sinne aufmerksam. Signale der Solidarität, wie sie in den kirchlichen Hilfswerken, in vielen Orden, in Gemeindepartnerschaften und anderen Initiativen realisiert werden, sind im Dienste solcher Einheit von großer Wichtigkeit. Sie werden aber auf die Dauer kaum ausreichen, um eine echte weltkirchliche Solidarität auf der Basis gegenseitiger Anerkennung zu entwickeln und zu stärken. Um jene globale „communio der Sympathie" zwischen reichen und armen Kirchen zu erreichen, von der Medard Kehl spricht, braucht es viel mehr in den reichen Kirchen einen grundlegenden Wandel der Prioritäten, des geistlichen Lebens, des Lebensstils – kurz: eine Konversion, die ein zugleich diakonisches und prophetisches Zeichen wäre und eine neue Basis für ein partnerschaftliches Miteinander im weltkirchlichen Rahmen legen könnte. In diesem Sinne spricht Papst Johannes Paul II. von der Herausforderung, „der Globalisierung des Profits und des Elends eine Globalisierung der Solidarität"[31] entgegenzusetzen; dies als eine vorrangige Aufgabe der Realisierung von Weltkirche im oben umschriebenen Sinne zu deuten, liegt auf der Hand.

3.4. Gemeinwohl

Seit dem Pontifikat Johannes' XXIII. gehört es zum Grundbestand der kirchlichen Sozialverkündigung, das Zielprinzip des Gemeinwohls nicht allein auf den Raum einzelner Gesellschaften und Staaten, sondern zugleich auch im Weltmaßstab auszulegen. Die soziale Frage wird seit der Enzyklika *Mater et magistra* [MM] (1961) als eine weltweite entziffert, ebenso die politische Herausforderung des Friedens, der Johannes XXIII. sein letztes Dokument *Pacem in terris* [PT] (1963) gewidmet hat. Der Entgrenzung der sozialethischen Problemwahrnehmung entspricht die Entfaltung des Gemeinwohlverständnisses, wie sie in dieser Phase der Entwicklung der Kirche und ihrer Soziallehre zu beobachten ist. Gemeinwohl wird bestimmt als das Gesamt der Rahmenbedingungen, die in einer Gesellschaft gewährleistet werden müssen, damit die Entwicklung und Entfaltung der einzelnen

---

[31] Vgl. *H. Schalück*, (s. Anm. 29), 152.

und der Gruppen im Sinne des Personprinzips gelingen kann (vgl. MM 65; PT 58). Zugleich wird betont, daß die Gemeinwohlverpflichtung nicht mehr angemessen erfaßt werden kann, wenn sie nur im Zusammenhang einer national begrenzten Gesellschaft erhoben und angenommen wird. Das Bewußtsein für das spannungsvolle Zusammenwachsen der *einen Welt* bestimmt die Aufnahme der Gemeinwohlverpflichtung im Konzil.[32] Unter Aufnahme der Definition des Gemeinwohls aus der Enzyklika *Mater et magistra* heißt es in der Pastoralkonstitution *Gaudium et spes*: „Aus der immer engeren und allmählich die ganze Welt erfassenden gegenseitigen Abhängigkeit ergibt sich als Folge, daß das Gemeinwohl, d.h. die Gesamtheit der Bedingungen des gesellschaftlichen Lebens, die sowohl den Gruppen als auch den einzelnen Gliedern ein volleres und leichteres Erreichen der eigenen Vollendung ermöglichen, heute mehr und mehr einen weltweiten Umfang annimmt und deshalb auch Rechte und Pflichten in sich begreift, die die ganze Menschheit betreffen. Jede Gruppe muß den Bedürfnissen und berechtigten Ansprüchen der ganzen Menschheitsfamilie Rechnung tragen." (GS 26) Die Zielperspektive des Gemeinwohls lenkt die Aufmerksamkeit deshalb vor allem auf die Qualität der Rahmenbedingungen, die Raum geben sollen für eigenständige Entfaltung der Person oder, im Weltmaßstab erweitert, der Subjektivität der Gesellschaften. Ausdrücklich nicht gemeint ist hingegen die Festlegung auf eine uniforme inhaltliche Zielsetzung der Gesellschaftsentwicklung.

Eine solche, im Horizont der kirchlichen Sozialverkündigung entwickelte Verstehensweise ist in ihrer Bedeutung als Herausforderung für die Kirche selbst zu entziffern und anzunehmen, wenn sie sich als Weltkirche aus vielen Ortskirchen verstehen lernt. Ich sehe auch in dieser Hinsicht in der Gemeinwohlforderung eine Bündelung der bisher angesprochenen normativen Orientierungen, denen die Kirche in der Entwicklung ihrer eigenen Sozialgestalt Rechnung tragen muß. Die Realisierung des Gemeinwohls in der Kirche erschließt sich als vieldimensionale Aufgabe. Sie stellt sich auf der Ebene der einzelnen Ortskirchen ebenso wie im Netzwerk der Weltkirche und in der Beziehung jeder einzelnen Ortskirche zu der zentralen kirchlichen Leitungsinstanz. Sie verbindet aber zudem die Anforderung, Gemeinwohl

---

[32] Vgl. zur Bedeutung des Motivs der *einen Welt* im Konzil: *H. Hoping*, Die Kirche im Dialog mit der Welt und der sapientiale Charakter christlicher Lehre, in: *P. Hünermann*, (s. Anm. 1), 83-99.

als Zielprinzip der Sozialgestalt *jeder* dieser Erscheinungsformen von Kirche zu realisieren, mit der Verpflichtung, das Gemeinwohl im jeweiligen gesellschaftlichen Kontext zu befördern.

Nicht immer werden diese komplexen Aufgaben konfliktfrei miteinander zu vermitteln sein. Das Gemeinwohlprinzip selbst gibt aber Kriterien an die Hand, die bei der Klärung komplexer Situationen und Problemstellungen beachtet werden müssen. So darf es nicht sein, daß eine Ortskirche ihre spezifischen Belange ohne Rücksicht auf die weltkirchlichen Vernetzungen verabsolutiert, indem sie für sich absolute Autonomie in Anspruch nähme und sich auf die Haltung eines kollektiven Egoismus zurückzöge.[33] Ebenso wenig aber darf die Aufgabe der Gemeinwohlsicherung in der einzelnen Ortskirche, die in der Regel in Zusammenhang gesehen werden muß mit Gemeinwohlaufgaben des gesellschaftlichen Kontextes, in dem diese Kirche existiert, um einer abstrakten Einheitsidee willen übersprungen werden. Diese Verknüpfung unterschiedlicher Dimensionen der Gemeinwohlverpflichtung scheint mir ein wesentliches Moment in dem Konflikt um die Zukunft der kirchlich getragenen Schwangerschaftskonfliktberatung in Deutschland zu markieren.

Das Zielprinzip des Gemeinwohls erscheint als ein taugliches Instrument für die selbstkritische Auseinandersetzung der Kirche mit ihrer eigenen Sozialgestalt. Es ist als kritisches Prinzip sowohl für die jeweiligen ortskirchlichen kontextuellen Realisationen als auch für die Verortung der Ortskirchen in weltkirchlichen Netzwerken aufzunehmen. Die Spannung zwischen den angedeuteten Dimensionen, die zugleich auch als Spannung zwischen Pluralität und Einheit darzustellen ist, sollte dabei nicht einseitig als Belastung und Quelle von Konflikten gesehen und bekämpft werden. Vielmehr kann in ihr auch ein entscheidender Motor der Lebendigkeit und Vielfalt von Kirche liegen. Dies zu entdecken und im positiven Sinne als Herausforderung anzunehmen, bewahrt die Kirche vor Erstarrung und Versteifung und bildet eine wesentliche Voraussetzung für ihre Fähigkeit zu je neuen Inkarnationen und Inkulturationen, zur Erweiterung und Verdichtung des Netzwerks Weltkirche.

---

[33] Vgl. dazu auch *W. Kasper*, (s. Anm. 4).

XI

Ortskirche – Weltkirche – Romkirche

Eine praktisch-theologische Verhältnisbestimmung im Kontext
heutiger Globalisierungsprozesse

von Ottmar Fuchs, Tübingen

Abstract

Ausgehend von den gegenwärtigen Globalisierungstendenzen und ihren höchst
ambivalenten Auswirkungen für Millionen von Menschen steht eine neu an diesen
„Zeichen der Zeit" orientierte Rekonstruktion der weltkirchlichen Dimension der
Kirche an. Für diesen weltbezogenen Selbstvollzug der Kirche ist dann wohl die
gleiche inhaltliche Identität gestaltgebend wie für die Ortskirchen: die Botschaft
vom barmherzigen, gerechten und rettenden Gott der Bibel (und darin von Jesus
Christus) mit einem entsprechenden zwischenmenschlichen Handeln zu verbinden,
und dies nicht nur zwischen Einzelpersonen, sondern auch zwischen Nationen,
Ethnien, Kulturen und Religionen.

Die vielen Sozialgestalten der Kirche, die es auf der ganzen Erde gibt, bieten
hier eine herausragende, schon bestehende Basis für die entsprechenden
Kommunikationen: Zwischen Kirchen und Gemeinden unterschiedlicher Länder,
um aneinander zu erfahren und sich gegenseitig zu sagen und sagen zu lassen, wie
die Menschen *dort* jeweils leben und welche globale Verantwortung dies für *hier*
bedeutet – einmal für die notwendige Unterstützung der begüterten für die
ärmeren Gemeinden, zum anderen im von daher getriebenen politischen Einsatz
gegen ganz bestimmte weltwirtschaftliche globale Strategien, deren Opfer die
Partnergemeinden mit ihren lokalen Kontexten geworden sind. In einem solchen
Konkretionsprojekt der Weltkirche ereignet sie sich als interkulturelle Begegnung
und als interpastorale Verantwortung.

Aus dieser universal-ekklesiologischen Perspektive gewinnen gerade solche
Gruppen, Initiativen und Bewegungen eine zentrale Bedeutung, die bisher oft am
Rande kirchlichen Lebens existieren, und zwar diejenigen, die sich in zwar immer
partiellen, aber doch globalen Beziehungen realisieren, wie etwa die Dritte-Welt-,
die Partnerschaftsgruppen, die kirchlichen Hilfswerke u. ä. Auch wenn eine
Gemeinde- oder Gruppenpartnerschaft immer nur begrenzte (bi- und trilaterale)
Beziehungen mit Kirchen anderer Länder und Erdteilen haben kann, darf doch angenommen werden: Je mehr sie dies tun, desto dichter wird das insgesamt
konkrete Geflecht der Weltkirche.

Ohne dieses Netz des Glaubens und der Solidarität bliebe auch die welt-kirchliche Leitung in der römischen Kirche[1] ohne Basis und könnte ihren weltkirchlichen Anspruch nur zentralistisch behaupten, nämlich in der hegemonialen Beziehung zu den Ortskirchen, ohne an deren Beziehung zueinander interessiert zu sein. Umgekehrt gewinnt die Kirchenleitung im Vatikan um so mehr eine tatsächliche weltbezogene Relevanz, je mehr sie die Geflechte zwischen den Ortskirchen schützt und schätzt und im Hinhören auf diese Begegnungen auch die eigene weltpolitische Aufgabe sieht: Nicht zuletzt in einer entsprechenden Diplomatie und in der Gestaltung des Petrusamtes als einer globalen ethischen und religiösen Instanz.

1. Hinführung

Der seit dem Zweiten Vatikanum immer wieder neu aufgenommene Diskurs zum Verhältnis von Ortskirche und dem Petrusamt in Rom auf der einen und der damit zusammenhängende Diskurs über das Verhält-nis von Ortskirche und Weltkirche (im Sinne der Ortskirchen auf der ganzen Welt), der insbesondere im Zusammenhang des Verhältnisses von Kirchen der Ersten und von Kirchen der Zweiten und Dritten Welt angestrengt wurde und wird, auf der anderen Seite haben nicht nur ei-ne innerkirchliche Brisanz, sondern gewinnen im Kontext der gegen-wärtigen Globalisierungsprozesse geradezu eine neue Qualität. Wenn Globalität nach Ulrich Beck die Tatsache bezeichnet, „daß von nun an nichts, was sich auf unserem Planeten abspielt, nur ein örtlich be-grenzter Vorgang ist, sondern daß alle Erfindungen, Siege und Kata-strophen die ganze Welt betreffen und wir unser Leben und Handeln, unsere Organisationen und Institutionen entlang der Achse ‚lokal-glo-bal' reorientieren und reorganisieren müssen"[2], dann ist dies *die* aktu-elle Herausforderung für eine Novellierung der Weltkirchlichkeit der katholischen Kirche.

---

[1] S. u. Abschnitt 6. Um das Papstamt nicht einfachhin mit der Weltkirche zu iden-tifizieren, wähle ich dafür den Begriff der Kirche von Rom. Diese Romkirche hat zwar zu allen Ortskirchen konstitutive Verbindungen (und umgekehrt), ist aber nicht ein-fachhin mit der Weltkirche zu identifizieren. Wenn diese Verbindungen konstruktiv sind, vermag die Kirche von Rom vieles von der Weltkirche zu repräsentieren. Den-noch kann sie in keinem Fall beanspruchen, die Weltkirche selbst zu sein oder einfach-hin für sie sprechen zu können. Letzteres mag in Einzelfällen in einer guten reziproken Beziehung möglich sein, kann aber nie für alle Kirchen in der Welt behauptet werden. Jedenfalls kann die Romkirche nicht für die Weltkirche oder Teile von ihr sprechen, ohne vorher auf diese Ortskirchen gehört zu haben, denn sonst würde sie deren Stimme nicht hören, sondern ersetzen.
[2] *U. Beck*, Was ist Globalisierung?, Frankfurt a.M. 1997, 31.

Was die Kirchenkonstitution als Zielbestimmung der Kirche formuliert, gilt auch in diesem Zusammenhang, nämlich daß sie „in Christus gleichsam das Sakrament bzw. Zeichen und Werkzeug für die innigste Vereinigung mit Gott und für die Vereinigung des ganzen Menschengeschlechts" sei (Nr. 1). Derart ist sie dann „für das ganze Menschengeschlecht die unzerstörbare Keimzelle der Einheit, der Hoffnung und des Heils" (Nr. 9). Der Globalisierungskontext, wie ihn Beck beschreibt, erfordert nun dringlich eine Präzision des Verhältnisses von Ortskirche, Weltkirche und Romkirche, damit die Kirche insgesamt[3] nicht versäumt, diese ihre Sinnbestimmung in *diesen* Kontext einzubringen, die bestehenden eigenen Ressourcen zwischen Lokalem und Globalem bereitzustellen und daraufhin zu optimieren, sowohl in der Theologie der Kirche wie auch in ihrer entsprechenden pastoralen Praxis. Die Universalität der Kirche ist in Hinsicht auf die Globalisierungsprozesse durchzubuchstabieren, um von dieser globalen Konzeption her auch die partikulare kirchliche Tätigkeit im Lokalen neu zu qualifizieren. In diesem Zusammenhang spielt das Papstamt eine entscheidende Rolle, weil es in einer zentralen (was nicht identisch ist mit zentralistisch) Weise für die weltumfassende Dimension der katholischen Kirche steht und sich auch explizit darauf bezieht.

Die Frage ist nur, *wie* dieser Bezug aussehen müßte, damit die Kirche in ihrer diesbezüglichen Katholizität sowohl den Herausforderungen der Gegenwart wie auch darin in gesteigerter Weise ihrer eigenen Identität gerecht wird. Theologisch ist von der Prämisse auszugehen: Wenn es hier um die Katholizität von Kirchen auf dem ganzen Erdkreis geht, dann geht es darum, diese weltweite Katholizität nach innen wie nach außen (zwischen den Kirchen der Länder wie auch zwischen den Kirchen und den nicht zu ihr gehörenden Menschen in anderen Religionen und Kulturen) im Horizont jener Ehrfurcht zu rekonstruieren, die ihre tiefsten Wurzeln in der Schöpfungs- und Gnaden-

---

[3] Mein Diskurs konzentriert sich auf die römisch-katholische Kirche, hat darin allerdings nicht exklusive, sondern generative Bedeutung auch für jenen Katholizitätsbegriff, der sich auf die Ökumene bezieht und von anderen Kirchen derart beansprucht wird. Die ökumenische Universalkirche (vor allem repräsentiert durch den Weltkirchenrat) wird bezüglich der eigenen Teilkirchen und Ortskirchen wohl ähnliches im Sinne des Evangeliums anzugehen haben bzw. diesbezüglich Begonnenes weiterführen. Doch solches wäre dann in diesem anderen Rahmen selbst zu thematisieren und zu entscheiden. Zugleich benennt und bestätigt die hier verfolgte Konzeption Wirklichkeiten, die längst auch zwischen den Kirchen im ökumenischen Bereich realisiert sind.

theologie hat, näherhin in der Rechtfertigungstheologie eines Paulus, wonach alle Menschen und Kulturen, noch bevor sie sich verändert haben, von Gott in ihrem Leben geliebt und in ihrem Lebens- und Wohlstandsrecht garantiert sind.[4] Christliche Glaubensaussagen verbinden sich derart mit den Menschenrechten.[5]

Ich beanspruche im Folgenden nicht, die Globalisierungsprozesse im Einzelnen analysieren zu können, sondern beschränke mich mit dem Hinweis, daß sie in jedem Fall ambivalenzträchtig sind, und zwar nicht nur für die Länder in der südlichen Erdhälfte, sondern auch zunehmend für die klassischen Länder der sogenannten Ersten Welt. Denn mit der Globalisierung wird auch der Prozeß des sozialen Wandels vorangetrieben, und zwar dahingehend, daß Abstriche bei den Systemen der sozialen Sicherung unausweichlich sind, weil ihre Finanzierung längst die öffentlichen Haushalte überfordert. Der zunehmende internationale Wettbewerb setzt die soziale Marktwirtschaft mit ihren sozialen Netzen und ihrem Bestreben, möglichst viele Einkommen nach unten abzusichern, unter zunehmenden Druck. Mehr Risikobereitschaft ist gefordert, wobei aber noch zu klären ist, wer bei Mißlingen die Risiken zu tragen hat. Wer nicht aus privater Vorsorge heraus mithalten kann, fällt schnell unter die Armutsgrenze, hierzulande wie weltweit, vor allem in den Ländern mit einer mehrheitlich armen Bevölkerung.[6]

---

[4] Zum Verhältnis radikaler Rechtfertigungstheologie und ebenso radikaler Option für das Leben der Unterdrückten und Ausgeschlossenen vgl. *E. Tamez*, Gegen die Verurteilung zum Tod. Paulus oder die Rechtfertigung zum Glauben aus der Perspektive der Unterdrückten und Ausgeschlossenen, Luzern 1998. Es geht aber auch um einen entsprechenden Umgang mit den Sündern und Sünderinnen, den Tätern, im Horizont der Rechtfertigungstheologie, nämlich ihnen erfahrbar zu machen, daß sie wegen ihrer Taten gerichtet sind und gerichtet werden, daß sie aber nicht verloren sind und daß ein entsprechender Umgang mit ihnen im Horizont der Rechtfertigungstheologie sie vielleicht dazu bringt, von ihrem Würgegriff der Gewalt abzulassen, auf Selbstrechtfertigung zu verzichten, Wiedergutmachung in den Blick zu nehmen und sich so auf die Versöhnung hin zu öffnen und zu bewegen: vgl. *O. Fuchs*, „Täterpastoral" und „Tatpastoral" in der Jugendarbeit, in: *H. Amann/G. Kruip/M. Lechner* (Hg.), Kundschafter des Volkes Gottes, München 1998, 238-261.

[5] Vgl. *H.-J. Sander*, Macht in der Ohnmacht. Eine Theologie der Menschenrechte, Freiburg 1999.

[6] Zur Diskussion der Globalisierung im Zusammenhang des Sozialen vgl. *A. Wenig* (Hg.), Globalisierung und die Zukunft der sozialen Marktwirtschaft, Berlin 2000; die katastrophalen Auswirkungen der wirtschaftspolitischen Globalisierungsprozesse in Lateinamerika auf den Punkt bringt *J. Comblin*, Lateinamerika in der Globalisierung (Vortragsmanuskript Münster 2000).

So stellt sich die Frage: *Was* globalisiert die Kirche mit ihrer weltweiten Dimension? Bildet sie darin eine vom Evangelium her authentische und, wenn es sein muß, alternative Globalisierungsperspektive zu jenen rasanten Globalisierungsprozessen im Produktions-, Absatz- und Informationsmarkt mit jenen „Gesetzmäßigkeiten", die insgesamt nicht ohne Grund als Ursachen dafür diskutiert werden, daß weltweit Millionen von Menschen aus eben diesen Prozessen ausgegliedert und von daher für überflüssig erklärt werden?[7] Die herrschenden Nützlichkeitslegitimationen, die menschliches Leben rechtfertigen, kommen immer weniger Menschen zugute, nicht nur in der südlichen Hälfte der Erde, sondern zunehmend auch im Norden.

In der Definitionssuche nach dem eigenen Selbstverständnis als lokale und weltweite Kirche innerhalb unserer Zeit kommt damit ihre Pastoral erneut ins Gerede. Soll sich letztere weltweit hauptsächlich auf das beschränken, was man immer noch gerne als das „Eigentliche" der Kirche ansieht, nämlich auf Verkündigung und Sakramentenspendung (und das könne die Kirche reichen Menschen wie Ländern gegenüber „genauso" tun wie armen Menschen und Ländern gegenüber) oder begibt sie sich auch und gerade in ihrer globalen Verantwortung in jene doppelte Identität hinein, die ihr von ihrem Gründer her ins Stammbuch geschrieben ist, nämlich mit dem Doppelgebot der Gottes- und der Nächstenliebe, wobei die letztere der ersteren an Bedeutung und Wichtigkeit gleich ist (vgl. Mt 22,37-39)? Dann stellt sich nicht nur die Frage nach jenen Sozialformen und Projekten, in denen die Kirche weltweit Verkündigung in Worten und Symbolen realisiert und untereinander kommuniziert, sondern in welchen Sozialgestalten und Projekten sich ihre Verantwortung für die *helfende und politische Diakonie* nicht nur in den Einzelländern, sondern auch „global" zwischen Ländern und Erdteilen ausformuliert. Dieser Aspekt entspricht nicht zuletzt der Pastoralkonstitution *Gaudium et spes*, wenn sie die Verantwortung der Kirche für die ganze menschliche Gemeinschaft hervorhebt und im einzelnen beschreibt (vgl. Nr. 1, 23ff., 32, 42-45).[8]

---

[7] Vgl. dazu *M. Ramminger*, Ist solidarisch, wer Solidarität verweigert?, in: Rundbrief der Initiative Kirche von unten (1999) 2, 4-5; *P. Richard*, Theologische Kritik an der neoliberalen Globalisierung, in: ebd. 6-11; *O. Kaltmeier/M. Ramminger* (Hg.), Links von Nord und Süd, Münster 1999.

[8] Vgl. dazu die Eingabe von *Alfred Anzel* (Weihbischof von Lyon) zum Schema 13 (Kirche in der gegenwärtigen Welt) am 8.10.1965, wo er einen vaterlandsliebenden Nationalismus von einem Hypernationalismus absetzt und die Vaterlandsliebe inhaltlich als Solidarität nach innen und nach außen bestimmt: *A. Anzel*, Patriotismus und

Angesichts höchst ambivalenter Globalisierungstendenzen steht die gesamte Kirche gegenwärtig vor der epochalen Herausforderung, ihren lokalen und weltkirchlichen Seinsmodus im Sinne einer „Globalisierung von unten" diakonal, also solidarisch zu rekonstruieren und dabei die bereits bestehenden Vollzugsformen dieser Tätigkeit intensiver als bisher wahrzunehmen, in ihrer theologischen, näherhin ekklesiologischen Würde als zentralen Selbstvollzug ihrer selbst anzuerkennen und – so weit nötig – kognitiv wie kommunikativ (nichtintegralistisch) zu integrieren. Der Blick auf mehr als dreißig Jahre Partnerschaft zwischen hiesigen Dritte-Welt-/Eine-Welt-Gruppen bzw. Pfarrgemeinden und Gemeinden bzw. Diözesen in der südlichen Erdhälfte im Wandel einschneidender Veränderungen im kirchlichen und gesellschaftlichen Bereich auf beiden Seiten hat demnach nicht nur empirische Bedeutung, bezieht sich auch nicht nur auf eine zivilgesellschaftliche Manifestation interaktiver Entwicklungshilfe, sondern verbindet sich mit einer elementaren ekklesiologischen Dimension, sofern man in ihnen die praktische Erfahrungsbasis und Richtungsanzeige einer Kirche aufsucht, die ihr Selbstverständnis universaler Katholizität nicht nur über die römische Zentrale definiert, sondern über an der Evangelisierung ausgewiesene Vernetzungsbeziehungen zwischen den Ortskirchen unterschiedlicher Länder und Erdteile. Erst dieses transnationale Geflecht zwischen den Ortskirchen etabliert eine internationale Zwischenstruktur der Weltkirche, auf die sich die Romkirche als Basis ihrer selbst erst zu berufen vermag.

Selbstverständlich sind solche Partnerschaften nicht die einzige Basis dieses Zusammenhangs: Auch die kirchlichen Hilfswerke (Caritas Internationalis, Misereor, Missio und Adveniat) und viele kirchlich getragene bzw. von kirchlichen Gruppen und Ordensgemeinschaften initiierte Projekte interkulturellen Dialogs und Lernens gelten ebenfalls als reale Basis weltkirchlicher pastoraler Verantwortung.[9] Eine ähnliche Basis, hier bezogen auf die gesamtökumenische Kirche der Kirchen, ist in dem bereits seit über hundert Jahren bestehenden Weltge-

---

übernationale Autorität, in: *M. von Galli/B. Moosbrugger* (Hg.), Das Konzil. Kirche und Welt, Olten/Mainz 1966, 106-109.

[9] So etwa das Projekt "Dialog Lernen" der Christlichen Initiative Internationales Lernen und der Missionszentrale der Franziskaner bzw. des Franziskanischen Bildungswerkes, dokumentiert in: *N. Treber/W. Burggraf/N. Neider* (Hg.), Dialog lernen. Konzepte und Reflexionen aus der Praxis von Nord-Süd-Begegnungen, Frankfurt a.M. 1997.

betstag der Frauen zu finden, worin sich Frauen aus aller Welt jedes Jahr im Bezug auf ein Land in einen intensiven Dialog der Information und des Betens hineinbegeben, sich jeweils ganz konkret für Gerechtigkeit und Barmherzigkeit in einem bestimmten Kontext einsetzen und sich weltweit für entsprechende Projekte vor Ort solidarisch verausgaben.[10] Unschätzbar ist die intensive Bildungs-, Informations- und Solidaritätsarbeit, die von solchen Bewegungen und Initiativen schon seit vielen Jahrzehnten geleistet wird.

Diesen für sich genommen jeweils gar nicht defizitären Realitäten weltkirchlicher Solidarität stehen wohl deutliche Defizite der lehramtlichen und akademischen Theologie gegenüber, diese bestehende Praxis im Horizont der „alten" Paradigmen von Katholizität und Weltkirchlichkeit zu erfassen und konzeptionell als *zentralen* Selbstvollzug der Kirche zu würdigen. Damit spiegeln sie, was in der Praxis ebenfalls der Fall ist: Wenn zum Beispiel in den Gemeinden die zeitlich höchst begrenzten Erinnerungen der Hilfswerke an ihren Kollektentagen dann doch recht wenig auf ihre Gesamtidentität durchschlägt. Ich meine nicht, daß unsere Gemeinden nicht mittlerweile eine starke diakonische Praxis aufwiesen, auch nicht, daß die Kirche in unserem Land nicht (insbesondere in ihrer Selbstverwirklichung im Caritas-Verband) diakonische Qualität hätte, sondern beschränke mich in meiner Defizitfeststellung lediglich darauf, daß sich dieser Diakoniebezug dominant nur auf den eigenen Lebensbereich (der Pfarrgemeinde bzw. des Landes) bezieht und zu wenig das Verhältnis von Weltkirche und Diakonie in den Blick nimmt. Dieses Verhältnis dürfte hierzulande bewußtseinsmäßig wie auch praktisch noch nicht ausreichend ins Zentrum kirchlicher Existenz geraten sein.[11]

---

[10] Vgl. *U. Bechmann*, Unser Volk speisen, heilen und befreien. Reflexionen zum Weltgebetstag der Frauen, in: Jahrbuch der Europäischen Gesellschaft für theologische Forschung von Frauen 1 (1993) 111-138; *dies.*, Der Weltgebetstag der Frauen – Praxis interkonfessioneller Arbeit, in: Diakonia 25 (1994) 125-130; *dies.*, Frauen bewegen Ökumene, in: Una Sancta 53 (1998) 4, 311-317; vgl. die Zusammenfassung der Anfänge und Geschichte der Weltgebetstagsbegegnung in den USA, weltweit und in Deutschland (mit vielen Quellentexten): *H. Hiller*, Ökumene der Frauen, Stein 1999.

[11] So bezieht sich der an sich eindrucksvolle Text der Bischofskommission für caritative Fragen weitgehend nur auf das Verhältnis von Kirche und Diakonie in unserem eigenen sozialen Rechtsstaat, vgl.: Caritas als Lebensvollzug der Kirche und als verbandliches Engagement in Kirche und Gesellschaft, hg. vom Sekretariat der Deutschen Bischofskonferenz (Kommission für caritative Fragen), Bonn 1999.

2. Vom Elend hegemonialer Universalisierung

Das Beschämende ist, daß eben jene Strategie der Globalisierung der eigenen kulturellen, wirtschaftlichen und logistischen Superiorität über andere Völker und Erdteile, ohne nach deren Identität zu fragen, nicht nur in der Kultur- und Wirtschaftsgeschichte, sondern auch in der Religionsgeschichte geradezu „zu Hause" ist. Das Grundproblem der „Missionierung" und Kolonialisierung Lateinamerikas und Afrikas lag in dem maßlosen Bewußtsein der Eroberer, die einzige richtige Kultur und Religion zu haben und von daher „bestenfalls" die afro-indianischen Völker zu ihrem eigenen „Heil" zwingen zu dürfen oder schlechtestenfalls ihnen auch noch das gleichrangige Menschsein abzusprechen, weil sie anders aussehen und eine inferiore (weil unverständliche) Religion und Kultur haben. Durch die Geschichte hindurch begegnet immer wieder dieses gleiche Elend hegemonialer Universalisierung (heute würde man sagen: der Globalisierung) des eigenen Partialen, wobei es bislang hauptsächlich darum ging, von einer lokalen Einheit her deren Inhalte und Lebensform exklusiv als das einzig Richtige zu beanspruchen, dadurch die vielen Lebensmöglichkeiten auf der Erde auf die eigenen zu reduzieren und derart mit einem entsprechenden Integrationsdruck auf die „anderen" zuzugehen: Entweder sie integrieren sich in das Eigene in irgendeiner Form, oder aber sie verlieren ihr Gleichberechtigungs-, letztlich ihr Lebensrecht.

In der modernen Globalisierung begegnen die gleichen Mechanismen, allerdings diesmal nicht primär vom Lokalen zum Universalen, sondern von den bereits relativ universalisierten internationalen Vernetzungsstrukturen (der weltweiten Systeme der Information, des Kapitals, der Produktion und des Absatzes), die aber trotz ihrer Universalisierung ebenfalls nur partiellen Charakter haben, indem sie sich dominant auf die wirtschaftlichen Strukturen beziehen, diese Partialität aber insofern universalisieren, als vom Bestehen innerhalb dieser Strukturen die gesamte Wertschätzung menschlicher, sozialer und politischer Existenz abhängt, nach dem Motto: „Geld regiert die Welt!" Auch hier haben wir eine hegemoniale Universalisierung aller anderen Lebensbereiche durch eine partielle Ausdrucksform menschlicher und sozialer Existenz, die alle anderen Ausdrucksformen sozialer und menschlicher Existenz unter ihre eigene Gesetzmäßigkeit zwingt (wie etwa in der universalen Kapitalisierung, in der kein menschlicher und kultureller Selbstvollzug überleben kann, wenn er sich nicht buchstäblich auszahlt).

Diese flächendeckende Universalität des Kapitals der Reichen gegenüber den Armen, der nutzbringend Vernetzten gegenüber den Ausgegrenzten, nicht zuletzt auch der internationalen Konzerne und Finanzstrukturen gegenüber einer diesbezüglich bremsenden lokalen Politik ist selbstverständlich eine begrenzte Wirklichkeit in der gesamten Globalität, universalisiert sich aber auf Kosten der anderen in einer expansiven und explosiven Form. Die Lebensform, die die Macht hat, setzt ihre Ordnung durch und marginalisiert oder eliminiert die anderen Verhaltensweisen und Lebenszusammenhänge. Netzwerk ist von daher noch kein positiver Begriff für sich, wenn nicht klar ist, was vernetzt wird. Mit der Metapher der Kommunikation kann man sich noch nicht beruhigen, wenn nicht klar ist, um welche Kommunikation es sich handelt und ob nicht eine Nicht-Kommunikation, ein Beziehungsabbruch also, für den Aufbau authentischer Identitäten und authentischer Kommunikationen bekömmlicher wäre. Pluralität wird zum „way of life", doch eindimensional inszeniert und ohne Alternative.[12] Eine Art von Universalität ist hier mit realexistierender Gewalttätigkeit im Gange, die entweder möglichst viel in sich aufsaugt, oder das, was sich dagegenstemmt, aus sich heraus nach unten auswirft. Wenn noch Geld übrig ist, kann man diesen „Ausfall" sozial therapieren, wenn nicht, oder wenn man um eines größeren Profits willen nicht will, wird er zum „Abfall", der letztlich weggeräumt werden kann.

Wenn die hier angedeutete Analyse der gegenwärtig sich durchsetzenden Globalisierungskräfte auch nur tendenziell zutreffen sollte, dann steht die Frage nach Kräften an, die diesen Tendenzen auf dem gleichen globalen Niveau etwas entgegenhalten können, wobei sich dieses Etwas um einer globalen Humanisierung willen seine Kriterien „von unten", also von jenen her einholt, die Opfer der ersten Globalisierung sind. Dann stellt sich die Frage, wo denn Sozialformen und wer Subjekt solcher Bewegungen sein können und sollen. Nun ist es nicht so, als gäbe es nicht solche Gegenbewegungen, auch auf globalem Niveau. Ich nenne hier nur die NGO's, die Non-Government-Organizations, in denen sich entsprechende Organisationen auf der Basis auch weltweit vernetzter Subjekte und Sozialgestalten formulieren und formieren. Zunehmend ist festzustellen, daß solche Kräfte nicht ohne Einfluß bleiben, insbesondere im Bereich oppositioneller, zum Teil

---

[12] Noch immer, ja verstärkt gelten die Analysen von *H. Marcuse*, Der eindimensionale Mensch, Neuwied/Berlin ⁶1969, 107 ff, 112ff.

aber auch regierender Politik (wie etwa hinsichtlich der Ökologie-Bewegung).

Auf diesem Hintergrund fällt selbstverständlich sofort ins Auge, daß die christlichen Kirchen, daß überhaupt global vorfindbare und global vernetzte Religionen in eben dieser Vor-Gegebenheit eine herausragende schon bestehende Basis bereitstellen und bilden (und in dieser Hinsicht auch noch ausgebaut werden könnten) für das, was einer an der Humanisierung und Solidarisierung der Welt orientierten (Gegen-)Globalisierung[13] zugute kommen könnte. Dies gilt umso mehr, als die inhaltliche Selbstbestimmung der Kirchen, beruft sie sich denn in einer praxisbezogenen Weise auf ihre eigenen Ursprungstexte, gerade im Horizont des eigenen Gottesglaubens am Menschendienst orientiert ist und letzteren insbesondere im Ernstfall des Umgangs mit leidenden und marginalisierten Menschen einholt. Denn von ihnen her wird man sich in entsprechend intensivierender lokaler und globaler Kommunikation sagen lassen, wo und wie die Gerechtigkeit mit Füßen getreten wird, und was mit den Betroffenen und für sie zu tun und strukturell zu verfolgen ist.

Dabei müssen die Kirchen, in ihrer Ökumenizität, dabei müssen auch die katholischen Ortskirchen in ihrer weltweiten Katholizität selbst lernen, jeder Art von Elend schaffender Univeralisierung abzuschwören, sich auch nicht der Versuchung auszusetzen oder ihr gar zu erliegen, auf den Rücken der Mächtigen bzw. der Herrschaftsstrukturen die eigene Herrschaft (und jetzt auch noch globalisiert) mit durchzusetzen – nicht nur bei gleichzeitiger Mißachtung der Armen, sondern auch bei gleichzeitiger Mißachtung ihrer eigenen vor-geschriebenen Identität den Armen gegenüber: auf sie zu hören und sich von ihnen her sagen zu lassen, was im Sinne einer wenigstens ansatzhaften Verwirklichung des Reiches Gottes jetzt zu tun sei.

Von daher wird sich die Kirche auch neu auf den Wahrheitsbegriff konzentrieren, der ihr von der Offenbarung her in ihre Identität hinein

---

[13] Daß hier das Wort „Gegen" in Klammern gesetzt ist, hat seinen Grund darin, daß selbstverständlich nicht mit Schwarz-Weiß-Regulierungen auf diesen komplexen Zusammenhang zugegangen werden kann, sondern durch eine differenzierte Sicht und durch entsprechende Informationen aus den einschlägigen Soziologie- und Wirtschaftswissenschaften. So gibt es sicher auch in strukturellen Wirtschaftsbereichen wie bei entsprechenden Verantwortlichen das Bestreben, wirtschaftliche und solidarische Notwendigkeiten miteinander zu verbinden. Dann handelt es sich aus der Perspektive einer globalsolidarisierenden Kirche nicht mehr um eine Gegen-, sondern um eine Mit-Globalisierung in diesem Sinne.

eingeschrieben ist. Gerade wenn wir Christen und Christinnen die Wahrheit der christlichen Offenbarung für „absolut" gültig halten, dann muß auch die Vollzugsform dieser Wahrheit für absolut gültig gehalten werden. Und die Form dieser Wahrheit besteht darin, daß ihre universale Gültigkeitsbehauptung in dem Subjekt und in der Kirche, in der sie vertreten wird, als absolute Selbst-Indienstnahme für diese Wahrheit realisiert wird: in dem ebenso konkreten wie dann immer partialen Zeugnis der Liebe und Gerechtigkeit Gottes in der eigenen mitmenschlichen Solidarität. Wie dann andere Menschen, Kulturen und Religionen auf dieses Zeugnis von Gläubigen und Kirchen reagieren, dies steht allein in der Macht Gottes, des einzigen universalen Herrn der Geschichte.

Am menschgewordenen Gott, an Jesus von Nazareth, ist dieser Zusammenhang genauestens abzulesen: Der universale Gott realisiert diesen Universalitätsanspruch nicht durch eine flächendeckende Eroberung der Welt, sondern dadurch, daß er die Behauptung seiner universalen Liebe zur Schöpfung nicht nur im Wort, sondern auch in der Tat seiner eigenen Menschwerdung zeigt und bezeugt. Dies ist die Spur, die christlich und kirchlich zu verfolgen ist: wobei zugleich einzusehen ist, daß *wir*, zwar in der Nachfolge Jesu, zugleich hinter seiner Nachfolge herhinken und insbesondere im Selbstvollzug dessen, was wir behaupten, in unserer sündenanfälligen Existenz immer nur annähernd, und manchmal allzu wenig, nachkommen. Dies mindert nicht den absoluten christlichen Wahrheitsanspruch, wohl aber die Absolutheit, in der *wir* sie darzustellen beanspruchen, und läßt Verständnis und Nachsicht für die aufkommen, die der absoluten Wahrheit aufgrund unseres diesbezüglich fragmentarischen konkreten Wahrheitszeugnisses fernbleiben.

Ich spreche also hier weder gegen den Wahrheitsanspruch noch gegen den Universalitätsanspruch des christlichen Glaubens, wohl aber für eine ganz bestimmte Art und Weise, diesen Anspruch zu realisieren: nämlich in der ganzheitlichen Intensität und Authentizität (in Wort und Tat) dieses Wahrheitsanspruches in bezug auf das eigene Leben. Die existentiell dargestellte Wahrheit in Mensch und Gemeinde entwirft ihren Anspruch dann in der Form, daß sie möglichst unüberbietbar und in absoluter Unbeirrbarkeit Barmherzigkeit und Gerechtigkeit vertritt und darstellt. Das *Martyrium* ist nicht von ungefähr die letzte Besiegelung christlicher und kirchlicher Wahrheit, damit des Selbstvollzugs der Kirche *und* ihrer Mission (s. u. Abschnitt 6).

War dieses vergangene Jahrtausend dominant von einer geschichtlichen Missionsstrategie geprägt, in der sich der eigene Absolutheitsanspruch primär gegen die anderen wandte und sie zur Selbstintegration in den eigenen Bereich zwang (bei gleichzeitiger Konterkarierung der eigenen inhaltlichen Identität, nämlich was die Humanität, Solidarität und Nächsten- bis Feindesliebe gegenüber denen, die nicht dazugehörten, anbelangt), so steht spätestens für das dritte Jahrtausend eine neue Missionsüberschrift an: nunmehr den eigenen Absolutheitsanspruch strikt auf sich selbst zu beziehen und in einer entsprechend radikal gelebten Gottes- und Menschenbeziehung den anderen deutlich werden zu lassen, daß sie uns (und durch uns Gott) unendlich wertvoll sind, noch bevor sie sich verändert haben, und daß es zur christlichen Existenz gehört, deren Leben zu schätzen und zu schützen, vor allem wenn es benachteiligt und gefährdet ist, auch und gerade wenn sie mit dem christlichen Glauben nichts zu tun haben (wollen). Ich bin überzeugt: Ein solches lokales *und* globales Zeugnis der Kirche wird seine Wirkung haben, wird neue Konfrontationen mit den Mächtigen und ihren Herrschaftsstrukturen aufwerfen, aber auch neue Solidaritäten mit den Opfern und allen Gruppierungen, die sich, aus welchen Motivationen auch immer, lokal wie weltweit darum kümmern, die benachteiligten Menschen zu sehen und von ihnen her zu denken und zu handeln.

Die katholische Weltkirche ist es bereits und könnte es noch mehr werden: Ein aus der Lokalität sich entfaltender solidarischer Erfahrungsraum globaler Beziehungen, in denen sich die Globalbeziehungen zugleich auf die Lokalitäten auswirken. Jede Partnerschaft zwischen Gemeinden oder Verbänden hier und dort befindet sich nicht am Rande, sondern in der Mitte kirchlicher Identität, denn sie arbeitet strikt an einer solchen Katholizität, an der reziproken Entgrenzung lokaler Nahsolidarität auf die globale Fernsolidarität und damit gleichzeitig an einer Globalisierung, die die Sehnsucht nach dem barmherzigen und gerechten Gott offen hält (und nicht „religiös" zustopft)[14] und die von den jeweils Armen und Bedrängten her das gesamte Handeln organisiert. Je mehr sich eine solche kirchliche Vernetzung mit der Leidensgeschichte der Menschen und in ihnen mit dem in der globalen Geschichte lebenden Christus (vgl. Mt 25, 31-46) ereignet, desto mehr

---

[14] *J. Comblin* charakterisiert diese religiöse Reaktion am Beispiel der charismatischen Freikirchen und Pfingstkirchen in Lateinamerika, vgl. *J. Comblin, Lateinamerika in der Globalisierung* 12ff.

wird die Kirche eine Intensivierung des eigenen Lebens und der eigenen Identität, aber auch eine Vertiefung des eigenen Leidens erreichen. Letzteres darf sie dann durchaus als Sühne dafür auffassen, was die Kirche selbst im letzten Jahrtausend an Leidensgeschichte (mit-) produziert hat. Dann macht sie in ihrer eigenen künftigen Geschichte gerade das dominant, was es in ihr meist rezessiv in der Vergangenheit schon immer gegeben hat, nämlich jene Aufbrüche und Entwicklungen der Kirchengeschichte, in der sich Menschen, Gruppen und Bewegungen mit den Armen solidarisiert haben und von ihnen her nicht nur den Konflikt mit den säkularen Mächten, sondern auch mit den kirchlichen Mächten riskiert und darunter gelitten haben.

3. Inkulturation und Transkulturation von Anfang an

Ich schlage nun vor, einen „Schritt" zurückzutreten, von unserer gegenwärtigen Epoche fast zweitausend Jahre zurückzugehen in die frühe Geschichte der ersten kirchlichen Gemeinden. Selbstverständlich geht es dabei nicht um ein Überspringen der geschichtlichen Entwicklung und Veränderung, sondern darum, in unserer eigenen Ursprungsgeschichte Zeichen und Spuren dafür zu entdecken, was gerade für unsere Zeit hilfreich ist, die „Zeichen der Zeit" richtig zu erkennen. Und in der Tat schmilzt sich aus dem Blick der gegenwärtigen Problematik in diese Ursprungsgeschichte hinein eben darin so manches aus, was man bisher noch zu wenig oder auch überhaupt nicht gesehen hat. Nehmen wir die Perspektive des *Konfliktes*. Daß heute eine weltweite Katholizität aufgrund der unterschiedlichen lokalen Situationen nicht als oberflächlich einheitlich, sondern als sehr unterschiedlich bis widersprüchlich und damit als konfliktträchtig anzusehen ist, läßt auch in der Ursprungsgeschichte der Kirche bzw. der Kirchen ähnliches mit einer ganz neuen Scharfsicht erkennen und analysieren. Aber auch die andere Perspektive, die einer *globalen Solidarisierung*, schärft den entsprechenden Blick in die Ursprungsgeschichte hinein: nämlich daß es auch in der damaligen Globalität der hellenistischen Welt unter den christlichen Gemeinden Vernetzungen gab, die bei aller Differenz nicht anders denn als radikalisierte Solidarisierung (sowohl in der liturgischen wie auch in der sozialen Kommunikation) zu begreifen sind.

Für die *erstere Perspektive des Konfliktes* spricht insbesondere die anwachsende Forschungseinsicht der neutestamentlichen Exegese, daß sich ein beträchtlicher Teil der neutestamentlichen Schriften vor allem ganz bestimmten Konflikten verdanken, ohne die sie kaum geschrieben worden wären.[15] Nach dem Tod Jesu baut sich im Glauben an die Auferstehung die Erinnerung auf, daß Jesus als der auferstandene Christus weiterhin mit bzw. in den Gemeinden lebt, wobei nun die je unterschiedlichen situativen Kontexte der jungen Gemeinden auch wieder unterschiedliche Schwerpunkte im Glauben wie auch in der Kirchenbildung ausprägen. Wenn die derartige je eigene Situation für den Glauben ernst genommen werden darf, dann können im gegenseitigen Austausch sowie in der Suche nach dem essentiell Gemeinsamen Konflikte nicht ausbleiben. Oder umgekehrt: Wo keine Konflikte aufbrechen (dürfen), setzt man sich weder der Wirklichkeit aus noch sieht man einen Anlaß, die eigene Position in entsprechenden Texten zu profilieren und zu verteidigen. Damit realisieren die frühen Gemeinden, was oben über den christlichen Wahrheitsbegriff angedeutet wurde: Die Verbindung von Wort und Tat, von Glaube und Leben, von Evangelium und Situation führt jeweils zu einem ganz bestimmten Zeugnis der christlichen Wahrheit.[16]

Übrigens bedeutet die jeweilige Situationsbezogenheit des Evangeliums in den frühen Gemeinden absolut keine Anpassung an die dortigen gesellschaftlichen Orientierungen und Strukturen. Im Gegenteil erfahren wir laufend, daß sie sich dazu in einem beträchtlichen Widerspruch konstituieren. Aber auch in diesem mehr oder weniger partiellen Kontrast befinden sie sich dennoch in einer je eigenen Situativität, in der das Evangelium eben diese spezifische Kontrastivität auszubilden vermag. Die Inkulturation ist aus dieser Perspektive gerade nicht eine Funktion linearer Anpassung, sondern, wenn man den soziologischen Begriff der Anpassung positiv aufnehmen will,[17] einer *dialektischen* Anpassung, insofern sich eine soziale Identität des Evangeliums herausbildet, die von dessen Inhalten her Anpassung und Kontrast, und in *beidem* die entsprechende Situationsbezogenheit entwirft.

So haben wir um der Konkretion der christlichen Wahrheit willen unterschiedliche Kirchen von Anfang an. Was jeweils gleichbleibt, sind ganz bestimmte regulative Inhalte des Glaubens (im gemeinsa-

---

[15] Vgl. *P. Hofrichter*, Von der zweifachen Speisung des Markus zur zweifachen Aussendung des Lukas, in: *J. Hainz* (Hg.), Theologie im Werden, Paderborn 1992, 143-157.
[16] Vgl. *O. Fuchs*, Kontextueller Bibelbezug in Tradition und Pastoral, in: Bibel und Liturgie (1997) 150-155.
[17] Vgl. *M.N. Ebertz*, Kirche im Gegenwind, Freiburg 1997, 145.

men Glaubensbekenntnis), ganz bestimmte kultische Feierformen und der gemeinsame Rückbezug auf den Ursprung, was schon für die Gemeinden sehr früh heißt: nicht nur auf die Urzeugen, sondern auch auf entsprechende „mittelbare" Berichte und Texte. So kommt es zunehmend dazu, daß sich, wie sich die ersten Zeugen hauptsächlich auf die jüdischen Schriften beziehen, nun die Gemeinden mit längerem Abstand zum Ursprungsgeschehen immer mehr auch auf jene Schriften beziehen, die später im Kanon des Neuen Testamentes zusammengefaßt werden. Dieser Zusammenhang wird strukturbildend für die Kirche: Daß sie sich „zusammensetzt" aus Schrift und Tradition, aus diesem permanenten Selbstbezug auf die Ursprungstexte wie aber auch aus jenem lebendig gelebten Evangelium, wie es in den situativ unterschiedlichen Kirchen aufscheint.

Indem das dogmatische Selbstverständnis der Kirche nicht nur der Schrift (als norma normans), sondern auch der Tradition (als norma normata) Wahrheitsqualität und darin Repräsentanzfähigkeit des Geistes Gottes und Gegenwartsfähigkeit des lebendigen Christus zutraut, realisiert sie im Dogma selbst jenen christlichen Wahrheitsbegriff, der sich ebenfalls „zusammensetzt" aus schriftgemäßem Glauben und situationswachem Leben, aus Verkündigung und Vollzug, aus Wort und Erfahrung, oder, um die Sprachform des Zweiten Vatikanums zu bemühen, aus Dogma und Pastoral.[18] Denn wenn man im Sinne der Pastoralkonstitution *Gaudium et spes* den Begriff der Pastoral als die jeweilige Selbstverwirklichung (in Wort und Tat, in Glaube und Erfahrung) der Kirche in einer ganz bestimmten Situation (lokaler bzw. globaler Art) ansieht, dann formuliert der Pastoralbegriff für die jeweilige Gegenwart, was der Traditionsbegriff hinsichtlich der Vergangenheit ausspricht: nämlich daß es verschiedene Selbstverwirklichungen christlicher und kirchlicher Existenz in den Kirchen verschiedener Zeiten und verschiedener Länder gab, die insgesamt den Traditionsbegriff konstituieren (selbstverständlich einschließlich der Tradition der weltkirchlichen Instanz in ihrer lehramtlichen Verantwortung, die aber zugleich die Verantwortung beinhaltet, die partiellen „Lehrämter" der Ortskirchen nicht zu verachten). Damit fließt dem Pastoralbegriff die theologische Dignität zu, wie sie der Traditionsbegriff aufweist: Auch

---

[18] Vgl. *H.-J. Sander*, Die Zeichen der Zeit, in: *G. Fuchs/A. Lienkamp* (Hg.), Visionen des Konzils, Münster 1997, 85-102.

er hat den Charakter einer „Selbstmitteilung Gottes im Christusereignis durch den Heiligen Geist".[19]

Natürlich ist diese Aussage auf keinen Fall positivistisch aufzufassen, sondern in ihrer Bezogenheit auf die Schrift und auf das universale kirchliche Lehramt, das sich allerdings selbst jeder hegemonialen Universalisierung möglichst zu enthalten hat, es sei denn, es stehen wirklich essentielle Inhalte des Glaubens *und* der Diakonie auf dem Spiel. Worauf das universale Lehramt zu achten hat, ist nicht nur, in welchem zentralen (nicht zentralistischen!) Beziehungszusammenhang die Ortskirchen zum Bischof von Rom stehen, sondern wie die Ortskirchen selbst miteinander umgehen.

Ihre weltkirchliche Verantwortung müßte die Kurie demnach in der entsprechenden Vernetzung der Landes- und Erdteilkirchen untereinander sehen, in einer Vernetzung also, die nicht nur indirekt über die Zentrale abläuft, sondern den direkten Kontakten dient, insofern sich bereits die unterschiedlichen katholischen Kirchen untereinander die partielle Andersheit (aufgrund der unterschiedlichen kulturellen und ökonomischen Situation) zugestehen, sich in dieser Andersheit schützen und schätzen und von daher entsprechende Austauschbeziehungen des gegenseitigen Kennenlernens und der gegenseitigen Solidarisierung aufbauen, durchaus mit dem dabei zu vertiefenden Glauben, daß alle diese Lokalkirchen ihre eigene inspirierte Qualität der Verbindung von Evangelium und Leben haben (vgl. Lumen gentium 13 und 26). Wenn sich derartig die römische Zentrale zugunsten der transkulturativen Kompetenz und Verwirklichung der lokalen Kirchen verausgabt, läßt sie in der Gegenwart all jene pastoralen Verwirklichungen des Evangeliums „zusammenkommen", wie sie sie im Rückblick auf die eigene Tradition zusammenbuchstabiert hat. Und je weniger in der Tradition deren Pluralität durch Hegemonialisierung einer einzigen Tradition (etwa einer einzigen theologischen Schulmeinung) reduziert oder gar verhindert wird, desto weniger geschieht dies in der Gegenwart mit den pastoralen Verwirklichungen unterschiedlicher Kirchen in unterschiedlichen Ländern (und umgekehrt).

Wenn es also richtig ist, daß, je inkulturierter das Evangelium in seinen Sozialformen sein kann, desto konfliktreicher und zugleich bereichernder sich die transkulturelle Beziehung der unterschiedlichen Kirchen ereignet, dann wird die *zweite Perspektive der Solidarisierung*

---

[19] *W. Beinert*, Artikel „Tradition" in: *ders.* (Hg.), Lexikon der katholischen Dogmatik, Freiburg ²1988, 513-515, 515.

in der Frage akut, wie solche transkulturelle oder interkulturelle Kommunikationen zwischen den unterschiedlichen Kirchen in der katholischen Weltkirche aussehen, näherhin, ob es dafür in der Ursprungserinnerung wegweisende Spuren gibt. Eine solche Spur finde ich in der jungen Kirche im interkulturellen Streit zwischen jenen Gemeinden, die im jüdischen bzw. jüdisch-hellenistischen, und jenen Gemeinden, die im heidnisch-hellenistischen Bereich zu Hause sind. So unterscheiden sich die aus der Paulusmission hervorkommenden hellenistischen Gemeinden derart von den judenchristlichen Gemeinden, daß es darüber (in der Auseinandersetzung zwischen Antiochia und Jerusalem) zu massiven Konflikten kommt, die auch nicht mehr über einen Meinungskonsens gelöst werden können. Es geht näherhin um die Frage, ob sich die heidnischen Christen erst einmal beschneiden lassen müssen, bevor sie getauft werden können. Dies würde bedeuten, daß sie nicht direkt von ihrer eigenen Kultur her Christen werden können, sondern daß sie sich erst einmal in den jüdischen Glauben hinein inkulturieren müßten, bevor sie Christen werden könnten.[20] In Apg 15 sowie Gal 1-2 kommt dieser Konflikt in den neutestamentlichen Texten zum Vorschein und wird folgendermaßen bearbeitet:

Die beiden Kirchen gestehen sich die unterschiedlichen Verkündigungsräume – also die jeweilige Inkulturationsintegrität – zu, allerdings nicht ohne Probleme und Schwierigkeiten, das, was die jeweils anderen tun, zu verstehen oder für sich selbst nachvollziehen zu können. Dies zeigt sich dann auch in Gal 1-2, wo Paulus diejenigen Gesandten aus Jerusalem ermahnt, die es nicht fertigbringen, mit den unbeschnittenen und damit unreinen Heidenchristen gemeinsam zu essen und Eucharistie zu feiern. Die transkulturelle Einheit unterschiedlicher katholischer Kirchen besteht nach diesem Text insbesondere darin, daß sie über die Verschiedenheit hinweg miteinander Eucharistie feiern. Darin feiern sie ihre gemeinsame Beziehung zum Herrn und ihre Einheit in ihm, die auch dann, ja gerade um so notwendiger zu vergegenwärtigen ist, je größer die Unterschiede sind. Denn allein darin besteht die Bedingung der Möglichkeit, eine Gemeinschaft aufrechtzuerhalten (übrigens nicht nur im realen Miteinanderfeiern, sondern im jeweiligen kommemorierenden Einbezug der nicht anwesenden Kirchen

---

[20] Vgl. *O. Fuchs*, Zwischen Wahrhaftigkeit und Macht. Pluralismus in der Kirche?, Frankfurt a. M. 1990, 62-87.

in die eigene Feier)[21], die nicht nur durch die Konsens- und Konflikt-
bearbeitungsleistung der Menschen getragen ist, sondern insbesondere
durch die im Sakrament erfahrene Gnade, vorgängig in Christus eins
zu sein, der zu allen eine konkret unverwechselbare Beziehung hat,
was *zwischen* diesen Beziehungen nicht selten als Kontrast und Differenz erfahren wird. Der Glaube an diese geschenkte Einheit ist der
tiefste Grund transkultureller Einheit katholischer Kirchen. Denn nur
vorletztlich, nie aber letztlich sind sie durch Menschenwerk vereinigt.
In Gott sind sie eins, nicht selten auch gegen den Augenschein, weshalb diese Einheit im Augenschein des gemeinsamen Symboles intensiv zu feiern und zu vergegenwärtigen ist.

Es gibt aber noch eine andere kommunikative Dimension, die die
weltkirchliche Einheit der Ortskirchen (auch und gerade im partiellen
Dissens) trägt: So verpflichtet sich nach Apg 15 die reichere Gemeinde in Antiochia, in ihrer Kollekte für Jerusalem zu sammeln, und die
Gemeinde in Jerusalem tut ihrerseits kund, diese Kollekte auch anzunehmen. Die Gemeinschaft dieser unterschiedlichen Kirchen geschieht
also auf der Solidaritätsbasis der gegenseitigen Diakonie, im gegenseitigen Geben und Empfangen. Der Handschlag der Gemeinschaft, den
sich Paulus und Petrus geben, ereignet sich auf der Basis dieser beiden
grundlegenden Kommunikationen, nämlich der Verbindung im Sakrament und der Verbindung in der Diakonie. Darin nun befindet sich die
theologische Grundlegung wohl jeder transkulturellen Beziehung zwischen unterschiedlich inkulturierten Kirchen, damit sie auf der Basis
dieser beiden grundlegenden Einheiten ihrer selbst (nämlich in der
Gnade Gottes und im Gnädigsein der Menschen zueinander) auch im
Bereich der differierenden Meinungen und der unterschiedlichen Auffassungen zueinander finden bzw. sich gegenseitig akzeptieren.

Dies ist das krasse Gegenteil zu jeder Art von Strategie, in der eine
lokale Kirche andere (meist ärmere) lokale Kirchen hegemonial universalisieren will, indem die eigene kulturelle Ausprägung christlicher
Existenz diesen zur Verwirklichung vorgesetzt wird, bei gleichzeiti-

---

[21] Der Frage nach dem Gebet im Kontext des Globalisierungsthemas müßte ein eigener
Diskurs gewidmet werden: mit den Aspekten des mitfühlenden, solidarischen und stell-
vertretenden Betens in persönlicher Spiritualität sowie in den liturgischen Feiern der
Kirche. Denn die hier angesprochene "Globalisierung von unten" wirkt sich auch auf
das Gebetsleben der Kirche aus und läßt möglicherweise im spirituellen Schatz der Kirche Anteile entdecken, die neu zu vitalisieren sind, wie zum Beispiel das Sühnegebet;
vgl. dazu ansatzhaft ebd. 87-99.

gem relativen Verbot, daß sich die dortige lokale Kirche entsprechend ihrer eigenen kulturellen und religiösen Situation zu inkulturieren vermag. Das Beispiel zwischen Antiochia und Jerusalem zeigt dagegen, daß sie sich nicht gegenseitig reduzieren, sondern ein Miteinander auf der Basis von Liturgie und Diakonie bestreiten, buchstäblich „bestreiten", weil sie dabei ihre jeweiligen auch divergierenden Identitäten nicht aufgeben. Zudem dürfen die letzteren niemals ein Anlaß sein, die Diakonie aufzukündigen. Vielmehr gilt umgekehrt: Je tiefer die Konflikte, desto breiter muß die Basis der Diakonie werden, damit diese Konflikte nicht zum sozialen Konflikt, zur Spaltung zwischen einer reichen und einer armen Kirche degenerieren.

Die Einheit der weltweiten Katholizität ist also in keiner Weise eine Vereinheitlichung, auch keine weltweit artifiziell produzierte Einheitskultur der Kirche, die in allen Ländern gleichbleiben könnte, sondern ein komplexes Gebilde aus invariablen Symbolbezügen und variablen Gestaltungen, aus gemeinsamem Glaubensbekenntnis und vielfältigen Kulturen und Sprachspielen, die es erschließen, aus Inkulturation und Transkulturation, aus Identität und Begegnung im Horizont des gemeinsamen Gottes, der all diese Prozesse trägt, nicht vereinheitlichend, sondern auf dem pneumatologischen Hintergrund seiner unendlichen kreativen Vielfalt (nicht zuletzt in der je eigenen kreativen Sensibilität lokaler und globaler Notwahrnehmung), die gleichwohl ihm, dem Kreator, entspringt und auf ihn zurückgeht. Die Einheit der Kirchen besteht primär darin, daß sie an diesen Gott glauben, und erst sekundär darin, diese Einheit selber in die Hand zu nehmen. Wenn sie letzteres ohne den Glauben an die Gnade der Einheit tun, werden sie immer hegemonial universalisieren und Vereinheitlichung produzieren, werden sie die kreatorische Gnade in den Kreativitäten der Menschen und Kirchen mißachten und darin auch ihre Autorität verspielen, im Ernstfall bestimmten Ortsgemeinden gegenüber Wegweisendes und Bestimmendes im Sinne des Evangeliums zu sagen. Dies gilt vor allem für das Verhältnis Roms zu den Ortskirchen. Wenn gegenseitige Kritik (im Sinne des „semper maior" der Selbstevangelisierung) im Glaubens- und Tatbereich ein integraler Bestandteil nicht nur in kirchlichen Sozialformen, sondern aller Teilkirchen innerhalb der Weltkirche zueinander ist, dann weiß sich Rom davon ebenso betroffen, wie es darin eine eigene Verantwortung und Kompetenz beansprucht.

Deshalb gehören im dogmatischen Selbstbewußtsein der katholischen Kirche der Vorsitz der Eucharistiefeier und die geistliche Leitungsverantwortung so eng zusammen, weil in der Eucharistie die Erfahrung jener Einheit gefeiert wird, die noch vor aller Produktion von Einheit von Gott her geschenkt ist, damit wir im Glauben an dieses Geschenk unsere Gegensätze aushalten, uns gegenseitig kritisieren, ohne uns zu verletzen, ohne aufgrund der Kritik in Distanz zu gehen und vor allem ohne die gegenseitige Diakonie aufzukündigen. Die generative inhaltliche Qualität des Petrus-Paulus- bzw. Jerusalem-Antiochia-Konfliktes und dieses buchstäblich kirchlichen und interkirchlichen Umganges damit dürfte für alle interkirchlichen Beziehungen und gerade im Kontext der Globalisierungsprozesse auch zu reklamieren sein.

4. Die Pastoral als Konkretionsprojekt der Welt-Kirche

Vom Pastoralbegriff des Zweiten Vatikanums war bereits die Rede (s. o. Abschnitt 3). Leider hat sich dieser Pastoralbegriff in der Kirche noch nicht, auch nicht bei den Hauptamtlichen, ausreichend herumgesprochen. Immer noch herrscht das alte Verständnis vor, daß mit der Pastoral das seelsorgerliche Handeln der Hauptamtlichen in der Kirche gemeint sei. Die Konzilstheologie allerdings hat das Verständnis dieses Begriffes von seiner etymologischen Herkünftigkeit relativ abgelöst, nicht was den inhaltlichen Vorgang (des reziproken Hirtens und des sich Behirtenlassens[22]), sondern was die Subjekte und die Reichweite dieses Handelns anbelangt. Nach *Gaudium et spes* sind alle Gläubigen die Subjekte des pastoralen Handelns, welches sich seinerseits nicht nur auf die entsprechenden Handlungen nach innen zur Auferbauung der Gemeinde bezieht, sondern auch nach außen zugunsten eines vom Evangelium bestimmten Umganges mit der „Umwelt", also mit jenen Bereichen, Gesellschaften, Sozialformen und Menschen, die nicht zur Kirche gehören, in denen bzw. mit denen sie aber existiert. Dabei darf man nicht vergessen, daß die Gesellschaft auch die Gläubigen in ihrem Lebensgefüge betrifft, so daß das pastorale Handeln auch das Verhältnis zwischen Kirche und gesellschaftlicher Umwelt *in* den Gläubigen selbst qualifiziert. Damit betrifft die Pastoral nicht nur die Kirche als Sammlung, sondern auch als Sendung.

Mit dieser „Demokratisierung" des Hirten der Pastoren auf die Basis aller Gläubigen und mit dieser Ausweitung des Begriffes für kirch-

---

[22] Vgl. *H. Stenger*, Im Zeichen des Hirten und des Lammes. Mitgift und Gift biblischer Bilder, Innsbruck 2000; *F. Weber*, Das Hirtenamt aller Christinnen und Christen, in: *ders.* u. a. (Hg.), Im Glauben Mensch werden, Münster 2000, 137-149.

liches Handeln ad intra und ad extra konstituiert sich die Pastoral relativ neu als jeweilige insgesamte Konkretion der Kirche in einer bestimmten Zeit und in einem bestimmten Kontext. War beim pastoralen Hirten der Innenbezug vorherrschend, so ist nun auch der Weltbezug ein integraler Bestandteil des Pastoralbegriffes, indem sich die Kirche in Bezug auf ihren Kontext verausgabt und von dieser Situation ein eigenes Profil ausprägt. Nochmals sei dabei unterstrichen: Was hier mit Weltbezug angesprochen ist, bezieht sich nicht nur auf den Außenbereich der Institution Kirche, sondern auch auf alle Weltbezugsanteile, die alle Gläubigen mit in die Kirche hinein nehmen.

Der Gesellschaftsbezug einer lokalen Kirche bezieht sich selbstverständlich zuerst auf die eigene Gesellschaft, auf ihre kulturellen und religiösen Pluralitäten sowie auf ihre ökonomischen und ökologischen Strukturen. Im Kontext der Globalisierung muß aber dieser Außenbezug auch als Relation zu den Gesellschaften anderer Länder und Kulturen aufgefaßt werden, in einer inhaltlich ebenso profilierten Wahrnehmung wie Kritik dieser Gesellschaften aus den Optionen des Evangeliums heraus. Von diesem globalen Gesellschaftsbezug (der selbstverständlich in realisierter Kommunikation immer nur begrenzt, etwa bi- bis trilateral, eingeholt werden kann) ergeben sich dann ganz bestimmte inhaltliche und soziale Verantwortungsverhältnisse. So benötigen die sozialen Optionen armer Länder korrespondierende Optionen in reichen Ländern, die damit ihre binnenkirchlichen Prioritäten neuen Parametern aussetzen und entsprechend ergänzen und umstellen. Die Weltweite der katholischen Kirche in unterschiedlichen lokalen Kirchen bietet hier, besteht eine entsprechende Vernetzung, eine unschätzbare bereits bestehende Kommunikationsressource, um diese Vernetzungskontakte aufzunehmen und durchzutragen. Das gab es eigentlich schon immer; etwa wenn Missionare in ihre Heimatgemeinde zum Heimaturlaub kommen und dann entsprechend von ihren Erfahrungen erzählen und die Heimatgemeinde dazu bringen, ihr Tun dort in angemessener Weise zu unterstützen. Oder wenn zunehmend die missionarischen Ordensgemeinschaften nicht nur die Mission in die fremden Länder hinein, sondern auch die entsprechende Informations- und Bildungsmission in das Heimatland hinein als wesentlichen Bestandteil der eigenen Identität auffassen und verwirklichen.[23] Auch all die bestehenden Partnerschaftsgruppen und Dritte-Welt-Arbeitskreise

---

[23] Wie z. B. die missionarische Bildungsstätte der Comboni-Missionare in Ellwangen.

handeln im Sinne dieser Vernetzung. Wo es Kirchen gibt, bilden sie die erste Basis des globalen Austausches kirchlicher Pastoral nach innen wie nach außen.

Dabei überlappen sich zwei ad-extra-Dimensionen, die selbst wieder in dieser Beziehung zwischen ad intra und ad extra zu rekonstruieren sind. Denn einmal geht es um den Weltbezug zu anderen Gesellschaftsbereichen und Gesellschaften, auch zu denen, die von anderen Religionen oder Weltanschauungen geprägt sind. Dies ist selbstverständlich ein anderes ad-extra als jenes zwischenkirchliche ad-extra der Ortskirchen zueinander, das eigentlich ein ad-intra der Weltkirche ist, von den Lokalkirchen aber, aufgrund der kulturellen und sozialen Unterschiede dieser lokalen Kirchen sowie ihrer Entfernung voneinander, durchaus als ein relatives ad-extra erfahren wird. So gibt es unter dem ad-intra-Dach der Weltkirche so etwas wie eine relative ad-extra-Beziehung der lokalen Kirchen zueinander. In ihnen begegnen die lokalen Kirchen, in ihnen begegnet aber auch Rom den authentischen Informationen der fernliegenden lokalen Situationen. Die Subjekte der dortigen Kirche sind immer die ersten Subjekte für die Wahrnehmung der dortigen Wirklichkeit durch die hiesige Ortskirche bzw. durch Rom. Wobei noch einmal genauer hinzuschauen ist, welche Repräsentanten tatsächlich im Sinne einer diakonischen Inkulturation die dortigen Armen sehen. Erst auf dem Hintergrund der Einklagen benachteiligter und ungerecht behandelter Menschen in den fernen Ortskirchen kann dann wohl unterschieden werden, wer diesbezüglich Partner sein kann und wer nicht, wer also *dort* als Gegner wahrzunehmen ist.

Wenn die katholische Weltkirche nicht nur Pathos sein soll, dann wird sie sich auf den Weg machen, die Pastoral der Weltkirche in dieser interpastoralen Weise zu gestalten und auf diesem Weg in einer differenzierten Weise zu globalisieren. Jede interkirchliche Partnerschaft ist nicht nur ein Vollzug der weltkirchlichen Interpastoral, sondern gleichzeitig ein Vollzug der weltkirchlichen Pastoral in ihrem jeweiligen ad-extra-Bezug zu den an der Begegnung beteiligten Gesellschaften, in denen sich die Ortskirchen jeweils befinden: zugunsten ihrer progressiven Humanisierung und Solidarisierung nach innen wie nach außen.

So optimistisch diese Formulierung auf der Wortebene klingt, so sehr knirscht das Ganze in der Praxis. Wenn von derartigen Progressionen nichts erfahrbar ist, wenn Konflikte zugunsten der Armen in beiden beteiligten Landeskirchen (bzw. Gemeinden) im je eigenen

Identitätsbereich wie im gesamten politischen Bereich nicht nur nicht zu umgehen, sondern geradezu zu provozieren sind. Probleme und Mißerfolge sind hier in vielen Fällen ebenso vorprogrammiert, wie es dann doch immer wieder Aufbrüche der Veränderung und der Hoffnung gibt.

Gerade in diesem Zusammenhang zeigt sich, daß eine derartig interpastorale Qualität des weltkirchlichen Anspruchs nicht zentralistisch herzustellen ist, sondern nur durch jene Quervernetzungen zwischen den lokalen Kirchen, in denen sensibel und feingliedrig erst das entsprechende Unterfutter globaler Katholizität verwoben wird. Kirchliche Zentralen (auch die im Vatikan) haben hier eher die Aufgabe, solche Prozesse zu schützen und theologisch, auch lehramtlich, weltpolitisch (z. B. auch vatikanpolitisch) zu stützen und symbolisch zu repräsentieren.[24] Ansonsten verflüchtigt sich der Begriff der Katholizität zu der Fiktion, als könne eine Zentrale zu allen Erdteilkirchen einen solchen Vernetzungszusammenhang aufbauen, wie ihn nur die lokalen Kirchen untereinander gestalten können. Wenn die weltkirchliche Zentrale nicht Ausdruck dieser lebendigen Katholizität zwischen den Kirchen ist und wenn sie sich darauf nicht konstitutiv bezieht – und das muß nicht nur anerkennend, sondern kann auch kritisch[25] sein –, hängt sie in der Luft einer nur postulierten oder simulierten weltkirchlichen Einheit.

Der gesellschafts- und weltbezügliche Anteil des Pastoralbegriffes mündet selbstverständlich in den Missionsbegriff und präzisiert dessen

---

[24] So war der Papst bei seinem Besuch in Jerusalem, ganz allein vor der Klagemauer stehend und betend, ein eindrückliches Symbol für die Vergebungsbitte und für die Umkehrbereitschaft der ganzen Kirche.

[25] Die Kritik kann sich in diesem Zusammenhang vor allem darauf beziehen, daß sich Ortskirchen nicht in genügender Weise diakonisch realisieren; sie kann sich aber schwerlich darauf beziehen, Ortskirchen vorzuschreiben, sich *weniger* diakonisch zu verausgaben, mit der Begründung, daß sie sonst in die Gefahr gerieten, sich selber zu kontaminieren. Die Auseinandersetzung zwischen der Deutschen Bischofskonferenz und Rom bezüglich der Schwangerenkonfliktsberatung wäre wohl diakonieorientierter verlaufen, wenn Rom der Ortskirche die Verantwortung überlassen hätte, in dieser schwierigen Frage die Diakonie *vor* abstrakte Prinzipien zu stellen, durchaus mit dem Bewußtsein von potentiellen Schuldanteilen, aber in der Hierarchie der hier anstehenden Wertentscheidungen mit dem Bewußtsein, das konkret Richtig*ere* zu tun. Wer sich in die Diakonie hinein begibt, kann dies nie schuldlos tun und verlernt völlig, eine abstrakte Schuldlosigkeit behaupten zu können; vgl. *O. Fuchs*, Im Brennpunkt: Stigma. Gezeichnete brauchen Beistand, Frankfurt 1993, 177ff.

inhaltliches Verständnis.[26] Zunächst einmal dahingehend, daß jede lokale Kirche zugleich eine missionarische Kirche ist (und nicht nur diejenigen in den sogenannten Missionsländern). Denn jeder Kirche kommt dies zu, ihren Außenbezug im Horizont der Reich-Gottes-Botschaft und -Praxis zu gestalten: Im Einsatz für erlösende und befreiende Transzendenzbeziehungen (auch in anderen Religionen) wie auch im Einsatz für die Benachteiligten und für die Armen, also im Bereich der Martyria wie auch im Bereich der Diakonia.[27]

Die Pastoral jeder Teilkirche befindet sich damit konstitutiv in einem „Missionsland", das nicht mehr verstanden wird als defiziente Beschreibung eines noch nicht oder nicht mehr „christianisierten" Landes, sondern als konstitutiver Kontext jeder Teilkirche, sich in einer konstruktiven, am Reich Gottes orientierten Relation zu Andersgläubigen und Anderslebenden im eigenen Land und zu den MitchristInnen und Teilkirchen anderer Länder (wie zu deren Beziehungen zu Andersdenkenden und Anderslebenden) zu bestimmen und auch von diesem „Außen" ihrer selbst her die eigene pastorale Praxis zu entwerfen. Der Mission kommt in der Pastoral die Wächteraufgabe zu, die angesprochene Relationalität des je Eigenen einzuholen und diese Relation praktisch als reziprokes Begegnungsgefüge und als solidarischen Lebenszusammenhang zu verwirklichen.[28] Der Missionsbegriff garantiert, daß die Außenperspektive für die Pastoral nicht beliebig ist, sondern eine inhaltliche und strukturell zu garantierende Notwendigkeit aufweist. Das Missionarische erfaßt in der Pastoral jene Dynamik, sich möglichst intensiv und weitgehend in die Lebenszusammenhänge der Menschen und der Gesellschaft, in der sich die Kirchen befinden, hineinzubegeben, mit allen Kräften guten Willens zusammenzuarbeiten und so möglichst viel von dem, was die Kirchen Reich Gottes nennen, also möglichst viel an aufbauender Transzen-

---

[26] Zum Verhältnis von Mission und Pastoral vgl. *F. Weber*, Mission — Gegenstand der Praktischen Theologie? Bamberger Theologische Studien Bd. 9, Frankfurt a. M. 1999.

[27] In den Aufbrüchen der gegenwärtigen gesellschaftlichen Religiosität im europäischen Kontext gewinnt die angesprochene Martyria-Verantwortung eine besondere Bedeutung: gegen die Banalisierungen und kurzschlüssigen Schnellerfüllungen der Transzendenz bzw. Transzendenzsehnsucht der Menschen; vgl. *O. Fuchs*, Gott ist kein Hampelmann, in: Theologisch-Praktische Quartalschrift 148 (2000) 4, 379-386.

[28] Zur Präzisierung dieser Vorstellung im Horizont des Dialogbegriffs vgl. *O. Fuchs*, Es wird höchste Zeit für „pontifikales" Handeln!, in: *G. Kraus/H. Schmitt* (Hg.), Wider das Verdrängen und Verschweigen, Frankfurt a. M. 1998, 149-170, 160 ff.

denzbeziehung und an Gerechtigkeit und Barmherzigkeit in den Gesellschaften mitaufzubauen.

Damit thematisiert der Missionsbegriff innerhalb der Pastoral die Notwendigkeit, sich zu anderen Teilkirchen und *ihren* Kulturen in eine am Evangelium orientierte Beziehung zu bringen und auf dieser weltkirchlichen Basis die Verantwortung für die Humanisierung anderer Gesellschaften und Länder zu übernehmen, wobei die jeweiligen Ortskirchen die lokalen „Antennen" darstellen, von denen her sich andere Teilkirchen und nicht zuletzt auch die Zentrale in Rom durch entsprechendes Hinhören und Hinsehen etwas über die Situationen in den jeweiligen Ländern sagen lassen. Selbstverständlich ist es auch ein integraler Bestandteil des Missionarischen in der Pastoral der Weltkirche, daß von seiten des Vatikans weltpolitisch ethische Positionen symbolträchtig bezogen und promulgiert werden, die sich dann auch auf Länder und Kulturen beziehen können, in denen nichtchristliche Religionen vorherrschend sind. Die päpstliche Diplomatie kann hierin durchaus pastoral-missionarische Qualität erhalten.[29]

Um das Verständnis des pastoralen Geschehens zu komplettieren, sei wenigstens noch angedeutet, daß es sich im Horizont von Gnade und Gericht ereignet. Zunächst sucht pastorales Handeln nach dem, was die Gnade Gottes bereits geschenkt hat, nämlich wo in der Kirche und außerhalb möglicherweise schon viel von dem vorhanden ist, was in den Evangelien das Reich Gottes genannt wird, immer ansatzhaft selbstverständlich, oft auch mit anderen Namen und Motivationen. Es ist eine wichtige Aufgabe der Pastoral, diese Vor-Gegebenheiten der Gnade in der Geschichte nicht zu übersehen, sondern sie aufzuspüren, dazu zu ermutigen und darauf aufzubauen. Pastorales Handeln sucht, gerade wenn es Forderungen aufzustellen hat, zuerst nach den Ermöglichungsbedingungen, nimmt sich selber in die Pflicht, diese zu entdecken und soweit wie nötig herzustellen, die es dann den Menschen von ihren eigenen Ressourcen her ermöglichen, an Christus zu glauben und auch dementsprechend ihr Leben zu gestalten. Eine solche Haltung der Pastoral könnte man auch eine *ökologische Pastoral* nennen: Eine Tätigkeit nämlich, die von der Schöpfung und von den kreativen wie kreatorischen Gestaltungen der Menschen ausgeht und kein heilsames Jota davon unter den Tisch fallen läßt.

---

[29] Wie etwa in den vorsichtigen und für die westliche Welt durchaus alternativen Reaktionen des Vatikans im Kosovo-Krieg, vgl. *O. Fuchs/N. Greinacher/L. Karrer/N. Mette/H. Steinkamp*, Christen und der Kosovo-Krieg, in: Orientierung 63 (1999) 119-120.

Wenn dies klar ist, kann demgegenüber mit gleicher Betonung gesagt werden, daß die pastorale Tätigkeit auch eine prophetische Dimension hat, daß sie das künftige Gericht in die Gegenwart hineinspricht, ganz im Sinne von Mt 25, worin Jesus sein künftiges Verhalten als Richter an ein ganz bestimmtes Verhalten ihm gegenüber in den Armen und Leidenden bindet.[30] Hier geht es dann auch um ganz bestimmte, nicht der Beliebigkeit anheimzugebende Alternativen, Forderungen und Wegweisungen, die strikt an die christliche Identität und an die Identität der kirchlichen Pastoral zu binden sind. So befindet sich die Pastoral zwischen Gesetz und Evangelium: Sie kämpft gegen die Vergesetzlichung des Evangeliums, indem sie Gottes Gnade in der Geschichte entdeckt und die Menschen in der Gottesbeziehung darauf bringt, Gott auch sich selbst gegenüber die unbedingte Gnade abzunehmen. So wird aber gerade auf dieser ermöglichenden Basis zugleich die Verantwortung übernommen und gewagt, die Gabe auf die Aufgabe hin zu formulieren, den Indikativ für den Imperativ zu öffnen und nun auch, derartig beschenkt, selber zu schenken, bis hinein in die Zeugenschaft derer, die das Geschenkte riskieren, auch das Geschenk des Lebens.

5. Verschränkung von Pastoral und Mission im 19. Jahrhundert

Wie Pastoral (im engeren Sinn des Selbstvollzugs und der Inkulturation von Kirche im eigenen Land) und auswärtsgerichtete Mission inhaltlich zusammenhängen und sich strukturell gegenseitig bedingen (ganz nach dem Motto „Was du nicht nach innen bist, kannst du auch nicht nach außen sein" und umgekehrt), zeigt eine kurze Erinnerung an die Missionsbewegungen im neunzehnten Jahrhundert. Von seiten beider Kirchen gab es von Europa aus geradezu einen explodierenden Aufbruch in der Afrikamission. Einer der Gründe dafür (vielleicht der vitalste) dürfte vom evangelischen Missionstheologen Werner Ustorf zutreffend benannt sein. „Die Missionsbewegung setzte ein, als die Autonomie einer säkularen Gesellschaft, die zunehmend auf religiöse Legitimation verzichtete, sich abzuzeichnen begann." Und: „Das kirchliche Leben und die traditionelle christliche Religiosität [...] hatte [...] ihre Fähigkeit teilweise verloren, die gesellschaftlichen Wider-

---

[30] Vgl. dazu *O. Fuchs*, Neue Wege einer eschatologischen Pastoral, in: Tübinger Theologische Quartalschrift 179 (1999) 4, 260-288.

sprüche der Zeit zu integrieren."[31] In der Tat hatten es die Kirchen spätestens im neunzehnten Jahrhundert schwer, und teilweise hatten sie es auch schon aufgegeben, mit den Lebensveränderungen der Menschen (insbesondere im liberalen Bürgertum und in der Arbeiterschaft) und den damit verbundenen gesellschaftlichen und ökonomischen Umbrüchen mitzugehen.

Auf der Basis dieser partiellen Exkulturationen im eigenen Land wuchs die Sehnsucht nach einer Kompensation, nämlich in anderen Ländern, die noch nicht von solchen libertinistischen Strömungen erfaßt waren, nochmals von Anfang an zu beginnen und dort jene flächendeckende christliche Mission aufzubauen, die im eigenen Land nicht mehr erreicht werden konnte. Der Inspektor der norddeutschen Mission in Bremen, F.M. Zahn, drückt aus, was in der zweiten Hälfte des neunzehnten Jahrhunderts wohl ein starkes Motiv der protestantischen Missionsbewegung war, indem er „in der Mission den Beweis christlicher Lebenskraft" erblickte.[32] Deutlicher kann man den kompensatorischen Zusammenhang nicht formulieren: die schwindende Lebenskraft des Christlichen im Inneren wird nun in seiner Aktivität nach außen gesucht, selbstverständlich mit der Hoffnung, daß ein entsprechender Sieg in der missionarischen Aktion nach außen auch wieder zum Beweis für die Lebenskraft der „Siegerreligion" im eigenen Land fruchtbar gemacht werden kann. Der erhoffte Beweis für die missionarische Lebenskraft (die aber außerhalb entsteht) wird so zum Surrogat für die missionarische Lebenskraft des Glaubens im Inneren. Die Weltmissionskonferenz in Edinburgh 1910 drückt dies unmißverständlich aus, indem sie bestätigt, „daß eine weltweite, erfolgreiche und triumphale Mission als Hilfsmittel gegen die westliche Glaubenslosigkeit ein dringendes Erfordernis sei."[33]

Dahinter steht nicht zuletzt auch ein fremd-romantischer Eskapismus, der den gottlosen „Wilden" idealisierenderweise noch jene „unschuldige Offenheit" für den Glauben zuzutrauen vermag, die man den vom Glauben abgefallenen Zeitgenossen absprach. Erfahrung von außen sollte als Beweis für die fehlende Erfahrung im Inneren gelten. Diesem Eskapismus in die große Welt hinein entspricht durchaus der Eskapismus in die kleine Welt der kirchlichen Milieus in der eigenen

---

[31] *W. Ustorf*, Missionsgeschichte als theologisches Problem, in: Zeitschrift für Mission 9 (1982) 19-29, 22.

[32] Nach *Ustorf*, ebd. 24.

[33] Nach *Ustorf*, ebd. 24.

Gesellschaft. Ohne diese grandiose Reaktion der Kirchen auf die Moderne durch Milieubildung und Milieubindung gering zu achten, ist doch die ghettoisierende und kollektivistische Tendenz dieser Reaktion nicht zu übersehen. Zu übersehen ist auch nicht, daß in der weltweiten Mission eben jene Absolutheitsansprüche vertreten werden, die in diesem gesellschaftlich teilweise ausgewurzelten, begrenzten Milieu der europäischen Kirchen – und nur dort – noch aufrechterhalten werden können.[34] Der blinde Fleck nach innen verursacht aber gleichzeitig den gleichen blinden Fleck nach außen. Obgleich die eigene Art, kirchliche Existenz auszuprägen, im eigenen Land zunehmend Defizite in der Verbindung mit dem Leben der Menschen aufwies, wurde sie dennoch kolonialistisch anderen Kulturen als christliche Identität schlechthin vermittelt, durchaus im Fahrwasser der von den Nationen betriebenen Kolonialisierungen in Afrika, womit dort genau das Gleiche verursacht wurde, was hierzulande bereits Ursache für amputierte Selbstverwirklichung war: die konstitutive Schwäche der Kirche, sich möglichst tief in die Lebens- und Leidenszusammenhänge der unterschiedlichen Kulturen hineinzubegeben. Der defizitäre Lebensbezug im eigenen Land produzierte ähnliche Probleme in den sogenannten Missionsländern.

Damit findet auch kein tatsächlicher interpastoraler Austausch zwischen den unterschiedlichen Kulturen statt, oder nur minimal und als exotische Garnierung dessen, was man anderswo von seiner eigenen partiell exkulturierten Identität durchgedrückt hat. Das bedeutet: Die Herkunftskirche begegnet in der Exportkirche im Grunde sich selbst, weil sie sich nicht nur im eigenen Bereich weigert, dem Fremden seiner selbst zu begegnen, sondern auch im anderen. Die europäische Kirchenpraxis löst sich von entscheidenden Lebens- und Arbeitsbereichen und entsprechenden Bewegungen in der Gesellschaft ab und kompensiert den entsprechenden Relevanzverlust durch eine Exportmission in andere Erdteile, die dort als Import ankommt, mit ähnlichen Wahrnehmungs- und Verwirklichungsdefiziten, wie sie bereits in der

---

[34] Der Prozeß der Exkulturation beginnt übrigens in massiver Weise bereits im katholischen Bereich in der sogenannten katholischen Aufklärung, die insbesondere die ausufernde Volksfrömmigkeit reglementierte und einem vorgeordneten Bildungsbegriff unterwarf; vgl. *O. Fuchs*, Nicht Dummheit und Furcht, Wahrheit und Güte waren deine Wache. Homiletische Themen und Strukturen bei Franz Ludwig von Erthal, in: *R. Baumgärtel-Fleischmann* (Hg.), Franz Ludwig von Erthal, Fürstbischof von Bamberg und Würzburg 1779-1795, Bamberg 1995, 76-91.

Herkunftskultur vorhanden sind. Entsprechend halbiert sich dann auch der „interkulturelle" Austausch, der letztlich ein Austausch mit sich selbst in einem anderen Land ist. Am gefragtesten sind dabei Importinformationen, die von flächendeckenden Erfolgen sprechen: als gewünschte Legitimation für die Wichtigkeit des christlichen Glaubens in der eigenen Kultur, wobei aber gleichzeitig eine intensive Begegnung mit dieser verweigert wird.

Stephanie Lehr hat 1993 für die französische Afrika-Mission zwar situativ anders gelagerte, aber strukturell doch ähnliche Hintergründe herausgefunden.[35] Bezüglich des einflußreichen Promotors der französischen Missionierung Afrikas im neunzehnten Jahrhundert, Cardinal Lavigerie, resümiert die Autorin: „[...] um ein afrikanisches, christliches Imperium aufzubauen ohne die ‚negativen' Einwirkungen Europas, schien ihm der einzig gangbare Weg zu sein, möglichst viele Elemente der einheimischen Kulturen beizubehalten."[36] Doch ging es dabei nicht etwa um das Anliegen der Inkulturation, sondern um die Verweigerung, daß die schwarze Bevölkerung in jene Zivilisation hineinwächst, die im eigenen Land die massenhafte Distanz von den Kirchen produziert hat. Deshalb sollten die Missionare die Afrikaner auf keinen Fall französisch erziehen, damit sie nicht etwa glaubenskritische Schriften lesen könnten.[37] Zwar wird die europäische Zivilisierung über die Mächte der Kolonisatoren importiert (Lavigerie wußte sehr wohl, daß die afrikanische Missionsbewegung keine Breitenwirkung ohne die Unterstützung der Mächtigen haben kann[38]), aber doch mit einer ganz bestimmten selektiven Kraft: „Unter den Wohltaten der Zivilisation versteht Lavigerie die Prinzipien des Christentums, ohne die Europa nicht aus dem Zustand der Barbarei herausgefunden hätte."[39] Die Heiden Afrikas dagegen sieht er in Parallele zu den Heiden des antiken Europa, so daß in Afrika gleichsam so etwas möglich ist wie eine Wiederholung der europäischen Geschichte, allerdings ohne den insbesondere mit der Aufklärung und den Veränderungen des neunzehnten Jahrhunderts verbundenen Abfall der

---

[35] Vgl. S. Lehr, „Wir leiden für den Taufschein!" Mission und Kolonialisierung am Beispiel des Landkatechumenates in Nordostzaire, Frankfurt a. M. 1993.
[36] Ebd. 98.
[37] Vgl. ebd. 98 u. 101.
[38] Vgl. ebd. 82.
[39] Ebd. 99.

europäischen Gesellschaft vom christlichen Glauben und von der Kirche.

So ist festzuhalten, „daß er im Grunde seines Herzens einer christlichen Gesellschaft nachtrauerte, die noch nicht durch die Aufklärung hinterfragt worden war, daß er aber realistisch genug war, in Frankreich während seines erzieherischen Wirkens bestimmte Ideen des Modernismus und Reformkatholizismus aufzugreifen, um nicht der europäischen Kirche die Zukunft zu verbauen. In Afrika versuchte er dagegen einen Traum zu verwirklichen, der für Europa nicht mehr realisierbar war. Von daher versteht sich seine Eile, allen anderen zuvorzukommen, um die Afrikaner nicht den ‚schlechten' Einflüssen von Freidenkern und Protestanten auszusetzen. Deshalb ist auch bei seinem Verbot, den Afrikanern die französische Sprache beizubringen, die Vermutung berechtigt, daß Lavigerie – wie später auch seine Missionare und etliche andere – befürchtete, die Afrikaner könnten auf diese Weise Schriften Voltaires und anderer kirchenfeindlicher oder kirchenkritischer Denker verstehen und sich gegen die Missionierung auflehnen."[40]

Natürlich geht es hier nicht darum, die Afrikamission des neunzehnten Jahrhunderts zu diskreditieren, sondern darum, Zusammenhänge zu entdecken, die für unsere Fragestellung nach einer basisbezogenen globalen Katholizität von nicht geringer Bedeutung sind, nicht um vergangenen Menschen etwas vorzuwerfen, sondern um von diesem Ausflug ins neunzehnte Jahrhundert her unsere gegenwärtige Problematik und Möglichkeit genauer zu profilieren und davon für eine entsprechende Zukunft weltweiter Katholizität zu profitieren. Immerhin verband Lavigerie seinen Einsatz für die Afrikamission auch mit einem massiven Einsatz für die Antisklavereibewegung, so daß gerade bei ihm eine intensive Verbindung von Mission und Diakonie vorzufinden ist.[41]

Als Einsicht müßte von daher das Verhältnis unterschiedlicher Kirchen in unterschiedlichen Kulturen folgendermaßen zu konzipieren und zu verwirklichen sein: Je inkulturierter eine Teilkirche ist, desto fähiger ist sie zu einer interpastoralen Begegnung, in der sie in anderen Teilkirchen nicht nur das Eigene (wieder-)entdeckt, sondern auch das Fremde, auch das Unverständliche anerkennt und gönnt; und in der sie sich zugleich auf den Weg macht, von dieser Wirklichkeit et-

---

[40] Ebd. 100-101.
[41] Vgl. ebd. 78.

was für die Bereicherung des eigenen Bereiches zu lernen, soweit dies die eigene Inkulturation vertieft bzw. erweitert. So kann z. B. die Art und Weise, wie christlich-arabische Kirchen in Palästina mit der muslimischen Welt in Kontakt und Dialog kommen, ein interpastorales Lernfeld für die entsprechende interreligiöse Arbeit in den europäischen Kirchen sein.[42] Es darf füglich angenommen werden: Ohne intensive Pastoral im eigenen Land (ad intra und ad extra) gibt es auch keine angemessene Interpastoral mit den Kirchen anderer Länder. Wer die Begegnung mit dem Fremden nicht in der eigenen Pastoral lernt (auch nach innen, insofern auch Gläubige sich einander ohne Kommunikationsverlust fremd werden dürfen), und darin nicht die eigene Identität ausprägt, kann dies auch nicht in der Begegnung mit dem Fremden anderer Länder- bzw. Erdteilkirchen leisten. Und umgekehrt: Wer sich, wie in unseren Partnerschafts- und Dritte-Welt-Gruppen, auf das Fremde anderer Teilkirchen einläßt und darin in der eigenen Identität reift, der und die kann auch im eigenen Bereich ganz anders die Möglichkeiten und Notwendigkeiten einer sich inkulturierenden Pastoral entdecken und nutzen.

Vielleicht darf man auch noch folgenden Gedanken aus dem zwischenmenschlichen Bereich anfügen und auf den interpastoralen Bereich hin parallelisieren: Je mehr die Menschen in die Tiefe ihres eigenen Lebens steigen, desto weniger benötigen sie die überbordenden Expansionen ihres Ego. Je mehr man lernen durfte, auch sich selbst zu lieben und sich anzunehmen, desto mehr kann man dies den anderen gönnen. Wo der Mensch auch in einer bei Gegensätzlichkeit durchgetragenen sozialen Anerkennung die Gewichtigkeit seiner einzigartigen Existenz erfahren darf und nicht bei Widerspruch mit Gemeinschaftsentzug bestraft wird, kann er darauf verzichten, für seine Selbstwerterfahrung über-ichhaft von einem möglichst flächendeckenden Kollektiv Identitätsanleihen nehmen zu müssen. Er kann vielmehr eine Ichstärke aufbauen, die es ihm möglich macht, die eigenen Begrenzungen zu sehen und anzunehmen. Wer allerdings ichschwach gemacht wurde, weil er immer nur dann Anerkennung bekam, wenn er sich anpaßte und

---

[42] Zur Dialogtätigkeit zwischen Christen und Muslimen in Palästina vgl. *U. Bechmann*, Vom Dialog zur Solidarität. Entwicklungen im arabischen christlich-islamischen Dialog in Palästina, in: Cibedo 11 (1997) 61-66, mit ergänzendem Nachtrag in Cibedo 13 (1999) 35.

unterwarf, ist letztlich darauf angewiesen, seine Selbstwertigkeit über die Zugehörigkeit zu möglichst mächtig und perfekt eingeschätzten kollektiven Größen (wie einer Nation oder einer Ethnie, auch einer Kirche) aufzubauen.

Dieser für den interpersönlichen Bereich ganz ausschlaggebende Zusammenhang dürfte auch für die globalen Beziehungen gelten. Wo kulturelle und kirchliche Einheiten ihre Kraft in sich selbst finden dürfen, benötigen sie keine Hegemonie über die anderen. Punktuelle Ganzheitlichkeit führt zur Abrüstung von der Macht über das Ganze. Wer sich in seinen Begrenzungen annehmen und wertschätzen kann, benötigt keine kolonialistische Unbegrenztheit, um sich als bedeutsam zu erfahren. Je tiefer die Inkulturierung einer lokalen Pastoral greift, desto mehr erfährt sie und akzeptiert sie die eigene Begrenzung in der Reichweite. Was dies für die globale Katholizität bedeutet, liegt auf der Hand: Die selbstrelative Freiheit und Eigenständigkeit der lokalen Kirchen zu einer authentischen Pastoral ist die Bedingung der Möglichkeit, daß auch die die relationale weltweite Katholizität tragende interpastorale Beziehung zwischen den Teilkirchen reziproke Qualität hat.

Nochmals sei aber auch hier betont: Der pastorale Selbstvollzug darf weder im Kontext einer humanistischen Selbstheilungs- noch einer euphorischen Selbstverwirklichungsideologie der Kirche (etwa mit der plakativen Vorstellung, die Kirche könne in solcher Pastoral ihren Erfolg selbst herstellen und garantieren) gesehen werden, sondern ist in seiner Gebrochenheit und Dialektik zwischen Gut und Böse, zwischen Erfolg und Scheitern, zwischen Gnade und Gericht ernstzunehmen. Die jeweilige Selbstvertiefung von Ortskirchen in die eigene Kultur hinein bedeutet demnach nicht nur Übereinstimmung, sondern auch gegenseitige Kritik. Nur ist auch letztere ohne intensive Kontaktaufnahme nicht möglich.

Dahinter stehen in Analogie (und Differenz) inkarnationstheologische Überlegungen: Auch die Menschwerdung des Gottessohnes (der allerdings selbst nicht der Ambivalenz ausgeliefert ist) begibt sich nicht nur in die positiven Tiefen, sondern auch in die negativen Untiefen der bestehenden Wirklichkeit hinein. Jesus hat keine Berührungsängste zu den Sündern und Sünderinnen, sondern kommt ihnen konfrontativ und versöhnend nahe.

Das Gleiche gilt für die Begegnung mit anderen Kulturen und Religionen. Die Anerkennung und Erwartung des Guten in ihnen darf auf keinen Fall idealistisch den Blick für das Gewalttätige und Böse verstellen, das es überall in diesem Äon „mehr oder weniger" gibt. Zur interpastoralen Begegnung gehört deshalb unbedingt das Einmischungsrecht in eine andere kulturelle und kirchliche Einheit, wenn darin Ungerechtigkeit und Unterdrückung geschehen. Denn wer sich nicht einmischt, mischt sich auch ein, indem er Notwendiges zu tun unterläßt bzw. die Einmischung anderer unwidersprochen läßt. Der Einmischungspflicht wird man um so qualifizierter gerecht, als man auf die entsprechenden Opfer hört und ihnen ein vorzügliches Recht zur Beschreibung der Situation und zur Klageführung einräumt. Ein solches Einmischungsrecht wäre auch der kirchlichen Zentrale in Rom nicht nur zuzugestehen, sondern abzuverlangen. Auf dieser Basis muß dann auch Kritik zwischen Teilkirchen berechtigt und möglich sein, etwa von Teilkirchen in der südlichen Hemisphäre gegenüber den Teilkirchen in Europa und Nordamerika, wenn letztere die Globalisierung der Weltkirche nicht radikal genug aus der Perspektive des befreienden Gottes und des leidenden Menschen konzipieren und organisieren.

6. Rom im Dienst der Weltkirche

Die Verantwortung der Romkirche läßt sich auf dieser Basis folgendermaßen zusammenfassen: Sie hat *erstens* die Aufgabe, den Ortskirchen zu dieser oben beschriebenen Identität zu verhelfen, ihnen die entsprechende Freiheit zu lassen und zugleich nicht auf massive Kritik zu verzichten, wo die Ortskirchen ihre diesbezügliche Freiheit nicht oder zu wenig im Sinne des Evangeliums wahrnehmen.

Zweitens hat die Romkirche die Aufgabe – und zwar um der Weltkirche willen, für die Rom steht –, die bilateralen und multilateralen Vernetzungen unter den Ortskirchen weltweit zu schützen bzw. zu provozieren. Dies ist selbstverständlich das krasse Gegenkonzept zu jeder Art von „divide et impera", insofern Rom hier aus inhaltlichen Gründen gerade daran liegt, die Ortskirchen nicht um eines besseren zentralistischen Einflusses willen voneinander zu isolieren. Die Kirche von Rom darf und muß Einfluß ausüben, aber eben in diesem am Evangelium orientierten Sinn ihrer Katholizität. Damit leistet Rom *drittens* genau den Dienst, den es auszuführen angetreten ist, nämlich für die Einheit der weltweiten Ortskirchen Sorge zu tragen, und zwar für die Einheit, die nicht nur bzw. nicht primär am Zustimmungsverhalten zu Rom gemessen ist, sondern die in ihren Innen-Außen-Begrenzungen und Entgrenzungen am (Selbst-)Evangelisierungsprozeß der Kirche Maß nimmt.[43]

Auf der Basis dieses weltkirchlichen Geschehens darf sich der Papst als Träger der kirchlichen Globalität nach innen und nach außen begreifen: Im Sprachjargon der Gegenwart als ein echter *global player*. Die geistlich-moralische Instanz, für die der Papst ohne Zweifel weltweit steht, gewinnt von dieser Basis her eine gesteigerte Glaubwürdigkeit. Denn Menschen und Völker sehen, daß die Kirche nach innen ist, was sie nach außen verkündet: ein Geflecht von Ortskirchen in gegenseitiger Freiheit und optionaler Verbindlichkeit.

In einem solchen universal-ekklesiologischen Konzept verliert das Papsttum nicht an Bedeutung, sondern gewinnt an weltkirchlicher, ökumenischer und weltweiter Autorität, weil es sich, verwurzelt in einer an der Evangelisierung orientierten Vernetzung der Ortskirchen zueinander, nicht nur auf formale Ansprüche stützt und der Versuchung widersteht, diese permanent an inhaltlich Marginalem durchzusetzen und damit progressiven Autoritätsverlust zu riskieren. Rom hört nicht auf, das Zentrum zu bleiben, aber in einer ganz spezifischen Weise der Selbstverausgabung zugunsten der Vernetzung der Ortskirchen wie auch der entsprechenden Vernetzung mit den anderen christlichen Kirchen und darüber hinaus mit den Kräften guten Willens auf allen Bereichsebenen außerhalb der Kirche(n).

In der Frage, wer wie entscheidet, was orts- bzw. romkirchlich zu entscheiden ist, darf man wohl mit Recht das Subsidiaritätsprinzip bemühen. Doch wird damit die Frage letztlich nur auf ein anderes Niveau verlagert, nämlich darauf, was subsidiär ist und auf welchem Niveau der Notwendigkeit Subsidiarität fällig wird. Subsidiarität kann auch zur Nichteinmischungsideologie verkommen, wo Einmischung notwendig wäre, auch wenn sie nicht subsidiär begründet ist, sondern die Kategorie der Subsidiarität geradezu durchbricht, weil die der Subsidiarität nicht bedürftige Selbstläufigkeit einer sozialen Größe für sich gesehen noch kein inhaltliches Urteil sein kann. Auch die soziale Größe, in der alles ganz gut „läuft" und die keine Subsidiarität benötigt, kann gerade deswegen aus der Perspektive des Evangeliums kritisch zu beurteilen sein.[44] Das Subsidiaritätsprinzip kann also nur ein-

---

[43] Evangelisierung hier verstanden im Sinne von *Paul VI.*, Evangelii nuntiandi vom 8. Dezember 1975 (DH 4570-4579).

[44] Vgl. *W. Kerber*, Subsidiarität und Demokratie, in: *O. Kimminich* (Hg.), Solidarität und Demokratie, Düsseldorf 1981, 75-86, 82; *W. Kroh*, Kirche im gesellschaftlichen

schlägig sein, wenn es in *gegenseitiger* Solidaritätsverpflichtung realisiert und beansprucht werden darf, das heißt auf dem anzustreben- den Niveau der Gleichstufigkeit der sozialen Größen zueinander. Weder darf die Bedeutung der Ortskirchen noch darf die diesbezüg- liche Bedeutung der Romkirche auf die Reduktion hin geschmälert werden, daß die eine Seite die andere als eine sich gegenüber subsidiä- re veranschlagt, aber auch nicht so, daß eine Seite sich ausschließlich selbst subsidiär in Bezug auf die andere Seite begreift. Subsidiarität auf dem Niveau gegenseitiger Gleichstufigkeit beinhaltet vielmehr die permanente dynamische Austauschfähigkeit gegenseitiger Subsidiari- tät und damit gegenseitiger Lizenz, das Subsidiäre zu durchbrechen und durch ein kritisches Einmischungsrecht zu überholen. Ohne diese Gleichstufigkeit könnte es leicht passieren, daß zum Beispiel Rom die Ortskirchen als sich selbst gegenüber subsidiär (wörtlich: „auf dem untereren Platz") einschätzt und nicht als soziale Wirklichkeiten, die von unten nach oben zu heben sind. Umgekehrt kann sich aber auch Rom nicht als nur subsidiär gegenüber den Ortskirchen einschätzen, weil es dann das Einspruchsrecht gegenüber den Ortskirchen verlöre, sofern man Subsidiarität derart mißversteht, daß man den anderen Freiheit läßt, egal wie sie diese Freiheit ohne äußere Hilfe realisieren. Deswegen muß wohl an der gleichstufigen Wechselseitigkeit von Sub- sidiarität und Einspruch festgehalten werden.

Denn immer ist die Frage zu stellen: Wofür gibt es Kirche? Wofür gibt es die Kollegialität der Bischöfe auf horizontaler Ebene in Einheit mit ihrer vertikalen Kollegialität mit dem Bischof von Rom? Kollegialität ist zwar von sich aus ein angenehmerer Begriff als Zentralismus, doch bleibt auch er nicht ohne Ambivalenz, wenn die Frage gestellt wird, wofür sich die Kollegialität einsetzt. Deswegen ist es wohl nicht nur von der Theologie des Petrusamtes her gefordert, sondern auch systemtheoretisch interessant, daß es gegenüber der horizontalen Kollegialität auch die vertikale Kollegialität gibt (wie es umgekehrt die horizontale Kollegialität mit Rom gibt, die diese Vertikale unterläuft und eine Gegenvertikale aufbaut, wenn Rom das Evangelium übersehen sollte), weil hier strukturell eine Dialektik angelegt ist, in der sich die Beteiligten gegenseitig nicht in Ruhe lassen, um auf immer besseren Wegen die Identität der Kirche zu

Widerspruch, München 1982; *J. Werbick*, Partizipation und Subsidiarität, in: Kann Kir- che Politik möglich machen?, hg. v. Sekretariat der Deutschen Bischofskonferenz, Bonn 1998, 150-162.

realisieren. Was Walter Kasper diesbezüglich von den Bischöfen sagt, gilt selbstverständlich auch für die sozialen Größen, denen sie vorstehen, nämlich für die Ortskirche bzw. für die Kirche von Rom: „Die Kollegialität geschieht also nicht nur ‚vertikal‘ via Rom, sondern auch ‚horizontal‘ zwischen den Bischöfen selbst."[45] Rom befindet sich von daher in einem *unzentralistischen* Zentrum, weil es die Verantwortung hat, die Ortskirchen „subsidiär" zu unterstützen und im Glauben zu stärken, und weil es zugleich darauf aus ist, die Ortskirchen untereinander „kollegial" zu vernetzen. Zugleich hat Rom das vertikale konfessorische und ethische Einmischungsrecht gegenüber Kirchen, die Glaubensinhalte schmälern bzw. die sich um die entsprechenden Ortskirchen anderswo nicht kümmern und die entsprechenden Informationen nicht auf sich zukommen lassen.

Ich möchte meine Konzeption anschließen an die Überlegungen aus dem bereits erwähnten Aufsatz von Walter Kasper, weil sie die Verhältnisbestimmung von Ortskirche, Weltkirche und Romkirche aufschlußreich in der Beziehung der Bischöfe zueinander rekonstruieren: „Die Rechte des Bischofs dürfen nicht durch übergeordnete Instanzen und deren Reservationsrechte über das absolut Notwendige hinaus praktisch ausgeschaltet werden. Im Gegenteil: Aufgabe des Petrusamtes ist es, die Autorität der Bischöfe nicht zu schmälern, sondern sie zu kräftigen, zu stärken und zu verteidigen."[46] Begreife ich hier das „absolut Notwendige" auch und besonders aus der Perspektive der diakonischen not-wendenden Identität der Kirche, und begreife ich die Autorität der Bischöfe zugleich als Repräsentanz der Autorität der Ortskirchen, dann bündelt dieses Zitat die von mir vertretene Konzeption.

Kasper spricht aber auch die Sorge der Bischöfe für die Gesamtkirche an, die sie konkret ebenfalls nicht nur in der Beziehung zum Primatsamt, sondern in ihren horizontalen Beziehungen zu anderen Ortskirchen bzw. Bischöfen realisieren: „Der römische Bischof ist aber nicht in jeder Hinsicht das alleinige Prinzip der Einheit der Bischöfe, da auch den Bischöfen als Glieder des Bischofskollegiums die Sorge für die Gesamtkirche aufgetragen ist."[47] Und weiter schreibt Kasper: „Die eine katholische Kirche ist also weder die nachträgliche Summe bzw. Konföderation der Teilkirchen [...], noch ist sie eine Superkirche,

---

[45] *W. Kasper*, Zur Theologie und Praxis des bischöflichen Amtes, in: *W. Schreer/G. Steins* (Hg.), Auf neue Art Kirche sein, München 1999, 32-48, 40.
[46] Ebd. 40.
[47] Ebd. 42.

deren Teilkirchen lediglich Provinzen der Universalkirche wären. Die Teilkirchen sind in Wahrheit Kirche Jesu Christi. Teilkirche und Universalkirche realisieren sich perichoretisch ineinander; sie sind sich gegenseitig innerlich [...]"[48] Kasper hebt deutlich davon ab, daß sich die Romkirche nicht einfachhin mit der Weltkirche identifizieren kann: „Vollends problematisch wird die Formel, wenn die eine universale Kirche unter der Hand mit der römischen Kirche, *de facto* mit Papst und Kurie, identifiziert wird."[49]

Kasper spricht auch das Problem an, daß die unerläßliche Orientierung der Ortskirchen an der Kirche von Rom durch einen überzogenen Zentralismus konterkariert wird: „Der Zentralismus schlägt dann in sein genaues Gegenteil um. Beschädigt wird dabei sowohl die Autorität des Papstes wie die der Bischöfe. Denn sie müssen mehr oder weniger ohnmächtig der Entstehung einer problematischen ‚Pastoral von unten' zusehen, sind aber durch ihre Loyalität gegenüber Rom daran gehindert, eigenverantwortlich sach- und situationsgerechte Lösungen herbeizuführen, wie es ihre Hirtenverantwortung ist."[50]

Auf der Ebene der vertikalen Vernetzung spricht sich Kasper dafür aus, daß die Bischofskonferenzen Teilverwirklichungen der Kollegialität des Episkopats sind: „In diesem Zusammenhang stellt sich über die Bischofskonferenzen hinaus die viel grundsätzlichere Frage nach möglichen regionalen oder auch kontinentalen Zwischeninstanzen zwischen der Ebene der Diözese und der universalkirchlichen Ebene des Petrusamtes."[51] Mit den „kontinentalen Zwischeninstanzen" zwischen diözesanen Ortskirchen und der Kirche von Rom spricht Kasper übrigens etwas an, was in diesem Zusammenhang ebenfalls zu beachten und zu explizieren ist: daß die von mir angesprochene horizontale Vernetzung in sich selbst vertikale Vernetzungen zum Beispiel zwischen kontinentalen Kirchen und ihren Ortskirchen bzw. horizontale

---

[48] Ebd. 43.
[49] Ebd. 44.
[50] Ebd. 48; Kasper setzt fort: "Ein Weniger an Dokumenten und an Einzelvorschriften Roms wäre in dieser Hinsicht ein Mehr an Autorität des Petrusamtes in den wirklich grundlegenden Fragen, welche die Einheit der Kirche berühren." So verstößt nach Kasper auch "die Ernennung von Bischöfen gegen den Willen der jeweiligen Ortskirche gegen klare Äußerungen der Päpste..." (ebd. 46).
[51] Ebd. 46.

Vernetzungen zwischen kontinentalen Kirchen und anderen kontinentalen Kirchen beinhaltet.[52]

Begäbe sich die römische Kirche nicht in die Verantwortung der Evangelisierung gegenüber sich selbst und den Ortskirchen, dann bliebe sie selbst unter dem Niveau jener Theologie des Papstes Johannes Paul II., die sich an der für die Kirche insgesamt konstitutiven Erinnerung an die Märtyrer und Märtyrerinnen orientiert und damit an der Selbstverausgabung um der Armen und der Opfer willen sowie um der Verkündigung des Gottes willen, den Jesus Christus als den barmherzigen und gerechten Gott nahegebracht hat.[53] Daß in der Weltkirche in ihren Vollzugsformen der Ortskirchen sowie der Kirche von Rom das Martyrium Fidei und das Martyrium Caritatis geschieht, dafür trägt Rom die entscheidende Verantwortung und dafür hat es auch jedes Einspruchsrecht gegenüber den Ortskirchen, und dafür wird es dann auch jede Kritik der Ortskirchen sich selber gegenüber an dieser Erinnerung qualifizieren.

Was Johannes Paul II. für den Märtyrer sagt, gilt dann für die Kirche: „Der Märtyrer ist vor allem in unseren Tagen Zeichen jener

---

[52] Von daher ergibt sich auch ein spezifischer Blick auf das Verhältnis von europäischen Nationalkirchen zu den Kirchen anderer Erdteile. Einmal wird man Europa selbst im Blick haben: daß es in Europa um einen entsprechenden Austausch geht, um die Vernetzung der sozialen Aktivitäten sowie der national jeweils unterschiedlichen Traditionen und Erfahrungen des Verhältnisses von Verkündigung und Diakonie, immer orientiert an der transnationalen Solidarisierung für die ärmeren Bereiche in den Ländern bzw. für ärmere Länder, in der gegenseitigen Solidarität zwischen den Regionen (vor allem des westlichen bezüglich des östlichen Teils Europas). Hier werden die Landeskirchen insgesamt nach neuen Wegen suchen, die eigene Verkündigung von Gottes Gerechtigkeit und die eigene Praxis diakonischer Verantwortung in den Aufbau eines sozial orientierten Europas einzubringen, vor allem auch in der Konzeptionalisierung der Evangelisierung Europas als integralem Vorgang von lokaler Verkündigung und überregionalem sozialen Beistand. Zum anderen ist die immer wieder von den südlichen Ländern der Erde gehegte Befürchtung, daß Europa bei sich selber bleibt, auch in diesem kontinentalkirchlichen Zusammenhang sehr ernst zu nehmen. All die zwischennationalen und zwischenkirchlichen Beziehungen innerhalb Europas haben sich ihrerseits noch einmal zu relativieren im Kontext der oben beschriebenen Globalisierungsprozesse. Wie das im Einzelnen aussieht, ist wohl erst noch zu erörtern und zu entfalten. Es müßten wohl institutionell gut ausgebaute diakonische Repräsentanzen der Kirche (und der Kirchen überhaupt) in Europa entstehen, die diesen Zusammenhang thematisieren, einklagen und in Bewegung bringen (analog zu den Partnerschaftsgruppen in den Kirchen). Die Europäische Bischofskonferenz versteht sich in ihren Texten immer wieder als Trägerin dieser Verantwortung nach innen bzw. nach außen.

[53] Vgl. *Johannes Paul II.*, Tertio Millennio Adveniente, Nr. 37.

größeren Liebe, die jeden anderen Wert einschließt."[54] Für diesen Inhalt wird die Kirche von Rom die eigene Macht einsetzen, wie sie umgekehrt dann zu riskieren hat, zentralistische Herrschaft zu verlieren
und sich selbst von den Orts- und Teilkirchen unter das Gericht dieses
Inhalts stellen zu lassen. Dies bezieht sich vor allem auf die Ortskirchen, die sich in Ländern von Not und Unterdrückung befinden. Denn
was in Mt 25, 37ff. von einzelnen Personen ausgesagt wird, gilt selbstverständlich auch für den vorrangigen Umgang mit diesen
Ortskirchen: daß auch in ihrer Armut und Verfolgung in besonderer
Weise Christus begegnet und das entsprechende Zeugnis, also
„Martyrium" beansprucht.

---

[54] *Johannes Paul II.*, Incarnationis Mysterium, Nr. 13.

XII

Desintegrationstendenzen der Kirche

Pastoraltheologische Überlegungen

von Rainer Bucher, Graz

1. Die drohende Desintegration

1.1. Die Ausgangsbeobachtung

In Außen- und teilweise auch Binnenwahrnehmung gilt die katholische Kirche als hochintegrierte, ja monolithische Institution. Sie besitzt eine ausgesprochen monokratische interne rechtliche Struktur ohne institutionalisierte Gewaltenteilung, ein ausgefeiltes System der Wissensregulierung und -homogenisierung und reale Strukturen von beider Durchsetzung weltweit und bis auf die Basisebene. Dieses Integrationssystem der Kirche, dessen historische Ursprünge recht alt sind, dessen reale Ausformung aber recht jung und wesentlich ein Produkt der „konservativen Modernisierung" der katholischen Kirche zur Mitte des 19. Jahrhunderts ist, rettete, mit welchen Folgekosten auch immer, die katholische Kirche über ihre Krise nach dem Sieg des bürgerlichen, religionsneutralen Gesellschaftsprojekts im späten 18. und frühen 19. Jahrhundert.

Zumindest in den entwickelten westlichen Gesellschaften ist dieses lange durchaus funktionale Krisenbewältigungssystem nun aber seinerseits offenkundig in eine akute Krise geraten. Deren Symptome sind allüberall greifbar: Es steigt – langfristig gesehen – die Zahl der Kirchenaustritte[1], es mangelt eklatant an Priesternachwuchs[2], die Zahl

---

[1] Austritte aus der katholischen Kirche in Deutschland: 1998: 119260; 1988: 79562; 1978: 52273; 1968: 27995. Die Zahl der Austritte ist seit einigen Jahren, allerdings auf hohem Niveau, leicht rückläufig. Quelle: Statistische Jahrbücher der Bistümer im Be-

der regelmäßigen Sonntagskirchgänger geht etwa in Deutschland seit den 50er Jahren stetig und überaus kontinuierlich zurück[3], vor allem aber folgen auch jene, die in der Reichweite kirchlicher Verkündigung bleiben, nur noch sehr selektiv den Vorgaben der kirchlichen Hierarchie, und dies sowohl in Bereichen des Glaubens wie der Moral.

Die Gründe für diese Krise des letzten kirchlichen Krisenbewältigungssystems, mithin für die Auflösung des „sozial-moralischen katholischen Milieus" als dominierender Sozialform der Kirche, wurden unter religionssoziologischer Perspektive bereits mehrfach beschrieben.[4] Die Auswirkungen dieser Krise, einige Zeit durch den konziliaren Aufbruch überdeckt, treten nun aber allenthalben und in nicht geringer Schärfe zu Tage. In pastoraltheologischer Perspektive zeigt sich diese Krise als das Auseinanderklaffen von realen Desintegrationsprozessen der Kirche und rhetorischen, administrativen sowie rechtlichen Integrationsbemühungen, vor allem der Kirchenleitung.

Die Folgeprobleme dieser Kluft zwischen Rhetorik und Recht einerseits, Praxis und Erfahrung der Subjekte andererseits, haben mittlerweile fast alle Ebenen kirchlicher Existenz erreicht und scheinen immer deutlicher bestandsgefährdende Ausmaße zu erlangen. Das aber ist eine relativ neue Entwicklung. Die beobachtbaren Desintegrationstendenzen betreffen die horizontale Integration der Kirche sowohl im Bereich des professionellen kirchlichen Handelns *(1.2)* wie in den Partizipationsstrukturen der Gläubigen an den basisnahen Sozialformen der Kirche *(1.3)*. Die vertikale Integration der Kirche aber ist durch zunehmende und zunehmend nicht mehr wirklich gelöste Konflikte der unterschiedlichen Hierarchieebenen der Kirche untereinander gefährdet *(1.4)*.

---

reich der Deutschen Bischofskonferenz, hg. v. Sekretariat der Deutschen Bischofskonferenz, Bonn.

[2] Die Zahl der Priesteramtskandidaten ging von 703 im Jahre 1978 über 564 im Jahre 1988 auf 264 im Jahre 1998 zurück. Diese Zahlen wurden mir freundlicherweise mit Schreiben des „Informationszentrum Berufe der Kirche" in Freiburg vom 1. Juni 1999 zur Verfügung gestellt.

[3] 1950 besuchten noch 50 % der Katholiken und Katholikinnen den Sonntagsgottesdienst, 1998 waren es noch 17,1 %. Quelle: Statistische Jahrbücher der Bistümer im Bereich der Deutschen Bischofskonferenz, hg. v. Sekretariat der Deutschen Bischofskonferenz, Bonn; sowie mündliche Informationen des Sekretariats der DBK.

[4] Vgl. *K. Gabriel*, Christentum zwischen Tradition und Postmoderne, Freiburg–Basel–Wien 1992; *M.N. Ebertz*, Erosion der Gnadenanstalt. Zum Wandel der Sozialgestalt von Kirche, Frankfurt a. M. 1998; *M. Krüggeler* u.a. (Hg.), Institution, Organisation, Bewegung. Sozialformen der Religion im Wandel, Opladen 1999.

1.2. „Pastoraler Autonomismus": zur Krise des professionellen Systems der Kirche

Die deutsche katholische Kirche reagierte nach einer erstaunlich kurzen Phase der versuchten Milieurestauration in den 50er Jahren, ausgestattet mit gesamtkirchlich außergewöhnlich reichen finanziellen und personellen Ressourcen, auf die Krise ihrer im 19. Jahrhundert entstandenen Sozialform – und zumindest intentional zu deren Rettung – mit einer enormen Professionalisierung ihres Personalangebots, einer Professionalisierung, die auch tendenziell Entklerikalisierung bedeutete und de facto eine konkurrierende Personalstruktur neben der weiterhin priesterlich besetzten Hierarchie zumindest auf Basisebene etablierte.[5] Man weitete den nicht-klerikalen Teil des kirchlichen Personals bedeutend aus und besetzte viele Stellen mit hauptamtlich tätigen, zunehmend auch professionell qualifizierten und professionell entlohnten Personen. Wesentliche Teile des von der Kirche beschäftigten Personals, etwa in den Bereichen Diakonie, Aus- und Weiterbildung, Erwachsenenbildung oder auch Religionsunterricht, werden in Deutschland und Österreich von professionell ausgebildeten Laien gestellt.

Dieser Professionalisierungs- und Differenzierungsprozeß folgte dabei der generellen Linie einer funktionalen Differenzierung ehemals integrierter gesellschaftlicher Handlungsbereiche. Sie bildete ein durchaus konformes Reaktionsmuster der Kirche in einer sich endgültig modernisierenden Gesellschaft. Am deutlichsten greifbar und am eindringlichsten bereits auch problematisiert wurde dieser Prozeß etwa in der weitgehenden Ausgliederung der Diakonie aus der Gemeinde[6], weniger ins Bewußtsein traten parallele Prozesse im Bereich des Religionsunterrichts oder der kirchlichen Bildungsarbeit.

---

[5] Eine Entwicklung, die ihrerseits die Priester unter (typisch modernen) Professionalisierungsdruck setzte und eine nicht leicht aufzulösende Spannung mit dem (klassisch nach-tridentinischen) amtstheologisch-sakramental fundierten Priesterbild etablierte. Vgl. dazu mit eher konträren Wertungen *U. Bätz*, Die Professionalisierungsfalle. Paradoxe Folgen der Steigerung glaubensreligiösen Engagements durch professionelles Handeln, Freiburg/Schweiz 1994; sowie *J.B.A.M. Schilderman/J.A. van der Ven/A.J.A. Felling*, Professionalising the Shepards, in: Journal of empirical theology [JET] 12 (1999), 59-90.

[6] Vgl. etwa *O. Fuchs*, Kirche für andere. Identität der Kirche durch Diakonie, in: Concilium 24 (1988), 281-289, speziell 283-287; *ders.*, Heilen und Befreien. Der Dienst am Nächsten als Ernstfall von Kirche und Pastoral, Düsseldorf 1990, 122-131. Aktuel-

Die kirchliche Praxis reagierte damit im übrigen auf die Auflösung des geschlossenen katholischen Milieus strukturell nicht unähnlich, wie es der theologische Diskurs einige Zeit früher getan hatte, als er sich zunehmend seines gesellschaftlichen Diskurskontrollmonopols beraubt sah und seinerseits in den kritischen Horizont der modernen Wissenschaften geriet. Er hatte daraufhin theologische Teildiskurse entwickelt, in welche die moderne Methodenrationalität zunehmend selbstverständlich übernommen wurde, hatte sich damit aber auch das Problem des Zusammenhangs dieser vom ursprünglichen (dogmatischen) Binnendiskurs emanzipierten theologischen Teildiskurse untereinander und mit dem weit weniger transformierten dogmatischen Binnendiskurs eingehandelt.[7]

Wie oft verliefen theologie- und pastoralgeschichtliche Prozesse auch hier durchaus strukturanalog. Ein verstecktes internes Problempotential, welches vorher über Außenabgrenzung entschärft wurde, wurde nunmehr nach innen verlagert und damit in einem spezifischen Modernisierungsprozeß scheinbar entdramatisiert. In Wirklichkeit eskaliert dieses Konfliktpotential nach einer gewissen Latenzzeit dann aber nur um so eruptiver – und vor allem: unerwarteter. Dies gilt für den theologischen Diskurs, für den nach einer Phase der Befreiung aus dem neuscholastischen Ghetto und durch die Entdeckung des weiten Felds moderner Wissenschaftsmethodik nunmehr drängend die Frage nach der jetzt noch möglichen, wirklichen und nicht nur organisatorischen „Einheit der Theologie"[8] ansteht – und dies eben ohne Dominanz einer einzigen theologischen Methodik. Dieses Einheitsproblem jenseits vergangener Integrationsmechanismen charakterisiert aber eben auch die gegenwärtige pastorale Grundsituation überhaupt.

---

le Reintegrationsbemühungen der Diakonie in gemeindliche und damit ehrenamtliche Hände dürften mindestens ebenso sehr von der aktuellen Finanzkrise des Sozialsystems wie von grundsätzlichen pastoraltheologischen Überlegungen bestimmt sein.

[7] Vgl. dazu *R. Bucher*, Die Theologie in Moderne und Postmoderne. Zu unterbliebenen und zu anstehenden Innovationen des theologischen Diskurses, in: *H.-J. Höhn* (Hg.), Theologie, die an der Zeit ist, Paderborn 1992, 35-57.

[8] Vgl. hierzu *W. Weirer/R. Esterbauer* (Hg.), Theologie im Umbruch. Zwischen Ganzheit und Spezialisierung, Graz 2000; zur grundsätzlichen Notwendigkeit der Einheit der Theologie und ihren möglichen Grundlagen siehe in diesem Band *B. Körner*, Die eine Theologie – oder keine Theologie, 311-323; zu möglichen Perspektiven des theologischen Diskurses siehe: *R. Bucher* (Hg.), Theologie in den Kontrasten der Zukunft, Graz 2001.

Denn hinter den Entklerikalisierungs- und Professionalisierungs-prozessen der deutschen Kirche nach dem II. Weltkrieg steckte kein pastorales Gesamtkonzept, das wesentlich über das Reagieren auf konkrete Herausforderungen nach Mustern hinausginge, wie sie die moderne Gesellschaft selbst zur Verfügung stellt. Das sich mit der Ausdifferenzierung und Professionalisierung kirchlichen Handelns notwendig ergebende Zusammenhangsproblem der nun neu entstan-denen kirchlichen Handlungsfelder blieb daher weitgehend unbear-beitet.

1.3. Integrationsschwächen des Systems „Gemeinde"

Dazu dürfte auch eine gewisse Fixierung der wissenschaftlichen Pas-toraltheologie und der pastoralen Bemühungen überhaupt auf das Konzept „Gemeinde" beigetragen haben. Der konziliare Aufbruch zeigte sich auf der pastoralen Basisebene nämlich zum einen kritisch in der Befreiung von den restriktiven vorkonziliaren Regelungen kirchlichen Handelns (einschließlich des theologischen Diskurses), zum anderen aber konstruktiv im Bereich der Kirchenbildung vor al-lem in einer recht nachhaltigen Aufnahme des – ursprünglich eher reformatorischen – Gemeindekonzepts als Grundprinzip auch der pa-storalen Organisation von katholischer Kirche. Die Konzentration auf das Konzept „Gemeinde" überwölbte und versteckte dabei teil- und zeitweise die Folgeprobleme der professionellen Differenzierung der Kirche.

Nach dem II. Vatikanum avancierte „Gemeinde" zum Programm-wort einer umfassenden Erneuerung der kirchlichen Basisarbeit. „Gemeinde" wurde dabei als Alternative zum Begriff der „Pfarrei" verstanden. Mit „Pfarrei" wurde zunehmend das Konzept einer be-treuenden, subjektfernen Pastoral assoziiert, welche die Gläubigen zu mehr oder weniger stummen Objekten der Seelsorge machte. Der Be-griff „Gemeinde" stand dagegen für ein Projekt, das bei der Gleichheit der Würde aller Getauften ansetzte und damit bei ihrem Subjektsein als Fundament des konkreten kirchlichen Lebens.

Hauptinitiator dieser Erneuerungsbewegung, die wesentlich auch von der wissenschaftlichen Pastoraltheologie ausging, war Ferdinand Klostermann. „Unsere Pfarreien müssen zu Gemeinden werden."[9] – so

---

[9] *H. Fischer/N. Greinacher/F. Klostermann*, Die Gemeinde. Pastorale. Handreichung für den pastoralen Dienst, Mainz 1970, 15.

seine zentrale These in der offiziösen Fassung der Handreichung „Gemeinde" für den pastoralen Dienst aus dem Jahre 1970. Die Gemeinde, das sollte die „Kirche der Zukunft" werden. „Pfarrei", das war die unterste Verwaltungseinheit des traditionell subjektmißtrauischen römischen Gesamtsystems, das war apersonal, traditionsbestimmt, subjektfern und juridisch. „Gemeinde": das war personal dicht, intensiv, lebensnah, voller brüderlich und später auch schwesterlich verbundener, überzeugter, engagierter Voll- und Entscheidungschristen.

Es winkte die Idylle einer Kontrastgesellschaft gegen die bürokratisierte, versachlichte und zweckrationale Außenwelt, aber auch gegen die ebenfalls bürokratisierte, Religion so juridisch-autoritär verwaltende und in sehr rationale Kalküle transformierende römisch-katholische Welt. Es war die Zeit der „Pfarrfamilie", der „lebendigen Gemeinden", und wie die entsprechenden Leitbilder hießen. Noch 1988 lebte die einschlägige Diskussion unter dem Schlagwort Hermann Steinkamps „Die Pfarrei verhindert die Gemeindebildung"[10] erneut auf.

Diese Gemeindetheologie, in ihrer positiven Sicht der gläubigen Subjekte, ihrer Überwindung eines patriarchalen bis paternalistischen pastoralen Umgangsstils und in ihrer Option für eine basisnahe, gemeinschaftsorientierte Sozialform von Kirche ausgesprochen verdienstvoll und unhintergehbar, stößt aber gegenwärtig an ihre Grenzen. Denn in einer durchindividualisierten Gesellschaft lassen sich die einzelnen nur mehr schwer in eine einzige, gar monopolistische Sozialform hinein integrieren – und sei diese, zumindest in ihrem Anspruch, noch so sehr den einzelnen zugewandt und nahe.

Sowohl die alte traditionale Pfarrei wie die Gemeinde der Freien, Gleichen und einander Zugetanen erweisen sich bei näherem Hinsehen als vor-moderne Konzepte, unterschiedlich sympathisch sicherlich, aber gleichermaßen gegenwartsfern. Beide leiden nämlich an einem grundlegenden Pluralitätsverarbeitungsdefizit und somit an einem fundamentalen Wahrnehmungsdefizit gegenüber den eigenen Mitgliedern: das alte autoritäre Pfarreikonzept, weil es Pluralität überhaupt nicht denken und bestenfalls als Dissens denunzieren

---

[10] Siehe dazu H. *Steinkamp*, Selbst „wenn die Betreuten sich ändern", in: Diakonia 19 (1988), 78-89. Die kontroverse Diskussion dieses Artikels resümiert: *N. Mette*, Pfarrei versus Gemeinde?, in: Diakonia 20 (1989), 150-161.

konnte, das „Gemeinde"-Konzept, weil es dazu neigt, in einem sanften, aber überaus wirksamen Autoritarismus der verordneten Harmonie einen enormen Homogenitätsdruck auszuüben, der zu Eingliederung oder Selbstausgrenzung geradezu zwingt. Niemand kann heute irgendjemanden mehr dazu bringen, sich seinen religiösen Erfahrungsort ausschließlich oder auch nur primär in einem sozialen Raum, gar noch an seinem Wohnort, zu suchen.

Unter den klassischen pastoralen Orten sind daher gerade die Gemeinden besonders von der religiösen Individualisierung der Gegenwart[11] betroffen. Gemeinden werden von selbstverständlich aufgesuchten und akzeptierten integrierenden Sozialisationsorten von Religion zu einem von vielen religiösen Orten. Nicht die Gemeinde ist mehr der soziale Mikrokosmos der persönlichen Religion, sondern die weitgehend selbstentworfene Religion ist der Kosmos, nach dem die Gemeinde gesucht – oder verworfen – wird.

Diese Umkehr ist epochal. Sie wirft auch ohne Zweifel große Probleme auf, etwa die Frage, wie jetzt noch der kritische, prophetische Charakter der Religion gewahrt werden und jenseits einer (sehr bürgerlichen) erlebnis- und ich-orientierten religiösen Fassung des Christentums[12] gesichert bleiben kann und wie die Gemeinde als klassischer Sozialisationsort christlicher Lebensführung, als Erfahrungsort von Religion in Wort und Tat unter diesen Bedingungen weiterentwickelt werden und damit weiterexistieren kann.

Hier ist aber vor allem eines festzuhalten: Die nachkonziliar eher latenten Probleme des pastoralen „Aufbruchs hin zur Gemeinde" – so etwa die Frage seiner Vereinbarkeit mit der gerade in Deutschland traditionsreichen Verbändestruktur oder mit den klassischen übergemeindlichen kirchlichen Hierarchiestrukturen oder auch das Problem der realen Entscheidungsbefugnisse in der Gemeinde – werden spätestens dann virulent, wenn die Sozialform „Gemeinde" in Zeiten hoher

---

[11] Zur religiösen Individualisierung siehe etwa die Studien: *K. Engelhardt/H. v. Loewenich/P. Steinacker* (Hg.), Fremde Heimat Kirche, Gütersloh 1997; *K.-P. Jörns*, Die neuen Gesichter Gottes. Was die Menschen heute wirklich glauben, München 1997; *Karl Gabriel* (Hg.), Religiöse Individualisierung oder Säkularisierung?, Gütersloh 1996; *A. Dubach/R.J. Campiche* (Hg.), Jede(r) ein Sonderfall? Religion in der Schweiz, Zürich–Basel ²1993; für Österreich siehe jetzt: *H. Denz* u.a., Die Konfliktgesellschaft. Wertewandel in Österreich 1990-2000, Wien 2001.

[12] Vgl. *H.-J. Höhn*, Zerstreuungen. Religion zwischen Sinnsuche und Erlebnismarkt, Düsseldorf 1998; *H. Kochanek*, Spurwechsel. Die Erlebnisgesellschaft als Herausforderung für Christentum und Kirche, Frankfurt a. M. 1998.

Individualisierung religiöser Praxis auch unter praktizierenden Katholiken und Katholikinnen ihre zumindest partiell wirksame Integrationskraft verliert und Gemeinden, wie andere pastorale Orte auch, von den Gläubigen selektiv „genutzt" werden, gemeindliche Partizipation mithin zeitlich wie örtlich ganz vom Individuum und seinen aktuellen Bedürfnissen her gestaltet wird. Dies aber ist derzeit der Fall.

Damit verliert auch das Konzept „Gemeinde" – ganz unabhängig von seiner Unverzichtbarkeit als basisnahe Sozialform von Kirche jenseits der Primärgruppe und diesseits der gesamtgesellschaftlichen Ebene – seine Integrationskraft. Sichtbar wird plötzlich (wieder): Kirche ist mehr als Gemeinde. Zum einen sind viele kirchliche Handlungsorte vom Gemeindebegriff überhaupt nicht erfaßt, zum anderen aber definieren die gläubigen Individuen in ihrem realen Partizipationsverhalten zunehmend selbst ihre Gemeindezugehörigkeit, und dies eben ganz unabhängig von ihrem Wohnort und mittels multipler „Gemeindezugehörigkeiten".[13] Desintegration geschieht hier dann nicht über Ausdifferenzierung und Professionalisierung[14], sondern über die mittlerweile selbstverständliche Übernahme der gesellschaftlichen Lizenz (und des Zwangs) zur individuellen Lebensführung auch im Bereich des Religiösen.

1.4. Die (Akzeptanz-)Krise der Hierarchie

Hatte schon das Gemeindekonzept ein letztlich ungelöst gebliebenes Hierarchieproblem – wie verhält sich das idealtypisch sehr geschwisterlich und reversibel konzipierte binnengemeindliche Milieu zur gesamtkirchlichen Wirklichkeit, inklusive deren kirchenrechtlichen Regelungen, insofern es sich nicht mehr länger einfachhin als unterste Ebene der weltweiten „societas perfecta" ecclesia catholica verstehen konnte? –, so verschärft sich diese innerkirchliche Kluft in Zeiten freigesetzter Individualität auch im Bereich des Religiösen.

---

[13] Vgl. hierzu *F.-P. Tebartz-van Elst*, Gemeinde in mobiler Gesellschaft. Kontexte – Kriterien – Konkretionen, Würzburg 1999.

[14] Diese Professionalisierung geschah ja ihrerseits weitgehend (etwa in den Bereichen Diakonie, Schule, Bildungsarbeit) an der Gemeinde vorbei bzw. aus der (Kern-)Gemeinde hinaus. Allerdings mit einer signifikanten Ausnahme: den Pastoralreferent/inn/en. Dies dürfte einen nicht geringen Teil von deren Praxisproblemen ausmachen. Vgl. dazu *R. Bucher*, Das entscheidende Amt. Die Pluralität, das Konzil und die Pastoralreferent/inn/en, in: Pastoraltheologische Informationen 9 (1989), 263-294.

Die einschlägigen Untersuchungen sprechen hier – bei aller methodischen und inhaltlichen Divergenz – eine recht eindeutige Sprache. Bereits die von der Deutschen Bischofskonferenz in Auftrag gegebene Studie „Frauen und Kirche"[15] erbrachte eine „auffallende Diskrepanz zwischen Fernbild und Nahbereich"[16] in der Einschätzung der Kirche. Dieser Nahbereich, also die Gemeinde vor Ort, welche nach dieser Untersuchung ohne jeden Zweifel den „Referenzbereich" darstellt, der für Katholikinnen „Kirche in erster Linie ausmacht", wird von ihnen „völlig anders beurteilt" als die Institution Kirche, die ihnen „allgemein als Männerkirche" gilt.[17] Die Studie resümiert: „Je enger die Bindung an die Pfarrgemeinde ist und je intensiver das kirchliche Engagement der Frauen, desto ausgeprägter ist dieses Kirchenverständnis, das Kirche in erster Linie über die religiöse Gemeinschaft, den erlebten Nahbereich definiert." In diesem Nahbereich aber „überwiegen [...] mit Abstand die positiven Erfahrungen mit der Kirche".[18]

Die Liste der als belastend für das Verhältnis der Frauen zur Kirche empfundenen Themen wird hingegen von kirchlichen Positionen angeführt, deren Durchsetzung ein explizites Anliegen der kirchlichen Hierarchie während der letzten Jahre und Jahrzehnte darstellte: Empfängnisverhütung, Zölibat, Abtreibung, Ehescheidung sowie die Rolle des Papstes selbst.[19] Für keines dieser Themen findet sich unter den Katholikinnen eine mehrheitliche Zustimmung zur offiziellen Position der Kirche: Bei den Themen „Empfängnisverhütung" sind gerade 15%, beim „Zölibat" 16% und bei der kirchlichen „Haltung zur Sexualität" 21% der Katholikinnen, die eine klare Vorstellung von dieser Position haben, mit der kirchlichen Haltung einverstanden.[20]

„Die Institution allgemein wird von der Mehrheit katholischer Frauen als ‚viel zu stark von Männern geprägt' empfunden. Die große Mehrheit bezweifelt, daß die Kirche die Anliegen und Probleme der Frauen von heute versteht und sich (auch) für die Interessen von Frauen einsetzt. Gerade 20 Prozent der katholischen Frauen attestieren

---

[15] Frauen und Kirche. Eine Repräsentativbefragung von Katholikinnen (= Arbeitshilfen 108), hg. v. Sekretariat der Deutschen Bischofskonferenz, Bonn 1993.
[16] Ebd., 133.
[17] Ebd., 133.
[18] Ebd., 133.
[19] Ebd., 114.
[20] Vgl. ebd., 112.

der Kirche Verständnis für die Anliegen und Probleme von Frauen".[21] Die Studie spricht in diesem Zusammenhang offen von einem „Gefühl der Entfremdung".[22]

Nun stellen Frauen bekanntlich die Mehrheit der Bevölkerung und eine nochmals größere Mehrheit der Kirchgänger.[23] Insofern sind diese Ergebnisse bereits quantitativ bedeutsam, betreffen sie doch die Mehrheit der kirchlichen Basis und traditionell wichtige Tradentinnen des Glaubens. Doch die Entfremdungsdiagnose von kirchlicher Basis und kirchlicher Hierarchie ist, zumindest in den entwickelten westlichen Gesellschaften, keineswegs frauenspezifisch. Sie spitzt sich unter den Frauen nur zu, da der modernisierungstypische Wandel ihrer Biographien und Selbstbilder offenkundig von der Kirche nicht wirklich produktiv und kreativ begleitet wurde.

All diese leicht zu erweiternden Daten belegen einen erheblichen Akzeptanzverlust kirchlich-hierarchischer Vorgaben im Volk Gottes – zumindest in Deutschland und, wie hier nur zu vermuten, auch in anderen, von der westlichen Zivilisation geprägten Kulturen.[24] Darin dokumentiert sich ein enormer Autoritätsverlust des kirchlichen Lehramtes, ein Autoritätsschwund, dem das Lehramt vor allem durch kirchenrechtliche Maßnahmen und autoritative Klarstellungen entgegenwirken will.[25]

---

[21] Ebd., 179.

[22] Ebd., 179.

[23] Die Kirchenbindung von Frauen ist signifikant höher als jene von Männern: vgl. Frauen und Kirche, 187. So waren denn auch 1981/82 von den deutschen kirchennahen Katholiken und Katholikinnen 58 % Frauen, 42 % Männer; vgl. *M.N. Ebertz*, Erosion der Gnadenanstalt (s. Anm. 4), 305. Für Österreich vgl. entsprechende Ergebnisse in: *M. Haller u.a.* (Hg.), Österreich im Wandel. Werte, Lebensformen und Lebensqualität 1986-1993, Wien 1996, 263-265. In der Gemeindepraxis dürfte dieses Ungleichgewicht noch deutlicher spürbar sein.

[24] Vgl. etwa die Daten in *P. Zulehner/H. Denz*, Wie Europa lebt und glaubt, Düsseldorf 1993, 34-42.

[25] Vgl. etwa den 1989 eingeführten Treueid für Theologen und spezifische Amtsträger und das 1998 veröffentlichte Apostolische Schreiben „Ad tuendam fidem". Hierzu siehe *G. Thiels/Th. Schneider*, Glaubensbekenntnis und Treueid, Mainz 1990; *P. Hünermann*, „Den Glauben gegen Irrtümer verteidigen". Kritische Reflexionen eines Dogmatikers zu den jüngsten römischen Verlautbarungen, in: *A. Franz* (Hg.), Bindung an die Kirche oder Autonomie. Theologie im gesellschaftlichen Diskurs, Freiburg–Basel–Wien 1999, 291-303; *H.J. Pottmeyer*, Auf fehlbare Weise unfehlbar? Zu einer neuen Form päpstlichen Lehrens, in: Stimmen der Zeit [StZ] 217 (1999), 233-242; *P. Knauer*, Nicht unfehlbare Glaubenslehre, aber doch definitive kirchliche Lehre?, in:

Bemerkenswert ist dabei, daß dieser Autoritätsverlust, von dem man sich erhofft, ihn über kirchenrechtliche Schritte zu kompensieren, und der sich doch gerade darin indirekt dokumentiert, nunmehr auch innerhierarchisch verläuft. Signifikant an dem jüngst eskalierenden Konflikt zwischen der Deutschen Bischofskonferenz (in ihrer weit überwiegenden Mehrheit) und Papst Johannes Paul II. um die Beteiligung der deutschen Kirche an der gesetzlichen Schwangerenkonfliktberatung ist in dieser Perspektive vor allem seine *Veröffentlichung,* welche einem GAU der klassischen (geheim-)diplomatischen innerhierarchischen Konfliktlösungsmuster gleichkommt. Der diagnostizierte Akzeptanzmangel kirchlich-hierarchischer Vorgaben in kognitiver wie moralischer Hinsicht, der zwischen gemeinde-orientierter Kirchenbasis und kirchlich-klerikaler Hierarchie schon länger mehr oder weniger öffentlich geworden war, veröffentlichte sich nunmehr als Konflikt innerhalb der beiden höchsten Hierarchieebenen Papst und (teilkirchliches) Bischofskollegium.

Neben der politischen Fatalität für die Handlungsfähigkeit und Durchsetzungskraft einer gesellschaftlichen Institution zeigt sich hier vor allem, daß das Integrationsdefizit der Kirche eben nicht ein singuläres Problem zwischen der Hierarchie des Volkes Gottes und seiner Basis, sondern eben auch ein innerhierarchisches, mithin also generelles Problem darstellt. Daß dieses Problem sogar auf dieser Ebene nur zwischen der Scylla höchst artifizieller und tatsächlich mehrdeutiger Formelkompromisse und der Charybdis formaler Gehorsamseinforderungen am Rande des Gewissenszwangs (und teilweise wohl darüber hinaus) „gelöst" werden konnte, genau dies stellt den schon erwähnten größten anzunehmenden Unfall kirchlicher Integrationsmechanismen dar.

Offenkundig ist tatsächlich jener „,symbolische [...] Kampf' innerkirchlicher Interessens- und Statusgruppen um die Geltung religiöser

---

Zeitschrift für katholische Theologie [ZKTh] 122 (2000), 60-74. Zur „Divergenz zwischen normativem Geltungsanspruch und faktischer Geltung" autoritativer Vorgaben des Lehramtes siehe *W. Böckenförde,* Neuere Tendenzen im katholischen Kirchenrecht, in: Theologia Practica 27 (1992), 110-130; zur Rezeptionsproblematik siehe *W. Beinert* (Hg.), Glaube als Zustimmung, Freiburg–Basel–Wien 1991; *D. Wiederkehr* (Hg.), Der Glaubenssinn des Gottesvolkes – Konkurrent oder Partner des Lehramtes?, Freiburg–Basel–Wien 1994; zur ekklesialen Autoritätsproblematik im Kontext der modernen staatstheoretischen Entwürfe siehe *A. Habisch,* Autorität und moderne Kultur. Ekklesiologie und Staatstheorie zwischen Carl Schmitt und James M. Buchanan, Paderborn 1994.

Werte und Normen, um die Definition und Kompetenz zur Definition der religiösen Heilswahrheiten und um die Verteilung der Heilsgüter"[26] ausgebrochen, den Michael N. Ebertz vor einiger Zeit diagnostiziert hat und dessen Verschärfung er mit einiger Plausibilität prognostizierte. Am fatalsten aber dürfte der Verdacht sein, daß dieser Kampf größtenteils zunehmend an der Basis vorbei geführt wird und zuletzt ein Konflikt unter lehramtlichen, universitären und medialen professionellen Kirchenmännern (und einigen wenigen Frauen) bleibt, während die kirchliche Basis, in welchem Partizipationsverhältnis zu kirchlichen Sozialformen auch immer, schon längst ihre eigenen religiösen Wege geht, indem sie sich unter den diversen inner- wie außerkirchlichen biographiebegleitenden „Heilsanbietern" umschaut und schlicht auswählt, was ihr hilfreich erscheint.

Insofern trifft wohl selbst Eugen Bisers bereits vor längerer Zeit geprägter anschaulicher Begriff des „vertikalen Schismas"[27] mittlerweile nur mehr partiell die kirchliche Realität. Es dürfte sich tatsächlich eher um vielfältige, nicht nur um *eine* Konfliktlinie herum gruppierte Desintegrationsprozesse handeln, welche die ehemals so geschlossene und in der Außenwahrnehmung bisweilen immer noch recht monolithische Institutionalität der katholischen Kirche etwa in Deutschland beschreiben. Was stattfindet, das ist mehr als ein „vertikales Schisma", es sind weit- und tiefreichende Prozesse der kirchlichen Desintegration auf allen Ebenen der Kirche, in alle Richtungen und an (fast) allen Orten. Nach der kirchlichen Überintegration im Gefolge des anti-modernen Abschlusses und nach den Befreiungsaufbrüchen hieraus, einschließlich ihrer bisweilen an Idylle grenzenden Entwürfe basisnaher Sozialformen von Kirche, nach der Hoffnung auch, mit der Doppelstrategie von Gemeindezentrierung und Professionalisierung könne man den kirchlichen Einflußverlust stoppen, herrscht Rat- und Hilflosigkeit angesichts des Dilemmas von realer Desintegration und juridisch-disziplinären Reintegrations- und Identitätssi-

---

[26] *M.N. Ebertz*, Deinstitutionalisierungsprozesse im Katholizismus. Die Erosion der „Gnadenanstalt", in: *F.-X. Kaufmann/A. Zingerle* (Hg.), Vatikanum II und Modernisierung, Paderborn–München–Berlin–Zürich 1996, 375-399, 394.

[27] *E. Biser*, Glaubenskonflikte. Strukturanalyse der Kirchenkrise, Freiburg–Basel–Wien 1989, 121.

cherungsstrategien, welche real eher problemverschärfend denn problemlösend wirken dürften.[28]

2. Ihre pastoralen Ambivalenzen

Die hier in Umrissen skizzierten Probleme aktueller Kirchenbildung in westlichen Gesellschaften werfen weitreichende pastoraltheologische Fragen auf. Deren Charakteristikum liegt in der Ambivalenz von Freiheitsgewinn und Kohärenzverlust. Dies soll im folgenden am Verhältnis von ekklesiologischem Diskurs und ekklesialer Realität *(2.1)*, am inneren Zusammenhang kirchenkonstituierender Prozesse *(2.2)* sowie am Problem der Handlungsfähigkeit der Kirche *(2.3)* aufgewiesen werden. Anders gesagt: Die beschriebene Situation berührt die zentrale pastorale Polarität von *Kreativität und Erinnerung* an ihrem Erinnerungspol, in ihrer Gegenwartsrelevanz wie in ihrer perspektivischen Options- und Zukunftsfähigkeit, mithin auf allen drei Zeitebenen kirchlichen Handelns. Sie betrifft also die Kirche in ihrer Existenz.

2.1. Die Kluft zwischen Ekklesiologie und kirchlicher Realität

Die Kirche begann bekanntlich erst mit der Neuzeit, sich selbst umfassend zu denken.[29] Angesichts des zuerst konfessionellen, dann bürgerlich-religionsneutralen bis atheistischen Außendrucks der letzten Jahrhunderte hielt die katholische Kirche in ihrer Selbstreflexion ihren eigenen normativen Status für ihre Mitglieder fest, und dies eben nicht nur als faktische, sondern als konstitutive Gegebenheit des Glaubens selbst. Die Ekklesiologie der Neuzeit wurde damit zur spezifisch katholischen Weise, Historizität – denn die Kirche ist eine Tatsache der Geschichte – und Normativität – denn in der Kirche geht es um das

---

[28] So wohl auch bei der als Stärkung der priesterlichen Identität gedachten römischen Instruktion aus dem Jahre 1997 „Zu einigen Fragen über die Mitarbeit der Laien am Dienst der Priester"; vgl. dazu *P. Hünermann* (Hg.), Und dennoch... Die römische Instruktion über die Mitarbeit der Laien am Dienst der Priester. Klarstellungen – Kritik – Ermutigungen, Freiburg–Basel–Wien 1998.

[29] Vgl. *E. Klinger*, Ekklesiologie der Neuzeit. Grundlegung bei M. Cano und Entwicklung bis zum 2. Vatikanischen Konzil, Freiburg–Basel–Wien 1978; *Y. Congar*, Die Lehre von der Kirche, 2 Bde., Freiburg 1971 (Handbuch der Dogmengeschichte Bd. III c/d).

Heil der Menschen in Gott durch Christus – als eine soziale Tatsache festzuhalten.

Dieses katholische Ekklesiologieprojekt stand (und steht) bisweilen unter dem ideologiekritischen Verdacht, zuletzt doch nur die mühsam verschleierte Legitimationsargumentation eigener Herrschaftsansprüche wenigstens innerhalb der von den Freisetzungsprozessen der Moderne noch unberührten internen Bereiche der Kirche darzustellen. Die beschriebenen Desintegrationsprozesse entziehen diesem Verdacht die Basis auf der Praxisebene: Der ekklesiologische Diskurs kann in den entwickelten Gesellschaften des Westens nur mehr bei einer Minderheit der Katholikinnen und Katholiken in irgendeiner Weise ideologisch funktionalisiert werden. Denn die reale Freisetzung auch der katholischen Individuen zu weitgehender kognitiver (und biographischer) Autonomie setzt sie in die Lage, eine solche ideologische Verwendung katholischer Ekklesiologie zurückzuweisen – und dennoch am Leben der Kirche zu partizipieren. Dies ist zweifelsohne ein Gewinn.

Spätestens mit dem II. Vatikanischen Konzil und seiner Bestimmung der Kirche als „‚allumfassende(s) Sakrament des Heiles'[...], welches das Geheimnis Gottes zu den Menschen zugleich offenbart und verwirklicht" (GS 45), ist dieser Gefahr einer herrschaftsideologischen Funktionalisierung katholischer Ekklesiologie und etwa ihrer spezifischen Theologie des Amtes auch grundsätzlich auf lehramtlicher Ebene begegnet. Denn mit „Gaudium et spes" wird das herkömmliche hierarchische Verhältnis von Kirche und Pastoral umgekehrt: Kirche ist nach „Gaudium et spes" von der Pastoral her zu bestimmen. Pastoral ist damit eine kirchenkonstitutive Macht: Sie ist keine äußerliche und mehr oder weniger arbiträre Erscheinung der Kirche, sondern ihre Handlungsmacht in der Zeit.

Diese einer „pragmatischen Wende" gleichkommende Reformulierung der Ekklesiologie der Neuzeit in den beiden Kirchenkonstitutionen[30] des II. Vatikanischen Konzils nimmt freilich das zentrale ekkle-

---

[30] H.-J. Sander spricht vom berühmten ersten Satz von GS als der „Pragmatische(n) Maxime einer erneuerten Apologetik": *H.-J. Sander*, Die Zeichen der Zeit. Die Entdeckung des Evangeliums in den Konflikten der Gegenwart, in: *G. Fuchs/A. Lienkamp* (Hg.), Visionen des Konzils, Münster 1997, 93-102, 100. Siehe hierzu auch *E. Klinger*, Armut – eine Herausforderung Gottes. Der Glaube des Konzils und die Befreiung des Menschen, Zürich–Einsiedeln–Köln 1990; *H. Sauer*, Erfahrung und Glaube. Die Begründung des pastoralen Prinzips durch die Offenbarungskonstitution des II. Vatikani-

siologische Projekt der katholischen Kirche der Neuzeit nicht zurück, wie bisweilen vermutet (und/oder gefürchtet) wird, sie befreit es vielmehr von seiner latenten institutionalistischen Gefährdung und eröffnet dessen pastorale Dimensionen jenseits einer subjektmißtrauischen und potentiell repressiven Sozialform von Kirche.

Damit bleibt festzuhalten: Auch der gegenwärtigen und zukünftigen Kirche bleibt es aufgegeben, ihren von ihr selbst in der Neuzeit festgeschriebenen Status als normative Größe für den Glauben ihrer Mitglieder nicht einfachhin aufzugeben und sich damit etwa dem Anspruch zu entziehen, eine solche Größe des Glaubens auch wirklich darzustellen. Nur genügt es unter den Bedingungen der entwickelten Moderne und der endgültigen Freisetzung auch der katholischen Individuen zu einem selbstbestimmten Leben nicht mehr, diese Glaubensrelevanz schlicht zu behaupten und in einer (subjektdominierenden) Sozialform von Kirche realisiert und garantiert zu wissen.

Mit anderen Worten: Das Spezifikum katholischer Ekklesiologie, Kirche nicht nur als mehr oder weniger zufällige und arbiträre Realität des Glaubens, sondern als für diesen in spezifischer Weise konstitutiv zu denken, wird sozial fundamental anders zu repräsentieren sein: Es wird von der Legitimationsargumentation einer spezifischen, subjektivitätssteuernden Sozialform von Kirche zum *Projekt einer dieser ekklesiologischen Vorgabe entsprechenden Kirchenbildung auf der Basis der Berufung aller zum Volk Gottes.* Damit hat sich aber die Konstellation von ekklesiologischem Diskurs und pastoraler Realität neu arrangiert. Die pastorale Praxis ist nicht mehr länger der durch eine spezifische und recht stabile Sozialform von Kirche garantierte Vollzugsort der ekklesiologisch tatsächlich vorgegebenen normativen Bedeutung der Kirche für den Glauben des einzelnen, sondern Indikator ihrer Bedeutung, besser: unverzichtbar aufgegebener Realisa-

---

schen Konzils, Frankfurt a. M.–Berlin–New York–Paris–Wien 1993. – H.J. Pottmeyer hat im übrigen jüngst eindringlich darauf hingewiesen, daß es die „maximalistische Interpretation" der Dogmen des I. Vatikanums ist, welche die Rezeption des II. Vatikanums bedroht, eine Interpretation, „die in der Tat auf einen römischen Zentralismus zielt", sich aber gerade „in diesen Dogmen nicht in der Weise durchsetzen konnte, daß der Weg für eine Reform im Sinne des letzten Konzils verbaut wäre": „Mit diesem Aufweis soll den Betreibern eines inzwischen noch forcierten Zentralismus die Waffe genommen werden, mit der sie die Reformarbeit des II. Vatikanums blockierten und den Zentralismus weiterhin verteidigen" (*H.J. Pottmeyer*, Die Rolle des Papsttums im Dritten Jahrtausend, Freiburg–Basel–Wien 1999, 7).

tionsort ihres Sinns. Vielleicht wird dieser damit in seiner Valenz heute überhaupt erst entdeckt, zumindest neu erschlossen.

2.2. Gerissene Zusammenhänge der aktuellen Kirchenkonstitution

Die beschriebenen Desintegrationsprozesse der Kirche – einschließlich der Konzentration auf juridische Gegenmaßnahmen – gefährden, so sehr sie einer herrschaftsideologischen Fehlinterpretation der katholischen Ekklesiologie die sozialen Voraussetzungen entziehen, andererseits auch die Entdeckung des fundamentalen Sinns und der konkreten Bedeutung der Kirche für den Glauben des und der einzelnen.

Dies wird um so deutlicher, als das Konzil die Sakramentalität der Kirche mit ihrer Funktion als Zeichen und Werkzeug gerade der Einheit des Volkes Gottes mit Gott und des Menschengeschlechts untereinander beschreibt. Damit reißt mit den beschriebenen Desintegrationsprozessen auf der pastoralen Realisationsebene von Kirche ein von der Kirche zu Recht als normativ behaupteter Zusammenhang. Dieser betrifft, so die kirchliche Selbstaussage, den inneren Bereich des Glaubens selbst. Denn die Kirche ist dann nicht mehr, was sie von sich behauptet: ein „Zeichen und Werkzeug für die innigste Vereinigung mit Gott wie für die Einheit der ganzen Menschheit" (LG 1). Damit kommt es aber tendenziell zum Ausfall von für die Kirche konstitutiven Dimensionen an vielen pastoralen Handlungsorten der Kirche. Im wesentlichen sind es wohl zwei solcher unverzichtbarer Zusammenhänge, die zunehmend schwinden: der prophetische und der diakonische.

Prophetie als Vorgang der kirchlichen Gegenwart meint hier den Prozeß der kritischen Wahrnehmung der eigenen Existenz aus der Perspektive des Wortes Gottes in einem konkreten Hier und Heute. Es ist dies ein Prozeß, der Erkenntnis, Kritik und Umkehr umfaßt[31] und der unerläßlich ist für die Konsistenz (und Kirchlichkeit) pastoraler Orte. Die vertikalen wie horizontalen Desintegrationsprozesse der kirchlichen Realität aber zerstören die wechselseitige prophetische Kraft der unterschiedlichen pastoralen Orte füreinander. Der pastorale

---

[31] Vgl. zur pastoraltheologischen Relevanz des Prophetie-Begriffs die immer noch grundlegenden Überlegungen von *O. Fuchs*, Prophetische Kraft der Jugend, Freiburg 1986, 46-72.

Autonomismus führt auf der horizontalen Begegnungsebene zu freundlicher Nicht-Wahrnehmung, auf der vertikalen Kommunikationsebene aber zur Reduktion des innerkirchlichen Austauschs bzw. zu seiner zunehmenden Verrechtlichung.

Damit reißt aber nicht nur der Zusammenhang wechselseitiger prophetischer Kritik im Geiste und aus der gemeinsamen Liebe zum Wort Gottes in dieser Welt, sondern auch, damit konstitutiv verbunden, der Zusammenhang wechselseitiger Hilfe, Unterstützung und „Auferbauung" – jenseits bloßer Ressourcenabforderung. Das Ergebnis ist ein weit verbreitetes innerkirchliches Milieu des Ressentiments und der – in diesem Falle weitgehend unproduktiven – Klage. Ressentiment ist nach Nietzsche Selbstkonstitution durch Fremddenunziation[32]: Sie scheint innerkirchlich nicht gerade selten und auch nicht ganz unverständlich, wohl aber in ihren personalen wie ekklesialen Konsequenzen höchst fatal. Gegen diese innerkirchliche „Kultur des Ressentiments" hilft auch kein Appell und keine moralische Entrüstung, gegen sie hilft nur das geduldige Bauen an neuen, personal wie institutionell tragfähigen, vor allem wirklich kirchlichen Handlungs- und (Selbst-)Erfahrungsorten des Volkes Gottes: als Orten der erfahrenen horizonteröffnenden (und darin kritischen wie affirmativen) Kraft des Evangeliums – dies dann aber eben auch und gerade für die kirchlichen Mitarbeiter und Mitarbeiterinnen.

Damit könnte innerkirchlich in der Beziehung *zwischen* den kirchlichen Handlungsorten jene kirchliche Handlungsdimension wieder verstärkt zum Tragen kommen, welche konstitutiv zu Kirche gehört, indem Kirche in ihrem Handeln realisiert, „daß Gottes Geschichte mit den Menschen *als* Diakonie, als *sein* heilendes und versöhnendes Handeln an den Menschen aufgefaßt und erlebt werden kann."[33] Wenn sich diese diakonische Dimension kirchlichen Handelns „erfüllt in einem gegenseitigen helfenden und gerechten Umgang miteinander, insbesondere aber mit bedürftigen, notleidenden und benachteiligten Menschen" und dies eben „aus der Quelle der den Menschen von Gott gegebenen unbedingten gegenwärtigen und zukünftigen Solidarität

---

[32] Vgl. *R. Bucher*, Nietzsches Mensch und Nietzsches Gott. Das Spätwerk als philosophisch-theologisches Programm, Frankfurt a. M. u.a. ²1993, 54-67.

[33] *O. Fuchs*, Diakonia. Option für die Armen, in: Konferenz der bayerischen Pastoraltheologen (Hg.), Das Handeln der Kirche in der Welt von heute, München 1994, 114-144, 116.

und unerschöpflichen Versöhnung heraus"[34], Kirche gleichzeitig aber die Aufgabe hat, das Geheimnis der Liebe Gottes zu den Menschen zugleich zu offenbaren und zu verwirklichen (vgl. GS 45), dann muß diese Dimension kirchlichen Handelns eben auch *innerhalb* und in den Relationen der kirchlichen Handlungsorte erlebbar und spürbar werden.

O. Fuchs stellt zu Recht fest, daß die Realisation dieser diakonischen Dimension „nicht nur ein persönliches Problem der ChristInnen, sondern ein Sozialproblem der kirchlichen Gemeinden" bildet und die Kirche sich „vornehmlich an den Orten entfalten" werde, „an denen sie es mit den Fremden und Benachteiligten zu reden und zu tun bekommt".[35] Dies gilt auch für die – im soziologischen Sinne – „innerkirchlichen" Beziehungen, zumal in Zeiten einer „Individualisierung des Außen" und einer tendenziellen Verwischung der Innen/Außen-Grenze der Kirche angesichts religiöser Individualisierung auch innerhalb der Kirche.

Die Desintegrationstendenzen der Kirche innerhalb westlicher Gesellschaften tangieren eben nicht nur die Fähigkeit der Kirche, ihre eigenen diakonischen Orte (und damit deren Handeln) als Teil ihrer selbst zu realisieren, sondern auch ihr internes Sozialgefüge, insofern die diakonisch helfenden, versöhnenden und darin auf Gottes Gegenwart verweisenden Relationen kirchlicher Orte *untereinander* verkümmern und sich damit jene innerkirchlichen Beziehungsstrukturen in den Vordergrund schieben, die bestenfalls subsidiäre Funktion beanspruchen dürfen: die juridischen und finanziellen. Dies aber betrifft das innerkirchliche Beziehungsgefüge in seinen vertikalen wie horizontalen Relationen und gefährdet die Volk-Gottes-Realität der Kirche. Und es gefährdet die Erfahrung der Kirche als Ort der zumindest anfänglichen Realisierung ihrer Botschaft und damit auch ihre Glaubwürdigkeit.

Um Mißverständnisse auszuschließen: Die interne Pluralisierung und auch Professionalisierung kirchlichen Handelns ist völlig unvermeidlich.[36] Sie eröffnete überhaupt erst den Handlungsspielraum von Kirche in ausdifferenzierten Gesellschaften und ist auch keine Folge

---

[34] Ebd., 131.

[35] Ebd., 138.

[36] Vgl. *O. Fuchs*, Zwischen Wahrhaftigkeit und Macht. Pluralismus in der Kirche, Frankfurt a. M. 1990.

irgendeines Liberalismus, sondern des evangelisatorischen Auftrages der Kirche und ihres Glaubens an die Berufung des Menschen, jedes Menschen, durch Gott in Christus und also seine der Kirche vorgegebene unbedingte Würde. Freilich wird dieser Differenzierungsgewinn teilweise wieder verspielt, wo ihm der tendenzielle Ausfall kirchenkonstitutiver innerkirchlicher Austauschbeziehungen gegenübersteht.

Auch hier also wieder Ambivalenz: Dem Freiheitsgewinn kirchlicher Handlungsmöglichkeiten jenseits eines vorkonziliaren Innen-Außen-Schemas, das im Außerhalb der institutionellen Struktur der Kirche nur Abfall und Untergang, nicht aber auch Gottes Heilswirken und -wirklichkeit (vgl. LG 16) sehen konnte, steht ein tendenzielles Defizit innerkirchlicher wechselseitiger prophetischer und diakonischer Relationen gegenüber. Deren Vorhandensein im vorkonziliaren Kirchenmodell einer geschlossenen „societas perfecta" wird man allerdings auch nicht einfachhin voraussetzen können, vor allem nicht in subjektförderlichen und schon gar nicht modernitätskompatiblen Formen.

2.3. Gefährdete Zukunftsfähigkeit

Neben der Kluft zwischen ekklesiologischer Normativität und ekklesialer Realität und damit zwischen der Normativität des erinnernden Wissens der Kirche von sich und ihrer gegenwärtigen Praxis und neben dem tendenziellen Ausfall konstitutiver Zusammenhänge von Kirchenbildung beschädigen die beschriebenen Desintegrationsprozesse der Kirche aber auch ihre Zukunftsfähigkeit, und dies gleich auf mehreren Ebenen.

Zum einen wirkt die Kirche in ihrer gegenwärtigen Verfassung, schwankend zwischen juridisch-zentralistischer Überintegration und realer Desintegration, auf merkwürdige Weise zugleich attraktiv und abweisend. Sie wirkt attraktiv an vielen ihrer konkreten Handlungsorte, auf der Basis konkreter Naherfahrungen etwa in Gemeinde, katholischer Schule und Diakonie. Sie wirkt aber unattraktiv als eine Institution, die ihren internen Zusammenhalt offenkundig bei ihren eigenen Hauptamtlichen nur noch mit rechtlichen und finanziellen Sanktionen wahren kann, und dies mittlerweile bis in höchste hierarchische Ebenen.

Kirche erscheint den Menschen in Zeiten individualisierter Lebensführung und damit auch individualisierter Religiosität ängstlich und verunsichert, schwach sowohl in ihrer irrealen Sehnsucht nach vergangener Herrlichkeit wie in ihren gelegentlichen Versuchen überangepaßter, etwa medialer, Modernität. Die katholische Kirche in den entwickelten Ländern des Westens (und speziell in Deutschland und Österreich) neigt zudem immer noch dazu, ihren Status als bedrohter Marktführer im Feld des Religiösen zu beklagen und kulturpessimistisch zu kompensieren.

Das aber zieht niemanden an, läßt kirchliche Orte wenig einladend und zukunftsfähig erscheinen – und steht natürlich auch quer zum eigenen konziliaren Projekt einer solidarischen und zugleich prophetischen Kirche als „Volk Gottes unterwegs". In individualisierten Zeiten werden Orte der Vergemeinschaftung nicht etwa irrelevant oder gar gemieden, sondern im Gegenteil gesucht und notwendig. Die beschriebenen Desintegrationsprozesse sind in dieser Perspektive einerseits notwendige Ausdifferenzierungsprozesse, welche eine enorme Pluralität kirchlicher Handlungsorte überhaupt erst konstituieren. Freilich: Diese neu entstehenden Orte von Vergemeinschaftung vertragen nichts weniger als zentralistische Verrechtlichung bzw. liberalistische Unverbindlichkeit und inhaltliche Irrelevanz.

Wichtiger aber noch, und einschneidender: Die Fähigkeit, den Glauben aus der Perspektive der „Zeichen der Zeit" und diese umgekehrt aus der Perspektive des Glaubens zu entdecken, diese glaubens- und damit kirchenkonstitutive Wechselbeziehung zwischen Wahrnehmung der Gegenwart und Erinnerung an den Ursprungsimpuls des Evangeliums[37], sie muß leiden unter den Folgen einer binnenkirchlichen Situation, deren Verhältnis zwischen dem „Außen" der Gesellschaft und dem „Innen" der Kirche sozialpsychologisch durch die Verarbeitung der eigenen Entmonopolisierungs- und Desintegrationsprozesse charakterisiert ist.

Damit aber leidet die für die Kirche so drängend notwendige Innovations- und Zukunftsfähigkeit. Denn der Kirche fällt es immer schwerer, Sinn und Bedeutung des in ihr gelehrten und gelebten Glaubens für Gegenwart und Zukunft von Individuum und Gesellschaft darzustellen. Die neuzeitliche Zentrierung der Kirche auf sich selbst wird an dieser Stelle von der Hilfe zum Hindernis. Damit beschäftigt,

---

[37] Vgl. *H.-J. Sander*, Die Zeichen der Zeit. Die Entdeckung des Evangeliums in den Konflikten der Gegenwart, in: *G. Fuchs/A. Lienkamp* (Hg.), Visionen des Konzils, Münster 1997, 93-102.

ihren grundlegend gewandelten Status innerhalb der Gesellschaft und
– wichtiger noch, wenn auch als Folge davon – bei ihren eigenen
Mitgliedern zu verarbeiten, gerät die Kirche gegenwärtig in die Gefahr, ihre existenzlegitimierende Aufgabe, die Verkündigung des
Glaubens an den Gott des Jesus von Nazareth als Basis der Zukunft
des individuellen und gesellschaftlichen Lebens, aus dem Blick zu
verlieren.

3. Perspektiven

Was eigentlich hält die Kirche zusammen? Unter den Bedingungen
westlicher Gesellschaften mit ihrer realen Freigabe auch der religiösen
Partizipation an die Verfügungsmacht des einzelnen stellt sich diese
Frage in beinahe revolutionärer Weise neu. Alte Antworten bewirken
unter diesen Kontexten nur die reale Desintegration und damit den
Ausfall unverzichtbarer Elemente katholischer Kirchenbildung. Alte
Antworten übersehen auch die Chancen dieser neuen Kontexte: das
Werden der Kirche in innerer und äußerer Freiheit, und sie übersehen
die Defizite alter Formen der Kirchenbildung: die Gefahr der
Unterdrückung religiöser Freiheit und damit der Würde des Einzelnen.
Es gibt keinen Weg zurück.

Das II. Vatikanum hat mit seinem Pastoralbegriff hier einen Neuansatz gewiesen, der noch lange nicht ausgeschöpft ist. Pastoral meint
nach der berühmten ersten Fußnote von „Gaudium et spes" jenes Verhältnis der Kirche zur Welt und zu den Menschen von heute, das die
Kirche auf der Basis ihrer Lehre zu entwickeln hat.[38] Es ist, so ergibt
sich aus GS 1-3 weiter, ein Geschehen, das die institutionellen Grenzen der Kirche überschreitet, das als Handeln der Geschichtlichkeit
allen Handelns unterliegt und dessen Ziel die Rettung der menschlichen Person ist, der ganzen Person als seelisches, leibliches und so-
ziales Wesen, und das gerade darin, so das Konzil, eine Fortführung
des Werkes Jesu darstellt.

Basis allen kirchlichen Handelns ist ihr pastoraler Auftrag. Kirche
ist dazu da, ihn zu erfüllen. Daran ist gerade in Krisenzeiten der
kirchlichen Institutionalität zu erinnern. Die Institutionalität der Kir-

---

[38] Es heißt in dieser Fußnote zu GS, jene Konstitution werde „,pastoral' genannt, weil
sie, gestützt auf die Prinzipien der Lehre, das Verhältnis der Kirche zur Welt und zu
den Menschen von heute darzustellen beabsichtigt".

che gibt es, damit sie tatsächlich das „‚allumfassende Sakrament des Heiles' ist, welches das Geheimnis der Liebe Gottes zu den Menschen zugleich offenbart und verwirklicht."[39] Damit wird klar, was der Kirche in ihren Modernisierungskrisen innerhalb der westlichen Gesellschaften vielleicht am meisten fehlt: *der Schritt weg von der Selbstbezogenheit auf ihre institutionellen Wandlungsprozesse hin zur Entdeckung der individuellen wie gesellschaftlichen Handlungskonsequenzen des Glaubens.*

Gerade weil diese Wandlungsprozesse so schmerzhaft, so neu, so drängend und bedrängend sind, ist es notwendig, sich auf die Basis kirchlicher Existenz zu beziehen und gerade nicht fixiert zu bleiben auf die eigenen institutionellen Anpassungsprobleme. Oder anders gesagt: Die gegenwärtige kirchliche Situation ist eine Anfrage an die Fähigkeit des Volkes Gottes, den Glauben auch wirklich handlungsbezogen darzustellen, ihm Sinn, Bedeutung und Handlungsrelevanz zu geben, von ihm her die Zeichen der Zeit zu verstehen und von jenen her den Glauben neu zu entdecken. Wo dies geschieht, wird Kirche.

Damit zeigt sich als drängende Frage in den Desintegrationsprozessen der kirchlichen Gegenwart: *Gelingt es der Kirche, ihren Glauben in Wort und Tat so darzulegen und tatsächlich selbst darzustellen, daß er in seiner säkularen Bedeutsamkeit für Individuum und Gesellschaft tatsächlich erfahrbar, entdeckbar und erlebbar wird?* Oder anders gesagt: Gelingt es ihr, ihre tendenzielle Selbstbezüglichkeit auch wirklich zu überschreiten hin auf ihren Grund, hin auf ihre Gründung in der Botschaft Jesu?

Die drohende Desintegration der katholischen Kirche, einschließlich der unzulänglichen Strategien, ihr mittels juridischer Sanktionen oder appellativer Einheitsrhetorik zu begegnen, bedroht ihre Substanz. Denn sie bedroht die Erfüllung ihrer Aufgabe. Ohne Zweifel sind neue Integrationsformen der Kirche notwendig. Wie aber sind sie zu erreichen?

Zum einen sollte für die pastorale Realisationsebene von Kirche klar sein: „Autorität ist in der Moderne nicht mehr abstrakt-substanzhaft als (personifiziertes) ‚Gegenüber' zu den Adressaten zu begreifen, sondern ist prozeßhaft durch kollektive Anerkennungsprozesse vermittelt, die die freie Subjekthaftigkeit beider Partner vorausset-

---

[39] GS 45.

zen."[40] Daß der Moderne „dabei aufgrund der gesellschaftlichen Erfahrungen durchaus der Gedanke vertraut (ist), daß Freiheit nur in und durch Selbstbindungen"[41] möglich ist, auch dies kann vorausgesetzt werden.

Wie aber entstehen diese Anerkennungsprozesse? Aus dem oben Ausgeführten legt sich eine Antwort nahe: Sie entstehen in der Praxis der Kirche als Frucht ihres Handelns, als Ergebnis ihres Tuns – und sind gerade darin zugleich das Geschenk der Gnade.

Die klassischen (Amt und Recht) sowie die modernen Integrationsinstrumente (Finanzen und Bürokratie) werden damit natürlich nicht obsolet. Es geht vielmehr darum, ihnen einen realen, anerkennungsdichten und nicht nur behaupteten Integrationsstatus zu verleihen. Dies kann aber nur geschehen im Horizont der konziliaren Verpflichtung aller in der Kirche auf die pastorale Grundaufgabe der Kirche. In ihr wird sich die Einheit der Kirche finden – oder sie wird zunehmend Fiktion.

Damit ergibt sich in den Desintegrationsprozessen der kirchlichen Gegenwart und vor allen pastoraltechnischen Überlegungen eine fundamentale Option zugunsten einer pastoralen Konzeption der Kirche im Sinne des II. Vatikanums als Ort der (post-)modernitätsfähigen Weiterentwicklung der Integrationsmechanismen der katholischen Kirche.

Ohne Zweifel gilt auch heute: Das Evangelium Jesu wird an vielen Orten in Wort und Tat verkündet und gelebt. Es steht niemandem zu, dies zu bezweifeln. Es würde das Volk Gottes in seinem Glauben, Lieben und Hoffen beleidigen. Daß es in Gemeinden, Familien, Fakultäten, Beratungsstellen, Schulen und Krankenhäusern viele Orte des authentischen Glaubens, der liebenden Tat und des mutigen Hoffens gibt, dies zu bezweifeln würde das Volk Gottes verachten. Das aber ist niemandem erlaubt. Offenkundig aber wächst daraus der Kirche zuwenig Selbstbewußtsein, Kraft und Freude. Offenkundig fehlt es an dem, was doch gerade die Aufgabe der kirchlichen Strukturen

---

[40] *A. Habisch*, Autorität und moderne Kultur (s. Anm. 25), 255.
[41] Ebd., 256.

und wohl auch spezifisch des Amtes[42] wäre: an der wechselseitigen Verbindung, Wahrnehmung und Offenheit dieser Orte zueinander. Daher ist in diesen Zeiten des Umbaus kirchlicher Sozialformen auf allen Ebenen auch nicht so sehr Pastoraltechnologie weiterführend – bei aller Notwendigkeit zu Planung und Vorsorge –, mir scheinen in den Desintegrationsprozessen der kirchlichen Gegenwart vielmehr gewisse spirituelle Grundhaltungen ratsam und diese dann auch als Leitmotive konkreter pastoraler Planungen hilfreich. Denn Neues braucht Zeit, sich zu entwickeln. Es kann auch nicht einfach hergestellt werden. Es ist aber möglich, die Entwicklung dieses Neuen durch spezielle Grundhaltungen zu fördern. Vor allem drei liegen nahe und sind doch zur Zeit so fern: Aufmerksamkeit, Solidarität und eine Kultur der Anerkennung.

Notwendig werden die Aufmerksamkeit auf das Neue und Kleine und der Mut, alte Denkwege und Handlungsroutinen zu verlassen, sein. Aufmerksamkeit, das bedeutet eine Haltung des Sich-Verstören-Lassens durch die eigene Erkenntnis, durch die eigenen und fremden Erfahrungen. Aufmerksamkeit, das heißt Sensibilität für die Zeichen der Zeit, für die Menschen der Gegenwart, für die eigenen und fremden Realitäten. Aufmerksamkeit, das bedeutet auch Fremdheit zu akzeptieren, sich nicht nur im Eigenen zu bewegen, das heißt Hingabe und Mut. Denn „die Unglücklichen bedürfen", wie Simone Weil einmal schrieb, „keines anderen Dinges in dieser Welt als solcher Menschen, die fähig sind, ihnen ihre Aufmerksamkeit zuzuwenden."[43]

„Freude und Hoffnung, Trauer und Angst der Menschen von heute, besonders der Armen und Bedrängten aller Art, sind auch Freude und Hoffnung, Trauer und Angst der Jünger Christi". So beginnt bekanntlich die Pastoralkonstitution „Gaudium et spes" des Konzils. Dieser Satz ist ein Ornament unserer theologischen Rhetorik, aber seine Realisierung liegt noch weitgehend vor uns. Denn er fordert Solidarität mit den Orientierungsproblemen der Menschen heute und benennt die Perspektive der Armen als das Kriterium prophetischer Kritik, die immer auch an der Zeit, dem einzelnen und auch der Kirche selbst zu üben ist. Und er setzt sein Vertrauen in den Reichtum

---

[42] Vgl. hierzu *O. Fuchs*, Es ist höchste Zeit für ‚pontifikales' Handeln!, in: *G. Kraus/H. Schmitt* (Hg.), Wider das Verdrängen und Verschweigen. Für eine offene Streitkultur in Theologie und Kirche, Frankfurt a. M. u.a. 1998, 149-170.
[43] *S. Weil*, Aufmerksamkeit für das Alltägliche, München 1987, 65f.

des Volkes Gottes, denn es wird aus Jüngern und Jüngerinnen Christi gebildet. Kirchliches Handeln hat nicht Institutionsinteressen, sondern die Option Gottes für die Menschen zu vertreten.

Notwendig wird aber auch eine „Kultur der Anerkennung" der unterschiedlichen Handlungsorte der Kirche untereinander als Handlungsorte des einen Volkes Gottes sein.[44] Ohne solch eine Kultur der Anerkennung und ohne die ihr entsprechende Haltung einer – durchaus auch kritischen – Solidarität der in der Gegenwart höchst differenzierten Orte kirchlicher Praxis fehlt diesen Orten die unverzichtbare loyale Außenperspektive, dominieren wechselseitige Legitimationsbemühungen, schwindet vor allem auch der reale innerkirchliche Zusammenhalt. Das gilt für die horizontale wie vertikale Struktur der Kirche. Nur erwiderte Anerkennung aber erzeugt in pluralen Zeiten Übereinstimmung, Übereinstimmung aber alleine kollektive Identität.

Die Kirche des Westens befindet sich in revolutionär neuen Gegenden. Sie ist auf der Suche nach einem neuen Integrationsmodell. Sie sollte sich Zeit nehmen für diese Suche. Maßstab hierfür kann nur ihre Aufgabe sein: das Evangelium vom Gott Jesu in Wort und Tat zu verkünden. Sie hat sich also auch in ihrer Sozialform an den konkreten Handlungskonstellationen zu orientieren, welche ihr aus dem Evangelium her aufgegeben sind. Von *ihnen* her ist die konkrete Sozialform der Kirche zu entwickeln, wird neue Integration entstehen.

Die „Zeichen der Zeit" wahrnehmen, heißt, die Handlungskonstellationen wahrnehmen, die das Evangelium der Kirche heute auferlegt. „Der Schatz der eigenen Botschaft läßt sich ohne die anderen und das, was ihre Menschwerdung widerstreitet, nicht heben. Wer nicht bei den Existenzproblemen der Menschen in dieser Zeit in die Lehre geht, kann sie nicht den Glauben lehren. Ohne die Perspektiven ihrer Menschwerdung kann die Kirche keinen historisch bedeutsamen Begriff von der Wahrheit ihres Glaubens entwickeln. Das Konzil nennt diesen Prozeß ‚Pastoral'."[45]

Die Pastoral also ist der Ort, an dem die Kirche zu sich selber und ihre Einheit findet – oder sie und damit sich verliert.

---

[44] Vgl. dazu *R. Bucher*, Kirchenbildung in der Moderne. Eine Untersuchung der Konstitutionsprinzipien der deutschen katholischen Kirche, Stuttgart 1998, 257-268.
[45] *H.-J. Sander*, Die Zeichen der Zeit, 101f.

XIII

Der mühsame Weg zum Miteinander von Einheit und Vielfalt im Verhältnis von Gesamtkirche und Ortskirchen

von Hermann J. Pottmeyer, Bochum

1. Die alarmierende Entwicklung zum Zentralismus

Am 22. Dezember 2000 veröffentlichte die Frankfurter Allgemeine Zeitung einen ganzseitigen Artikel von Joseph Kardinal Ratzinger zum Verhältnis von Gesamtkirche und Ortskirchen aus der Sicht des 2. Vatikanischen Konzils. In ihm verteidigt der Präfekt der römischen Glaubenskongregation ein Lehrschreiben seiner Kongregation „über einige Aspekte der Kirche als communio" vom 28. Mai 1992[1], das eine bestimmte Lesart der Communio-Ekklesiologie des letzten Konzils verbindlich machen sollte. Kritiker hatten in diesem Lehrschreiben den Versuch gesehen, die weithin als zentralistisch empfundene gegenwärtige Leitungspraxis mancher Instanzen der römischen Kurie theologisch zu legitimieren. Der Artikel Kardinal Ratzingers fällt in dreifacher Hinsicht auf.

Der Kardinal handelt damit – nicht zum ersten Mal – entgegen seiner wiederholten Weisung an die Theologen, innertheologische Diskussionen nicht in der Tagespresse und vor einem Publikum zu führen, das fachlich kaum in der Lage sei, die vorgetragenen Argumente richtig einzuordnen und zu werten. Auffallend ist ferner der gereizte Ton des Artikels, der persönliche Verletztheit verrät. „Da es heute für Theologen, die auf sich halten, geradezu zu einer Pflicht geworden zu sein scheint, Dokumente der Glaubenskongregation negativ zu be-

---

[1] Vgl. Kongregation für die Glaubenslehre, Schreiben an die Bischöfe der katholischen Kirche über einige Aspekte der Kirche als Communio, 28. Mai 1992, in: Verlautbarungen des Apostolischen Stuhls, hg. v. Sekretariat der Deutschen Bischofskonferenz, Nr. 107.

werten, ging über diesen Text ein Hagel von Kritiken nieder, der kaum etwas Gutes daran lassen konnte." Schließlich fällt auf, daß der Kardinal von den Kritikern des Lehrschreibens namentlich allein den bisherigen Bischof von Rottenburg-Stuttgart, Dr. Walter Kasper, nennt, der gerade an die römische Kurie berufen worden war, um die Leitung des Einheitsrates zu übernehmen. Dieser, wie Kardinal Ratzinger selbst ein bekannter Theologe, hatte 1999 in der Festschrift für einen Mitbischof die Interpretation der konziliaren Communio-Ekklesiologie durch das genannte Lehrschreiben als „Versuch einer theologischen Restauration des römischen Zentralismus" bezeichnet[2].

In der Tat sind es inzwischen in zunehmender Zahl auch Kardinäle und Bischöfe, die von zunehmendem Zentralismus sprechen, und zwar nicht mehr nur im kleinen Kreis, sondern in öffentlichen Äußerungen; unter ihnen finden sich prominente Namen. Unter Berufung auf das 2. Vatikanum beklagen sie, daß im Verhältnis von Gesamtkirche und Ortskirchen manches aus dem Lot geraten sei. Sie fordern, daß ihre Eigenverantwortung und Autorität als Ortsbischöfe und ihre kollegiale Verantwortung für die Gesamtkirche wieder mehr beachtet werden, und sie machen dazu konkrete Vorschläge. Nachdem vor vierzig Jahren die Väter und Theologen des 2. Vatikanums aufgebrochen waren, um eine Reform der katholischen Kirche einzuleiten – wozu sie nicht zuletzt das Ende des römischen Zentralismus zählten –, ist das eine alarmierende Entwicklung.

Alarmiert durch diese Stimmen ist offensichtlich auch der Papst. Es fällt ins Auge, mit welcher Eindringlichkeit er die treue Verwirklichung des 2. Vatikanums zum zentralen Anliegen der Erneuerung der Kirche im Jahr des Großen Jubiläums 2000 machte. Im Apostolischen Schreiben „Tertio Millennio Adveniente" von 1994, in dem er das geistliche und theologische Programm für die Vorbereitung und Durchführung des Jubiläumsjahres entwarf, bildet dieses Anliegen den Schwerpunkt[3]. Was die Ekklesiologie des 2. Vatikanums angeht, ist ihm die Wiederentdeckung der Kollegialität und des konziliaren Cha-

---

[2] *W. Kasper*, Zur Theologie und Praxis des bischöflichen Amtes, in: *W. Schreer/G. Steins* (Hg.), Auf neue Art Kirche sein. Wirklichkeiten – Herausforderungen – Wandlungen, München 1999, 32-48, hier 44.
[3] Vgl. *Johannes Paul II.*, Apostolisches Schreiben „Tertio Millennio Adveniente", 10. November 1994, in: Verlautbarungen des Apostolischen Stuhles, Nr. 119; vgl. dazu *H.J. Pottmeyer*, Die Verwirklichung des Zweiten Vatikanischen Konzils. Zentrales Anliegen des Großen Jubiläums 2000, in: Internationale kirchliche Zeitschrift [IKZ] 30 (2001), 251-260.

rakters der Kirche wichtig, die sich in der zunehmenden synodalen Praxis fruchtbar erweise.

Noch deutlicher wird er im Apostolischen Schreiben „Novo Millennio Ineunte" vom 6. Januar 2001 zum Abschluß des Jubiläumsjahres[4]. Hier werden mehrere Abschnitte der Aufgabe gewidmet, den Communio-Charakter der Kirche zu entfalten. Deutlicher als früher wird communio (koinonía) als Leitbegriff der Ekklesiologie herausgestellt (Nr. 42). „Die Kirche zum Haus und zur Schule der communio zu machen, darin liegt die große Herausforderung, die in dem beginnenden Jahrtausend vor uns liegt, wenn wir dem Plan Gottes treu sein und auch den tiefgreifenden Erwartungen der Welt entsprechen wollen" (Nr. 43). Unter Hinweis auf „die großen Richtlinien des 2. Vatikanischen Konzils" (Nr. 44) entwickelt der Papst die theologischen, spirituellen und strukturellen Aspekte einer Communio-Ekklesiologie.

Als communio sei die Kirche Frucht, sichtbarer Ausdruck und Sakrament jener Liebesgemeinschaft, die uns der Vater durch Jesus Christus im Heiligen Geist schenkt (Nr. 42). Die Seele aller Bemühungen, die Kirche als communio zu gestalten, sei eine Spiritualität der communio; ohne sie laufen alle strukturellen Reformen und pastoralen Planungen ins Leere (Nr. 43). Zu den Orten, Diensten und Instrumenten der communio, die zu erschließen seien, rechnet der Papst in besonderer Weise das Petrusamt und das Bischofskollegium; zu reformieren seien die römische Kurie, die Organisation der Synoden und die Arbeitsweise der Bischofskonferenzen. „Sind diese doch heute besonders notwendig, da man unverzüglich und wirkungsvoll auf die Probleme antworten muß, mit denen sich die Kirche in den sich überstürzenden Veränderungen unserer Zeit auseinander zu setzen hat." (Nr. 44)

In den Ortskirchen dringt der Papst auf eine Ausweitung der „Räume der communio". In den Beziehungen aller Glieder untereinander, einschließlich der Hirten, müsse die communio zum Strahlen kommen, und die Bedeutung der Priester- und Pastoralräte solle gestärkt werden. Er ermahnt die Hirten, das ganze Volk Gottes anzuhören, und zitiert den heiligen Paulinus von Nola: „Wir wollen an den Lippen aller Glaubenden hängen, weil in jedem Gläubigen der Geist Gottes weht." (Nr. 45)

Stünde unter diesem Schreiben nicht der Name des Papstes, würde mancher diese und andere Passagen für Äußerungen eines Kritikers

---

[4] Vgl. *Johannes Paul II.*, Apostolisches Schreiben „Novo Millennio Ineunte", 6. Januar 2001, in: Verlautbarungen des Apostolischen Stuhls, Nr. 150.

der gegenwärtigen Leitungspraxis halten. Vieles spricht dafür, daß die gesetzten Akzente tatsächlich nicht von ungefähr kommen, daß der Papst die besorgten Stimmen wahrgenommen hat und daß er ihre Sorge ernst nimmt. Dafür spricht auch die Tatsache, daß der Papst für den Mai 2001 ein Außerordentliches Konsistorium einberufen hat, auf dem er die Meinung der Kardinäle zu den in „Novo Millennio Ineunte" genannten Anliegen hören und sie und den ganzen Episkopat dafür gewinnen wollte, sie in die Praxis umzusetzen. Die beiden genannten Apostolischen Schreiben gehören zu den geistlich tiefsten und hellsichtigsten Dokumenten des päpstlichen Lehramtes der jüngeren Vergangenheit.

Die zunehmende Kritik von Kardinälen und Bischöfen am unausgewogenen Verhältnis von Gesamtkirche und Ortskirchen bemängelt nicht, daß es an einer theologischen Theorie für dieses Verhältnis fehle. Nein, ihre Kritik zielt nicht auf eine fehlende Communio-Ekklesiologie, sondern auf deren mangelnde Umsetzung. Im einzelnen beklagen sie, daß die Zuständigkeit, sei es die des Bischofs für seine Diözese, sei es die der Bischofskonferenz, durch weitgehende gesamtkirchliche Regelungen oder kuriale Einzelmaßnahmen zu sehr eingeschränkt werde – Einschränkungen, die bisweilen den Charakter von Bevormundung annehmen. Sie beklagen, daß sie in die Vorbereitung gesamtkirchlicher Regelungen und Weisungen gar nicht oder nicht ausreichend einbezogen werden – Regelungen oder Weisungen, die sie dann vor ihren Priestern und den übrigen Gläubigen vertreten und in ihren Diözesen durchführen sollen. Sie kritisieren, daß sie von solchen Maßnahmen häufig so kurzfristig in Kenntnis gesetzt werden oder sie erst aus der Presse erfahren, daß ihnen keine Zeit bleibt, sich auf die kritischen Fragen der Presse oder der Gläubigen vorzubereiten. Sie bemängeln, daß sich manche kurialen Ämter zu Aufsichts- und Weisungsinstanzen eigener Autorität entwickeln, die sich zwischen Papst und Bischöfe schieben, was mit der verfassungsmäßigen Stellung des Episkopats nicht vereinbar ist. Sie beklagen, daß bestimmte Kreise und Persönlichkeiten, die sich größerer Romtreue rühmen, häufig ein offeneres Ohr finden als die zuständigen Bischöfe. Schließlich fordern sie, daß den regionalen Synoden wie der Bischofssynode eine größere Eigenständigkeit und bessere Arbeitsweise eingeräumt werde. Tatsache ist, daß die öffentlich geäußerte Kritik einzelner Kardinäle und Bischöfe nur die Spitze des Eisbergs einer weit verbreiteten Verärgerung vieler Bischöfe darstellt, die sie aber aus Loyalität mit dem Papst oder aus weniger ehrenhaften Motiven nicht öffentlich äußern.

Dem aufmerksamen Beobachter entgeht nicht, daß die beklagten Mißstände im Verhältnis von gesamtkirchlichen und ortskirchlichen Instanzen, die unter dem Namen „Zentralismus" laufen, nicht nur auf Mängel institutioneller Art zurückzuführen sind. Die Verbesserung der Instrumente der communio – so wichtig sie ist – kann deshalb kein Allheilmittel sein. Die schon jetzt gegebenen Möglichkeiten solcher Instrumente und der schon jetzt gegebene Raum für Eigenverantwortung werden nicht genügend genutzt.

Nein, communio und Kollegialität zu verwirklichen, verlangt außer einer entsprechenden theologischen Orientierung und Motivierung entsprechende menschliche Qualitäten und persönliche Haltungen, die nicht selbstverständlich sind. Mit erstaunlicher Offenheit benennt der Papst in „Novo Millennio Ineunte" Fehlhaltungen, die selbst ideale Institutionen der communio und Kollegialität „zu seelenlosen Apparaten werden (lassen), eher Masken der communio als Möglichkeiten, daß diese sich ausdrücken und wachsen kann". Es sind jene „egoistischen Versuchungen, die uns andauernd bedrohen und Rivalität, Karrierismus, Mißtrauen und Eifersüchteleien erzeugen" (Nr. 43). Das viel beklagte Klima des Mißtrauens, geboren aus der Angst vor Veränderungen, vor neuen Ideen und möglichen Irrwegen und genährt von gegenseitigen Verdächtigungen, ist der ideale Nährboden für solche Fehlhaltungen. Diese sind aber eben nicht nur und nicht hauptsächlich bei Mitgliedern der römischen Kurie zu finden, sondern verbinden sich zu einem unheiligen Netzwerk auf und zwischen den verschiedenen kirchlichen Ebenen, das Zentralismus erzeugt.

Es ist deshalb nicht Ausflucht vor institutionellen Reformen, sondern die Erfahrung eines langen Pontifikates, die den Papst mit solchem Nachdruck auf eine „Spiritualität der communio" dringen läßt (Nr. 43). Die Grundzüge, die er nennt, sind bezeichnend. Aus gelebter communio mit dem dreieinigen Gott und im mystischen Leib Christi erwachse die Fähigkeit, den Bruder und die Schwester im Glauben zu erkennen als eine oder „einen, der zu mir gehört", sodann die Fähigkeit, „vor allem das Positive im anderen wahrzunehmen", um es als Gottesgeschenk auch für mich anzunehmen, und schließlich die Fähigkeit, dem Bruder und der Schwester „Platz machen" zu können, indem „einer des anderen Last trägt". In einer solchen Spiritualität der communio gründe auch die Fähigkeit der christlichen Gemeinschaft, „allen Gaben des Geistes Raum zu geben" (Nr. 46). Die hier empfohlenen Haltungen und Verhaltensweisen entsprechen genau jenen Fehlhaltungen, von denen vorher die Rede war und die eine Praxis der communio an der Wurzel behindern.

2. Bekannte und verkannte Ursachen des Zentralismus

Nach all dem stellt sich das zu Recht beklagte Phänomen Zentralismus, was seine Ursachen angeht, doch wohl differenzierter dar, als es gemeinhin gesehen wird. Seine Ursachen sind weder allein institutioneller Art, noch allein bei der römischen Kurie zu suchen. Es läßt sich sogar behaupten, daß der nicht zu leugnende Beitrag Roms zum Zentralismus allgemein überschätzt wird, weil er am meisten in die Augen springt. Die Kurie ist ein sehr differenziertes Gebilde, und ihre globale Verteufelung naiv.

Zum Vorwurf zentralistischer Bevormundung hat wohl nicht zuletzt die auffallende Aktivität der Glaubenskongregation beigetragen, deren „allzu tadellos funktionierendes zentrales Lehramt [...] jede Frage präjudizierte, noch ehe sie recht in die Diskussion gekommen" ist, wie der Konzilstheologe J. Ratzinger einen seiner Vorgänger kritisierte[5]. Die Vielzahl der von ihr oder unter ihrer Federführung produzierten Dokumente und der mit ihnen verbundene, zum Teil neuartige Verbindlichkeitsanspruch ließen selbst Theologen, die für ein eher abgewogenes Urteil bekannt sind, zu scharfen Kritikern Roms werden. Viele Bischöfe sind verärgert, weil sie der Auffassung sind, daß gerade Maßnahmen der Lehre, die die ganze Kirche betreffen und ihre eigene lehramtliche Verantwortung berühren und beanspruchen, nicht auf der Ebene kurialer Instanzen (bisweilen mit nachträglicher päpstlicher Billigung) entschieden werden sollten, jedenfalls nicht ohne eine umfassendere und intensivere Konsultation des Episkopats, wie es in einigen Fällen ja auch mit guter Auswirkung geschah. Auffallend war auch, daß in einzelnen Fällen (etwa bei der Befreiungstheologie) aufgrund der Intervention von Bischöfen ein zweites Dokument nachgeschoben werden mußte, um die Einseitigkeit des ersten zu beheben, oder daß zahlreiche Dokumente nachträglicher offizieller oder offiziöser Kommentare und Erklärungen bedurften, um das Gemeinte oder den erhobenen Verbindlichkeitsanspruch klarzustellen. Bekannt wurde die Klage mancher Bischöfe, ständig mit dem Studium, der Auslegung und Verteidigung solcher Lehrdokumente befaßt zu sein, so daß ihnen die Zeit zu Wichtigerem fehle. Als Folge der mangelnden Konsultation des Episkopats wird auch beklagt, daß nicht wenige dieser Dokumente Teile der Kirche in einem Zustand ständiger Kontestation

---

[5] *J. Ratzinger*, Der gegenwärtige Stand der Arbeiten des Zweiten Vatikanischen Konzils. Vortrag vom 1. Oktober 1964, hg. v. der Katholischen Rundfunk- und Fernseharbeit in Deutschland, Bonn 1964, 9.

verharren lassen, so daß selbst die gerechten Anliegen, die die Glaubenskongregation leiten, nicht wahrgenommen werden.

Trotz all dem: Den größeren Anteil an dem, was als Zentralismus beklagt wird, haben die Bischöfe selber, genauer eine Mehrheit von ihnen. Sie nehmen ihre sakramental begründete verfassungsmäßige Stellung und Rolle, die das 2. Vatikanum unterstrichen hat, nicht genügend wahr. Sie nehmen dieselben nicht wahr, wenn sie dringenden Anliegen ihrer Diözesanen mit der Auskunft begegnen, hier handele es sich um eine gesamtkirchliche Angelegenheit oder wenn sie diese Anliegen lediglich in der Rolle eines Briefträgers an die Kurie weiterleiten. Wenn sie diese Anliegen und Vorschläge für nicht richtig halten, sollten sie sich mit ihren Bedenken den Diözesanen stellen und sich nicht hinter der Autorität Roms verstecken. Halten sie diese aber für berechtigt und hilfreich, sollten sie diese zusammen mit anderen Bischöfen in Rom mit andauerndem Nachdruck vertreten. Als bloße Briefträger betätigen sie sich auch dann, wenn sie bei Maßnahmen der Kurie gegen einzelne ihrer Diözesanen lediglich den Briefwechsel zwischen den Betroffenen und der Kurie weiterleiten, statt das eigene Urteil einzubringen und, wenn angebracht, als Vermittler tätig zu werden – eine Rolle, die ihnen das Verfahren auch zuschreibt. Wer mit Mitgliedern der Kurie spricht, begegnet der Klage über die allzu häufigen Anfragen von Bischöfen in Rom, und zwar in Angelegenheiten, deren Regelung sehr wohl in die ortskirchliche Zuständigkeit fällt. Der Verweis auf die Zuständigkeit Roms sei nicht selten ein Vorwand, um von eigener Rat- oder Tatenlosigkeit abzulenken.

Tatsächlich gibt es viele Beispiele dafür, daß gut begründete und nachhaltig vertretene Anliegen beim Papst und kurialen Instanzen sehr wohl Erfolg hatten. Es hat sich auch in Rom herumgesprochen, daß allzu willfährige Bischöfe ohne eigenes Profil auf die Dauer dem Wohl der Kirche nicht dienlich sind. Zugegebenermaßen gibt es auch die umgekehrte Erfahrung, daß Bischöfe auf wenig Verständnis und Gesprächsbereitschaft stoßen. Die Geschichte der Reformbewegungen, die die Reformbeschlüsse des 2. Vatikanums möglich machten, zeigt indes, daß bei berechtigten Anliegen Nachhaltigkeit Erfolg haben kann – bisweilen sehr spät, zu spät.

Zum Zentralismus tragen Bischöfe nicht zuletzt durch jene Fehlhaltungen bei, die der Papst in seinem letzten Apostolischen Schreiben benennt. Solche Fehlhaltungen können sich als Loyalität und Papsttreue tarnen. Dann handelt es sich – mit den Worten des Papstes – in Wirklichkeit um „Masken der communio". Vor einigen Jahren erregte die öffentliche Kritik des langjährigen Präfekten der Bischofskongregation, Kardinal Gantin, am Karrierismus unter Bischöfen beträchtliches Aufsehen. Aufsehen erregten auch die Erfahrungsberichte einzelner Bischöfe in unterschiedlichen Ländern über das Verhalten mancher Mitbischöfe in Bischofskonferenzen. Statt etwa ihre Bedenken in der Konferenz zu vertreten, setzen sie sich hinter dem Rücken ihrer Mitbischöfe regelmäßig mit kurialen Instanzen in Verbindung, eine zweifelhafte Rolle spielend. Die Instrumente der communio können eben nicht nur durch einengende Statuten behindert werden, sondern auch und in noch höherem Maße durch unkollegiale Verhaltensweisen ihrer Mitglieder, die die Atmosphäre und die Beziehungen untereinander vergiften. Es gab und gibt aber auch das: Daß Bischöfe, einzeln oder mit anderen, oder daß Bischofskonferenzen ein offenes und – wenn nötig – kritisches Wort wagen und daß sie aus pastoraler Verantwortung neue Wege einleiten und neue Impulse auch für die Gesamtkirche setzen und dieses vor römischen Instanzen nachhaltig vertreten. Aus Deutschland sind hier u.a. der Hirtenbrief der drei oberrheinischen Bischöfe zur Pastoral der geschiedenen und wiederverheirateten Katholiken und das Ringen der deutschen Bischöfe um die wirksamste Hilfe für Schwangere zu nennen; obwohl anderer Auffassung als die Bischöfe, hat der Papst unmißverständliche Zeichen gesetzt, daß er die kirchliche Haltung, aus der das geschah, nicht bezweifelt hat.

Den größten Anteil daran, daß es in der Kirche unseres Landes und in anderen Ländern an communio und deren Erfahrung fehlt, hat aber jene Mehrheit von Kirchengliedern, die ihr Kirchesein gar nicht oder nur sehr eingeschränkt und distanziert leben. Die wichtigste Frucht des 2. Vatikanums ist das gewachsene Bewußtsein: Wir alle sind Kirche. Doch zu viele Katholiken setzen das nicht um. Sie nehmen ihre Berufung zu verantwortlichen Gliedern des Gottesvolkes nicht wahr. Der Vorwurf, die Kirche sei zu zeitfern, klerikal und zentralistisch, mag auf enttäuschende Erfahrungen verweisen können. Er ist bei vielen aber ein Vorwand, bei dem „die Kirche" dann wieder nur die Hauptamtlichen in der Kirche sind. Das Evangelium zu leben und zu bezeugen und dies in Gemeinschaft mit anderen Christen, daran will und kann sie niemand hindern. Viele verbleiben in einer Konsumentenhaltung. Solche Verhaltensweisen tragen zu dem Eindruck bei, die Kirche sei vor allem eine von den Hauptamtlichen getragene und repräsentierte Organisation, und fördern so – zumindest indirekt – auch Zentralismus.

Kirche als communio miteinander kann nur wachsen aus lebendiger und vertiefter communio möglichst vieler ihrer Glieder mit dem dreifaltigen Gott in Glaube, Hoffnung und Liebe. Und nur wenn daraus lebendige Gemeinden werden, können die Ortskirchen jenen Platz einnehmen und jene Rolle spielen, die ihnen in der communio der Gesamtkirche zukommt. Deshalb die entscheidende Bedeutung einer Spiritualität der communio gerade in den Ortskirchen und ihren Gemeinden – entscheidend für das rechte Verhältnis von Gesamtkirche und Ortskirchen, von Einheit und Vielfalt.

3. Vorrang der Gesamtkirche vor der Ortskirche, der Einheit vor der Vielfalt oder gleichrangiges Miteinander? Eine Kontroverse in der römischen Kurie

Wenn es also stimmt, daß die Bedeutung der Communio-Ekklesiologie für das rechte Verhältnis von Gesamtkirche und Ortskirchen nicht einseitig überbewertet werden sollte, weil auch noch andere Faktoren im Spiel sind, so sollte ihre Rolle doch auch nicht unterbewertet werden. Der jeweiligen Ekklesiologie kommt sowohl eine normierende wie eine motivierende und das ekklesiale Bewußtsein prägende Rolle zu. An ihr orientieren sich die anderen Faktoren, die im Spiel sind, nämlich die ekklesiale Spiritualität und die institutionelle Gestaltung des genannten Verhältnisses. Die zu Beginn genannte Kontroverse der beiden Kardinäle Kasper und Ratzinger um die rechte Auslegung des 2. Vatikanums und das Verständnis der Communio-Ekklesiologie verdient deshalb Aufmerksamkeit.

Die Erwiderung Ratzingers auf die Kritik Kaspers in der genannten Festschrift wurde ursprünglich auf dem internationalen Kongreß „Die Verwirklichung des 2. Vatikanischen Konzils" vorgetragen, der vom 25.-27. Februar 2000 im Vatikan im Rahmen des Großen Jubiläums stattfand[6]. Mit der Kritik Ratzingers setzte sich Kasper in einem Beitrag auseinander, der in der Dezembernummer 2000 der „Stimmen der Zeit" veröffentlicht wurde[7]. Daraufhin erschien am 22. Dezember 2000 in der Frankfurter Allgemeinen Zeitung der zu Beginn genannte Artikel Ratzingers, der die deutsche Übersetzung des im Februar im Vatikan gehaltenen Vortrags darstellt.

---

[6] Vgl. *J. Ratzinger*, L'ecclesiologia della Costituzione „Lumen gentium", in: *R. Fisichella* (Hg.), Il Concilio Vaticano II. Recezione e attualità alla luce del Giubileo, Mailand 2000, 66-81.

[7] Vgl. *W. Kasper*, Das Verhältnis von Universalkirche und Ortskirche. Freundschaftliche Auseinandersetzung mit der Kritik von *Joseph Kardinal Ratzinger*, in: Stimmen der Zeit [StdZ] 125 (2000), 795-804.

Die Kritik Kaspers in beiden Beiträgen bezieht sich auf das schon genannte Lehrschreiben der Glaubenskongregation „über einige Aspekte der Kirche als communio". Genauer kritisiert er dessen Lehre, die Gesamtkirche sei „im Eigentlichen ihres Mysteriums eine jeder Einzelkirche ontologisch und zeitlich vorangehende Wirklichkeit" (Nr. 9). Außerdem findet seine Kritik, daß die Kongregation der Formel des 2. Vatikanums, daß die eine und einzige katholische Kirche „in und aus" den Einzel- oder Ortskirchen besteht (LG 23) – „Ecclesia in et ex Ecclesiis" – die Formel „die Einzelkirchen in und aus der Gesamtkirche" – „Ecclesiae in et ex Ecclesia" – an die Seite stellt (Nr. 9), wenn damit ein wesentlicher Vorrang der Gesamtkirche und ihrer Instanzen vor der Ortskirche behauptet werden solle. Er fügt hinzu: „Vollends problematisch wird die Formel, wenn die eine universale Kirche unter der Hand mit der römischen Kirche, de facto mit Papst und Kurie, identifiziert wird. Geschieht dies, dann kann man das Schreiben der Glaubenskongregation nicht als Hilfe zur Klärung der Communio-Ekklesiologie, sondern muß es als deren Verabschiedung und als Versuch einer theologischen Restauration des römischen Zentralismus verstehen. Dieser Prozeß scheint in der Tat im Gange zu sein. Das Verhältnis von Orts- und Universalkirche ist aus der Balance geraten."[8]

Die empörte Reaktion Ratzingers auf den Vorwurf, er und die Glaubenskongregation identifizierten die Universalkirche mit Papst und Kurie, ist verständlich. Zudem wird aus der Rede Ratzingers von einer ontologischen und zeitlichen Vorgängigkeit oder Priorität (precedenza ontologica e temporale) bei Kasper unter der Hand die Rede vom ontologischen und zeitlichen Vorrang oder Primat der Gesamtkirche. Warum Kasper die Rede von der Priorität der Gesamtkirche in diesem Sinne und als Legitimationsversuch des fortschreitenden Zentralismus deutet, darüber gibt er sehr wohl in beiden Beiträgen Auskunft.

Es ist der Ärger eines Bischofs über den zunehmenden Dirigismus von seiten einiger Instanzen der römischen Kurie, insbesondere der Glaubenskongregation. „Denn als Bischof einer großen Diözese machte ich die Erfahrung eines immer größeren Auseinanderdriftens von universalkirchlichen Normen und der Praxis vor Ort. In manchen Fällen möchte man fast von einem mentalen und praktischen Schisma sprechen." Wenn ein Bischof dem nicht tatenlos zuschauen wolle, gerate er in eine schwierige Situation. Einerseits stehe er aus universal-

---

[8] *W. Kasper*, Zur Theologie und Praxis des bischöflichen Amtes (s. Anm. 2), 44.

kirchlicher Verantwortung in Solidarität mit dem Papst und den anderen Bischöfen, andererseits stehe er als Hirt einer Ortskirche in Solidarität mit seinem Klerus und mit den Fragen und Erwartungen der Gläubigen. Ein zentralistischer Dirigismus sei dabei, die traditionellen und erprobten Regeln und Weisen, mit hier auftretenden Spannungen umzugehen, außer Kraft zu setzen, und übergehe die ureigene Verantwortung des Ortsbischofs. „Das ist nicht nur meine Erfahrung, sondern die Erfahrung und Klage vieler Bischöfe überall in der Welt. Kardinal Ratzinger ist auf diese pastoralen Anliegen und Erfahrungen leider nicht eingegangen."[9] Empört weist er die Kritik Ratzingers an seiner Position, „sie liefe darauf hinaus, daß es nur noch Gemeinden als empirische Größen gebe und der theologische Tiefensinn der Kirche verlorengehe", als „ein schlimmes Mißverständnis und eine Karikatur meiner Auffassung" zurück[10].

In seinem ersten Beitrag kritisiert Kasper die zentralistischen Tendenzen nicht nur im Blick auf die sakramental begründete pastorale Eigenverantwortung des Bischofs bei der Leitung seiner Ortskirche, sondern auch hinsichtlich der ungenügenden Anerkennung und Entfaltung der Instrumente der Kollegialität, nämlich der Bischofskonferenzen und der Bischofssynode. Ferner schneidet er die Frage der Ernennung der Bischöfe durch Rom und der Mitwirkung der Ortskirchen bei der Kandidatenfindung an[11].

Mit Kasper ist der Glaubenskongregation zuzugestehen, daß es nach dem Konzil Entwicklungen gab und gibt, die sich auf die Communio-Ekklesiologie berufen und zu besorgter Kritik Anlaß geben. Die universalistische Ekklesiologie, die vor dem Konzil herrschte und deren Einfluß noch in den Dokumenten des Konzils spürbar ist, schlug nach dem Konzil bei einigen Theologen in das genaue Gegenteil um. Wer nämlich im Gegenzug die Priorität oder sogar den Primat der Ortskirche behauptet, gerät in Gefahr, die Gesamtkirche als bloße Summe oder Produkt des Zusammenschlusses von Ortskirchen erscheinen zu lassen, also als etwas Sekundäres, vielleicht sogar ohne theologische Valenz. Außerdem wurde und wird die Communio-Ekklesiologie nicht selten auf die bloße Frage der Kompetenzverteilung zwischen gesamt- und ortskirchlichen Instanzen verengt. Im Hintergrund solcher Tendenzen stehen häufig aber praktische Anliegen, nämlich Raum zu schaffen für eine legitime Inkulturation und für

---

[9] *W. Kasper*, Das Verhältnis von Universalkirche und Ortskirche (s. Anm. 7), 795-797.
[10] Ebd. 797.
[11] Vgl. *W. Kasper*, Zur Theologie und Praxis des bischöflichen Amtes (s. Anm. 2), 44-48.

die Eigenverantwortung und Vielfalt der Ortskirchen gegenüber den Nachwirkungen der universalistischen Ekklesiologie oder gegenüber ihrer Restauration heute.

Kasper wehrt sich nun dagegen, daß nur den Bedrohungen der Communio-Ekklesiologie, die von dieser Seite ausgehen, begegnet wird, nicht aber den Gefahren von der Gegenseite, die im Vortrag Ratzingers nur beiläufig erwähnt werden, wenn es heißt: „Natürlich kann es einen überbordenden römischen Zentralismus geben, der als solcher dann kenntlich gemacht und bereinigt werden muß. Aber solche Fragen dürfen nicht ablenken von der eigentlichen Aufgabe der Kirche: Die Kirche hat nicht primär von sich selbst zu reden, sondern von Gott [...].". Und Kasper wehrt sich dagegen, daß dem praktischen Anliegen, Zentralismus zu bereinigen, mit einer Theorie entgegnet wird, eben mit der Rede von der ontologischen und zeitlichen Priorität der Gesamtkirche, ohne daß die vorgetragenen pastoralen Anliegen erörtert werden. Schon der Konzilstheologe Ratzinger hatte vor einer „Verquickung von pragmatischen Anliegen und theologischen Fragestellungen" und vor einer „Ideologisierung des Pragmatischen" – damals im Blick auf die konziliare Kollegialitätsdebatte – gewarnt und gefordert, „das Pragmatische pragmatisch bleiben zu lassen und deutlich zu sehen, wie schmal der wirkliche Bereich des göttlichen Rechts in der Kirche und wie groß der dem Ermessen gelassene Spielraum ist"[12]. Diese Forderung gilt natürlich für beide Seiten, also sowohl für die, die ihr Anliegen einer größeren Vielfalt mit der Theorie einer Priorität der Ortskirche verstärken, wie für diejenigen, die ihr Anliegen einer Verteidigung der Einheit mit der Theorie einer Priorität der Gesamtkirche untermauern. Jedenfalls zeigt sich in all dem, in welchem Maß ekklesiologische Argumentationen – offen oder verschleiert – von pragmatischen Absichten gesteuert werden.

Es stellt sich nun aber doch die Frage, ob es nicht tatsächlich der Theorie einer ontologischen und zeitlichen Priorität der Gesamtkirche bedarf, um der Entwicklung zu wehren, die die Glaubenskongregation im Visier hat. Das Lehrschreiben der Kongregation sagt, daß die Gesamtkirche eine Wirklichkeit sei, die den Einzelkirchen „im Eigentlichen ihres Mysteriums" ontologisch vorausgehe (Nr. 9). Es verweist dafür auf die Lehre der Kirchenväter von einer Präexistenz der einen und einzigen Kirche. Diese gehe „in ihrem Geheimnischarakter onto-

---

[12] *J. Ratzinger*, Konkrete Formen bischöflicher Kollegialität, in: *J. Ch. Hampe* (Hg.), Ende der Gegenreformation? Das Konzil, Dokumente und Deutung, Stuttgart–Mainz 1964, 155 f.

logisch der Schöpfung voraus, und sie gebiert die Einzelkirchen gleichsam als Töchter; sie bringt sich in ihnen zum Ausdruck, ist Mutter und nicht Produkt der Einzelkirchen" (Nr. 9). Die Väter knüpften hier an den rabbinischen Gedanken von der Präexistenz der Thora und Israels im ewigen Heilsplan Gottes an, den sie auf die Kirche übertrugen. Die Kongregation möchte darin nicht nur den Hervorgang der Kirche aus Gott, sondern zudem die Abkünftigkeit der Einzelkirchen aus der Gesamtkirche „in der Zeit" angezeigt sehen.

Was man unter der Präexistenz der einen und einzigen Kirche verstehen könnte, drückt Y. Congar so aus: Die eine und einzige Kirche präexistiert den Einzelkirchen in Gottes Plan, nämlich als ihr bestimmendes Ideal und absolutes Wesen; das ist aber nicht so zu verstehen, als ob die Gesamtkirche den Einzelkirchen präexistiere wie eine konkrete Realität anderen konkreten Realitäten vorausgeht[13]. Diese Präzisierung scheint die Kongregation nicht zu berücksichtigen. Um nämlich ihr Anliegen zu begründen, springt sie von der Ebene des „Eigentlichen ihres Mysteriums" unvermittelt auf die Ebene der konkreten Existenz der Kirche „in der Zeit" über und behauptet konsequenterweise auch eine zeitliche Priorität der Gesamtkirche, die dann im Pfingstsaal oder der Jerusalemer Urgemeinde gefunden wird. Vielleicht hatten die Verfasser des Lehrschreibens dabei die Feststellung von H. de Lubac im Ohr: „Eine Gesamtkirche, die voraus läge oder die man sich als in sich seiend, außerhalb aller Einzelkirchen, vorstellte, ist nur eine Abstraktion."[14] Es ist nicht nötig, hier die Fraglichkeit der Rede von einer zeitlichen Priorität zu diskutieren, deren Bedeutung übrigens von Ratzinger selbst in seinem Vortrag relativiert wird. Das Argument einer Priorität wird nämlich gar nicht – wie gleich noch zu zeigen ist – gebraucht, um aufzuweisen, daß „die Gesamtkirche nicht als die Summe der Einzelkirchen aufgefaßt werden (kann) und ebensowenig als Zusammenschluß von Einzelkirchen" (Nr. 9).

Zunächst läßt sich aber sehr wohl das Anliegen der Glaubenskongregation aufnehmen, die Einheit der Kirche im Mysterium ihres Hervorgangs aus Gott begründet zu sehen. Was der Kirche „in der Zeit" „ontologisch" vorausgeht und immer voraus sein wird – das „Eigentliche des Mysteriums" ihrer Einheit – ist der ewige Heilsratschluß Gottes und seine in Treue andauernde Liebe, und was ihr „ontologisch und zeitlich" vorausgeht, ist der menschgewordene Sohn Gottes, Jesus

---

[13] Vgl. *Y. Congar*, Ministères et communion ecclésiale, Paris 1971, 131.
[14] *H. de Lubac*, Quellen kirchlicher Einheit, Einsiedeln 1974, 52.

Christus, der als Erhöhter ständig im Heiligen Geist seinen Leib aus den Vielen bildet. Die Kirche „in der Zeit" lebt einzig und allein aus ihrer communio mit dem dreifaltigen Gott und seiner sich schenkenden Liebe, die in der Verkündigung des Wortes Gottes, in der Feier der Sakramente und in der geschwisterlichen Gemeinschaft der Glaubenden gegenwärtig ist und wirkt. Als communio untereinander gelingt Kirche nur in dem Maße und Grade, wie sie aus der communio mit dem dreieinen Gott lebt. Das Gelingen der Kirche als communio in Einheit und Vielfalt ist allein Werk Gottes, denn auch unser Anteil daran, ohne den Gott sein Reich nicht vollenden will, ist sein Geschenk.

Was nun die konkrete Existenz und Gestalt der Kirche „in der Zeit" angeht, gilt es, endlich den sich gegenseitig aufschaukelnden Widerstreit einseitiger Prioritätensetzungen hinter sich zu lassen und jene „Kopernikanische Wende" zu vollziehen, die die Communio-Ekklesiologie tatsächlich bedeutet[15]. Nur auf ihrer Basis können Einheit und Vielfalt gleicherweise in der Kirche gelingen.

Eine Communio-Ekklesiologie geht nicht von dem Vergleich zwischen der Gesamtkirche und den einzelnen Ortskirchen aus, und sie betrachtet Gesamtkirche und Ortskirchen auch nicht als voneinander absetzbare Größen, zwischen denen eine Priorität fest- oder herzustellen wäre. Vielmehr ist ihr die Gesamtkirche „in der Zeit" nichts anderes als die Gemeinschaft der Ortskirchen, communio ecclesiarum. „Aus ihnen und in ihnen existiert die eine und einzige katholische Kirche." (LG 23) Und die Einzelkirchen sind „nach dem Bild der Gesamtkirche gestaltet" (LG 23), weil in jeder dasselbe Wort Gottes verkündet, dieselben Sakramente gefeiert und Geschwisterlichkeit, communio fidelium, gelebt wird, und weil in jeder Ortskirche „Christus gegenwärtig ist, durch dessen Kraft die eine, heilige, katholische und apostolische Kirche geeint wird", so daß die Einzelkirchen „selbst Kirchen heißen" (LG 26). Die Gesamtkirche transzendiert zwar die einzelnen Ortskirchen, nicht aber die communio der Ortskirchen. Es ist die Gesamtkirche oder communio ecclesiarum, der die Verheißungen der Existenz bis ans Ende der Zeiten und der Unbeirrbarkeit im Glauben gelten – Verheißungen, die sich nicht auf die Einzelkirche beziehen, obwohl auch sie Kirche heißt.

---

[15] Vgl. dazu *J. Komonchak*, The Local Church and the Church Catholic. The Contemporary Theological Problematic, in: The Jurist 52 (1992), 416-447; *J. Freitag*, Vorrang der Universalkirche, in: Ökumenische Rundschau [ÖR] 44 (1995), 74-92.

Daß Gesamtkirche und communio ecclesiarum nicht Unterschiedliches bedeuten, zeigt sich deshalb auch darin, daß der diachrone und synchrone Konsens der Ortskirchen und ihrer Hirten, das Zeugnis der communio ecclesiarum und communio fidelium, stets das entscheidende Kriterium einer gesamtkirchlich verbindlichen Glaubensüberlieferung war. Dasselbe zeigt sich im Gefüge der gesamtkirchlichen Institutionen, Petrusamt und Bischofskollegium. Jeder Bischof ist zugleich Hirt einer Ortskirche und Mitglied des Bischofskollegiums, und der Papst ist zugleich Bischof einer Ortskirche, eingefügt in das Bischofskollegium, und dessen Haupt – jeweils in wechselseitigem Ineinander.

Tatsächlich ist für die Gesamtkirche als communio der Ortskirchen das – wie das Lehrschreiben der Kongregation mit einem Wort des Papstes sagt – „wechselseitige Ineinander" von Gesamtkirche und Ortskirchen (Nr. 9) charakteristisch. Das aber bedeutet mit einem Wort H. de Lubacs: „Da gegenseitige Einwohnung und Einschließung herrscht, besteht auch vollkommene Korrelation"[16] – was jede Prioritätensetzung, sei es die Priorität der Gesamtkirche, sei es die der Ortskirche, ausschließt. Damit ist natürlich auch ausgeschlossen, die communio der Ortskirchen als bloße Summe oder Zusammenschluß der Einzelkirchen verstehen zu können. Ein solches Verständnis ersetzt die oben skizzierte theologische Dimension von communio durch eine soziologische; es ist keine Form von Communio-Ekklesiologie, sondern deren Verrat. Um dieses Fehlverständnis auszuschließen, ist die Rede von einer ontologischen und zeitlichen Priorität der Gesamtkirche nicht erforderlich. Vielmehr genügt die strikte Identifizierung der Gesamtkirche mit der communio der Ortskirchen unter Einschluß der theologischen Grundlegung und Dimension von communio.

So wie die Gesamtkirche nicht das Ergebnis eines äußeren Zusammenschlusses von Ortskirchen, sondern deren in der communio mit Gott wurzelnde communio ist, so ist für die einzelne Ortskirche die Zugehörigkeit zur communio mit den anderen Ortskirchen nicht etwas ihr Äußerliches, sondern die Bedingung ihres Kircheseins. In diesem Sinn kann man mit dem Lehrschreiben der Glaubenskongregation sagen, daß die Einzelkirchen in und aus der Gesamtkirche, das heißt in und aus der communio mit den anderen Ortskirchen existieren. Sobald man das aber im Sinne einer Abkünftigkeit der Ortskirchen aus einer als zeitlich vorausgehend und an sich seiend gedachten Gesamtkirche versteht (Nr. 9: „in und aus der Universalkirche geboren"), fällt man

---

[16] *H. de Lubac*, Quellen kirchlicher Einheit (s. Anm. 14), 50.

aus der Logik des Communio-Gedankens, der Logik der vollkommenen Korrelation, zurück in die Logik der universalistischen Ekklesiologie.

Und es erscheint der theologischen Dimension der Communio-Ekklesiologie wenig entsprechend, wenn man – wie Ratzinger in seinem FAZ-Artikel – die Ortskirchen als bloße „konkrete empirische Verwirklichungen" der ontologisch vorausgehenden einen und einzigen Kirche versteht. Was nämlich die Kirche im „Eigentlichen ihres Mysteriums" angeht, ihre Geburt im Herzen Gottes und des Gekreuzigten, hat Gott von Anfang an alle ihre Verwirklichungen „in der Zeit" und alle ihre zukünftigen Glieder in seinem liebenden Blick. In historischer Perspektive mag die konkrete Existenz und Umschreibung der Ortskirchen vielfältig bedingt und veränderbar sein, doch die Perspektive des Mysteriums der Kirche ist eine andere. Aus dem Herzen Gottes geht die Kirche von Anfang an als communio, als Einheit in Vielfalt – wie das Pfingstwunder andeutet – hervor, und als solche ist sie Abbild des dreieinigen Gottes, der innergöttlichen interpersonalen communio (UR 2; LG 4; GS 24).

Aufgrund der vollkommenen Korrelation von Gesamtkirche und Ortskirchen sollte die Formulierung der Kongregation, daß die Einzelkirchen in und aus der Kirche existieren, nicht im Sinne einer Partizipation der Ortskirchen an der als vorausliegend gedachten Wirklichkeit der Gesamtkirche verstanden werden. So scheint bisweilen auch die Formel des 2. Vatikanums, daß die Ortskirchen „nach dem Bild der Gesamtkirche gestaltet sind" (LG 23), gedeutet zu werden. Der Text von *Lumen gentium* 23 zeigt aber, worum es hier einzig und allein geht: Wie die Gestalt der Gesamtkirche vom Miteinander von Vielheit und Einheit geprägt ist, so auch die Gestalt der Ortskirche.

Es erweist sich also wiederum: Auch um das Eingefügtsein jeder Ortskirche in die Gesamtkirche, in die communio der Ortskirchen als Bedingung ihres Kircheseins zu begründen, auch dafür wird die Rede von einer ontologischen und zeitlichen Priorität der Gesamtkirche nicht gebraucht. Sie gehört überhaupt nicht in eine Communio-Ekklesiologie.

Die Rede von einer Priorität der Gesamtkirche ist zudem alles andere als hilfreich. Denn sie stellt den nutzlosen Widerstreit der gegensätzlichen Prioritätensetzungen auf Dauer. Ja, in Wirklichkeit ist die Frage: Was ist früher, die Gesamtkirche oder die Einzelkirche? – wie L. Örsy erklärt – eine falsch gestellte Frage, eine Falle. „Jeder, der in sie hineintappt, muß entweder zwischen dem einen oder dem anderen wählen. Es ist, als ob man fragte: Was ist früher, der Leib oder seine

Glieder? Ein Leib ohne Glieder ist kein Leib; Glieder, die nicht einen Leib bilden, sind keine Glieder."[17]

Trotz all dieser Einwände gegen die Rede von einer Priorität der Gesamtkirche sollte es Theologen oder einer theologischen Schule unbenommen sein, ihre Sicht der Dinge in dieser Weise auszudrücken und mit guten Gründen zu vertreten. Im Grunde handelt es sich nämlich, wie Kasper feststellt, um einen Schulstreit, „um eine Frage nicht der kirchlichen Doktrin, sondern der theologischen Meinung"[18]. Dann stellt sich aber die Frage, ob eine theologische Schule oder einzelne Theologen ihren Einfluß oder ihre Stellung in der Leitung der Kirche dazu gebrauchen sollten, ihre theologische Meinung als verbindliche Auslegung des 2. Vatikanums durchzusetzen. Nicht wenige haben sich gefragt, ob es der Theologe Ratzinger war, der sich in der Öffentlichkeit eines internationalen Kongresses und einer weit verbreiteten Tageszeitung mit dem Theologen Kasper auseinandersetzte, oder ob es der Präfekt der Glaubenskongregation war, der einen Bischof, der den Verbindlichkeitsanspruch einer bestimmten Ausdrucks- und Auslegungsweise der Kongregation bezweifelte, dessen bezichtigte, sich mit seiner Auffassung außerhalb von Kirche und verbindlicher Glaubenslehre zu stellen.

Wer nämlich ein Problem damit hat, in der zweifellos gegebenen Vorgängigkeit der „großen Gottesidee Kirche" nicht nur den Hervorgang der einen und einzigen Kirche aus Gottes Heilsplan und -willen zu sehen, sondern darüberhinaus aus ihr die Abkünftigkeit der Einzelkirchen aus der Gesamtkirche „in der Zeit" ableiten zu sollen, dem wird in der FAZ der Vorwurf gemacht: „Das heißt aber, daß Kirche als theologisches Thema überhaupt gestrichen wird. Wenn man Kirche nur noch in menschlichen Organisationen sehen kann, dann bleibt in der Tat nur Trostlosigkeit übrig. Aber dann hat man nicht nur die Ekklesiologie der Väter, sondern auch die des Neuen Testaments und die Israel-Idee des Alten Testaments verlassen." Kann man wirklich den Theologen und Bischof Kasper und jene Theologen, die wie er die Rede von der Priorität der Gesamtkirche für weder notwendig noch hilfreich halten, mit einem solchen Vorwurf überziehen? Oder liegt hier der eben genannte Versuch vor, nicht nur ein begründetes Anliegen zu vertreten, sondern unter Einsatz der Amtsstellung die eigene Schulmeinung als für die ganze Kirche verbindlich durchzusetzen?[19]

---

[17] L. Örsy, The Papacy for an Ecumenical Age, in: America 183 (2000), Nr. 12, 11.

[18] W. Kasper, Das Verhältnis von Universalkirche und Ortskirche (s. Anm. 7), 802.

[19] In einer mit einem Geleitwort von Kardinal Ratzinger erschienenen Studie zu seiner Ekklesiologie heißt es: „Bei der Lektüre der Publikationen Ratzingers scheint es zu-

Es ist hier nicht der Raum, wie in ausführlicheren Darstellungen der Communio-Ekklesiologie an allen konstitutiven Elementen und Grundvollzügen der Kirche das in vollkommener Korrelation „wechselseitige Ineinander" von Gesamtkirche und Ortskirche im einzelnen aufzuweisen. Hier mag der Hinweis auf die Eucharistie mit einem Zitat aus dem FAZ-Artikel von Kardinal Ratzinger genügen: „In der Eucharistie baut Christus, in Brot und Wein gegenwärtig und immer neu sich verschenkend, die Kirche als seinen Leib auf und eint uns durch seinen auferstehenden Leib dem dreieinigen Gott und untereinander. Eucharistie geschieht am jeweiligen Ort und ist doch zugleich immer universal, weil es nur einen Christus gibt und nur einen Leib Christi. Eucharistie schließt den priesterlichen Dienst der Repraesentatio Christi und damit das Netz des Dienens ein, das Miteinander von Einheit und Vielheit, das sich schon im Wort communio andeutet."

Erst wenn Gesamtkirche strikt als communio der Ortskirchen verstanden wird, fügt sich auch das rechte Verhältnis zwischen der gesamtkirchlichen und ortskirchlichen Dimension des Hirtendienstes. Der Bischof ist Glied des Bischofskollegiums in der Nachfolge des Apostelkollegiums und zugleich Hirte seiner Ortskirche, beides ist für sein Amt konstitutiv. Indem er seiner Ortskirche dient, dient er der Gesamtkirche, und indem er kollegiale Verantwortung im Rahmen der Gesamtkirche oder seiner Region wahrnimmt, trägt er zugleich Sorge für seine Ortskirche und dient ihr. Der Papst ist als Nachfolger Petri Bischof der römischen Ortskirche und Glied des Bischofskollegiums und zugleich dessen Haupt. Das Petrusamt im Sinne jener Spiritualität der communio auszuüben, die in „Novo Millennio Ineunte" umrissen wird, heißt, dieses Amt als Communio-Primat zu begreifen. Wer dagegen von der Priorität der Gesamtkirche „in der Zeit" vor der Ortskirche spricht, steht zumindest in der Gefahr, die Vollmacht des Bischofsamtes aus der des Papstamtes abzuleiten, wozu eine universalistische Ekklesiologie neigt; das ist mit der Lehre des 2. Vatikanums kaum vereinbar.

Inzwischen wird die Rede von der ontologischen und zeitlichen Priorität der Gesamtkirche auch auf das Verhältnis von Bischofskollegium und regional-teilkirchlichen Zusammenschlüssen bischöflicher

---

weilen, als setze dieser die – für die gegenwärtige Theologie maßgebliche – Ekklesiologie des Zweiten Vatikanums geradezu gleich mit seinem eigenen ekklesiologischen Denken"; vgl. *Th. Weiler*, Volk Gottes – Leib Christi. Die Ekklesiologie Joseph Ratzingers und ihr Einfluß auf das Zweite Vatikanische Konzil, Mainz 1997, 344.

Kooperation wie den Bischofskonferenzen übertragen[20], so in dem Apostolischen Schreiben Motu Proprio „Apostolos Suos" „über die theologische und rechtliche Natur der Bischofskonferenzen" vom 21. Mai 1998[21]. Daraus wird abgeleitet, daß die Mitgliedschaft im Bischofskollegium dem Auftrag, einer Einzelkirche vorzustehen, vorgeordnet sei (Nr. 12) – eine Meinung, der Theologen wie Y. Congar[22] und andere oder Bischöfe wie Kardinal R. Etchegaray[23] widersprochen haben. Diese „schließen aus, daß das Reden von einem Vorrang entweder des Bischofskollegiums oder aber der Einzelkirche theologisch sinnvoll zu begründen sei, und zwar wegen der besonderen ‚gegenseitigen Anwesenheit' der Einzelkirchen in der Gesamtkirche und umgekehrt, wie sie nach der Communio-Ekklesiologie bestehe"[24]. Die Durchsetzung einer theologischen Schulmeinung wie die von der Priorität der Gesamtkirche als eine für die ganze Kirche verbindliche Lehre wird also auch dadurch forciert, daß sie in ein päpstliches Dokument vom Rang eines Apostolischen Schreibens eingeführt wird.

Da sich diese Darlegung auf das Miteinander von Einheit und Vielfalt im Verhältnis von Gesamtkirche und Ortskirchen beschränkt, geht sie nicht auf eine Dimension der Kirche ein, die in einer Communio-Ekklesiologie noch zentraler ist als die communio ecclesiarum: Die Kirche ist wesentlich Gemeinschaft der Glaubenden, communio fidelium. Die Eigenart der Kirche, Gemeinschaft der Ortskirchen zu sein, ist die strukturelle Verwirklichungsgestalt der Gemeinschaft der Glaubenden. Was die Gemeinschaft der Ortskirchen verletzt, verletzt nicht weniger die Gemeinschaft der Glaubenden und umgekehrt. Die Kirche ist eine Gemeinschaft von Gemeinschaften, und jede dieser

---

[20] Zur schwierigen Entwicklung der Verhältnisbestimmung von Kollegialität und Bischofskonferenz vgl. K. *Winterkamp*, Die Bischofskonferenz zwischen ‚affektiver' und ‚effektiver Kollegialität'. Zur Genese zweier Redeweisen in der theologischen Diskussion um das Verhältnis von Bischofskonferenz und Kollegialität, Diss.theol. Bochum 2001.

[21] Acta Apostolicae Sedis [AAS] 90 (1998), 641-658.

[22] Vgl. Y. *Congar*, La consécration épiscopale et la succession apostolique constituentelles chef d'une église locale ou membre de collège?, in: Euntes Docet (1967), 29-40; *ders.*, Die Wesenseigenschaften der Kirche, in: Mysterium Salutis [MySal], hg. v. J. *Feiner* u. M. *Löhrer*, Bd. IV/1, Einsiedeln–Zürich–Köln 1972, 357-594, hier 398, 403; *ders.*, Ministères et communion ecclésiale (s. Anm. 13), 105-120.

[23] Vgl. R. *Etchegaray*, Kollegialität und Evangelisation in Europa, in: Die kollegiale Verantwortung der Bischöfe und Bischofskonferenzen Europas in der Evangelisierung des Kontinents, in: Stimmen der Weltkirche, hg. v. Sekretariat der Deutschen Bischofskonferenz, Nr. 16, 38-41, hier 44.

[24] D. *Valentini*, Bischöfliche Kollegialität im Spiegel der Positionen verschiedener Theologen, in: Concilium [Conc] 26 (1990), 283-291, hier 287.

ortskirchlichen Gemeinschaften wie die ganze Kirche ist eine Gemeinschaft von Personen, von denen jede berufen ist, ihr Kirchesein zu leben und die Sendung der Kirche mitzutragen. Und da jede dieser Personen an ihrem Ort und zu ihrer Zeit ihre unverwechselbare eigene Berufung und Sendung von Gott empfängt, ist die Gemeinschaft der Glaubenden noch mehr als die Gemeinschaft der Ortskirchen der Grund für das Miteinander von Einheit und Vielfalt in der Kirche. Und alle, die diese ihre Berufung nicht wahrnehmen, tragen ihren Anteil daran, daß Kirche sich nicht als communio entfalten kann.

Man erzählt sich, amerikanische Kardinäle hätten sich darüber beschwert, daß Kardinäle, dazu noch der römischen Kurie, in aller Öffentlichkeit einen theologischen Streit austragen. Das schade der Glaubwürdigkeit der katholischen Kirche und Roms. Tut es das? Sicher, wenn der Streit als Machtkampf und nicht auf faire Weise ausgetragen würde. Sicher nicht, wenn die Menschen sehen, daß auch Kardinäle um ein evangeliumsgemäßes Selbstverständnis und eine zukunftsfähige Gestalt der katholischen Kirche ringen.

D.

Anhang

XIV

Dokumentation der Erklärungen des Vorstandes der Deutschen Sektion der Europäischen Gesellschaft für Katholische Theologie zur Schwangeren-konfliktberatung sowie zu *Dominus Jesus*

Erklärung des Vorstandes der Deutschen Sektion der Europäischen Gesellschaft für Katholische Theologie zur Schwangeren-konfliktberatung

In Wahrnehmung ihrer öffentlichen Verantwortung als Theologinnen und Theologen und in Verbundenheit mit der Kirche erklären Vorstand und Mitgliederversammlung der Europäischen Gesellschaft für Katholische Theologie (Deutsche Sektion):

Die Kontroverse um die Schwangerschaftskonfliktberatung fordert die Katholische Kirche in Deutschland zu einem entschiedenen Glaubens-zeugnis heraus.

1. Wir weisen mit Nachdruck die Behauptungen zurück, das kirchliche Engagement im staatlichen System der Schwangerschaftskonfliktberatung verdunkle die Eindeutigkeit des Zeugnisses für das Leben. Der Glaube an den Gott des Lebens kann nicht durch Klischees und Schlagworte bezeugt werden, erst recht nicht in unserer differenziert denkenden Gesellschaft. Derartige vereinfachte Denkmuster mißachten das Niveau der Lehrtradition des katholischen Glaubens.

2. Im Zusammenwirken mit Verantwortlichen im öffentlichen Leben, insbesondere im Bereich von Politik, Recht und Medizin, haben die christlichen Kirchen durch das Beratungsmodell die reine Fristenlösung abgewendet. Dadurch ist ein in Europa einzigartiger Beitrag zum Schutz des ungeborenen Lebens erreicht worden. Die Kirche darf sich der Wahrnehmung der damit eröffneten Chancen nicht entziehen.

3. In der Alternative, das Leben ungeborener Kinder zu retten oder sich der Rettung zu verweigern, gibt es nur eine moralisch vertretbare Entscheidung. Eine ethische Ermächtigung, auf den Einsatz zugunsten des Lebens zu ver-

zichten, kann niemand erteilen. Die Gewissensentscheidung kann hier nicht kirchlichem Gehorsam weichen.

4. Es ist ein wichtiges Prinzip im katholischen Kirchenverständnis, daß offene Fragen nicht einseitig entschieden werden. Die Kirche hat den Rigorismus in der Moraltheologie ausdrücklich abgelehnt.

5. Den in Bedrängnis geratenen Frauen wird nicht durch die Verkündigung allgemeiner Prinzipien gedient, sondern durch wirksame Solidarität. Sie dürfen erwarten, daß die Kirche ihnen in ihrer Situation mit Rat und tatkräftiger Hilfe zur Seite steht. Der Verbleib im staatlichen Beratungssystem bietet die Chance, wirklich viele Frauen zu erreichen. Der ausgestellte Schein bestätigt die vom Bundesverfassungsgericht geforderte Beratung zugunsten des Lebens, nichts sonst. Beratung und Beratungsbestätigung stellen nach traditionellen moraltheologischen Kriterien keine moralisch unzulässige Mitwirkung an einer eventuellen Abtreibung dar.

6. Die Beratung kann die Entscheidung der Frau nicht ersetzen. Die Frauen sind in ihrer Entscheidungsverantwortung zu respektieren.

7. Die Schwangerschaftskonfliktberatung ist keine Frage der rechten Lehre, sondern der pastoralen Verantwortung, die der Bischof nicht aus der Hand geben kann. Nach dem Kirchenrecht steht dem Ortsbischof die ungeschmälerte Vollmacht zur Leitung seines Bistums zu. Weltkirchliche Belange, die ein Eingreifen des Papstes rechtfertigen könnten, werden hier nicht berührt.

8. Die Sorge um die Einheit der Kirche darf nicht reduziert werden auf die Einheit zwischen Papst und Bischöfen, sie betrifft ebenso die Einheit zwischen den Bischöfen und den übrigen Gläubigen. Die Übereinstimmung mit den anderen christlichen Kirchen in dieser Angelegenheit darf nicht gefährdet werden.

Wir fordern unsere Bischöfe auf, an der bisherigen Praxis und dem einmütig gefaßten Beschluß vom Juni 1999 festzuhalten und in der staatlichen Schwangerschaftskonfliktberatung zu verbleiben

Dresden, 4.10.99

Für den Vorstand der Deutschen Sektion der Europäischen Gesellschaft für Katholische Theologie
gez. Prof. Dr. Albert Franz, Vorsitzender

Stellungnahme des Vorstandes der Deutschen Sektion der Europäischen Gesellschaft für Katholische Theologie zur jüngsten Veröffentlichung der Glaubenskongregation *Dominus Jesus*

Die Erklärung der Glaubenskongregation *Dominus Jesus* vom 6. August 2000 hat in der Öffentlichkeit, v.a. aber an der kirchlichen Basis, in den Gemeinden vor Ort, sowie unter Theologen, beträchtliche Unruhe ausgelöst. Es ist der römischen Kongregation für die Glaubenslehre zweifellos unbenommen, auf Fragen und Probleme des interreligiösen Gesprächs und des ökumenischen Dialogs hinzuweisen und deutlich zu machen, inwiefern diese mit einem gewissen Recht als nach wie vor ungelöst und vielleicht als in den letzten Jahren zu wenig beachtet zu bezeichnen sind. Um so bedauerlicher ist es, daß Form, Diktion und Zeitpunkt der Veröffentlichung weithin jene Sensibilität im Umgang mit den betroffenen Gesprächspartnern vermissen lassen, die nichts mit falscher Höflichkeit zu tun hat, vielmehr für eine realistische und differenzierte Sicht der Problemlage und die Entwicklung von tragfähigen Lösungsperspektiven unverzichtbar ist. Schon der unterschwellige Eindruck, den das Schreiben – ob bewußt oder unbewußt, gewollt oder ungewollt, sei dahingestellt – vermittelt, man sehe in der eigenen Position und dem eigenen Anspruch von vornherein weniger ein Problem als die letztlich einzig mögliche Lösung aller Fragen und habe somit selbst praktisch keinen Anteil an der leidvollen Geschichte und komplexen Problemlage der Ökumene und des interreligiösen Gesprächs, ist fatal. In der Sache problematisch ist aber vor allem, daß in der Erklärung der römischen Glaubenskongregation, entgegen den eigenen Aussagen, nicht nur „einige Glaubenswahrheiten wieder vorgelegt und geklärt werden" (Nr. 23), sondern theologische Auffassungen zum Tragen kommen und offensichtlich mit Lehrautorität ausgestattet werden sollen, die zentrale Aussagen des II. Vatikanischen Konzils einseitig und restriktiv im Sinne eines das Erste Vatikanum weithin bestimmenden zentralistischen und absolutistischen Kirchenbildes interpretierend aufgreifen, so aber kaum mehr verhohlen hinter das Zweite Vatikanische Konzil zurückfallen und damit die seitdem erfolgte theologische Entwicklung ignorieren und dementieren möchten. Wir kommen nicht umhin, darin der ureigensten Tradition, die verbal freilich um so entschiedener in Anspruch genommen wird, geradezu widersprechende Tendenzen zur Ideologisierung und fundamentalistischen Überfremdung des Glaubens zu erkennen. Dies entspricht in besorgniserregender Weise den Erfahrungen, denen wir uns seit geraumer Zeit und gegenwärtig verstärkt im Zusammenhang der Praxis der Erteilung bzw. Verweigerung des „Nihil obstat" bei der Besetzung von Lehrstühlen der Theologie ausgesetzt sehen. Auch die jüngst vorgenommene Verschärfung der Verpflichtung zu einem eigenen „Treueid" bei der Übernahme eines kirchlichen Amtes oder einer theologischen Lehrtätigkeit gehört in diesen Kontext zunehmend autoritären, dem realen Glauben und Leben in Kirche und Gesellschaft heute alles andere als wirklich dienlichen Gebarens von Seiten kirchlicher Amtsträger. Mit nicht geringer Besorgnis um den uns verbindenden, gemeinsamen Dienst an der Frohen Botschaft treten wir deshalb diesen gegenüber mit Nachdruck für die Fortführung eines vom Geist christlicher Freiheit und katholischer Weite geprägten Dialogs der christlichen Kirchen untereinander sowie mit den nichtchristlichen Religionen, aber auch für ein sachbezogenes, den Grundregeln geschwisterlichen Umgangs miteinander folgendes Gespräch der Verantwortlichen in den kirchlichen Leitungsämtern mit den eigenen Theologinnen und Theologen ein. In diesem Sinn verweisen wir auf inzwischen vorliegende erste kritische Anmerkungen zur Erklärung „Dominus Jesus" durch den Ehrenpräsidenten unserer Gesellschaft für Katholische Theologie, Prof. Dr. Peter Hünermann, Tübingen, und kündigen eine Publikation an, in welcher die Sachproblematik aus der Perspektive unterschiedlicher theologischer Fächer von Mitgliedern unserer Gesellschaft wissenschaftlich erörtert wird.

Dresden, 13. September 2000

Für den Vorstand der Deutschen Sektion der Europäischen Gesellschaft für Katholische Theologie
gez. Prof. Dr. Albert Franz, Vorsitzender

Personenregister